Zeitreise

4

Andreas Dambor
Heiner Flues
Helmut Heimbach
Arno Höfer
Kerstin Kehrig
Klaus Leinen
Ulrich von Sanden
Hans Steidle

Ernst Klett Schulbuchverlag Leipzig
Leipzig Stuttgart Düsseldorf

Zeitreise 4

Geschichtliches Unterrichtswerk
für die Realschule

Ausgabe für Hessen, Bremen, Hamburg, Mecklenburg-Vorpommern, Schleswig-Holstein

Verfasser:	Andreas Dambor
	Heiner Flues
	Helmut Heimbach
	Arno Höfer
	Kerstin Kehrig
	Klaus Leinen
	Ulrich von Sanden
	Hans Steidle
mit einem Beitrag von:	Monica Kingreen
Kartenbearbeitung:	Justus Perthes Verlag Gotha GmbH
Kartenredaktion:	Willi Stegner
Grafiken:	Rudolf Hungreder, L.-Echterdingen
	Veronika Richter, Köln
Einbandgestaltung:	Manfred Muraro

Gedruckt auf Papier aus chlorfreiem gebleichtem Zellstoff, säurefrei. Umschlag mit PP-Folie kaschiert, umweltverträglich und recycelbar.

1. Auflage   A 1 ⁵ ⁴ ³ ² ¹ | 2004 2003 2002 2001 2000

Alle Drucke dieser Auflage können im Unterricht nebeneinander benutzt werden, sie sind untereinander unverändert. Die letzte Zahl bezeichnet das Jahr dieses Druckes.
© Ernst Klett Schulbuchverlag Leipzig GmbH, Leipzig 2000. Alle Rechte vorbehalten.
Internetadresse: http://www.klett-verlag.de

Redaktion: Jürgen Beckedorf, Barbara Hammerschmitt
Redaktion der Ausgabe für Hessen, Bremen, Hamburg, Mecklenburg-Vorpommern, Schleswig-Holstein:
Silke Ruhl, Thomas Kahl

Satz: Steffen Hahn Satz & Repro GmbH, Kornwestheim; Ernst Klett Schulbuchverlag Leipzig GmbH, Leipzig
Druck: SCHNITZER DRUCK GmbH, Korb
ISBN 3-12-418040-2

Zeitreise

Ein Wegweiser durch dein Buch

Zahlreiche Bilder, Karten und Texte findest du in der „Zeitreise". Sie zeigen dir, auf welch unterschiedlichen Wegen man etwas über die Geschichte erfahren kann, welche Möglichkeiten es gibt, sich mit ihr zu beschäftigen und sie darzustellen. Folgende Hinweise können dir helfen mit der „Zeitreise" umzugehen:

ADS

Jedes der fünf Kapitel hat eine Leitfarbe; du findest sie als farbigen Balken oben auf jeder Seite. Ein Kapitel beginnt mit zwei Seiten, die wir *Auftaktdoppelseite (ADS)* nennen. An Bildern, Karten und Texten auf der ADS kannst du erkennen, worum es auf den folgenden Themenseiten geht.

VT

Texte, die in dieser Schrift gedruckt sind, nennen wir *Verfassertexte (VT)*. Sie informieren dich über geschichtliche Sachverhalte und werden durch Zwischenüberschriften, wie du sie links am Rand siehst, gegliedert. Schulbuchautoren (meist Lehrerinnen und Lehrer) haben sie geschrieben – allerdings nicht immer im gleichen Stil. Auch daran erkennst du, wie unterschiedlich Geschichte dargestellt werden kann.

Wer war Asterix?

3 Die Hinkelsteine

Dieses Geschichtsbuch enthält Quellen (z. B. Texte, Urkunden, Bilder) und andere Materialien (z. B. Schaubilder, Karten), die unsere Autorinnen und Autoren zusammengestellt haben. Wir haben auf jeder Themenseite alle *Materialien* mit Überschriften versehen und sie durchnummeriert (mit großen Ziffern, immer in der Leitfarbe des jeweiligen Kapitels). Wenn im VT oder in Fragen auf Materialien verwiesen wird, sind diese mit „M" abgekürzt, z.B. M3. Wie du mit den Materialien umgehst, lernst du natürlich im Unterricht. Aber auch das Buch gibt dir Hilfestellungen dazu:

M 3

Arbeiten (fast) wie ein Historiker

> **So kannst du die Materialien der „Zeitreise" befragen**
> Auf diesem farbigen Hintergrund findest du die Texte, die zeigen, wie man an bestimmte Materialien (Quellentexte, Bilder, Karten u.a.) herangehen kann um ihnen Informationen zu entlocken. Auch im Inhaltsverzeichnis und im Register am Ende des Buches werden diese Elemente hervorgehoben.

Dieses Zeichen markiert auf den Themenseiten die *Aufgaben, Fragen und Anregungen*. Sie geben dir Hinweise, wie du dich – allein oder gemeinsam mit Mitschülerinnen und Mitschülern – mit den Materialien und Texten beschäftigen kannst. Außerdem erhaltet ihr Tipps, welche eigenen Beiträge ihr zum Thema leisten könnt: Collagen gestalten, Museen besuchen, Rollen spielen, erzählen, Streitgespräche durchführen, Leute befragen …

Obelix
dicker Freund von Asterix

Auf vielen Seiten bekommst du neue, schwierige oder wichtige Begriffe in einem *Mini-Lexikon* kurz erläutert. Im VT werden sie *kursiv* hervorgehoben. Diese und andere Begriffe findest du auch in einem *Verzeichnis der Namen, Sachen und Begriffe* (Register) am Ende des Buches erklärt.

– Auf einen Blick –

LeseEcke

Die letzte Doppelseite jedes Kapitels bietet eine *Zusammenfassung* der wesentlichen Inhalte dieses Kapitels, dazu meist eine kurze Zeittafel. Außerdem findest du dort eine *LeseEcke*, in der wir Auszüge aus Jugendbüchern zum Thema des Kapitels abdrucken.

Dieses Symbol erscheint oben rechts auf den so genannten *Projektseiten*. Hier machen die Autorinnen und Autoren Vorschläge, was ihr noch zum Thema machen könnt – allein, in der Gruppe oder mit der ganzen Klasse. Häufig gibt es dabei auch Anregungen zu Aktivitäten außerhalb des Klassenzimmers.

Inhalt

Ein Wegweiser durch dein Buch 3

Die Weimarer Republik –
Die Deutschen und ihre erste Demokratie 6
1 Die verdrängte Niederlage 8
2 Deutschland zwischen Räterepublik und
  parlamentarischer Demokratie 10
3 Weimar – die erste deutsche Demokratie 14
4 Frieden ohne Versöhnung 16
5 Das Krisenjahr 1923 18
6 Die Goldenen Zwanziger Jahre 20
7 Jüdische Bürger in der Weimarer Republik ... 22
8 Neue Chancen für Frauen? 24
9 Eine Krise der Wirtschaft –
  eine Krise der Demokratie 26
10 Schriftsteller schreiben Geschichte(n) 30
   Zeitgenössische Literatur befragen
11 Aus der Not entstanden –
   Faschismus in Europa 32
12 Ein „legaler" Weg zur Macht? 34
13 Warum scheiterte die erste Demokratie
   in Deutschland? 36
   *Plakate als ein Mittel der politischen
   Auseinandersetzung*
Auf einen Blick / LeseEcke 38

Diktatur – II. Weltkrieg – Völkermord ... 40
1 Auf dem Weg in den Führerstaat 42
2 Zustimmung und Verführung 44
3 Jugend unterm Hakenkreuz 48
4 Frauen im NS-Staat 52
5 Mit Terror gegen Andersdenkende 54
6 Ausgrenzung und Entrechtung
  jüdischer Bürger 56
7 Der 9. November 1938 58
8 Der Frieden wird verkündet –
  der Krieg vorbereitet 60
9 Der Krieg in Europa – Völkervernichtung 62
10 Holocaust – Shoa 64
11 Schindlers Liste – ein Film zum Holocaust 66
   Der Spielfilm als Geschichtsquelle
*Projekt: Auf den Spuren jüdischen Lebens in der
eigenen Gemeinde* 68

12 Weltkrieg – totaler Krieg 70
13 Widerstand – damals lebensgefährlich!
   heute beispielgebend? 72
14 Sich erinnern –
   notwendig, aber nicht immer leicht 76
Projekt: Rechtsradikalismus heute 78
Auf einen Blick / LeseEcke 80

Konflikte und Friedensbemühungen
in der Welt seit 1945 82
1 In Hiroshima beginnt die
  atomare Bedrohung der Welt 84
2 Der Traum von der Einen Welt –
  Gründung der Vereinten Nationen 86
3 USA und UdSSR – die neuen Weltmächte
  am Beginn des Ost-West-Konfliktes 88
4 Blockbildung in Ost und West 90
5 Die Guten und die Bösen –
  Feindbilder im Kalten Krieg 94
6 Krisen im sozialistischen Lager 96
   Erzählte Geschichte
7 Weltweite Konfrontation –
  die Stellvertreterkriege der Großen 100
8 Wie kann der Frieden bewahrt werden? 102
Projekt: Die Angst war gesamtdeutsch 104
9 Wettstreit der Systeme 106
10 Niedergang einer Supermacht 108
11 Das Ende des Kalten Krieges –
   was kommt danach? 110
Auf einen Blick / LeseEcke 112

Die Deutschen und ihr Staat –
Entwicklungen seit 1945 114
1 Der Fall der Mauer 116
2 Nach der Kapitulation –
  Leben in Trümmern 118
3 Flucht, Vertreibung und
  Zwangsumsiedlung 122
4 Die Siegermächte behandeln
  die Deutschen verschieden 124
5 Ist die Teilung Deutschlands noch
  aufzuhalten? 126
6 Die doppelte Staatsgründung 128

7 Die Grenzen Deutschlands –
  eine Rückblende 130
8 Deutschland im Westen –
  die Bundesrepublik 132
9 Deutschland im Osten –
  die DDR 134
10 Zwei Staaten – eine Nation? 136
11 Marktwirtschaft und
   Planwirtschaft 138
12 Deutsche Außenpolitik im Zeichen
   der Versöhnung 140
13 Frauen in Ost und West 142
14 Jugend in der Bundesrepublik 146
15 Jugend im Sozialismus 148
Projekt: Rock in Ost und West –
   wie Rockmusik die Zeiten spiegelt 150
16 Die doppelten Deutschen –
   Ost gegen West im Sport 152
17 Berlin – Brennpunkt der Geschichte 154
18 Die Wiedervereinigung 158
19 Deutschland nach der Wende 160
Auf einen Blick / LeseEcke 162

Europa auf dem Weg zur Einheit *164*
1 Europas gemeinsame Wurzeln
  in der Antike 166
2 Tiefe Gräben durch das christliche Europa 168
3 Nationalstaaten –
  einen oder spalten sie Europa? 170
4 1945 – Hat Europa eine Zukunft? 172
5 Europa als Gemeinschaft . . . .
  demokratischer Staaten 174
6 Europäische Länder in der Gemeinschaft
  sozialistischer Staaten 176
7 Vom Staatenbund zum Bundesstaat 178
*Demoskopie kann über die Meinung
von Zeitzeugen Auskunft geben*
8 Bürger des ehemaligen Ostblocks
  entscheiden sich für das Modell „Europa" . . . 180
9 In Europa leben 182
Projekt: Ein Einkaufsbummel auf dem
  europäischen Binnenmarkt 184
Auf einen Blick / LeseEcke 186

Verzeichnis der Namen, Sachen und Begriffe 188

Die Weimarer Republik – Die Deutschen und ihre erste

Rat der Volksbeauftragten (Postkarte aus den 20er-Jahren). Die sechs Mitglieder der Übergangsregierung aus SPD und USPD stellten die Weichen zur Durchsetzung der parlamentarischen Demokratie.

„Hausvogteiplatz" (Aquarell von Rudolf Schlichter, um 1926). Großstadtleben sachlich kühl und unheilsschwanger.

„Die Quelle" (Karikatur aus der amerikanischen Zeitschrift „St. Louis Dispatch" vom 18. Okt. 1930). Der Versailler Friedensvertrag weckte bei vielen Deutschen Revanchegelüste. Ihre Wahlerfolge gegen Ende der Weimarer Republik verdankten Hitler und seine Partei, die NSDAP, nicht zuletzt dem Versprechen den „Schandfrieden von Versailles" aufzuheben.

Demokratie

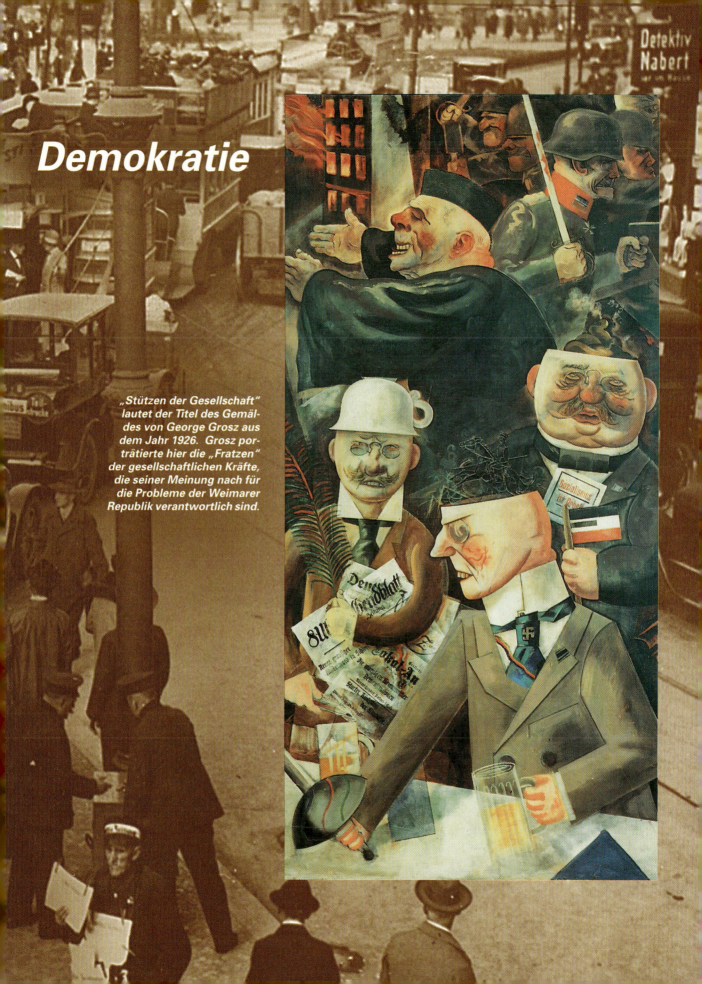

„Stützen der Gesellschaft" lautet der Titel des Gemäldes von George Grosz aus dem Jahr 1926. Grosz porträtierte hier die „Fratzen" der gesellschaftlichen Kräfte, die seiner Meinung nach für die Probleme der Weimarer Republik verantwortlich sind.

1 Die verdrängte Niederlage

1 Die ausgehungerte Berliner Bevölkerung schlachtet auf der Straße einen Pferdekadaver aus (Foto aus dem Jahr 1918).

Das Volk wird kriegsmüde
Im August 1914 hielten viele Menschen in Deutschland den bevorstehenden Krieg noch für ein Kinderspiel. Deutsche Soldaten rückten siegesgewiss aus, innerhalb weniger Wochen Paris zu besetzen. Weihnachten wollten sie als Sieger im Kreise ihrer Familien feiern. Die Kriegswirklichkeit sah dann ganz anders aus: Massensterben in den Schützengräben, Hunger und Not in der Heimat. Zum ersten Mal seit Jahrzehnten verhungerten in Deutschland Menschen; die Säuglingssterblichkeit nahm stark zu. Die anfängliche Kriegsbegeisterung war längst verflogen; nach zwei Jahren Krieg sehnten immer mehr Menschen einen schnellen Frieden herbei.

Seit dem Frühjahr 1917 weiteten sich die Proteste der Bevölkerung gegen den Krieg aus. Im Januar 1918 konnte in Berlin ein erster Streik vieler Munitionsarbeiter und -arbeiterinnen nur mit Härte vonseiten der kaiserlichen Regierung niedergeschlagen werden.

Der verpasste Frieden
Dabei schien ein Frieden möglich, bei dem Deutschland noch glimpflich aus dem Krieg hätte herauskommen können. Geleitet von dem Gedanken an das Selbstbestimmungsrecht der Völker, bot der amerikanische Präsident Woodrow Wilson im Januar 1918 einen Frieden ohne Besiegte an. Er dachte an einen gerechten Frieden ohne Gebietsabtretungen, die vom Sieger diktiert würden. Doch die Möglichkeit günstiger Friedensbedingungen wurde von der deutschen Militär-Führung verspielt. Erst im August 1918 erklärte sie die Fortführung des Krieges angesichts der Übermacht der Alliierten für aussichtslos und verlangte selbst einen Waffenstillstand. Mit Abgesandten des Kaisers wollten die Alliierten aber nicht verhandeln. Sie bestanden auf Gesprächen mit Volksvertretern – also Reichstagsabgeordneten.

So kam es, dass nicht der Kaiser oder führende Militärs, sondern Politiker, die schon längere Zeit die deutsche Kriegspolitik kritisierten, die Waffenstillstandsbedingungen unterschrieben. Für viele Menschen sah das so aus, als würden diese die Verantwortung für den verlorenen Krieg übernehmen.

Verantwortungslose Militärs
Besonders die seit August 1916 an der Spitze der Obersten Heeresleitung (OHL) stehenden Generäle v. Hindenburg und Ludendorff gestanden eine Mitschuld an der Verzweiflung und Not von Soldaten und Zivilbevölkerung nie ein. Nachdem sie sich bei Kriegsende zunächst ins Privatleben zurückziehen mussten, „vergaßen" sie schnell auch die von ihnen selbst – allerdings nie öffentlich – erhobene Forderung nach einem Waffenstillstand. Stattdessen machten sie die Politiker, die den Waffenstillstand zügig ausgehandelt hatten, zum Sündenbock für die angeblich unnötige militärische Niederlage. Und sie machten noch weitere „Übeltäter" aus: Die von Sozialisten angeführten Streiks und Proteste der Bevölkerung hätten wie ein Dolchstoß in den Rücken der kämpfenden Soldaten gewirkt.

Die Weimarer Republik – Die Deutschen und ihre erste Demokratie

2 *Bericht aus dem Erzgebirge, 27.05.1918*
In Ortschaften mit überwiegender Industriebevölkerung ist Hungersnot. In 10 Tagen bekommen sie 1 kg Kartoffeln, sehr wenig Brot, die Menschen verhungern langsam. Tatsächlich kommen Hungerstodesfälle vor. Auch herrscht hier in mehreren Dörfern Hungertyphus. Das Elend hier ist sehr groß. Die Dörfer mit reiner Landwirtschaft werden von Bettlern durchzogen. (…) Sehr viele Fälle, wo die Leute tot auf der Straße umfallen, sind zu verzeichnen. Wenn noch ein Jahr Krieg ist, wird die Bevölkerung zugrunde gerichtet sein.

3 *Von hinten erdolcht?*
a) *Oberst von Thaer notiert am 1.10.1918 aus einer Rede Ludendorffs vor Offizieren:*
So sei vorauszusehen, dass dem Feinde schon in nächster Zeit mithilfe der kampffreudigen Amerikaner ein großer Sieg, ein Durchbruch in ganz großem Stil gelingen werde, dann werde dieses Westheer seinen letzten Halt verlieren und in voller Ausrüstung zurückfluten über den Rhein. (…) Diese Katastrophe müsse unbedingt vermieden werden. (…) Deshalb habe die OHL von Seiner Majestät und dem Kanzler gefordert, dass ohne jeden Verzug der Antrag auf die Herbeiführung eines Waffenstillstandes gestellt würde bei dem Präsidenten Wilson von Amerika. (…) Er habe sich nie gescheut, von der Truppe Äußerstes zu verlangen. Aber nachdem er jetzt klar erkenne, dass die Fortsetzung des Krieges nutzlos sei, stehe er auf dem Standpunkt, dass schnellstens Schluss gemacht werden müsse.

b) *Auszüge aus von Hindenburgs Telegramm an die deutsche Waffenstillstandskommission, 10. Nov. 1918:*
In den Waffenstillstandsbedingungen muss versucht werden Erleichterungen (…) zu erreichen. (…) Gelingt Durchsetzung (…) nicht, so wäre trotzdem abzuschließen.

c) *In seinem 1920 erschienenen Buch „Aus meinem Leben" verbreitete v. Hindenburg folgende Version:*
Wir waren am Ende!
Wie Siegfried unter dem hinterlistigen Speerwurf des grimmigen Hagen, so stürzte unsere ermattete Front.

d) *General Groener, der 1. Generalquartiermeister des Heeres, gab in seinen 1957 erschienen Lebenserinnerungen zu:*
Die Heeresleitung stellte sich bewusst auf den Standpunkt, die Verantwortung für den Waffenstillstand und alle späteren Schritte von sich zu weisen. Sie tat dies, streng juristisch gesehen, nur mit bedingtem Recht, aber es kam mir und meinen Mitarbeitern darauf an, die Waffe blank und den Generalstab für die Zukunft unbelastet zu erhalten.

4 *Ausschnitt aus einem Wahlplakat, 1924.* Die Abbildung zeigt, welche Auffassung führende Militärs und viele Menschen in Deutschland über die Niederlage im Ersten Weltkrieg vertraten. – Untersuche, wer nach dieser Abbildung angeblich an der deutschen Niederlage Schuld hat.

5 *Die Entwicklung des Nahrungsmittelverbrauchs* 1916–1918 im Vergleich zum Friedensverbrauch vor 1914:

Ware	1914	Juli 1916 – Juni 1917	Juli 1917 – Juni 1918	Juli 1918 – Dez. 1918
Fleisch	100	31	20	12
Eier	100	18	13	13
Schmalz	100	14	11	7
Kartoffeln	100	71	94	94
Getreideprodukte (z. B. Brot)	100	53	47	48

1 Nenne Gründe, weshalb der größte Teil der deutschen Bevölkerung 1918 einen möglichst schnellen Frieden herbeisehnte (VT, M1, M2, M4).
2 Beschreibe das Verhalten der Militärs in den letzten Kriegsmonaten und in der darauf folgenden Zeit (VT, M3, M5) und bewerte es.
3 Erläutere den Begriff „Dolchstoßlegende" (VT, M3c, M5). Welche Wirkung konnte die Legende auf die deutsche Bevölkerung haben?

2 Deutschland zwischen Räterepublik und parlamentarischer Demokratie

1 *Revolutionäre Matrosen aus Kiel* treffen in Frankfurt/Main am 7. November 1918 ein. Sie geben auch hier das Signal zum Aufruhr.

Räte
Das Wort ist abgeleitet von den Sowjets, den Räten der russischen Revolution von 1905 und 1917. Gemeint sind spontan und direkt gewählte Arbeiterausschüsse und Soldatenkomitees. In revolutionären Übergangssituationen geht es ihnen zunächst um die Kontrolle der staatlichen Machtstellen. Sie ziehen legislative und exekutive Aufgaben an sich. Sie sind eine Form der direkten Demokratie, betrachten sich jedoch zumeist nicht als Vertreter des gesamtstaatlichen Interesses, sondern vor allem der Arbeiterklasse.

Matrosenaufstand 1918 mit Folgen

„Nein, das machen wir nicht mehr mit", sagten sich Matrosen der deutschen Hochseeflotte Ende Oktober 1918. Während deutsche Unterhändler bereits Waffenstillstandsverhandlungen führten, sollte die Flotte noch einmal gegen die überlegenen Engländer auslaufen, so wollten es ehrversessene Offiziere. Mit ihrer Befehlsverweigerung zwangen die Matrosen die Schiffe wieder zurück in die Häfen. Dort wurden „Meuterer" gefangen genommen und in Kiel inhaftiert. Die Aktion mobilisierte andere Schiffsbesatzungen, die sich ebenfalls nicht mehr sinnlos opfern lassen wollten. Sie besetzten Kiel und forderten u. a. die Freilassung ihrer Kameraden und völlige Straffreiheit für alle Beteiligten. Schüsse fielen. Es gab Tote. Werftarbeiter und andere zurückgekehrte Soldaten schlossen sich den Aufständischen an, wählten Sprecher und bildeten „Arbeiter- und Soldatenräte". Die *Räte* übernahmen die Gewalt in der Stadt.

In den folgenden Tagen entstanden in ganz Deutschland Arbeiter- und Soldatenräte. Zu ihnen stießen Männer und Frauen, die jedes Vertrauen in die militärische Führung und die politischen Stützen des Kaiserreiches verloren hatten. Der Kaiser sollte endlich abdanken und den Weg für Friedensverhandlungen frei machen. Einige forderten darüber hinaus auch Mitbestimmung in den Betrieben, eine gerechtere Besitzverteilung, den Achtstundentag und die Verstaatlichung der Schlüsselindustrien. Nur wenige hatten dabei das Vorbild der russischen Oktoberrevolution vor Augen.

Die kaiserliche Regierung sah sich dieser Entwicklung gegenüber machtlos und forderte den Kaiser auf abzudanken. Doch Wilhelm II. glaubte weiterhin mit dem Frontheer „Ruhe und Ordnung" wiederherstellen zu können.

Am 9. November rief der Arbeiter- und Soldatenrat in Berlin einen Generalstreik aus. Unübersehbare Demonstrationszüge bewegten sich auf das Schloss und den Reichstag zu. Jetzt sah sich der Reichskanzler der kaiserlichen Regierung zum Handeln gezwungen. Er verkündete eigenmächtig die Abdankung des Kaisers und übertrug die Regierungsgewalt an den Vorsitzenden der MSPD, an Friedrich Ebert. Die Mehrheitssozialisten stellten zum einen die zuletzt größte Reichstagsfraktion und waren zudem die maßgebende Arbeitervertretung im alten Parlament.

Beginn einer Revolution?

Einige Sozialisten sahen in den Unruhen die Vorstufe einer sozialistischen Revolution. Sie wollten zusammen mit den Arbeiter- und Soldatenräten die Führungsspitzen des Kaiserreiches entmachten, überall die Kontrolle und dann selbst die Macht übernehmen. Dafür kämpften vor allem die Mitglieder des Spartakusbundes und einige vom linken Flügel der USPD. Ebert und die MSPD lehnten dagegen jeden gewaltsamen Umsturz ab. Das ganze Volk sollte in freien Wahlen über die Zukunft des Staates entscheiden. Außerdem war der MSPD-Vorsitzende überzeugt davon, die anstehenden Probleme – Rückführung der Soldaten und ihre Eingliederung in den Arbeitsprozess, Arbeitslosigkeit und Hungersnot, Friedensverhandlungen – nicht ohne die Fachkräfte des bisherigen Staats- und Machtapparates lö-

Die Weimarer Republik – Die Deutschen und ihre erste Demokratie

2 *Plakat der „Frontsoldaten" vom Dezember 1918*

3 *Straßenkämpfe in Berlin im Januar 1919.* oben: ***Regierungstruppen.*** *Zu den Freikorps gehörten ehemalige Soldaten, die sich nicht in das Zivilleben eingliedern wollten.* unten: ***Spartakusleute.***

sen zu können. Deshalb nahm Ebert auch das Angebot der Obersten Heeresleitung (OHL) an: Militärische Unterstützung der neuen Regierung gegen „bolschewistische" Revolutionäre.

Heute gehen die meisten Historikerinnen und Historiker davon aus, dass die Möglichkeit oder Gefahr eines erfolgreichen linksradikalen Umsturzes damals nicht wirklich bestand. Den verantwortlichen Politikern war es jedoch in einer Zeit ohne moderne Medien schwer, sich rasch ein objektiveres Bild der Situation zu machen. Die Spartakisten waren zwar eine sehr aktive, aber zahlenmäßig doch unbedeutende Minderheit. In den Arbeiter- und Soldatenräten spielten sie kaum eine Rolle, und die große Mehrheit der Räte befürwortete unter dem Einfluss der MSPD eine parlamentarische Demokratie. Das wurde in dem klaren Votum auf dem ersten gemeinsamen Kongress der Räte in Berlin im Dezember 1918 deutlich.

Folgen des Bündnisses zwischen der MSPD-Führung und der OHL

Mehrfach sahen sich Ebert und seine Parteifreunde gezwungen das Militär gegen linke Aufständische zu Hilfe zu rufen. Aus Protest gegen die „Matrosenmörder" verließen die Mitglieder der USPD bereits im Dezember 1918 die Regierung. Anfang Januar wurde ein Aufstand der neu gegründeten KPD in Berlin von regulären Truppen und Freiwilligenverbänden (Freikorps) mit großer Härte niedergeschlagen. Obwohl die Führer der KPD, Rosa Luxemburg und Karl Liebknecht, ausdrücklich vom Aufstand abgeraten hatten, nahmen fanatische Offiziere das Ereignis zum Anlass, um sie wenig später heimtückisch zu ermorden.

Gegen aufständische Gegner der parlamentarischen Demokratie auf der Linken hatte sich die Regierung durchgesetzt. Aber um welchen Preis? Die gewaltbereiten Freikorps, meist entlassene Berufssoldaten, die sich für einen autoritären Staat stark machten, wurden zu einer neuen Gefahr für die Demokratie. Der SPD-Führung haben viele aus der Arbeiterschaft das Bündnis mit den Militärs und das zum Teil mörderische Vorgehen der Freikorps gegen die „Genossen" lange nicht verziehen.

Der Weg zur Wahl einer Nationalversammlung war frei. Am 19. Januar gingen die Deutschen, erstmals auch die Frauen, an die Urnen.

4 *Bildung eines einzigen Arbeiter- und Soldatenrates am 10. November in Frankfurt/Main. Massenversammlungen begleiten wie an vielen anderen Orten die Machtübernahme der Räte.*

5 links: **Plakat zu den Wahlen zur Nationalversammlung** im Auftrag des „Rates der Volksbeauftragten", Jahreswende 1918/1919;
rechts: **Demonstration im Dezember 1918**

6 **Plakat zur Nationalversammlung**

7 Räterepublik oder parlamentarische Demokratie?

a) Rosa Luxemburg, Mitglied des Spartakusbundes und Gründungsmitglied der KPD, am 18. November 1918:

Die Revolution hat begonnen (…). Die ganze Macht in die Hände der arbeitenden Masse, in die Hände der Arbeiter- und Soldatenräte, Sicherung des Revolutionswerks vor ihren lauernden Feinden. Jeder Schritt, jede Tat der Regierung müsste wie ein Kompass nach dieser Richtung weisen: Ausbau und Wiederwahl der lokalen Arbeiter- und Soldatenräte (…); ständige Tagung dieser Vertretungen der Masse und Übertragung der eigentlichen politischen Macht aus dem kleinen Komitee des Vollzugsrates in die breitere Basis des Arbeiter- und Soldatenrates; schleunigste Einberufung des Reichsparlaments der Arbeiter und Soldaten, um die Proletarier ganz Deutschlands als Klasse, als kompakte politische Macht zu konstituieren (…); Bildung einer proletarischen Roten Garde zum ständigen Schutz der Revolution und Heranbildung der Arbeitermiliz (…); Verdrängung der übernommenen Organe des absolutistischen militärischen Polizeistaates von der Verwaltung, Justiz und Armee; sofortige Konfiskation [Beschlagnahmung] der dynastischen Vermögen und Besitzungen sowie des Großgrundbesitzes als vorläufige erste Maßnahme zur Sicherung der Verpflegung des Volkes, da Hunger der gefährlichste Bundesgenosse der Gegenrevolution ist (…).
Was tut die jetzige Regierung [MSPD]? Sie belässt den Staat als Verwaltungsorganismus von oben bis unten ruhig weiter in den Händen der gestrigen Stützen des hohenzollerschen Absolutismus und der morgigen Werkzeuge der Gegenrevolution; sie beruft die konstituierende Nationalversammlung ein, schafft damit ein bürgerliches Gegengewicht der Arbeiter- und Soldatenvertretung, verschiebt damit die Revolution auf das Geleise einer bürgerlichen Revolution (…); sie tut nichts um die weiter bestehende Macht der kapitalistischen Klassenherrschaft zu zertrümmern; sie tut alles, um die Bourgeoisie zu beruhigen.

b) Auf dem Rätekongress in Berlin vom 16.–21. Dezember erläuterte Max Cohen die Position der Mehrheitssozialisten:

Parteigenossen, Kameraden, es gibt nach meiner festen Überzeugung nur ein einziges Organ, das diesen Volkswillen feststellen kann: Das ist die allgemeine deutsche Nationalversammlung, zu der jeder Deutsche, gleichviel ob Mann oder Frau, in allen den Gebieten, die zu Deutschland gehören wollen, wählen kann. Wie man auch über die Arbeiter- und Soldatenräte denken mag (…), in jedem Falle drücken die Arbeiter- und Soldatenräte nur einen Teilwillen, niemals aber den Willen des ganzen Volkes aus. Diesen festzustellen, darauf kommt es an. Parteigenossen, man kann eben Sozialismus durch Gewalt und durch Dekrete [Erlasse] nicht einführen, das hat uns das russische Beispiel gezeigt. (…) Ich meine also, die Arbeiter- und Soldatenräte hätten ihre Berechtigung und werden ihre Berechtigung auch weiterhin haben. Nur, glaube ich, müssen sie (…) der Nationalversammlung Platz machen.

Die Weimarer Republik – Die Deutschen und ihre erste Demokratie

8 SPD-Plakat von 1920

12 „*Prost Noske – das Proletariat ist entwaffnet.*" – Warum hat der Maler und Grafiker George Grosz seiner Zeichnung vom April 1919 diesen Titel gegeben?

9 Friedrich Ebert, Vorsitzender der MSPD, erklärte den Ministerpräsidenten der deutschen Länder in Berlin am 25. November 1918:
Wir [die Regierung der Volksbeauftragten] mussten, nachdem wir die politische Macht in die Hand genommen hatten, dafür Sorge tragen, dass diese Maschine
5 weiterläuft, um unsere Ernährung und Wirtschaft aufrecht erhalten zu können – dazu brauchten wir die erfahrene Mitarbeit der Fachleute.

10 Der ehemalige General der OHL, Wilhelm Groener, schreibt in seinen Lebenserinnerungen von 1957:
Am Abend [des 10. November 1918] rief ich die Reichskanzlei an und teilte Ebert mit, dass das Heer sich seiner Regierung zur Verfügung stelle, dass dafür der Feld-
5 marschall und das Offizierskorps von der Regierung Unterstützung erwarteten bei der Aufrechterhaltung der Ordnung und Disziplin im Heer. Das Offizierskorps verlange von der Regierung die Bekämp-
10 fung des Bolschewismus und sei dafür zum Einsatz bereit. Ebert ging auf meinen Bündnisvorschlag ein. Von da an besprachen wir uns täglich abends auf einer geheimen Leitung.

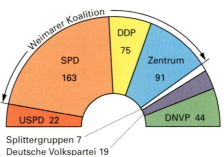

11 Ergebnis der Wahlen zur Nationalversammlung: *Die Deutsche Demokratische Partei vertrat bürgerliche Schichten, das Zentrum den katholischen Bevölkerungsteil. Die Deutschnationale Volkspartei wurde v. a. von Anhängern der Monarchie gewählt. Die „Weimarer Koalition" hat ihre Mehrheit bald wieder verloren und danach nicht wieder erhalten.*

1 Liste die Probleme und Schwierigkeiten auf, die der Rat der Volksbeauftragten 1918/19 zu bewältigen hatte (VT, M 2, M 5).
2 Vergleiche die Positionen in M 7a) und b) zur parlamentarischen Demokratie und zu der Aufgabe der Arbeiter- und Soldatenräte. Ziehe auch den VT heran.
3 Spielt eine mögliche Debatte nach: Dez. 1918, Rätekongress in Berlin: Räterepublik oder parlamentarische Demokratie?
4 Nimm Stellung zum Bündnis zwischen Ebert (SPD) und der militärischen Führung (VT, M 9, M 10, M 12).
5 Kannst du dir erklären, warum viele SPD-Mitglieder vom Wahlergebnis zur Nationalversammlung enttäuscht waren (M 8, M 11)?

3 Weimar – die erste deutsche Demokratie

1 An Frauen gerichteter Wahlaufruf zur Nationalversammlung (Plakat von 1919). – Mit welchen Mitteln wird die neue Wählergruppe der Frauen angesprochen? Welches Bild von der Rolle der Frauen wird dabei vermittelt? Versuche die Aussage des Plakates auf Männer zu übertragen.

Die Nationalversammlung

Aus Furcht vor weiteren Unruhen in der Hauptstadt Berlin verlegte die Regierung die Eröffnung der verfassunggebenden Nationalversammlung nach Weimar – man spricht deshalb von der „Weimarer Republik".

Nachdem die SPD aus den Wahlen als stärkste Partei hervorgegangen war, wurde ihr Vorsitzender Friedrich Ebert von der Nationalversammlung zum Reichspräsidenten gewählt. Ebert wiederum ernannte seinen Parteifreund Philipp Scheidemann zum Kanzler einer Koalitionsregierung aus SPD, Zentrum und DDP („Weimarer Koalition"). Diese Parteien hatten ab 1917 schon im alten Reichstag zusammengearbeitet.

Ihre zweite wichtige Aufgabe, nämlich für die junge Republik eine demokratische Verfassung zu beschließen, erfüllte die Nationalversammlung nach langen Verhandlungen. Im August 1919 trat die Weimarer Verfassung in Kraft.

Die Mitwirkungsrechte des Volkes

Bei den Wahlen zur Nationalversammlung erhielten erstmals in der deutschen Geschichte alle Frauen über 20 Jahre das aktive und passive Wahlrecht. Die neue Verfassung schrieb dieses Recht fest. Auf dem Papier war damit die politische Gleichberechtigung von Mann und Frau erreicht. Zugleich räumte die Weimarer Verfassung dem Volk ein starkes Gewicht ein. Es wählte nicht nur alle vier Jahre die Reichstagsabgeordneten, sondern auch direkt den Reichspräsidenten auf sieben Jahre. Durch Volksentscheid konnten zudem gegen den Willen des Reichstags Gesetze beschlossen und sogar vom Reichstag verabschiedete Gesetze rückgängig gemacht werden.

Die Rolle des Reichspräsidenten

Neben dem Volk hatte der Reichspräsident eine starke Stellung. Sie gründete vor allem auf Artikel 48 der Verfassung. Dieser gab dem Reichspräsidenten die Möglichkeit auch ohne Zustimmung des Parlaments als Notverordnungen Gesetze zu erlassen. Hier wurde politischer Freiraum gewährt, der sich später verhängnisvoll auswirken sollte.

Die SPD verliert ihre Führungsrolle

Die Weimarer Republik litt von Anfang an unter einer schweren Belastung. Nicht nur viele Bürger, sondern auch einige der im Reichstagsparteien bekannten sich nie bedingungslos zur Republik und zur Demokratie. Gerade die SPD, die entscheidend zur Einführung der Demokratie in Deutschland beigetragen hatte, erlitt bei der ersten Reichstagswahl am 22. Juni 1920 eine schwere Niederlage. Ihr Stimmenanteil sank um 16%, sie musste die Regierung verlassen. Auch die anderen demokratischen Parteien der Weimarer Koalition verzeichneten erhebliche Stimmeneinbußen. Schon deutete sich an, dass es zukünftig schwierig werden würde, stabile Regierungen zu bilden, die uneingeschränkt hinter der Demokratie standen.

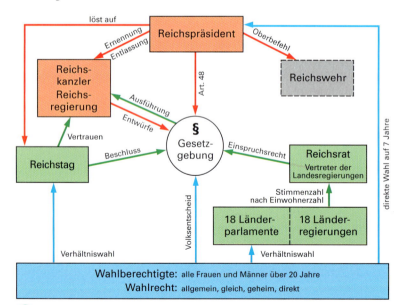

2 Die Weimarer Verfassung. Im Reichstag war jede Partei entsprechend ihrem Stimmenanteil vertreten. Eine Fünfprozentklausel gab es nicht. Das begünstigte Splitterparteien und erschwerte die Bildung von kompromissfähigen Regierungsmehrheiten. Der Reichspräsident erhielt eine besonders starke Stellung. Er konnte den Reichstag auflösen und in Krisenzeiten räumte ihm Art. 48 diktatorische Vollmachten ein.

Die Weimarer Republik – Die Deutschen und ihre erste Demokratie

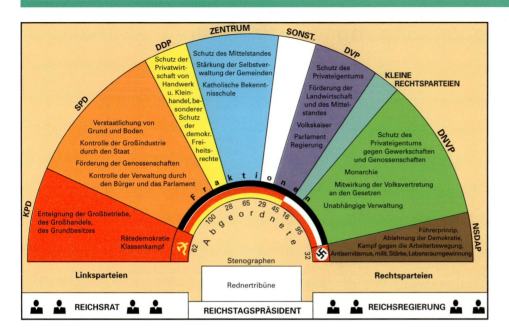

4 *Sitzverteilung nach der Reichstagswahl vom 4.5.1924.* An den Zielen der Parteien lässt sich ungefähr ablesen, von welchen Bevölkerungsgruppen die einzelnen Parteien in den Reichstag gewählt wurden.

3 Artikel der Weimarer Verfassung

Art. 25: Der Reichspräsident kann den Reichstag auflösen, jedoch nur einmal aus dem gleichen Anlass (…).

Art. 48: Wenn [eines der 18 Reichsländer]
5 die ihm nach der Reichsverfassung oder den Reichsgesetzen obliegenden Pflichten nicht erfüllt, kann der Reichspräsident es dazu mithilfe der bewaffneten Macht anhalten.
10 Der Reichspräsident kann, wenn im Deutschen Reiche die öffentliche Sicherheit und Ordnung erheblich gestört oder gefährdet wird, die zur Wiederherstellung der öffentlichen Sicherheit und Ord-
15 nung nötigen Maßnahmen treffen, erforderlichenfalls mithilfe der bewaffneten Macht einschreiten. Zu diesem Zwecke darf er vorübergehend die (…) Grundrechte ganz oder zum Teil außer Kraft
20 setzen.

Art. 54: Der Reichskanzler und die Reichsminister bedürfen zu ihrer Amtsführung des Vertrauens des Reichstags. Jeder von ihnen muss zurücktreten,
25 wenn ihm der Reichstag durch ausdrücklichen Beschluss sein Vertrauen entzieht.

Art. 115: Die Wohnung jedes Deutschen ist für ihn eine Freistätte und unverletz-
30 lich. (…)

Art. 118: Jeder Deutsche hat das Recht, innerhalb der Schranken der allgemeinen Gesetze seine Meinung frei zu äußern. An diesem Recht darf ihn kein
35 Arbeits- oder Angestelltenverhältnis hindern, und niemand darf ihn benachteiligen, wenn er von diesem Recht Gebrauch macht. (…)

Art. 123: Alle Deutschen haben das
40 Recht, sich ohne Anmeldung oder besondere Erlaubnis friedlich und unbewaffnet zu versammeln.

Art. 153: Das Eigentum wird von der Verfassung gewährleistet. (…) Eine Enteig-
45 nung kann nur zum Wohle der Allgemeinheit (…) vorgenommen werden. (…) Eigentum verpflichtet. Sein Gebrauch soll zugleich Dienst sein für das gemeine Beste.

5 *„Friedrich der Vorläufige"* (Karikatur zu Reichspräsident Friedrich Ebert aus dem Jahre 1919). – Wie wird Eberts Amt durch die Art der Darstellung der Herrschaftssymbole bewertet? Setze den Titel der Karikatur dazu in Beziehung.

1 Informiere dich in einem Lexikon über die Geschichte und Bedeutung der Stadt Weimar. Nenne Gründe, weshalb man Weimar als Tagungsort für die Nationalversammlung wählte.
2 Beschreibe die Stellung des Reichspräsidenten in der Weimarer Verfassung und die Rechte des Bürgers (VT, M2, M3).
3 Diskutiert über die Vor- und Nachteile des Volksentscheids.

4 Frieden ohne Versöhnung

1 Plakat der Deutschnationalen Volkspartei zur Reichstagswahl von 1920. – Welche „deutschen Werte" werden in der Darstellung angesprochen? Gegen wen richtet sich das Plakat?

Reparationen ist ein anderes Wort für Schadenersatz. In den Verträgen nach dem Ersten Weltkrieg sind damit die Leistungen bezeichnet, die die Deutschen an die Sieger des Krieges für Kriegsschäden und Kriegsaufwendungen aufzubringen hatten.

Die Haltung der Alliierten

Paris, 7. Mai 1919: Im Speisesaal eines großen Hotels am Rand von Versailles in der Nähe von Paris übergeben die Siegermächte ihre Friedensbedingungen an die deutsche Delegation. „Meine Herren Delegierte des Deutschen Reiches. Es ist hier weder Ort noch Stunde für überflüssige Worte. (…) Die Stunde der Abrechnung ist da. Sie haben uns um Frieden gebeten. Wir sind geneigt, ihn Ihnen zu gewähren."

Das Verlangen nach „Abrechnung", das der französische Ministerpräsident Clemenceau hier offen ausdrückte, erwuchs aus den enormen Zerstörungen, die durch die zurückliegenden Materialschlachten vor allem auf französischem Boden angerichtet worden waren. Clemenceau wollte Deutschland militärisch und wirtschaftlich so schwächen, dass es nie wieder zu einer Bedrohung für Frankreich werden konnte.

Die Haltung des britischen Premierministers Lloyd George war gemäßigter. Er wollte sicherstellen, dass Deutschland in Zukunft keine Gefahr mehr für ein ausbalanciertes Gleichgewicht der Mächte darstellte. Auch der amerikanische Präsident Wilson mahnte bei den Verhandlungen in Versailles an, „sich Deutschland gegenüber maßvoll zu verhalten". Von seinem im Januar 1918 angebotenen „Frieden ohne Sieger und Besiegte" war der Versailler Vertrag dann allerdings weit entfernt.

„Diktat von Versailles"

Die alliierten Siegermächte stellten harte Friedensbedingungen. Sie lasteten dem Deutschen Reich und seinen Verbündeten die Alleinschuld am Krieg an. Daraus leiteten sie das Recht ab hohe *Reparations*zahlungen zur Begleichung der Kriegsschäden zu verlangen. Weitere Bestimmungen betrafen Gebietsabtretungen, die zeitlich begrenzte Besatzung der linksrheinischen Gebiete und eine starke Verminderung des Militärs.

Die deutsche Regierung lehnte die Friedensbedingungen erst ab; aus Protest gegen den Vertrag trat Reichskanzler Philipp Scheidemann zurück. Die Siegermächte aber drohten bei Ablehnung des Vertrages mit einem militärischen Einmarsch – am 28. Juni 1919 unterschrieb die deutsche Regierung nach harten inneren Auseinandersetzungen den Versailler Vertrag. Wegen der Entstehungsbedingungen sprachen viele deutsche Politiker und Bürger von dem „Diktat von Versailles". Der Friedensvertrag belastete in den folgenden Jahren nicht nur das Verhältnis Deutschlands zu den Siegermächten. Innenpolitisch nutzten ihn die Rechtsparteien, um die Vertreter der Regierungsparteien als „Vaterlandsverräter" zu beschimpfen – diese hatten mit Ausnahme der DDP dem Vertrag im Reichstag zugestimmt. Das Versprechen, den „Schandvertrag von Versailles" aufzuheben und „Deutschlands Ehre" wiederherzustellen, ließ später die Nationalsozialisten für viele als verführerische Alternative zu demokratischen Parteien erscheinen.

Die Weimarer Republik – Die Deutschen und ihre erste Demokratie

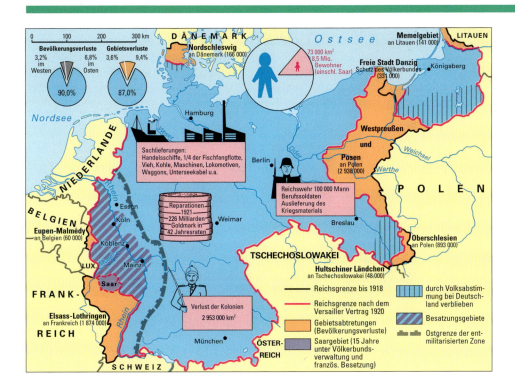

4 *Die Bestimmungen des Versailler Vertrages* und nachfolgender Verträge für das Deutsche Reich zeigt diese Karte.

Zeitraum	(1)	(2)
bis 31.8.24	42,0	9,6
1.9.24–31.8.29	8,0	7,6
1.9.29–30.6.31	3,1	2,8
Besatzungs- kosten	2,0	0,8
insgesamt	55,1	20,8

5 *Deutsche Reparationsleistungen* in unterschiedlicher Bewertung aus deutscher (1) und alliierter (2) Sicht (in Milliarden RM).

2 *Artikel 231 des Versailler Vertrages:*
Die alliierten und assoziierten [= verbündeten und angeschlossenen] Regierungen erklären und Deutschland erkennt an, dass Deutschland und seine Verbündeten als Urheber für alle Verluste und Schäden verantwortlich sind, die die alliierten und assoziierten Regierungen und ihre Staatsangehörigen infolge des Krieges, der ihnen durch den Angriff Deutschlands und seiner Verbündeten aufgezwungen wurde, erlitten haben.

3 *In der Debatte der Nationalversammlung* vom 22.6.1919 über den von den Alliierten vorgelegten Friedensvertrag sagte der deutsche Regierungschef Gustav Bauer (SPD):
In einem sind wir uns einig: in der schärfsten Beurteilung des uns vorgelegten Friedensvertrages (sehr richtig!), zu dem wir unter unerhörtem Zwang unsere Unterschrift geben sollen! Als wir zum ersten Mal diesen Entwurf lasen, brach aus dem ganzen Volk wie aus einem Mund der Protest der Empörung und Ablehnung. Wir hofften, allen Enttäuschungen zum Trotz, auf die Empörung der ganzen Welt. (…) Die Ablehnung [durch die Nationalversammlung] wäre keine Abwendung dieses Vertrags (Sehr richtig! bei den Sozialdemokraten). Ein Nein wäre nur das kurze Hinausschieben des Ja (Sehr richtig! bei den Sozialdemokraten)! Unsere Widerstandskraft ist gebrochen, ein Mittel der Abwendung gibt es nicht. (…) Wenn [die Regierung] unter Vorbehalt unterzeichnet, so betont sie, dass sie der Gewalt weicht, in dem Entschluss, dem unsagbar leidenden deutschen Volk einen neuen Krieg, die Zerreißung seiner nationalen Einheit durch weitere Besetzung deutschen Gebietes, entsetzliche Hungersnot für Frauen und Kinder und unbarmherzige längere Zurückhaltung der Kriegsgefangenen zu ersparen.

1 Beschreibe die Haltung der Regierung zum Versailler Vertrag. Nimm Stellung zu dem Vorwurf, die Regierung habe mit ihrer Unterschrift „Verrat an Deutschland" begangen.
2 Fasse M 2 in eigenen Worten zusammen und beschreibe mithilfe des VT die Bedeutung dieses Artikels des Versailler Vertrages. Nenne Gründe, weshalb dieser Artikel von den meisten Deutschen besonders stark abgelehnt wurde.
3 Gebt mithilfe des VT und M 4 alle Bestimmungen des Versailler Vertrages an. Fertigt dazu eine Tabelle an, in die ihr die Bestimmungen zur Wirtschaft, zum Territorium und zur Bevölkerung des Staates getrennt notiert.

5 Krisenjahr 1923 – Gewalt von allen Seiten

1 links: **Plakat der Reichsregierung** 1923; rechts: **Französische Soldaten** auf dem Gelände der Kruppwerke in Essen schießen 1923 auf deutsche Arbeiter, die aus Protest ihre Arbeitsplätze verlassen hatten. 13 Menschen wurden getötet.

Inflation
von lat. inflare = aufblähen, anschwellen
Das Wort bezeichnet den Wertverlust des Geldes. Er entsteht auch dadurch, dass der Staat immer mehr Papiergeld in Umlauf bringt, dieses aber nicht durch Gold oder staatlichen Besitz gedeckt ist. Der aufgeblähten Geldmenge stehen immer weniger käufliche Güter gegenüber. In der Folge steigen die Preise. Sachwerte (z. B. Grundstücke, Schmuck) behalten ihren Wert; wer Schulden hat, kann sie nun leichter tilgen.

„Ruhrkampf" und Inflation

Die Auflagen des Versailler Vertrages reichten Frankreich nicht aus um sich vor seinem deutschen Nachbarn sicher fühlen zu können. Deshalb nahm die französische Regierung Rückstände des Deutschen Reiches bei den Reparationszahlungen zum Anlass im Januar 1923 das Ruhrgebiet militärisch zu besetzen. Eine Welle der Empörung einte ausnahmsweise in Deutschland alle politischen Lager. Die Regierung in Berlin rief die Bevölkerung im Ruhrgebiet zum „passiven Widerstand" auf: Gruben, Fabriken und Bahnen wurden stillgelegt. Allerdings kosteten der Produktions- und Steuerausfall und die Versorgung der Bevölkerung an der Ruhr den Staat eine Unmenge Geld. Deshalb ließ die Regierung Geld drucken, wodurch die Inflation weiter angeheizt wurde. Der Wert des Geldes verfiel in rasender Geschwindigkeit. Im September musste die Regierung daher den passiven Widerstand aufgeben. Für diese „Kapitulation" erntete sie massive Kritik vor allem von rechts. Im Zuge weiterer Reparationsvereinbarungen räumten die Franzosen dann 1925 das Ruhrgebiet wieder.

Erst im November 1923 gelang es der Regierung mit der Einführung einer neuen Währung, der „Rentenmark", den Geldwert zu stabilisieren. Durch die Inflation hatten vor allem Angestellte, Beamte, Angehörige freier Berufe und Handwerker ihre Ersparnisse verloren. Viele gaben dafür der jungen Republik die Schuld.

Angriffe auf die Republik

Verschiedene politische Gruppen glaubten die Schwierigkeiten der Reichsregierung ausnutzen zu können: Im Westen versuchten so genannte Separatisten mit französischer Unterstützung die Pfalz und das Rheinland gewaltsam vom Reich zu trennen. Sie scheiterten, die Mehrheit der Bevölkerung lehnte die Ziele der Separatisten ab und wehrte sich.

In Thüringen und Sachsen wurde die KPD von der SPD an der Regierung beteiligt. Die Kommunisten bildeten parallel zu ihrer parlamentarischen Arbeit Kampfverbände. Die Reichsregierung in Berlin befürchtete einen Umsturz und ließ durch die Reichswehr die „roten" Länderregierungen und die Kampfverbände gewaltsam auflösen.

Die politischen Bündnisse in Thüringen und Sachsen sahen sich auch als Bollwerk gegen rechtsgerichtete Umsturzpläne: Monarchisch gesinnte Mitglieder der bayerischen Regierung planten die Reichsregierung in Berlin durch eine Militärregierung zu ersetzen. Dabei machten zum ersten Mal eine rechtsradikale Splitterpartei und ihr Parteiführer von sich reden: die Nationalsozialistische Deutsche Arbeiterpartei (NSDAP) und Adolf Hitler. Mithilfe des ehemaligen Generals Ludendorff wollte Hitler in München gewaltsam die Macht an sich reißen und anschließend nach dem Vorbild der italienischen Faschisten mit einem „Marsch auf Berlin" die Reichsregierung stürzen. Die Regierungsmitglieder aus München erkannten jedoch rechtzeitig die Erfolglosigkeit des Vorhabens und distanzierten sich von Hitler. Die bayerische Regierung ließ am 9. November 1923 mit Polizeiverbänden den Hitler-Ludendorff-Putsch niederschlagen. Im anschließenden Gerichtsprozess kamen die Angeklagten mit sehr milden Strafen davon.

Die Weimarer Republik – Die Deutschen und ihre erste Demokratie

2 *Angeklagte während des Hitler-Ludendorff-Prozesses.* Bildmitte: Ludendorff, rechts daneben Hitler

4 Hitler auf dem Reichsparteitag der NSDAP 1927

5 *Inflationsgeld* (links)

Beispiel für die Preisentwicklung von einem Pfund Butter (in Mark)	
1914	1,40
1918	3,00
1922	2400,00
1923	
(August)	150000,00
(November)	6000000000,00

6 *Preisentwicklung von einem Pfund Butter*

Biografische Daten zu Hitler

Adolf Hitler wurde am 20. April 1889 in Braunau/Österreich als Sohn eines Zollbeamten geboren. Die Eltern starben früh. Die Realschule verließ er ohne Abschluss. Zweimal bemühte er sich vergeblich darum, an die Wiener Kunstakademie aufgenommen zu werden. Von 1907 bis 1913 lebte er in Wien von Gelegenheitsarbeiten, danach in München. 1914 meldete er sich als Kriegsfreiwilliger. Das Ende des Krieges erlebte der Gefreite infolge einer Gasvergiftung im Lazarett. Nach seiner Rückkehr nach München war er zunächst arbeitslos. Als Schulungsredner und Spitzel des bayerischen Reichswehrgruppenkommandos kam er 1919 mit der „Deutschen Arbeiterpartei" in Kontakt und trat ihr im September bei. Ab 1920 hieß sie „Nationalsozialistische Deutsche Arbeiterpartei". Hitler gelang es mit seinem Redetalent bereits im Juli 1921 ihr Vorsitzender zu werden. 1923 scheiterte er mit einem Putschversuch in München. Er wurde zu fünf Jahren Haft verurteilt, musste davon aber nur neun Monate absitzen. In dieser Zeit schrieb er das Buch „Mein Kampf", ein Bekenntnis seiner politischen Überzeugungen. 1925 gründete Hitler die Partei neu und organisierte sie nach dem „Führerprinzip". Hitler beging am 30. April 1945 in Berlin Selbstmord.

3 Grundüberzeugungen Hitlers:

a) In einem Brief vom 16. September 1919 an einen Vertrauensmann des Münchener Gruppenkommandos schreibt Hitler:

Zunächst ist das Judentum unbedingt *Rasse* und nicht Religionsgemeinschaft (...). Der Antisemitismus aus rein gefühlsmäßigen Gründen wird seinen letzten Ausdruck finden in der Form von Pogromen [gewalttätige Verfolgung der Juden]. Der Antisemitismus der Vernunft jedoch muss führen zur planmäßigen gesetzlichen Bekämpfung und Beseitigung der Vorrechte des Juden, die er nur zum Unterschied der anderen zwischen uns lebenden Fremden besitzt (Fremdengesetzgebung). Sein letztes Ziel aber muss unverrückbar die Entfernung der Juden überhaupt sein. Zu beidem ist nur fähig eine Regierung nationaler Kraft und niemals eine Regierung nationaler Ohnmacht.

b) In „Mein Kampf" heißt es 1923:
Was nicht gute Rasse ist auf dieser Welt, ist Spreu. Alles weltgeschichtliche Geschehen aber ist nur die Äußerung des Selbsterhaltungstriebes der Rassen im guten oder schlechten Sinne.

Rassenlehre
pseudo-wissenschaftliche Unterscheidung der Menschen nach biologischen Merkmalen, von denen auf bestimmte Eigenschaften geschlossen und der Wert der Menschen festgelegt wird

Antisemitismus
Ablehnung und Bekämpfung der Juden aus so genannten rassischen, religiösen oder wirtschaftlichen Gründen

1 Ruhrkampf und Inflation stärkten die Gegner der Republik. Erkläre diese Aussage mithilfe des VT.
2 Fasse die in M5 genannten Überzeugungen mit eigenen Worten zusammen und nimm Stellung dazu.
3 Welchen Eindruck vermitteln die Angeklagten auf dem Bild M2?

6 Die „Goldenen Zwanziger"

1 „Er schaut nach rechts, er schaut nach links - er wird mich retten." Außenminister Gustav Stresemann in der Rolle des Schutzengels für den „deutschen Michel" (Karikatur aus dem „Simplicissimus" vom 14. 5. 1925).

Nach dem Krisenjahr 1923 sah es in den folgenden fünf Jahre nach einer Wende zu einer sicheren Zukunft für die Weimarer Republik und ihre Bürger aus.

Versöhnung im Westen

Zunächst gelang es der neuen Regierung unter ihrem Außenminister Stresemann die Beziehungen zu den Siegermächten zu verbessern. Durch neu ausgehandelte Zahlungsvereinbarungen mit den Alliierten konnten Erleichterungen für Deutschland bei der Regelung der Reparationen erreicht werden. Der Vertrag von Locarno (1925) führte zu einer Verbesserung im deutsch-französischen Verhältnis. Deutschland erkannte die in Versailles festgelegte deutsch-französische Grenze an. Im Gegenzug wurde mit dem Abzug der Besatzungstruppen aus dem besetzten Rheinland begonnen. Innenpolitisch sorgten diese außenpolitischen Erfolge allerdings für neuen Zündstoff. Die Regierungspolitiker, die sie erreichten, mussten sich von rechts stehenden Gruppen als „Erfüllungspolitiker" beschimpfen lassen.

Im September 1926 erfolgte die Aufnahme Deutschlands in den Völkerbund. Die Mitarbeit in dieser internationalen Organisation – die nach dem Ersten Weltkrieg zur Sicherung des Weltfriedens gegründet worden war – bedeutete, dass Deutschland von nun an als gleichberechtigter Partner in der europäischen Politik anerkannt wurde.

Wirtschaftsblüte auf Kredit

Die Währungsreform im Herbst 1923 und die neue Außenpolitik brachten Deutschland einen Wirtschaftsaufschwung. Vor allem die Exportindustrie wuchs kräftig. Deutsche Produkte der chemischen Industrie, des Maschinenbaus, der Optik und der Elektroindustrie waren auf dem Weltmarkt wieder gefragt. Aber die positive Entwicklung war mit einem großen Risiko verbunden. Denn sie beruhte vorwiegend auf Krediten, die vor allem von amerikanischen Banken gewährt wurden.

Ein besseres Leben?

Der Lebensstandard der Deutschen verbesserte sich nur langsam. Er erreichte ungefähr den Stand von 1913, die Zahl der Arbeitslosen sank nie unter eine Million. 1927 verabschiedete der Reichstag ein Gesetz, das Arbeitsvermittlung und Arbeitslosenunterstützung zu staatlichen Aufgaben machte. Erhebliche Steuermittel flossen in den staatlich geförderten sozialen Wohnungsbau. Die Errichtung von neuen Schulen, Krankenhäusern, Schwimmbädern und Sportplätzen machte die Städte moderner und lebenswerter, war aber sehr teuer.

Schattenseiten der Modernisierung

Der wirtschaftliche Aufschwung ging einher mit einer starken Konzentration in der Produktion und im Handel. Einzelne Firmen schlossen sich zu Großunternehmen zusammen und begannen vor allem durch die Einführung von Fließbandarbeit die Produktion zu rationalisieren. Die Klein- und Mittelbetriebe, in denen mehr Menschen als in der Großindustrie arbeiteten, gerieten durch den Konzentrations- und Rationalisierungsprozess in immer grössere Schwie-

1861	Telefon
1866	Dynamo
1867	Stahlbeton
1879	Glühlampe
1885	Kraftwagen
1909	Kunstkautschuk
1913	Ammoniaksynthese
1914	Ganzmetallflugzeug
1919	Tonfilm
1923	Rundfunk in Deutschland

2 Erfindungen, die für die industrielle Entwicklung nach dem Ersten Weltkrieg eine wichtige Rolle spielten.

rigkeiten. Insbesondere der Einzelhandel machte schlechte Geschäfte. Die Schuld für seinen Abstieg gab er den aufkommenden Kaufhausketten. Diese lockten die Kunden mit Einheitspreisen, Sonderangeboten und neuen Verkaufs- und Werbemethoden. Auch die Landwirtschaft geriet in eine zunehmend kritische Lage. Ihre Erträge deckten die Kosten nicht. Hohe Ausgaben für Maschinen trieb viele Landwirte in eine Existenz gefährdende Verschuldung. Die Zahl der Zwangsversteigerungen von Bauernhöfen nahm stark zu.

5 *Modernisierung bei Produkt und Produktion.* Nach dem Ersten Weltkrieg wurden erstmals in nennenswertem Umfang PKWs hergestellt. Wie hier bei der Firma Hanomag in Hannover-Linden wird die Fließbandfertigung eingeführt. Diese Technik stammt aus den USA und wird in Deutschland erst mit Verspätung übernommen. Foto um 1925.

3 *„Damals war die schöne Zeit"* – Schriftsteller Leonhard Frank (1882–1961) über die Zeit Mitte der 20er-Jahre in seinen 1963 erschienenen Lebenserinnerungen:
Von den Nachwirkungen des verlorenen Krieges war nichts mehr zu spüren. Die Wirtschaftsverhältnisse hätten nicht besser sein können, wenn Deutschland den
5 Krieg gewonnen haben würde. Riesige Summen amerikanischen Privatkapitals wurden ins Land gepumpt. (…) Ein neues Deutschland hatte sich herausgeschält. Eine Art Märchen vom Aschen-
10 brödel war für eine ganze Nation Wirklichkeit geworden.

4 *Tempo, Tempo* – die neuen Arbeitsmethoden aus der Sicht eines Betroffenen, 1924:
Der Kalkulator hat's mir angetan. Der Mann, der die Zeit beherrscht. Der für uns die Minuten macht, die für den Betrieb zu Dividenden werden. Dieser klei-
5 ne Mann mit den funkelnden Brillengläsern, der immer im Hintergrund lebt, brütet unter seiner Glatze das Tempo des Arbeitsganges aus, die Geschwindigkeit des laufenden Bandes. (…) Acht Stunden
10 geht das so. Dreiundzwanzig Nieten in die Bleche – weiter – weiter, die Rotoren rollen in den Lötraum. Im Staub, Gestank und Getöse stehen wir, Männer hinter Frauen, Frauen hinter Männern. Alte,
15 junge – Augen brennen, müde vor Erregung. Zähne malmen aufeinander. Fäuste packen fester die Hebel, das Werkzeug. Vor mir knallen die Stanzen. Neben mir singen die Schleifmaschinen. Und
20 dort hinter der Presse glaubt sich unbeobachtet – mein Kalkulator.

(…) Ein Groll fliegt von mir zu ihm, gegen seine haarlose Hirndecke. Ich nehme mir vor, mich nicht mehr um ihn zu küm-
25 mern. Doch er kommt immer wieder, bei der Arbeit, in der Pause. Sei es nur leiblich oder nur visionär: Er ist da. Ich esse ihn mit jedem Happen Brot auf. Soviel ich auch seine Anwesenheit aus meinem
30 Hirn zu radieren suche: Er ist da mit Rechenschieber und Stoppuhr, bestimmt meine Existenz.

1918	allgemeines Frauenwahlrecht, Einrichtung der Erwerbslosenfürsorge, Acht-Stunden-Arbeitstag
1919	Anerkennung der Gewerkschaften als Vertreter der Arbeiter und ihres Mitspracherechts bei Löhnen und Arbeitsbedingungen
1920	Betriebsrätegesetz
1923	Einrichtung von Jugendgerichten
1924	Einrichtung der Angestelltenversicherung
1927	Arbeits- und Kündigungsschutz für werdende und stillende Mütter, Einrichtung von Arbeitsämtern, Einrichtung der Arbeitslosenversicherung

6 *„Bandarbeit – Hetzarbeit"* (aus einem Arbeiterzeichenwettbewerb 1926/27). – Welche Auswirkung der neuen Arbeitsformen wird hier kritisiert?

7 *Sozialpolitische Errungenschaften* aus der Zeit der Weimarer Republik

1 Beschreibt die Gründe und Folgen des Wirtschaftsaufschwungs (VT). Was bedeutete dies für das Leben der Menschen (M3)?
2 Wer ist der „Kalkulator" (M4)? Überlegt, welche Vor- und Nachteile das Arbeiten in den neu organisierten Großbetrieben brachte.
3 Diskutiert anhand der Informationen dieser Doppelseite: Waren die 20er-Jahre „golden"?

7 Jüdische Bürger in der Weimarer Republik

1 Walter Rathenau (Foto). Am 24. Juni 1922 ermordeten ehemalige Offiziere der Reichswehr den jüdischen Unternehmer und Außenminister W. Rathenau (links) auf offener Straße – ein Schlag sowohl gegen die junge Demokratie als auch gegen die jüdische Bevölkerung.

Assimilation so nennt man die Angleichung der Lebensweise von Menschen, die in verschiedenen kulturellen und religiösen Gruppen leben. Die jüdische Bevölkerung assimilierte sich seit dem 19. Jahrhundert und erhielt staatsbürgerliche Rechte.

Die jüdische Minderheit

Für die rund 500 000 in Deutschland lebenden Juden wurden mit der Weimarer Verfassung alle Beschränkungen aus dem Kaiserreich abgeschafft. Nun standen ihnen auch alle Berufe in Militär und Verwaltung offen und sie wurden als gleichberechtigte deutsche Staatsbürger anerkannt. Damit war nach über 100 Jahren ein Höhepunkt der Emanzipation erreicht. Das Zentrum jüdischen Lebens war Berlin, wo ein Drittel aller deutschen Juden lebte. Auch dort bildeten sie eine feste Gemeinschaft mit einem weit gefächerten kulturellen Leben. So gab es zahlreiche Synagogen, Thoraschulen, Vereine, Jugendgruppen und Zeitschriften.

„Deutsche Juden" und „Ostjuden"

Da man ihnen viele Berufe lange Zeit versperrt hatte, waren sehr viele Juden als Kaufleute, Ärzte und Rechtsanwälte tätig und in diesen Berufen auch besonders stark vertreten. So stellten sie 16% aller Ärzte in Deutschland und 40% der Bekleidungsfirmen waren in ihrem Besitz, obwohl die jüdischen Bürger nur knapp ein Prozent der Gesamtbevölkerung ausmachten. Dagegen fanden sich kaum jüdische Arbeiter oder Unternehmer in der modernen Schwerindustrie. In den Gemeinden lebte auch eine Minderheit von osteuropäischen Juden. Diese Zuwanderer aus Osteuropa arbeiteten zumeist als kleine Händler und Handwerker. Sie hielten noch stark am jüdischen Glauben und Brauchtum fest und unterschieden sich durch Kleidung und Haarschnitt vom *assimilierten* jüdischen Bürgertum.

Kulturelle Blüte oder Verfall?

Kunst und Wissenschaft erlebten in den 20er-Jahren eine Glanzzeit, in der sich Berlin zum geistigen und kulturellen Mittelpunkt Europas entwickelte. „Expressionismus" und „Neue Sachlichkeit" waren Stile der „modernen Kunst", mit denen junge Maler, Dichter und Komponisten ein neues, verändertes Lebensgefühl ausdrückten. Auch viele jüdische Künstler experimentierten mit neuen Themen und Formen. So rückte die Beschäftigung mit der Faszination der Großstadt oder die Erinnerung an Tod und Krieg in den Mittelpunkt ihres Interesses. Große Teile des konservativen Bürgertums lehnten das ab. Für sie drückte sich darin der kulturelle Niedergang aus.

Zu den neuen Errungenschaften in der Kunst kamen bahnbrechende Entdeckungen in der Technik, der Medizin und den Naturwissenschaften. Dabei waren es vor allem auch jüdische Persönlichkeiten, die Deutschland internationalen Ruhm und an die wissenschaftliche Weltspitze brachten: die Physiker und Nobelpreisträger Albert Einstein, Gustav Hertz und Max Born oder auch die Schriftsteller Stefan Zweig, Kurt Tucholsky, Alfred Döblin, Walter Benjamin und Else Lasker-Schüler.

Antisemitismus

Nationalistische Parteien und Zeitungen benutzten das Zerrbild vom „schmutzigen Ostjuden", bezeichneten die jüdischen Künstler der Moderne als „undeutsch" und beschimpften die Weimarer Republik als „Judenstaat". Damit schürten sie den Antisemitismus

Die Weimarer Republik – Die Deutschen und ihre erste Demokratie

2 Albert Einstein veröffentliche die Relativitätstheorie und erhielt dafür 1921 den Nobelpreis für Physik. Unter den fünfzehn deutschen Nobelpreisträgern zur Zeit der Weimarer Republik waren fünf deutsche Juden. 1914/1915 äußerte sich Einstein: Wenn meine Theorie sich als richtig erweist, werden die Deutschen mich einen Deutschen nennen, die Franzosen einen Juden. Wenn sie sich als falsch erweisen
5 sollte, werden die Deutschen mich einen Juden nennen, die Franzosen einen Deutschen.

3 Der Schriftsteller Ernst Toller schrieb in seiner 1933 erschienenen Autobiographie: Ich denke an meine frühe Jugend, an den Schmerz des Knaben, den die anderen Buben „Jude" schimpften (…), an die schreckliche Freude, die ich empfand,
5 wenn ich nicht als Jude erkannt wurde, an die Tage des Kriegsbeginns, an meinen leidenschaftlichen Wunsch, durch den Einsatz meines Lebens zu beweisen, dass ich Deutscher sei, nichts als Deut-
10 scher. Aus dem Felde hatte ich dem Gericht geschrieben, es möge mich aus den Listen der jüdischen Gemeinschaft streichen. War alles umsonst? Oder habe ich mich geirrt? Liebe ich nicht dieses Land
15 (…) ? Rührten mich nicht die Verse Goethes und Hölderlins, die ich als wacher Knabe las, zu dankbarer Ergriffenheit? Die deutsche Sprache, ist sie nicht meine Sprache, in der ich fühle und denke,
20 spreche und handle, Teil meines Wesens, Heimat, die mich nährte, in der ich wuchs? Aber bin ich nicht auch Jude? Gehöre ich nicht zu jenem Volk, das seit Jahrtausenden verfolgt, gejagt, gemar-
25 tert, gemordet wird? (…) Die Worte „Ich bin stolz, dass ich ein Deutscher bin" oder „Ich bin stolz, dass ich ein Jude bin" klingen mir so töricht, wie wenn ein Mensch sagte „Ich bin stolz, dass ich
30 braune Augen habe".
Soll ich dem Wahnwitz der Verfolger verfallen und statt des deutschen Dünkels den jüdischen annehmen? Stolz und Liebe sind nicht eines, und wenn mich einer
35 fragte, wohin ich gehöre, ich würde antworten: Eine jüdische Mutter hat mich geboren, Deutschland hat mich genährt, Europa mich gebildet, meine Heimat ist die Erde, die Welt mein Vaterland.

4 „Die geistige Emigration" (Gemälde von Arthur Kaufmann; begonnen 1938/1940, beendet 1965). Von 1933 bis 1939 gelang es der Hälfte der deutschen Juden auszuwandern. Auf dem Gemälde sind jüdische und nichtjüdische Künstler und Wissenschaftler abgebildet, die schon früh in europäische Länder, die USA oder nach Palästina emigrierten. auf dem linken Flügel unten, von links: George Grosz; Arnold Schönberg; mittlerer Flügel unten: Albert Einstein, Erika Mann; dahinter von links: Arnold Zweig, Klaus Mann und Thomas Mann, Ludwig Renn; rechter Flügel unten, von links: Kurt Weill, Max Reinhardt, Helene Thimig und Ernst Toller.

5 Flugblatt vom 4. Mai 1924

1 Bildet Arbeitsgruppen und erkundigt euch über die wissenschaftlichen und künstlerischen Leistungen der im VT und M4 genannten Personen mithilfe von Lexika. Sucht auch Informationen zu ihrem Leben vor und nach 1933. Präsentiert eure Ergebnisse mit Texten und Bildern mithilfe einer Wandzeitung.
2 Erläutere den Begriff der Assimilation. Interpretiere dazu M2, M3 und M5.

8 Neue Chancen für Frauen?

1 *Das neu gewonnene Selbstbewusstsein von Frauen drückte sich auch in „gewagten" kniefreien Kleidern und (wie bei der Dame links) dem modernen Kurzhaarschnitt („Bubikopf") aus. Dass Frauen sich ungezwungen und rauchend in der Öffentlichkeit bewegen, wäre in der Kaiserzeit kaum möglich gewesen.*

2 *Alte Sichtweise – getarnt als messerscharfer Spott? (Karikatur zur „neuen" Frau)*

„Um Himmelswillen, Lotte, was ist denn mit dir passiert?" – „Na, stell' dir vor: Ich geh' heut' zum Friseur, setz' mich hin – da fängt der Dussel an mich zu rasieren!"

Zeit der Veränderung

Die 20er-Jahre waren besonders in Großstädten eine bewegte Zeit. Die Demokratie brachte neue Werte mit sich: Die Menschen konnten sich freier bewegen und leben. Einige begannen sich den bisher gültigen Zwängen und Regeln zu entziehen. Gerade jüngere Männer und Frauen aus den Großstädten, die häufig künstlerischen Tätigkeiten nachgingen oder solchen Kreisen nahe standen, wehrten sich gegen jede Bevormundung von Staat, Kirche oder Familie.

Neues Selbstbewusstsein

Mit diesem Wandel änderten sich – zumindest in den bürgerlichen Schichten – die Vorstellungen über die Stellung von Frauen in der Gesellschaft stark. Unabhängig und sportlich, so gab sich die neue, junge Frau. Sie machte den Führerschein und betrieb „Männersport" – 1926 nahmen Frauen erstmals an den Olympischen Spielen teil. Einzelne reiche Frauen wie die Tochter des vermögenden Industriellen Stinnes betätigten sich sogar als Rennfahrerinnen und Pilotinnen. So wurde demonstriert, dass die Beherrschung modernster Technik und höchster Geschwindigkeit keineswegs „reine Männersache" war.

Die Welt des Vergnügens

Neue Freiheiten zeigen sich auch im Freizeitangebot der Städte. Besonders Berlin wurde zur Welthauptstadt der Cabarets und der Revuen. Das Nachtleben blühte, auch als Wirtschaftskrisen deutliche Spuren hinterließen. Sexuelle Freizügigkeit, das Zusammenleben von Mann und Frau ohne Trauschein – all dies erprobte ein allerdings sehr kleiner Teil der jungen Generation.

In der Arbeitswelt: vieles beim Alten

Durch die wirtschaftliche Not nach dem Krieg und in den Anfangsjahren der Weimarer Republik gab es viele verheiratete Frauen, die durch eigene Arbeit zum Familieneinkommen beitrugen. Nach der starken Verbreitung der Schreibmaschine eröffnete sich mit dem Beruf der Sekretärin auch für Frauen aus unteren Schichten eine neue Arbeitsmöglichkeit. Neben der Masse wenig qualifizierter und ungelernter Frauen in Büros und Fabriken erreichten weiterhin nur sehr wenige hochqualifizierte Frauen führende Positionen in Wirtschaft, Verwaltung oder Hochschulen. In der bald beginnenden Zeit neuer Wirtschaftskrisen waren es dann auch meist die Frauen, die zuerst arbeitslos wurden.

Die Weimarer Republik – Die Deutschen und ihre erste Demokratie

3 *„Von Kopf bis Fuß auf Liebe eingestellt"*: Schauspielerin und Sängerin Marlene Dietrich auf dem Plakat zu dem 1930 gedrehten Film „Der blaue Engel".

4 Frauenwahlrecht – relativ gesehen:
a) Lida Gustava Heymann, die sich vergebens um einen Sitz in der Hamburger Bürgerschaft beworben hatte, über die Chancen für Frauen durch das neue Wahlrecht:
Die Gleichberechtigung der Frauen (…) stand in der [Weimarer] Verfassung, war auf dem Papier vorhanden, das war aber auch alles. Die Wirtschaft, die Finanzen,
5 Verwaltung, der gesamte Staatsapparat, der bei Revolutionen und Umwälzungen ein ausschlaggebender Faktor ist, befanden sich ausschließlich in den Händen der Männer. Nicht einmal bei den Wah-
10 len hatten Frauen gleiche Möglichkeit freier Auswirkung wie die Männer. Denn diese allein beherrschten wiederum den Parteiapparat wie die Parteikassen und damit die Propaganda.

b) Positive Ansätze für die Frauen stellte Regine Deutsch 1920 nach der Wahl des ersten deutschen Parlaments fest:
Wenn man die starke Wahlbeteiligung der Frauen und ihr numerisches Übergewicht in Betracht zieht, so muss man wohl die Zahl der weiblichen Abgeordneten als eine sehr geringe bezeichnen.
5 neten als eine sehr geringe bezeichnen.

Trotzdem können die deutschen Frauen mit Stolz sagen, dass noch in kein Parlament der Welt – bei einer ersten Beteiligung der Frauen am aktiven und passi-
10 ven Wahlrecht – eine so große Zahl von Vertreterinnen eingezogen ist. Die Frauen des Auslandes, die dem plötzlichen Wandel der Stellung der Frau in Deutschland mit Interesse folgten, gaben ihrem
15 Erstaunen darüber Ausdruck; ihnen erschienen 37 weibliche Abgeordnete als ein unerhörter Frauenerfolg. Im englischen Unterhaus sitzt eine Frau.

5 *Frauenarbeit und Wirtschaftskrise*, aus einer Erklärung des Bundes deutscher Frauenvereine, April 1929:
Die immer noch nicht überwundenen Vorurteile gegen die Berufstätigkeit der Frauen finden angesichts der Arbeitslosigkeit von Millionen von Männern in der
5 Bevölkerung neue Nahrung. Die Forderung, dass auf dem überlasteten Arbeitsmarkt zunächst die Frauen Platz zu machen haben, findet weithin gefühlsmäßige Zustimmung. (…) Die zahlenmäßig
10 großen Gebiete, auf denen die weibliche Konkurrenz vor allem angegriffen wird, sind die der Angestellten und Arbeiter. (…) Es besteht die Gefahr, dass unter dem Druck der Wirtschaftslage die Frau-
15 en auf dem Wege zu verfeinerter Leistung und wesensmäßiger Einordnung in die Volkswirtschaft zurückgeworfen werden. Vor dieser Gefahr muss gewarnt werden.

6 *Weibliche Angestellte* in der Buchungsabteilung eines Großbetriebes an ihren Schreibmaschinen (Foto von 1935). Besonders abwechslungsreich und anspruchsvoll war die Bürotätigkeit nicht: Meistens bestand sie im einfachen Abtippen von Texten.

1 Stellt zusammen, wie sich die Lebenssituation der Frau in der Gesellschaft veränderte (VT, M 1, M 4b, M 6).
2 Inwiefern wurde die Entwicklung der Frau kritisiert (M 4a, M 6) oder möglicherweise auch als Provokation empfunden (M 1, M 3)? Wie beurteilt ihr die einzelnen Standpunkte?
3 Diskutiert die Frage der Kapitelüberschrift. Kann man von „Emanzipation" und „Gleichberechtigung" sprechen?

9 Eine Krise der Wirtschaft – eine Krise der Demokratie

1 Die Bewohner der Hinterhofwohnungen in der Berliner Köpenicker Straße treten 1932 in den Mieterstreik. – Welche Rückschlüsse auf die politischen Einstellungen der Bewohner erlaubt das Foto?

2 Wie Millionen Menschen in allen Industrieländern, so bot auch dieser Deutsche seine Arbeitskraft an.

Weltwirtschaftskrise
Damit wird die große Wirtschaftskrise bezeichnet, die ab 1929 alle Industrieländer erfasste und Auswirkungen auf die ganze Welt hatte. Sie begann mit dem „schwarzen Freitag" am 24. Oktober 1929 in New York. An der dortigen Börse brachen die Kurse ein, weil Aktien zuvor weit über Wert gehandelt worden waren.

Nach den Jahren der Krisen folgten etwa mit Beginn des Jahres 1925 die „Goldenen Zwanziger" der Weimarer Republik. Innenpolitisch wurde es ruhiger. Seit Dezember 1924 war die rechtskonservative DNVP an der Regierung beteiligt. 1925 wurde mit Hindenburg sogar ein Repräsentant der alten Monarchie zum Reichspräsidenten gewählt. Das versöhnte bis auf weiteres bisherige Demokratiegegner ein wenig mit dem neuen Staat. Die Wahlen zum Reichstag 1928 führten zu einem Regierungswechsel. Unter der Führung der SPD bildete sich eine große Koalition ohne DNVP. Die neue Regierung sah sich bald ihrer größten Herausforderung gegenübergestellt: der *Weltwirtschaftskrise*.

Weltwirtschaftskrise und Massenarbeitslosigkeit

Eine große Wirtschaftskrise in den USA weitete sich ab 1929 zu einer Weltwirtschaftskrise aus. Amerikanische Banken mussten ihr Kapital aus Deutschland abziehen, doch deutsche Banken hatten es langfristig investiert und wurden daher zahlungsunfähig. Der Zusammenbruch vieler Banken war nicht mehr aufzuhalten. Das zog den Konkurs von Betrieben nach sich. Wegen der schlechten Lage der Weltwirtschaft ging auch der wichtige deutsche Export schmerzhaft zurück (von 12,0 Milliarden Mark im Jahre 1928 auf 4,8 Milliarden Mark im Jahre 1933). Weitere Firmen mussten Konkurs anmelden, und mehr und mehr Menschen verloren ihren Arbeitsplatz. Dadurch wurden weniger Waren gekauft, und auch die Steuereinnahmen des Staates gingen zurück, sodass die Regierung sich zu Sparmaßnahmen gezwungen sah. Das alles führte schließlich zur Massenarbeitslosigkeit.

Anders als in anderen Industrieländern gab es in Deutschland zwar seit 1927 eine Arbeitslosenversicherung, aber deren Leistungen garantierten kaum das Existenzminimum. Viele Menschen erhielten überhaupt keine Hilfe, verloren während der Wirtschaftskrise ihre Wohnung und lebten in Notunterkünften.

Ende der großen Koalition ...

An den wirtschaftlichen und sozialen Problemen zerbrach 1930 die große Koalition. Die Interessengegensätze in ihr waren zu groß. Die SPD vertrat in der Krise wieder deutlicher als zuvor die Arbeiterschaft und die Gewerkschaftsseite, die DVP dagegen die Unternehmer und Teile des alten Adels. Die steigende Arbeitslosigkeit veranlasste die Regierung die Beiträge zur Arbeitslosenversicherung zu erhöhen. Den Streit um eine geringfügige Erhöhung der Versicherung nahm die DVP zum Anlass die ihr unliebsame Koalitionsverbindung mit den Sozialdemokraten wieder zu lösen.

... Ende der parlamentarischen Demokratie?

Der Bruch der großen Koalition ermutigte die Gegner des „Parteienstaates". Auf der politischen Rechten glaubte man, dass nun die Zeit für einen „nationalen Führer" gekommen sei. Das Parlament schien seine Handlungsunfähig-

Die Weimarer Republik – Die Deutschen und ihre erste Demokratie

keit verloren zu haben. Selbst führende Politiker der bisher republiktreuen Zentrumspartei spielten mit dem Gedanken an einen autoritären Staat. Ihr Parteivorsitzender Heinrich Brüning wurde drei Tage nach dem Bruch der großen Koalition vom Reichspräsidenten zum neuen Reichskanzler ernannt. Aber er besaß nicht mehr das Vertrauen der Parlamentsmehrheit. Fand Brüning für seine Gesetze keine Mehrheit im Parlament, erließ er sie mithilfe der Notverordnungen des Reichspräsidenten. Das ließ die Verfassung zu. Versuchte eine Parlamentsmehrheit doch noch, eine Notverordnung wieder aufzuheben, konnte Hindenburg das Parlament auflösen und Neuwahlen ansetzen. Zwischen 1930 und 1933 geschah das viermal.

Einschneidend wurde die Wahl im September 1930: Die NSDAP konnte ihren Stimmenanteil verzehnfachen und wurde nach der SPD zweitstärkste Fraktion. Mit einem Schlag gehörte fast die Hälfte der Abgeordneten des Reichstages republikfeindlichen und antidemokratischen Parteien an. Um wenigstens eine Diktatur Hitlers zu verhindern tolerierte die SPD das Kabinett Brüning. Dem Reichspräsidenten wäre jedoch eine Zusammenarbeit seines Kanzlers mit den Rechtsparteien lieber gewesen. Deshalb verlor Brüning das Vertrauen Hindenburgs wieder. Dem Kabinett Brüning folgten mit zwei weiteren Präsidialkabinetten Regierungen, die allein vom Wohlwollen des Reichspräsidenten abhingen.

Nationalsozialisten profitieren von der Angst

Brüning hatte geglaubt die Wirtschaftskrise mit einer rigorosen Sparpolitik und drastischen Haushaltskürzungen überwinden zu können. Stattdessen nahm die Arbeitslosigkeit weiter zu, ebenso die wirtschaftliche Not breiter Teile der Bevölkerung und die Angst vor der Zukunft. Das machte viele anfällig für einfache und radikale Parolen der Rechtsparteien. Die NSDAP schürte mit ihrer Propaganda die Ängste der Bevölkerung und versprach den Unzufriedenen die Lösung all ihrer Probleme. Damit hatte sie bei den Wahlen großen Erfolg.

3 Massenveranstaltung der NSDAP im Berliner Sportpalast vor 1933

Zugleich verstärkte sie mit gewalttätigen Demonstrationen auf den Straßen die Furcht vor einem drohenden Bürgerkrieg. Vor allem zwischen den Kampfverbänden der Kommunisten und der Nationalsozialisten kam es immer öfter zu Straßenkämpfen und Saalschlachten mit Toten und Verletzten.

Drahtzieher im Hintergrund

Die erste Demokratie in Deutschland befand sich im Niedergang: Seit den Wahlen von 1930 unterstützten einflussreiche Kreise aus Industrie, Bankwesen, Landwirtschaft, Adel und Armee die Hitler-Partei und andere Rechtsparteien. Die Notverordnungspraxis hatte das Parlament weitgehend entmachtet. Eine Koalitionsmehrheit demokratischer Parteien war nicht mehr in Aussicht. Deshalb verlagerten sich die politischen Entscheidungen in die Hinterstuben der Macht.

Ab 1932 spann die *Kamarilla* immer dreister ihre politischen Fäden. Die demokratiefeindlich eingestellte Gruppe nutzte ihre direkten Beziehungen zu Hindenburg um den altersschwachen Präsidenten für ihre politischen Interessen einzuspannen. Differenzen und Machtintrigen innerhalb dieser Gruppe führten schließlich dazu, dass Hindenburg seine Vorbehalte fallen ließ und am 30. Januar 1933 den Führer der NSDAP, Adolf Hitler, zum neuen Reichskanzler ernannte.

4 Das Hakenkreuz, Symbol der Nationalsozialisten (Karikatur aus „Der Wahre Jakob" vom Anfang 1933). – Wie sah der Zeichner die NSDAP?

Kamarilla (span. = Kämmerchen) Das Wort bezeichnet Politiker, die über großen Einfluss im Zentrum der Macht verfügen und „hinter den Kulissen" wichtige politische Weichenstellungen vorbereiten. Demokratische Regeln werden von ihnen ignoriert und demokratische Einrichtungen übergangen. Zur Kamarilla um Hindenburg gehörten Großgrundbesitzer, Angehörige des alten Adels und Militärs.

Eine Krise in der Wirtschaft – eine Krise in der Demokratie

5 Wahlplakat der NSDAP von 1932. – Wie wird hier um Stimmen geworben? Diskutiert, ob diese Werbestrategie Aussicht auf Erfolg haben konnte.

6 Vor Arbeitsämtern (hier 1932 in Hannover) und Toren der wenigen Werkstätten oder Büros, die einen Arbeitsplatz anbieten, spielen sich solche Szenen ab. Wer noch Arbeit hat, lebt in der Angst vor der Entlassung. Auch die Gewerkschaften bieten keine Hilfe, denn der Streik als Waffe des Arbeitskampfes ist durch die Massenarbeitslosigkeit unwirksam geworden.

7 Auswirkungen der Wirtschaftskrise
a) Arbeitslose Jugendliche äußern sich 1932 in einer Zeitung:
„Der Hunger ist noch lange nicht das Schlimmste. Aber seine Arbeit verlieren, bummeln müssen und nicht wissen, ob man jemals wieder in seine Arbeit
5 kommt, das macht kaputt."
„Man ist rumgelaufen nach der Arbeit Tag für Tag, man ist schon bekannt bei den einzelnen Fabriken, und wenn man dann immer das eine hört: Nichts zu ma-
10 chen – wird man abgestumpft."
„Mit der Zeit wächst in dem Herzen eine giftige Blüte auf, der Hass."
„Ich hasse diesen Staat, und ich habe als Arbeitsloser das Recht und die Pflicht
15 den deutschen Besitzenden zu hassen."

b) Die „Arbeiter-Illustrierte-Zeitung" schilderte 1930 die Situation von Arbeitslosen:
Du hast eines Tages den berühmten „blauen Brief" erhalten; man legt auf deine Arbeitskraft kein Gewicht mehr, und du kannst dich einreihen in die „graue
5 Masse" der toten Hände und überflüssigen Hirne. (…) Man fragt dich aus, wo du in den letzten vier Jahren beschäftigt warst, du musst deinen Lebenslauf schreiben, den Besuch der Schulen an-
10 geben, schreiben, warum du entlassen worden bist usw. (…) Nach peinlicher Befragung erhältst du deine Stempelkarte und gehst damit los zur Erwerbslosenfürsorge. (…) Deine Unterstützung rich-
15 tet sich nach deinem Arbeitsverdienst in den letzten 26 Wochen. Aber ganz gleich, ob du 8,80 Mk oder 22,05 Mk [Höchstsatz] als Lediger pro Woche erhältst, die paar Pfennige sind zum Leben zu wenig
20 und zum Sterben zu viel. 26 Wochen darfst du stempeln und Unterstützung beziehen, dann steuert man dich aus, und du kommst in die Krisenfürsorge, deren Sätze erheblich niedriger sind.
25 Und nach weiteren 26 oder 52 Wochen erhältst du gar nichts mehr und gehörst zu den gänzlich Unterstützungslosen.

c) Statistische Daten

Jahr	Index der Industrieproduktion	Verdienstder Arbeiter (Reallöhne)	Arbeitslosigkeit in Mio. und in (%)
1928	100	100	1,3 (6,3)
1929	100	102	1,8 (6,5)
1930	87	97	3,0 (14,0)
1931	70	94	4,5 (21,9)
1932	58	86	5,6 (29,9)
1933	66	91	4,8 (25,9)
1934	83	95	2,7 (13,5)

8 Im Waffenarsenal der Demokratie
NSDAP-Funktionär Goebbels, später Propagandaminister, im April/Mai 1928:
Wir gehen in den Reichstag hinein um uns im Waffenarsenal der Demokratie mit deren eigenen Waffen zu versorgen. Wir werden Reichstagsabgeordnete um
5 die Weimarer Gesinnung mit ihrer eigenen Unterstützung lahm zu legen. Wenn die Demokratie so dumm ist, uns für diesen Bärendienst Freifahrkarten und Diäten zu geben, so ist das ihre eigene Sa-
10 che. (…) Wenn es uns gelingt, bei diesen Wahlen [1928] sechzig bis siebzig Agitatoren unserer Partei in die verschiedenen Parlamente hineinzustecken, so wird der Staat selbst in Zukunft unseren Kampf-
15 apparat ausstatten und besolden. (…) Wir kommen als Feinde! Wie der Wolf in die Schafherde einbricht, so kommen wir.

	Gesetze	Notverordnungen	Reichstagssitzungen
1930	98	5	94
1931	34	44	41
1932	5	60	13

9 Reguläre Gesetzgebung und Notverordnungspraxis 1930 bis 1932

Die Weimarer Republik – Die Deutschen und ihre erste Demokratie

10 **NSDAP-Wähler in Prozent pro Wahl,** die einer bestimmten sozialen Schicht entstammen (nach Forschungsergebnissen von J. W. Falter; mit Rundungsfehlern):

	1928	1930	1932$_J$	1932$_N$	1933	alle
Selbstständ./Mithelfd.	26	27	31	30	31	24
Angestellte/Beamte	12	13	11	12	12	15
Arbeiter	30	26	25	26	26	32
Berufslose	13	17	17	17	16	13
Hausfrauen etc.	17	17	16	16	16	17
alle	98	100	100	100	101	101

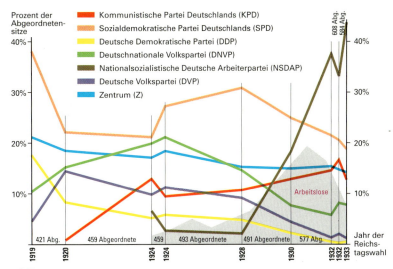

12 Entwicklung der Parteien bei den Reichstagswahlen

11 **Petition [politische Bittschrift] an den Reichspräsidenten** von Vertretern der Wirtschaft, der Banken und des Großgrundbesitzes im November 1932:
Mit Eurer Exzellenz bejahen wir die Notwendigkeit einer vom parlamentarischen Parteiwesen unabhängigen Regierung. (…)
⁵ Es ist klar, dass eine des Öfteren wiederholte Reichstagsauflösung mit sich häufenden, den Parteikampf immer mehr zuspitzenden Neuwahlen nicht nur einer politischen, sondern auch jeder wirt¹⁰schaftlichen Beruhigung und Festigung entgegenwirken muss. (…)
Wir erkennen in der nationalen Bewegung (…) den verheißungsvollen Beginn einer Zeit, die durch Überwindung des ¹⁵Klassengegensatzes die unerlässliche Grundlage für einen Wiederaufstieg der deutschen Wirtschaft erst schafft. Wir wissen, dass dieser Aufstieg noch viele Opfer erfordert. Wir glauben, dass diese ²⁰Opfer nur dann willig gebracht werden können, wenn die größte Gruppe dieser nationalen Bewegung führend an der Regierung beteiligt wird.
Die Übertragung der verantwortlichen ²⁵Leitung eines mit den besten sachlichen und persönlichen Kräften ausgestatteten Präsidialkabinetts an den Führer der größten nationalen Gruppe wird die Schwächen und Fehler, die jeder Mas³⁰senbewegung notgedrungen anhaften, ausmerzen und Millionen Menschen (…) zu bejahender Kraft mitreißen.

13 **Die Wählerschaft der NSDAP**
Der Historiker J. W. Falter zu der sozialen Zusammensetzung der NSDAP-Wähler:
Zwar überwiegt unter den Wählern der NSDAP von 1930 ab unbestreitbar das mittelständische Element; doch gelang es der NSDAP, mit ihrer Ideologie der ⁵Volksgemeinschaft und ihrem übersteigerten Nationalismus, Angehörige aller Bevölkerungsschichten, Angestellte und Arbeiter, Bauern und Beamte, Freiberufler und Hausfrauen, Junge und Alte, ¹⁰Protestanten und Katholiken, Grenz- und Binnenlandbewohner, Unternehmer und Arbeitslose etc., in so großer Zahl für sich zu mobilisieren, dass bei aller Überrepräsentation des protestantischen Mit¹⁵telschichtenbereichs sie stärker als jede andere politische Gruppierung jener Jahre Volksparteicharakter trug.

14 Plakat zur Reichstagswahl 1932

1. Beschreibe die Auswirkungen der Wirtschaftskrise auf die Menschen (VT, M1, M2, M7).
2. Welchen Zusammenhang zwischen Wirtschaftskrise und politischen Veränderungen erkennst du (M1, M2, M5, M6, M7, M12)?
3. Was wollen die Vertreter der Wirtschaft, der Banken und des Großgrundbesitzes (M11)? Schreibe die Gründe, die sie für ihr Ziel anführen, einzeln auf. Wie wollen sie ihre Ziele erreichen?
4. Es heißt, das Ende von Weimar begann 1930. Was spricht dafür (M7c, M12)?
5. Überlege, ob und unter welchen Bedingungen eine andere Entwicklung in den Jahren 1929 bis 1933 möglich gewesen wäre.
6. Überlegt gemeinsam: Parallelen zwischen damals und heute?

10 Schriftsteller schreiben Geschichte(n)

1 „Hunger-Grafik" nannte der deutsche Karikaturist und Maler George Grosz seine Zeichnung aus den 20er-Jahren. – Versetze dich in eine der Personen und formuliere ihre Gedanken.

Berlin, Herbst 1930: Nationalsozialisten stürmen ein Kino, lassen weiße Mäuse frei, um die Kinobesucher zu verschrecken, und verursachen draußen durch eine Demonstration ein Verkehrschaos. Was war geschehen? – An diesem Tag sollte die Uraufführung des verfilmten Romans „Im Westen nicht Neues" stattfinden. Gegen den Inhalt des sehr erfolgreichen Buches richtete sich eigentlich der Protest. Der Schriftsteller Erich Maria Remarque hatte 1929 den Roman veröffentlicht. In kurzer Zeit wurde er zum Bestseller. Er beschrieb die Sinnlosigkeit und das Grauen der Materialschlachten des Ersten Weltkrieges. Das führte jedoch nicht zum Schutz der Aufführung, sondern zu deren Verbot.

In der Weimarer Republik herrschte eine gespannte politische Lage. Auch die Schriftsteller nahmen Teil an den Auseinandersetzungen und bezogen in ihren Werken Position. Häufig war der politische Standpunkt sogar der entscheidende Antrieb für ihr literarisches Schaffen. Viele Werke aus dieser Zeit zeugen heute von den Hoffnungen und Enttäuschungen, dem Leben und Kämpfen der Menschen.

Zeitgenössische Literatur befragen

Literarische Werke sind, wie die Werke der bildenden Kunst, nur „Fiktion", Erfindung. Sie können dennoch ein hohes Maß an Wirklichkeitsnähe enthalten. Oft wirken fiktive Personen auf uns „wirklicher" als manche Person, über die uns Historikerinnen und Historiker berichten. Denn wir können an ihren Gefühlen und Überlegungen, Träumen und Enttäuschungen teilhaben.

Literarische Texte dienen nicht nur dem Lesespaß, sondern man kann zeitgenössische Erzählungen auch als historische Quellen ansehen. Wenn man die Texte kritisch liest, kann man aus ihnen erfahren, wie Menschen in ihrer Zeit gelebt haben. Man sollte jedoch einiges beachten, wenn man wissen will, ob Erzählungen von Zeitgenossen Wirklichkeit oder Fast-Wirklichkeit wiedergeben.

– Wer ist der Künstler? War er Zeitgenosse? Schrieb er also über etwas, was er aus direktem Erleben kennt oder nicht?
– Welche Informationen über ihn, über seine soziale Herkunft, gesellschaftliche Stellung, seine politische Einstellung und über das Buch lassen sich aus Lexika oder durch Nachfragen bei Fachleuten zusammentragen?
– Wirkt die Erzählung wie ein Abbild der Wirklichkeit? Oder sind Elemente von Übertreibung, Verzerrung, Kitsch oder Unwirklichkeit auszumachen?
– Kann man trotz Übertreibungen oder z. B. satirischer Überzeichnungen einen „realistischen" Kern herauslösen?
– Welche Hinweise oder Anspielungen gibt es, die auf historische Vorbilder der Personen der Erzählung verweisen? Gibt es für das Geschehen ein historisches Vorbild?
– Vergleiche die Erzählung mit erreichbaren Informationen über die Zeit (aus Schulbüchern oder Geschichtswerken beispielsweise) und erörtere die Wirklichkeitsnähe der Erzählung.

Die Weimarer Republik – Die Deutschen und ihre erste Demokratie

2 Arbeitslosigkeit: „Kleiner Mann – was nun?"

Hans Fallada (1893–1947) thematisiert in seinem Roman „Kleiner Mann – was nun?" die aktuellen Probleme Deutschlands im Jahr 1932. Im Mittelpunkt der Romanhandlung steht der arbeislose Angestellte Pinneberg – früher Verkäufer in einem Bekleidungsgeschäft, verheiratet, ein Kind. Verzweifelt geht er durch die Straßen Berlins. Er weiß nicht, wie er seine Familie ernähren soll:

Da ist eine große Delikatessenhandlung, strahlend erleuchtet. Pinneberg drückt sich die Nase platt an der Scheibe (…) Eine Stimme sagt halblaut neben ihm:
5 „Gehen Sie weiter!" Pinneberg fährt zusammen, er hat einen Schreck bekommen, er sieht sich um. Ein Schupo steht neben ihm. Hat er ihn gemeint?
„Sie sollen weitergehen, Sie, hören Sie!",
10 sagt der Schupo laut. Es stehen noch mehr Leute am Schaufenster, gut gekleidete Herrschaften, aber denen gilt die Anrede des Polizisten nicht, es ist kein Zweifel, er meint allein von allen Pinne-
15 berg. Der ist völlig verwirrt. „Wie? Wie? Aber warum –? Darf ich denn nicht –?"
Er stammelt, er kapiert es einfach nicht. (…)
Alle Leute starren auf Pinneberg. Es sind
20 schon mehr stehen geblieben, es ist ein richtiger beginnender Auflauf. Die Leute sehen abwartend aus, sie nehmen weder für noch wider Partei, gestern sind in der Friedrich und in der Leipziger [Straße]
25 Schaufenster eingeworfen.
Der Schupo hat dunkle Augenbrauen, blanke, gerade Augen, eine feste Nase, rote Bäckchen, ein schwarzes Schnurrbärtchen unter der Nase …
30 „Wird's was?", sagt der Schupo ruhig. Pinneberg möchte sprechen, Pinneberg sieht den Schupo an, seine Lippen zittern, Pinneberg sieht die Leute an. Bis an das Schaufenster stehen die Leute, gut
35 gekleidete Leute, ordentliche Leute, verdienende Leute.
Aber in der spiegelnden Scheibe des Fensters steht noch einer, ein blasser Schemen, ohne Kragen, mit schäbigem
40 Ulster [Mantel], mit teerbeschmierter Hose.
Und plötzlich begreift Pinneberg alles, angesichts dieses Schupo, dieser or-

3 „Kleiner Mann – was nun?" (Umschlagbild des Roman).

dentlichen Leute, dieser blanken Scheibe
45 begreift er, dass er draußen ist, dass er hier nicht mehr hergehört, dass man ihn zu Recht wegjagt: ausgerutscht, versunken, erledigt. Ordnung und Sauberkeit: Es war einmal. Arbeit und sicheres Brot:
50 Es war einmal. Armut ist nicht nur Elend, Armut ist auch strafwürdig, Armut ist Makel, Armut heißt Verdacht.
„Soll ich dir Beine machen?", sagt der Schupo. (…) Und Pinneberg setzt sich in
55 Bewegung, er trabt an der Kante des Bürgersteiges auf dem Fahrdamm entlang, er denkt an furchtbar viel, an Anzünden, an Bomben, an Totschießen.

1 Bearbeitet den Romanauszug (M 2) mithilfe der Checkliste.
2 Vergleiche die statistischen Angaben auf Seite 28 (M 7c) und den Romanauszug (M 2): Welche Aussagen ermöglicht die Statistik? Was leistet der literarische Text mehr oder besser?
3 Schreibe anhand der Materialien von Seite 28 ein Tagebuch über einen Tag im Leben einer oder eines Arbeitslosen.
4 Lest Jugendbücher und stellt sie euren Mitschülern vor. Bearbeitet sie vorher mithilfe der Checkliste. Eure Deutschlehrer können euch sicher Tipps für die Lektüre geben.
5 Der bekannte Literaturkritiker Marcel Reich-Ranicki meint: „Romanautoren sind die besseren Historiker." Nimm Stellung zu der Aussage.

11 Aus der Not entstanden – Faschismus in Europa

1 *„Der Duce"* (Führer) macht bei einer Versammlung der faschistischen „Schwarzhemden" den „römischen Gruß", 1935.

2 Abbildung des Symbols der italienischen Faschisten

Faschismus
von lat. fasces = Rutenbündel
Dieses Rutenbündel mit Beil trugen im alten Rom niedere Beamte, die so genannten Liktoren, den höheren voran. Es galt als Zeichen ihrer Amtsgewalt, die auch einschloss zu züchtigen oder sogar die Todesstrafe zu verhängen. Im italienischen Faschismus war es Sinnbild für Diktatur, Einheit, Kraft und Gerechtigkeit und seit 1926 offizielles Staatssymbol.

Nach dem Ersten Weltkrieg bildeten sich nicht allein in Deutschland, sondern auch in anderen Ländern Europas so genannte faschistische Bewegungen. In den meisten dieser Länder blieb der *Faschismus* allerdings eine Randerscheinung. Außer in Deutschland gelangte in Italien und Spanien eine nationale faschistische Bewegung an die Macht.

Italien auf dem Weg ...

Die erste – auch den Begriff prägende – faschistische Organisation entstand mit den „Fascisti" in Italien. Ihren Nährboden fand die Bewegung in der allgemeinen Unzufriedenheit, die sich in den ersten Nachkriegsjahren in Italien ausbreitete. Mehrere politische Unruheherde gefährdeten von Anfang an die junge italienische Demokratie. Die Nationalisten und Befürworter des italienischen Kriegseintritts (1915) waren empört, weil die Siegermächte Italien vorher zugesicherte Gebietsgewinne verweigerten. Viele Kriegsfreiwillige waren sowohl vom Kriegsausgang enttäuscht als auch darüber, wie wenig sich der Staat nun um sie kümmerte. Die Arbeiter streikten oft und besetzten Fabriken um den anhaltenden Verfall des Geldwertes durch höhere Löhne auszugleichen. Die Mittelschicht fürchtete sich vor dem sozialen Abstieg und schaute missgünstig auf die Arbeiterbewegung, die erfolgreich um höhere Löhne kämpfte. Besitzlose Bauern eigneten sich Teile des Landes der Großgrundbesitzer an.

... in die faschistische Diktatur

Bei den Wahlen hatten die Faschisten, an deren Spitze sich rasch der ehemalige Sozialist Benito Mussolini stellen konnte, freilich wenig Erfolg. 1919 verfügten sie im Parlament nur über wenige Abgeordnete. Da sie aber die parlamentarische Demokratie ohnehin verachteten und Gewalt als Mittel des politischen Kampfes befürworteten, setzten die Faschisten in der Folgezeit verstärkt auf den Terror ihrer Stoßtrupps. Sie zerstörten Gewerkschaftshäuser, bedrohten Arbeiterversammlungen, folterten und töteten politische Gegner. Aus Angst vor einer sozialistischen Revolution unterstützten viele Großgrundbesitzer und Unternehmer sowie Angehörige der Polizei und der Armee die Aktionen der Faschisten. Die Behörden griffen nicht ein.

Während einer Regierungskrise im Oktober 1922 marschierten faschistische Kampfverbände auf die Hauptstadt Rom zu. Der italienische König befürchtete einen Bürgerkrieg. Auf den Rat von Bankiers, Industriellen und Großgrundbesitzern beauftragte er den „Duce" (Führer), wie sich Mussolini nannte, mit der Regierungsbildung. Ab 1924 begann Mussolini die parlamentarische Demokratie durch eine Alleinherrschaft zu beseitigen: Regierungsgegner wurden an abgelegene Orte verbannt; nichtfaschistische Beamte mussten ihren Dienst quittieren; Jugendliche sollten nach Mussolinis Grundsatz erzogen werden: „Glauben, gehorchen, kämpfen". Dennoch bemühte sich die Regierung auch um die Zustimmung unterschiedlicher Bevölkerungsgruppen und der Kirche – etwa durch Gesetze, die die Lebensverhältnisse der Arbeiter sichern sollten, oder durch eine Landreform. Staatliche Aufträge halfen die Arbeitslosigkeit zu senken. Aufwendige Bauten und Machtdemonstrationen sowie die gezielte Verwendung moderner Massenmedien (Radio, Kino) stützten propagandistisch den Ausbau der Diktatur.

Beispiel Spanien

Spanien hatte in den 20er- und 30er-Jahren mit großen sozialen Problemen zu kämpfen. Ein großer Teil des Landes gehörte der Kirche und dem Adel. Landarbeiter und Bauern lebten in elenden Verhältnissen. In den Städten wuchs eine Arbeiterschaft heran, die sich in starkem Maße von sozialistischen Ideen beeinflussen ließ. Die krassen Gegensätze zwischen den sozialen Schichten führten zu blutigen Unruhen.

Die Weimarer Republik – Die Deutschen und ihre erste Demokratie

Die spanische Falange

Eine vorübergehende Militärdiktatur unterdrückte zwar mit Gewalt die Unruheherde, konnte aber die Ursachen der Konflikte nicht beseitigen. In dieser angespannten Situation schlossen sich vorwiegend junge Leute zur faschistischen „Falange" (Stoßtrupp) zusammen. In ihren sozialen Forderungen gingen sie weit über die deutschen oder italienischen Faschisten hinaus: Sie waren gegen den Kapitalismus, für eine Bodenreform sowie für die Verstaatlichung der Banken und der Großindustrie.

Putsch mithilfe der Faschisten

Seit den Parlamentswahlen von 1936 regierte in Spanien eine „Volksfrontregierung" aus Republikanern, Sozialisten und Kommunisten. Die Falange kam bei Wahlen nicht über 4 % hinaus. Sie versuchte, durch Gewaltaktionen gegen die Linke Angst und Unsicherheit in der Bevölkerung zu schüren um eine „nationale und soziale Revolution" einzuleiten. Deshalb verbot die Regierung die Falange und ließ ihre Führer verhaften.

Den Kampf gegen die Volksfrontregierung führte nun das Militär unter General Franco weiter. Im Juli 1936 putschten die Militärs gegen die Regierung. Der sich daran anschließende Bürgerkrieg endete 1939 mit dem Sieg der faschistischen Truppen.

Mit den Forderungen der Falange hatte allerdings Franco wenig im Sinn; vielmehr lag ihm daran, die Interessen der traditionellen Führungsschichten Spaniens zu wahren. Dennoch unterstützten die Faschisten aktiv den Putsch und erhielten nun größeren Zulauf aus der Bevölkerung.

Franco entmachtete die zerstrittenen Parteiführer und formte die Falange 1937 zu einer staatlichen, rechts gerichteten und konservativen Einheitspartei, der alle Beamten und Offiziere angehören mussten.

Der Putsch in Spanien gelang nur deshalb, weil er von den faschistischen Regierungen Italiens und Deutschlands mit Waffenlieferungen und Truppen unterstützt wurde. General Franco regierte nach seinem Sieg fast 40 Jahre als autoritärer Diktator in Spanien.

3 *Mussolini zur Rolle des Staates 1923:*
Denn es liegt für den Faschismus alles im Staate beschlossen. Nichts Menschliches oder Geistiges besteht an sich, noch weniger besitzt dieses irgendeinen Wert
5 außerhalb des Staates. In diesem Sinne ist der Faschismus totalitär, und der faschistische Staat als Zusammenfassung und Vereinheitlichung aller Werte gibt dem Leben des ganzen Volkes eine Deu-
10 tung, bringt es zur Entfaltung und kräftigt es. Außerhalb des Staates darf es keine Individuen noch Gruppen (politische Parteien, Vereine, Syndikate und Klassen) geben. (…) Der Faschismus ist nicht nur
15 Gesetzgeber und Gründer von Einrichtungen, sondern Erzieher und Förderer des geistigen Lebens. Er will nicht die Formen des menschlichen Lebens, sondern seinen Inhalt, den Menschen, den
20 Charakter, den Glauben neu schaffen. Und zu diesem Zwecke fordert er Disziplin und eine Autorität, die in die Geister eindringt und darin unumstritten herrscht. Sein Wahrzeichen ist daher das
25 Liktorenbündel, das Symbol der Einheit, der Kraft und der Gerechtigkeit. (…)
Für den Faschismus ist das Streben zum Imperio [großes Reich], das heißt zur Expansion der Nation, ein Ausdruck der Vi-
30 talität. (…) Aber das Imperio erfordert Disziplin, Zusammenwirken der Kräfte, Pflicht und Opfer.

4 *Die „British Union of Fascists"* mit ihrem Führer Oswald Mosley bei einer Demonstration in London. Mosley forderte England wirtschaftlich von anderen Industrieländern unabhängig zu machen. Dafür waren die Rohstoffe der Kolonien notwendig. Deshalb sollte das englische Kolonialreich geschützt und erhalten werden. Von den deutschen Nationalsozialisten übernahm er die hemmungslose Hetze gegen die Juden. Wenig Erfolg hatte seine antikommunistische Propaganda („Mosley oder Moskau"), denn es gab klare und stabile Mehrheitsverhältnisse im Parlament zugunsten einer konservativen Regierung. Die faschistische Partei war in England so unbedeutend, dass sie nach dem Zweiten Weltkrieg wieder zugelassen wurde.

1 Fasse zusammen: Ziele der Faschisten; Methoden, an die Macht zu kommen; Methoden, die Macht zu erhalten (VT, M3).
2 Erkläre, wie für Mussolini der „ideale" Staat aussehen soll (M3).
3 Überlegt, warum Mussolini den Gruß der römischen Kaiser wieder aufgegriffen hat (M1).

12 Ein „legaler" Weg zur Macht?

1 *Nationalsozialistische Machtfaktoren.*
links: **SA-Mann** als Hilfspolizist 1933;
rechts: **Propaganda-Plakat** vom 29. Februar 1933. Bis heute weiß man nicht, wer den Brand gelegt hat.

SA (Abk. für Sturm-Abteilung) war die Parteiarmee der NSDAP. Sie zählte Mitte 1932 rund 400 000 braun uniformierte Mitglieder – Männer, die bereit waren, jederzeit Gewalt anzuwenden.

2 *Der Reichstag* nach den Wahlen vom 5. März 1933 und die Abstimmung zum „Ermächtigungsgesetz"

Ein Gesetz für die Diktatur

Als Hitler die Reichskanzlei betrat, soll er zu Parteigenossen gesagt haben: „Hier bringt mich niemand mehr lebend heraus." Er wollte von Anfang an eine Diktatur errichten. Seine Alleinherrschaft sollte aber nicht allein mit Gewalt gegen das Volk erreicht werden. Hitler wollte vielmehr die große Mehrheit der Deutschen für sich gewinnen. Vorerst fehlte seiner Partei noch die absolute Mehrheit im Reichstag, und so setzte er für den März 1933 Neuwahlen durch.

Am 27. Februar 1933 brannte das Reichstagsgebäude in Berlin. Hitler und die Nationalsozialisten machten dafür die Kommunisten verantwortlich und schürten die Furcht vor einem kommunistischen Aufstand. Nur einen Tag später erließ deshalb der Reichspräsident eine Notverordnung (s. S. 14f.), die wichtige Grundrechte außer Kraft setzte: das Recht auf persönliche Freiheit, die Meinungs-, Presse-, Vereins- und Versammlungsfreiheit, das Brief-, Post- und Fernmeldegeheimnis, die Unverletzlichkeit der Wohnung. Die Reichsregierung nutzte die Möglichkeit unliebsame politische Gegner legal zu verhaften, deren Wahlkampf zu behindern und ihre Zeitungen zu verbieten. Trotzdem erhielt die NSDAP nur 43,9 % der Wählerstimmen. Doch in der Koalition mit der antidemokratischen „Kampffront Schwarz-Weiß-Rot" besaß Hitler die absolute Mehrheit im Parlament (51 %).

Das „Ermächtigungsgesetz"

Der 23. März 1933 markiert einen denkwürdigen Tag in der deutschen Geschichte. Hitler legte dem Parlament ein „Gesetz zur Behebung der Not von Volk und Staat" vor. Dieses so genannte „Ermächtigungsgesetz" sollte der Regierung weitgehende Vollmachten geben. Zwei Drittel der Abgeordneten stimmten, wie es für dieses Gesetz erforderlich war, zu. Sie entmachteten damit das Parlament und hoben die Trennung von Legislative und Exekutive auf. Nur die noch anwesenden SPD-Abgeordneten stimmten unter Protest dagegen.

Wie erklärt sich aber die Zustimmung der anderen? Die Nationalsozialisten hatten mit der *SA* schon vor 1933 Schrecken verbreitet. Nach dem 30. Januar 1933 folgten Verhaftungen und Misshandlungen von politischen Gegnern. Am Tag der Abstimmung zum Ermächtigungsgesetz war das Parlamentsgebäude mit SA-Leuten bedrohlich umstellt. So hatten die meisten Abgeordneten schlichtweg Angst zusammengeschlagen zu werden. Einige Abgeordnete wollten aber auch nicht im Wege stehen, wenn jetzt die neue „Regierung der nationalen Konzentration" mit außergewöhnlichen Mitteln die Not in Deutschland beheben würde.

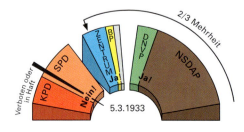

3 Über die Abstimmung zum „Ermächtigungsgesetz" am 23. März 1933

a) Aus dem Protokoll der Parteifraktion des Zentrums vor der Abstimmung:
Dr. Kaas [Vorsitzender] erstattet Bericht über die Besprechungen (…) mit Reichskanzler Hitler.
5 Er [Kaas] habe ihm erklärt, das Ermächtigungsgesetz sei für die Zentrumspartei nur tragbar, wenn gewisse Zusicherungen gegeben würden. Es müsse für die Gesetzgebung der Reichstag eingeschaltet bleiben (…).
10 Es sei vom Reichskanzler Hitler zugesagt worden, dass keine Maßnahme gegen den Willen des Reichspräsidenten durchgeführt würde (…). Die Gleichheit vor dem Gesetz werde nur den Kommunis-
15 ten nicht zugestanden. Die Zugehörigkeit zur Zentrumspartei solle kein Grund zum Einschreiten gegen Beamte sein (…). [Kaas fuhr fort:] Aus der Ablehnung des Ermächtigungsgesetzes [ergäben sich]
20 unangenehme Folgen für die Fraktion und die Partei. Es bliebe nur übrig, uns gegen das Schlimmste zu sichern. Käme die Durchsetzung der ⅔-Majorität [Mehrheit] nicht zustande, so werde die Durch-
25 setzung der Pläne der Reichsregierung auf anderem Wege erfolgen.

b) Otto Wels spricht für die SPD:
Nach den Verfolgungen, die die Sozialdemokratische Partei in der letzten Zeit erfahren hat, wird billigerweise niemand von ihr verlangen oder erwarten können,
5 dass sie für das hier eingebrachte Ermächtigungsgesetz stimmt. Die Wahlen vom 5. März haben den Regierungsparteien die Mehrheit gebracht und damit die Möglichkeit gegeben, streng nach
10 Wortlaut und Sinn der Verfassung zu regieren. Wo diese Möglichkeit besteht, besteht auch die Pflicht. (…) Noch niemals, seit es einen Deutschen Reichstag gibt, ist die Kontrolle der öffentlichen An-
15 gelegenheiten durch die gewählten Vertreter des Volkes in solchem Maße ausgeschaltet worden, wie es jetzt geschieht. (…) Eine solche Allmacht der Regierung muss sich umso schwerer auswirken, als
20 auch die Presse jeder Bewegungsfreiheit entbehrt. (…)
Wir grüßen die Verfolgten und Bedrängten. Wir grüßen unsere Freunde im Reich. Ihre Standhaftigkeit und Treue
25 verdienen Bewunderung. Ihr Bekennermut, ihre ungebrochene Zuversicht verbürgen eine hellere Zukunft.

4 *Abgeordnete der NSDAP* marschieren in SA-Uniform am 23.03.1933 in die Berliner Krolloper, die nach dem Brand des Reichstagsgebäudes als Sitzungssaal des Reichstages genutzt wurde. – Welche Wirkung sollten die Uniformen auf die Abgeordneten der anderen Parteien ausüben?

5 *Tragisches Geschick?* – Todesanzeige im „Berliner Tageblatt" für den Bäckerlehrling Siegbert Kindermann, Mitglied des jüdischen Sportvereins, ermordet im SA-Keller Hildemannstraße in Berlin im März 1933.

1 Stelle zusammen: Inhalt, Anlass, Auswirkungen der Notverordnungen vom 28. Februar 1933 (VT, M1 und M4). Verfahre ebenso mit dem Ermächtigungsgesetz (M3).
2 Stelle Pro- und Kontra-Argumente zum Ermächtigungsgesetz aus M3a und M3b zusammen. Welches Argument überzeugt dich am meisten?
3 Versucht die Frage in der Überschrift zu beantworten.
4 „Machtergreifung", „Machtübertragung", „Machtschleichung"? – Welcher Begriff trifft zu?

13 Warum scheiterte die erste Demokratie in Deutschland?

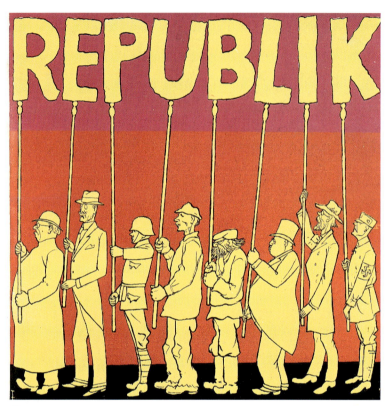

1 „Sie tragen die Buchstaben der Firma – wer aber trägt den Geist?" (Karikatur von Th. Th. Heine, 1927).

2 Karikatur von A. Paul Weber aus dem Jahre 1932

Die Weimarer Republik war mit der Machtübernahme durch die Nationalsozialisten nach nur wenigen Jahren gescheitert. Die erste deutsche Demokratie hatte sich nicht festigen können. Nicht zuletzt deshalb konnte die NS-Diktatur errichtet werden, durch die Millionen Menschen auf der Welt Krieg und Massenmord erlitten. Was waren die Gründe für das Scheitern, welche Fehler wurden gemacht? Das fragten sich Zeitgenossen und Historiker immer wieder und führten dabei bis heute verschiedene Ursachen an. Aus der Vielzahl von Büchern zu diesem Thema findet ihr im Folgenden unterschiedliche Positionen:

3 Zum Untergang von Weimar …
a) Der Publizist Sebastian Haffner 1978:
Ein Staat zerfällt ja nicht ohne weiteres durch Wirtschaftskrise und Massenarbeitslosigkeit; sonst hätte zum Beispiel auch das Amerika der großen Depression mit seinen 13 Millionen Arbeitslosen in den Jahren 1930–1933 zerfallen müssen. Die Weimarer Republik ist nicht durch Wirtschaftskrise und Arbeitslosigkeit zerstört worden, obwohl sie natürlich zur Untergangsstimmung beigetragen haben, sondern durch die schon vorher einsetzende Entschlossenheit der Weimarer Rechten, den parlamentarischen Staat zugunsten eines unklar konzipierten autoritären Staats abzuschaffen. Sie ist auch nicht durch Hitler zerstört worden: Er fand sie schon zerstört vor, als er Reichskanzler wurde, und er entmachtete nur die, die sie zerstört hatten.

b) Der Historiker Hagen Schulze 1982:
Woran ist also Weimar gescheitert? (…) Die wichtigsten Gründe liegen auf dem Feld der Mentalität, der Einstellungen und des Denkens. In der Mitte des Ursachenbündels finden sich eine Bevölkerungsmehrheit, die das politische System von Weimar auf die Dauer nicht zu akzeptieren bereit war, sowie Parteien und Verbände, die sich den Anforderungen des Parlamentarismus nicht gewachsen zeigten. (…) Bevölkerung, Gruppen, Parteien und einzelne Verantwortliche haben das Experiment Weimar scheitern lassen, weil sie falsch dachten und deshalb falsch handelten.

c) Der engl. Historiker Allan Bullock 1991:
Auf offene Ohren stieß Hitler bei den Angehörigen der ehemaligen politischen Elite, die verbittert den Verlust ihres Einflusses und ihrer gesellschaftlichen Vorrangstellung beklagte, bei jenen Teilen des alten Mittelstandes, die sich durch den Prozess der Modernisierung bedroht sahen – namentlich durch die nach vorn drängende Arbeiterklasse, durch die sie ihren Lebensstandard und ihren Sozialstatus gefährdet sahen –, und bei vielen Angehörigen der jüngeren Generation, denen der Mangel an Lebenschancen zu schaffen machte und die sich nach einer Zukunftsaufgabe sehnten, die leidenschaftlichen Einsatz lohnte.

Die Weimarer Republik – Die Deutschen und ihre erste Demokratie

4 Politische Plakate von 1924 bis 1932

Plakate als ein Mittel der politischen Auseinandersetzung

Während der Weimarer Republik waren gedruckte Medien die einzige Möglichkeit viele Menschen in Wort und Bild anzusprechen. Plakate hatten deshalb auch einen höheren Stellenwert als heute. Durch sie erfährt man nicht nur etwas über den politischen Standpunkt z. B. einer Partei, sondern auch über das „politische Klima" einer Zeit. Die Künstler bedienten sich einer damals geläufigen Symbolsprache.

- Das Plakat soll durch seinen Gesamteindruck beim Betrachter wirken. Stelle diesen Gesamteindruck fest.
- Versuche den Zeitpunkt und den Anlass der Entstehung herauszufinden.
- Unterscheide Einzelheiten: Welche Gegenstände, Situationen, Handlungen, Personen sind abgebildet?
- Welche Farben werden wofür verwendet? Suche nach Erklärungen.
- Analysiere den Text: Wortwahl, Umgangston, Schlagwortcharakter, Einprägsamkeit; Aussagen und Appelle.
- Finde den Auftraggeber, die Zielgruppe und den politischen Gegner heraus.
- Welche Bevölkerungsteile werden besonders angesprochen? Womit?

1. Interpretiere eines der Plakate auf dieser Seite mithilfe der Checkliste. Du kannst dir aber auch ein Plakat aus einem anderen Kapitel dazu auswählen.
2. Fasse für jeden einzelnen Text die darin genannten Gründe für den Untergang von Weimar in Stichworten zusammen. Stelle dann fest, worin die Historiker übereinstimmen. In welchen Punkten weichen sie voneinander ab? (M 3)

Auf einen Blick

1918
Beendigung des Ersten Weltkriegs; Novemberrevolution: in Berlin wird die Republik ausgerufen; Frauen erhalten das aktive und passive Wahlrecht

1919
Versailler Vertrag; Weimarer Verfassung

1923
„Ruhrkampf"; Inflation

1929
Weltwirtschaftskrise

1933
Adolf Hitler wird Reichskanzler; die Diktatur der Nationalsozialisten beendet die Weimarer Republik

„Der Reichstag wird eingesargt." (Collage von John Heartfield, 1932).

Das Scheitern einer Demokratie

Die Weimarer Republik stand von Anfang an unter großem politischen und wirtschaftlichen Druck. Gewaltsame Auseinandersetzungen zwischen konkurrierenden politischen Bewegungen prägten bereits die Gründungs- und Anfangsphase (1918–1923) dieser ersten deutschen Demokratie. Zwischen den Arbeiterparteien, die durch die Novemberrevolution an die Macht gelangt waren, kam es in der Frage um die „richtige" republikanische Staatsform zum Zerwürfnis. Zwar konnte die SPD die Einführung einer parlamentarischen Demokratie durchsetzen. Doch nach der militärischen Niederschlagung des gewaltsamen Versuchs der revolutionären Linken, eine Räterepublik einzurichten, war die organisierte Arbeiterschaft endgültig gespalten.

Auch nach der Verabschiedung der Weimarer Verfassung im Juli 1919 blieben große Teile der Bevölkerung bei ihrer ablehnenden Haltung gegenüber der Demokratie. Besonders die Spitzen der Gesellschaft wünschten sich dem Kaiserreich vergleichbare Verhältnisse zurück. Da die Republik politisch nie zur Ruhe kam – in den 14 Jahren ihres Bestehens gab es 20 Regierungen –, sahen sich viele Menschen in Deutschland in ihrer Auffassung bestärkt, dass nur ein Obrigkeitsstaat die Probleme lösen könne.

Rechts stehende Politiker nutzten vor allem den Versailler Vertrag und die Dolchstoßlegende für ihre demokratie- und republikfeindliche Propaganda. Die Politiker der Übergangsregierung, die 1918 in aussichtsloser militärischer Lage die Waffenstillstandsbedingungen akzeptiert hatten, wurden zu „Novemberverbrechern" gestempelt. Und die Parteien und Abgeordneten, die unter großem Druck der siegreichen Alliierten den diktierten Friedensbestimmungen zugestimmt hatten, bezichtigte man des „Vaterlandsverrats".

Die Weimarer Verfassung machte Deutschland zwar zu einem demokratischen Staatswesen. Durch die im Art. 48 eingeräumten Machtbefugnisse des direkt vom Volk gewählten Reichspräsidenten kam es auf Dauer aber zu einer Aushöhlung der Demokratie. Paul von Hindenburg, von 1925–1934 zweiter Präsident der Republik, setzte die verfassungsrechtliche Machtfülle seines Amtes in einem gegen das Parlament gerichteten Sinne ein.

Wirtschaftlich kam Deutschland lediglich von 1924 bis 1928/29 zur Ruhe. Die ersten Nachkriegsjahre waren von einer galoppierenden Inflation und etlichen Streiks gekennzeichnet. Die Währungsreform im Jahr 1923 sorgte zunächst für eine gewisse wirtschaftliche Stabilität, brachte für viele Bürger jedoch auch den Verlust ihrer Sparguthaben mit sich. Hier schuf sich die Demokratie neue Gegner. 1929/30 stieg die Arbeitslosenzahl auf bis dahin unbekannte Höhen; 1933 waren über sechs Millionen Menschen ohne Arbeit. Auf dem düsteren Hintergrund von Unsicherheit und Angst, von fortgesetzter politischer Gewalt und zunehmender Verachtung der Demokratie vollzog sich der Aufstieg Adolf Hitlers zum Reichskanzler am 30.1.1933.

Die Weimarer Republik – Die Deutschen und ihre erste Demokratie

Im Roman „Die roten Matrosen" (Beltz Verlag, Weinheim 1984) schildert Klaus Kordon die Erlebnisse des 13-jährigen Helle während der brutalen Kämpfe der Revolutionsmonate 1918/19. Einen Tag nach der Niederschlagung der revolutionären Aufstände mithilfe von Freikorps gehen Helle und sein Vater, der bei den Straßenkämpfen im Zeitungsviertel auf Seiten der Spartakisten stand, durch die Straßen Berlins:

[Der Vater beginnt] von dem zu erzählen, was er in den letzten Tagen erlebt hat. Vom Kampf um den Anhalter Bahnhof erzählt er, von der Flucht aus dem Zei-
5 tungsviertel und davon, dass es gar nicht so leicht war in das *Vorwärts*-Gebäude hineinzukommen. Es wurde ja von allen Seiten belagert; sie hatten sich regelrecht durchkämpfen müssen. Als er be-
10 richtet, wie er die letzten Stunden der *Vorwärts*-Besetzung miterlebte und nach der Gefangennahme mit all den anderen Gefangenen in den Hof einer Dragonerkaserne geführt und an eine Mauer ge-
15 stellt wurde, neben der die ermordeten Parlamentäre [Unterhändler zwischen verfeindeten Parteien] lagen, bekommt seine Stimme einen bitteren Klang: „Sie stellten Maschinengewehre auf, richte-
20 ten die Läufe auf uns und ließen uns warten. Mehrere Stunden standen wir da und sahen die ganze Zeit über die ermordeten Männer vor uns liegen. (…) Man hatte sie so böse misshandelt, dass
25 sie nicht mehr voneinander zu unterscheiden waren. (…) Unsere Bewacher kamen, höhnten, schrien, verspotteten uns. Und den einen oder anderen, der ihnen zu aufrecht stand, schlugen sie ein-
30 fach nieder." Er verstummt und sagt dann leise: „Hab schon viel miterlebt, im Krieg und auch danach, aber dass Soldaten so mit Gefangenen umgehen, das habe ich noch nicht erlebt. Es waren
35 nicht allein die Schläge und Misshandlungen, es war dieser Hass, mit dem sie uns behandelten. (…) So wie uns haben sie die Franzosen und Engländer, die sie während des Krieges gefangennahmen,
40 nicht gehasst."

„Der, der dich laufen ließ, war das der, der dir den Tabak geschenkt hat?"
„Der Paule, ja. Einer der Offiziere hatte bei der Regierung angerufen, wollte wissen, was nun mit uns geschehen sollte.
45 Die Regierung sagte: Erschießen! Paule hörte davon, deshalb ließ er mich laufen. (…) Mit dreihundert Toten konnte selbst er als ‚Neutraler' nicht einverstanden sein."
„Und die anderen?" „Sie leben. Jeden-
50 falls die meisten. Es war ein telefonischer Befehl, der Offizier aber wollte es schriftlich. Ein Schriftstück jedoch braucht eine Unterschrift, und die wollten wohl weder Noske noch Ebert oder Scheidemann ris-
55 kieren; sonst hätte man ihnen ihre Verantwortung für das Gemetzel ja eines Tages nachweisen können." (…) [Beim Weitergehen merken sie,] dass die Bürgersteige immer voller werden. (…) „Was
60 ist denn hier los?" fragt der Vater einen Mann mit einer Melone auf dem Kopf. „Die Truppen kommen in die Stadt. Wissen Sie das denn nicht?" „Tut mir leid", antwortet der Vater höflich. „Wusste ich
65 wirklich noch nicht." Er tritt etwas näher an den Bürgersteig heran und flüstert dabei Helle zu: „Die Freiwilligen-Verbände! Sie halten ihre Stunde also für gekommen." (…) Der Mann mit der Melone
70 klatscht laut in die Hände und schreit begeistert: „Bravo! Bravo!" Viele der Menschen, die sich die Straße entlangdrängeln, fallen in den Ruf ein, Frauen winken mit Tüchern, ein paar Männer rufen
75 „Hurra!" Der Mann mit der Melone strahlt den Vater an. „Jetzt gibt's endlich wieder Ruhe und Ordnung."
„Ja", sagt der Vater. „Friedhofsruhe, Gefängnisordnung." Der Mann mit der Me-
80 lone erschrickt. „Sind Sie etwa 'n Roter?"
„Nee, 'n Karierter!" Der Vater zieht Helle von der Straßenecke weg und bleibt, um Ärger zu vermeiden, von nun an lieber im Hintergrund. Die Truppen sind nun
85 schon so nah, dass die Gesichter der beiden Vorausmarschierenden, ein Oberst und ein Zivilist, deutlich zu erkennen sind. (…) Der Vater nimmt Helles Arm und drückt ihn. „Das ist er", flüstert er,
90 „das ist Noske." Noske? Der gesagt hat, einer müsse den Bluthund machen? Rücksichtslos drängelt Helle sich zwischen die jubelnden Leute und studiert das Gesicht dieses Mannes. Er hatte sich
95 vorgestellt, wer so etwas sagt, müsse auch aussehen wie ein „Bluthund", also ein bulliger Kerl mit Stiernacken. Der Mann dort sieht eher wie ein Postbeam-

Diktatur – II. Weltkrieg – Völkermord

Die Entwicklung der politischen Syteme in den europäischen Staaten bis 1938

Der spanische Maler Pablo Picasso (1881–1973) hat die Leiden des Krieges nach dem Bombenangrif deutscher Flugzeuge auf die spanische Stadt Guernica im Jahre 1936 in seinem weltberühmten Gemälde dargestellt.

In seiner Zeichnung „Das Verhängnis" aus dem Jahr 1932 warnt der Maler und Zeichner A. Paul Weber seine deutschen Mitbürger davor den Ideen der Nationalsozialisten zu folgen.

Überlebende des „Warschauer Aufstandes" im Jahr 1943 werden von SS-Soldaten zusammengetrieben. Dieses Foto stammt aus einem Bericht, in dem die Täter ihren Sieg über den jüdischen Widerstand im besetzten Polen feiern.

1 Auf dem Weg in den „Führerstaat"

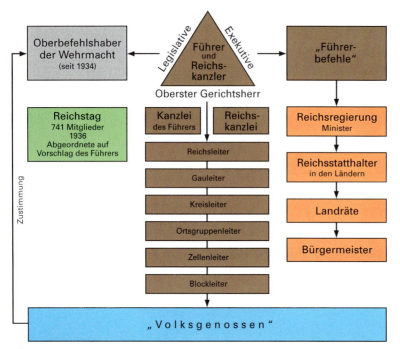

1 Herrschaftssystem des Nationalsozialismus: Formal blieb die Weimarer Verfassung auch unter nationalsozialistischer Herrschaft in Kraft. Das „Führerprinzip", das Hitler schon 1925 innerhalb seiner Partei durchgesetzt hatte, wurde auf die Staatsorganisation übertragen.

SS
(Abk. für Schutzstaffel) Sie stand als Leibwache und Elitetruppe zur persönlichen Verfügung Hitlers, beherrschte nach der Entmachtung der SA unter Führung Heinrich Himmlers den gesamten Polizei- und Nachrichtenapparat und war in verschiedene Organisationen untergliedert.

Führerstaat durch Gleichschaltung

Hitler genügten die Notverordnungen und das Ermächtigungsgesetz von 1933 als gesetzliche Grundlage um seine Diktatur auf- und auszubauen. In seinem Staat sollte allein der „Wille des Führers" regieren. Deshalb begannen die Nationalsozialisten bald damit, die verbliebene Opposition auszuschalten und alle dem Führer oder der Partei nicht direkt unterstellten Bereiche des Staates und der Gesellschaft „gleichzuschalten".

Im April 1933 ermöglichte das „Gesetz zur Wiederherstellung des Berufsbeamtentums" alle missliebigen und „nicht arischen" Beamten durch Parteimitglieder zu ersetzen. Im gleichen Monat beseitigte das „Gesetz zur Gleichschaltung der Länder mit dem Reich" die bisherige Eigenständigkeit der Länder und aller wichtigen Organisationen und richtete sie nach dem „Führerprinzip" aus.

Seit Jahrzehnten hatte die Arbeiterbewegung in Europa am 1. Mai für ihre Rechte demonstriert. Nun erklärten die Nationalsozialisten den 1. Mai zum Feiertag der nationalen Arbeit und begingen ihn mit großen Aufmärschen. Am nächsten Tag beseitigten sie die freien Gewerkschaften und verhafteten die meisten ihrer Führer. Arbeiter und Arbeiterinnen mussten in die Deutsche Arbeitsfront (DAF) eintreten. Im Juni wurde die SPD verboten; die anderen Parteien lösten sich unter starkem Druck auf. Das „Gesetz zur Sicherung der Einheit von Partei und Staat" im Dezember 1933 machte die NSDAP zur einzigen legalen Partei Deutschlands.

Mörderische Ausschaltung

Den drohenden Konflikt zwischen der Reichswehr und der SA, dem Kampfverband der NSDAP, löste Hitler auf eigene Art. Die SA begriff sich als die „wahre" Armee des NS-Staates. Die Forderung des SA-Führers Ernst Röhm, die Reichswehr mit der bewaffneten Parteiarmee gleichzuschalten, lehnte die Reichswehr ab. Doch auch die NS-Führung selbst befürchtete, dass die SA außer Kontrolle geraten könnte. Hitler wollte sie deshalb entmachten. Am 30. Juni 1934 beauftragte er die SS, die wichtigsten SA-Führer und auch andere politische Gegner zu verhaften und ohne Gerichtsurteil zu erschießen. Anschließend wurde behauptet, Röhm und seine Anhänger hätten einen Putsch geplant. Mit der Entmachtung der SA brachte Hitler die Reichswehrführung auf seine Seite. Bis 1936 wurden alle Bereiche der Polizei dem „Reichsführer SS", Heinrich Himmler, unterstellt.

„Führer Deutschlands"

Am 2. August 1934 starb Reichspräsident von Hindenburg. Die Regierung beschloss die Ämter des Reichspräsidenten und des Reichskanzlers in der Person Hitlers zu vereinigen – ein klarer Bruch der Weimarer Verfassung. Damit war er auch Oberbefehlshaber der Reichswehr, die jetzt – mit Zustimmung der Reichswehrführung – auf seine Person vereidigt wurde. Er nannte sich von nun an „Führer Deutschlands".

Diktatur – II. Weltkrieg – Völkermord

Vorsteher	Dienststellen insgesamt		Parteigenossen								Nichtparteigenossen	
			insgesamt		Partei-Eintritt							
					bis 14. 9. 30		1930–1933		nach 1933			
	Anz.	%	Anz.	%	Anz.	%	Anz.	%	Anz.	%	Anz.	%
von staatl. Dienststellen	689	100,0	433	62,8	99	14,4	99	14,4	235	34,0	256	37,2
von komm. Dienststellen	51 671	100,0	31 374	60,7	2 544	4,9	8 022	15,5	20 808	40,3	20 297	39,3
von Städten	2 228	100,0	1 743	78,2	492	22,1	557	25,0	694	31,1	485	21,8
von Gemeinden	49 443	100,0	29 631	59,9	2 052	4,2	7 465	15,1	20 114	40,6	19 812	40,1

2 Gleichschaltung

a) „Mainzer Anzeiger" vom 3. Mai 1933:
Zu Beginn des neuen Unterrichtsjahres 1933/34 haben in sämtlichen Schulen in Hessen die Lehrkräfte in den ersten Wochen in Geschichte, Staatsbürgerkunde
5 und Anschauungsunterricht die Schüler einzuführen in die Bedeutung und Größe des historischen Geschehens der nationalen Revolution, wobei es darauf ankommt, der heranwachsenden Jugend
10 den Sinn und das Gefühl für des Volkes Ehre und Macht zu erwecken. (…)
Zu diesem Zwecke wird im Sinne des Gleichschaltungsgedankens angeordnet, dass in Geschichts- und staatsbür-
15 gerlichem Unterricht aller Unterrichtsanstalten des Landes Hessen für den Anfang des Schuljahres 1933/34 – unabhängig von allen sonstigen Stoff- und Lehrplänen – in den ersten 4 bis 5 Wo-
20 chen das Stoffgebiet, das die Jahre 1918–33 umfasst, zu behandeln ist.

b) Ernst Niekisch, ein sozialistisch orientierter Schriftsteller, der 1937 verhaftet und zu lebenslänglichem Zuchthaus verurteilt wurde, schrieb 1935:
Der Punkt, an dem der Hebel ansetzt, welcher den Menschen gleichschaltet, ist die Existenzfrage. Wenn der Mann nicht richtig liegt, bekommt er kein Futter
5 mehr. Unverhüllter wurde noch niemals auf den Magen gedrückt, um die richtige Gesinnung herauszupressen. Der Beamte zittert um Gehalt und Versorgung. (…) Angestellten und Arbeitern erging es
10 nicht besser; sie verloren die Arbeitsplätze, wenn ihr Eifer der Gleichschaltung enttäuschte. Entzog sich ein Arbeiter dem anbefohlenen Aufmarsch, wurde er fristlos entlassen: Er war als
15 Staatsfeind nicht würdig, wirtschaftlich geborgen zu sein. (…) Wurden sie [die freien Berufe wie Architekten, Ärzte, Rechtsanwälte, Gewerbetreibende, Handwerker und Kaufleute] aus ihrer Berufs-
20 kammer entfernt, war ihnen das Recht auf Berufsausübung genommen; sie waren brotlos und ins wirtschaftliche Nichts verstoßen. Die nationalsozialistische Weltanschauung zog ihre überzeugende Kraft
25 aus der Sorge um den Futterplatz; weil der nationalsozialistische Herr den Brotkorb monopolisiert hatte (er alleiniger Arbeitgeber war), sang jedermann sein Lied.

3 *Besetzung der staatlichen und kommunalen Dienststellen auf der mittleren Behördenebene* durch Parteigenossen (Stand: 1. Januar 1935). – Übertrage die Zahlen in ein Koordinatensystem (x-Achse: Jahre, y-Achse: Prozentzahlen) und vergleiche die Kurven.

4 *Adolf Hitlers* Bild hing als großformatiges Porträt ab 1938 in vielen Amtsstuben und Schulräumen. – Welche Wirkung wollte Hitler mit dem Bild beim Betrachter erzeugen?

1 Was bedeutet im Zusammenhang mit dem Nationalsozialismus „Gleichschaltung" (VT, M1, M2)?
2 Erläutere die Auswirkungen der „Gleichschaltung" auf die Menschen (VT, M2, M3).
3 Der Text M2b liefert eine Erklärung für die Entwicklung der Statistik M3. Findest du den Zusammenhang heraus?

2 Zustimmung und Verführung

1 *Begeisterte Menschenmassen auf dem Römerberg in Frankfurt am Main grüßen Adolf Hitler. Er besuchte die Stadt während seiner Wahlreise im März 1938.*

Volksgemeinschaft
Das war einer der wirkungsvollsten Begriffe der nationalsozialistischen Sprache. Er beinhaltete, dass alle Deutschen ungeachtet aller Unterschiede des Geschlechts und der Klasse, der Konfession und der Partei, des Berufs und des Einkommens als Deutsche denken und handeln und Sonderinteressen zurückstellen sollten („Gemeinnutz geht vor Eigennutz"). Der Begriff diente auch dazu, nach wie vor bestehende Ungleichheiten in der Gesellschaft zu überdecken und politische Gegner auszugrenzen und zu verfolgen.

Führerbegeisterung

„Adolf Hitler ist da. Ein ununterbrochenes Dröhnen erfüllt die Luft. Tausendfältige Heilrufe dringen, immer lauter werdend, in das Ohr. Langsam schreitet der Kanzler und Führer des Reiches mit seinem Gefolge mitten durch das aufbrausende Menschenmeer, immer aufs Neue von unbeschreiblichem Jubel begrüßt." Das, was in einem Artikel der Saarbrücker Zeitung 1934 für eine Veranstaltung in Koblenz so überschwänglich beschrieben wurde, konnte man auch andernorts in den ersten Jahren der nationalsozialistischen Diktatur beobachten: Wo Hitler öffentlich auftrat, schlug ihm eine Welle der Begeisterung von einer großen Menschenmenge entgegen. Den Nationalsozialisten war es gelungen, die große Mehrheit der Deutschen für sich zu gewinnen. Die Zustimmung und Anerkennung richtete sich jedoch mehrheitlich auf Adolf Hitler. Ihm vor allem schrieb man zu, was die nationalsozialistische Propaganda als Erfolge herausstellte: die Senkung der Arbeitslosigkeit, die Linderung der Not alter, kranker oder arbeitsloser „Volksgenossen", die Einigung des bisher „in Parteien und Verbänden zerstrittenen Volkes" in der *„Volksgemeinschaft"* und vor allem das energische Auftreten gegenüber dem Ausland, das Deutschland zu neuem Ansehen verholfen habe. Während Adolf Hitler also in der Gunst der Massen stieg und in ihren Augen fast übermenschliche Züge annahm, fiel das Image der Partei. Die Parteifunktionäre waren auf allen Ebenen der Hierachie eher unbeliebt und wurden wegen ihrer Uniform auch spöttisch „Goldfasane" genannt. Die Kritik aus der Bevölkerung an Missständen zielte daher oft auf die „Parteibonzen" und verschonte Hitler.

Bei alledem muss man bedenken, dass die Zustimmung aus der Bevölkerung nicht einheitlich war und auch über die Jahre schwankte. Es gab neben überzeugten Nazis Mitläufer, die mit dem Strom schwammen, Opportunisten, die Karriere machen wollten, und die vielen, die eine Reihe von Maßnahmen der Nationalsozialisten begrüßten und unterstützten, andere aber ablehnten.

Gründe für den Aufschwung

Die Ursachen und Kosten des Wirtschaftsaufschwungs blieben den meisten Deutschen verborgen. Maßgeblichen Anteil am Aufschwung hatte die Rüstungsindustrie. Ebenso verringerten staatliche Arbeitsbeschaffungsmaßnahmen, wie der Bau von Autobahnen und Flughäfen, die Einführung eines Reichs-

2 *Kinder schmücken ein Führerbild im Saargebiet nach dessen Wiedereingliederung ans Reich 1935.*

arbeitsdienstes (RAD) und die Wiedereinführung der allgemeinen Wehrpflicht die Arbeitslosenzahlen.

Ehestandsdarlehen sollten Frauen aus dem Berufsleben herauslocken. Um diese Maßnahmen zu bezahlen, musste die Regierung Hitler den Staat in einem ungeheuren Ausmaß verschulden. Unter normalen Bedingungen waren die Schulden nicht mehr zu begleichen. Der Krieg sollte dieses Problem lösen.

Bedeutung der Propaganda

Die Nationalsozialisten wussten, dass sie die mehrheitliche Zustimmung der Bevölkerung brauchten, um ihre Ziele zu erreichen. Auch höchst umstrittene Maßnahmen wie die Judenpogrome mussten von der Bevölkerung zumindest geduldet werden. Deshalb wurde bereits am 13. März 1933 ein „Ministerium für Volksaufklärung und Propaganda" eingerichtet. Leiter dieses Ministeriums wurde Joseph Goebbels. In seiner ersten Rede als Minister sagte er über die Aufgabe seines Ministeriums: „… Das Volk soll anfangen einheitlich zu denken, einheitlich zu reagieren und sich der Regierung mit ganzer Sympathie zur Verfügung zu stellen." Goebbels nutzte vor allem das damals neue und faszinierende Massenmedium Radio um die deutsche Bevölkerung zu beeinflussen.

Das Ministerium stand über Fernschreiber und Telefone in direkter Verbindung mit 45 „Reichspropagandaämtern", die über ganz Deutschland verteilt waren. Goebbels bestimmte so nach dem „Führerprinzip" das gesamte kulturelle Leben Deutschlands. Die Redaktionsvertreter der Zeitungen hatten sich jeden Tag im Propagandaministerium einzufinden um Anweisungen entgegenzunehmen.

Ohne Mitgliedschaft keine Arbeit

Wer einen kulturellen Beruf ausüben wollte, musste Mitglied der Reichskulturkammer sein. Ob Filmschauspieler oder Architekt, Schriftsteller, Bildhauer oder Kunsthändler – alle waren von der Aufnahme in diesen Berufsverband wirtschaftlich abhängig. Das wurde von der Partei als Druckmittel eingesetzt um sich die Kulturschaffenden gefügig zu machen. Wer nicht ins Weltbild der Nationalsozialisten passte und sich dem Druck nicht beugte, durfte seinen Beruf nicht mehr ausüben.

3 „Der Führer spricht" (Gemälde des nationalsozialistischen Malers Paul Mathias Padua). „Volksempfänger", über die zwischen Unterhaltungssendungen regierungsamtliche „Botschaften" verkündet wurden, waren sehr preisgünstig zu erwerbende, einfache Radios.

4 Plakat der „Nationalsozialistischen Volkswohlfahrt" (NSV) von 1934. Diese Organisation sammelte zusammen mit dem „Winterhilfswerk" Geld- und Sachspenden an den Haustüren und verteilte sie an Bedürftige. Die Organisation „Kraft durch Freude" (KdF) ermöglichte billige Urlaubsfahrten und die Wahrnehmung kultureller Angebote, sofern die Teilnehmer sich zum Führer und zur Volksgemeinschaft bekannten.

5 *Hitlers erster Spatenstich* beim Baubeginn der Reichsautobahn Frankfurt–Heidelberg. Am 23. September 1933 gab er den Befehl: „Deutsche Arbeiter, fanget an!" Die Pläne für den Bau von Autobahnen stammten jedoch aus der Weimarer Zeit. Hitler verstand es, sie als seine Ideen zu „verkaufen". Solche staatlichen Baumaßnahmen halfen die Arbeitslosigkeit zu senken.

6 *Grafik* zur Reichsverschuldung, zu den Ausgaben für Rüstung und zur Arbeitslosenkurve.

- 🟨 Reichsverschuldung
- 🟦 Ausgaben für Rüstung

7 *Berthold Graf Stauffenberg*, der seit 1938 zu einer Widerstandsgruppe gehörte, äußerte sich während seines Verhörs nach dem Attentat, das sein Bruder auf Hitler am 20. Juli 1944 verübt hatte:
Auf innerpolitischem Gebiet hatten wir die Grundideen des Nationalsozialismus zum größten Teil durchaus bejaht: Der Gedanke des Führertums, der selbst-
⁵verständlichen und sachverständigen Führung, verbunden mit dem einer gesunden Rangordnung und dem der Volksgemeinschaft, der Grundsatz „Gemeinnutz geht vor Eigennutz" und der
¹⁰Kampf gegen die Korruption, die Betonung des Bäuerlichen und der Kampf gegen den Geist der Großstädte, der Rassegedanke und der Wille zu einer neuen, deutsch bestimmten Rechtsordnung er-
¹⁵schien uns gesund und zukunftsträchtig. (…) Die Grundideen des Nationalsozialismus sind aber in der Durchführung durch das Regime fast alle in ihr Gegenteil verkehrt worden.

8 *Der Parteivorstand der SPD* verlegte im Juni 1933 seinen Sitz von Saarbrücken nach Prag. In den folgenden Jahren gingen dort monatliche Berichte früherer Sozialdemokraten ein, die über die politische Lage in Deutschland informierten.
a) Bericht von 1935:
Besonders bedenklich ist die Tatsache, dass selbst in den Kreisen der Arbeiterschaft das Gift des Nationalsozialismus zu wirken beginnt. Besonders in den Ar-
⁵beiterkreisen der Rüstungsindustrie. Ich unterhielt mich mit einem jüngeren Angestellten, der früher Funktionär einer sozialistischen Organisation war. Dieser sagte: „Für mich hat Hitler gesorgt, ich
¹⁰habe eine schöne Stelle, guten Lohn und in jedem Jahr vier Wochen Ferien." Als ich ihn darauf aufmerksam machte, dass man den Eindruck bekäme, als ob er Hitleranhänger geworden sei, bestritt er
¹⁵das. Mein Hinweis auf die schweren Folgen eines Krieges imponierten ihm nicht. Er meinte, die anderen rüsten doch auch, warum sollen wir nicht rüsten? Es würde auch Arbeit geschaffen.

b) Nach dem Einmarsch deutscher Truppen ins Rheinland (1936) ist zu lesen:
Es war für uns interessant, aus den verschiedenen Äußerungen, die man zu hören bekam, zu entnehmen, dass das nationale Empfinden in der Bevölkerung
⁵doch recht lebendig ist. Jeder empfand, dass in Hitlers Forderungen doch auch ein Stück Berechtigung steckt. Der Geist von Versailles ist allen Deutschen verhasst; Hitler hat nun diesen fluchwürdi-
¹⁰gen Vertrag doch zerrissen und den Franzosen vor die Füße geworfen. Recht hat Hitler, wenn er die Gleichberechtigung fordert. Recht hat Hitler, wenn er es den anderen einmal gründlich sagt. Sehr
¹⁵beachtlich war ferner, dass niemand an sofortige kriegerische Verwicklungen glaubte. (…) Es wird ein bissl gekuhhandelt, und dann wird es bleiben, wie Hitler sagt. Aber ein Kerl ist er doch, der Hitler,
²⁰er hat den Mut etwas zu wagen. So oder ähnlich konnte man überall die Meinungen des Volkes hören.

9 *KdF-Wagen.* Für rund tausend gesparte Reichsmark wurde den „Volksgenossen" ein eigener Wagen versprochen. Das VW-Werk entwickelte sich zu einem der größten Lieferanten der Wehrmacht.

Diktatur – II. Weltkrieg – Völkermord

10 *Holzschnitt zur Bücherverbrennung* von Heinz Kiwitz, der im Pariser Exil lebte, aus dem Jahre 1938. Auf der Rednertribüne Propagandaminister Goebbels.
– Welche Namen auf den Büchern kennst du?
– Was weißt du über sie? Informiere dich über die dir unbekannten Namen.

11 *Anweisungen* an die Wort- und Bildpresse durch das Propagandaministerium im November 1938:
– Dr. Goebbels wird morgen das Groß-Kraftwerk Oberspree besichtigen. Der Minister möchte in der Presse nur Aufnahmen sehen, die ihn im Kreise der Arbeiter zeigen.
– Berichte über den Einsatz des Reichsarbeitsdienstes beim Bau der West-Befestigungen können jetzt gebracht werden, allerdings ohne Angabe von Informationen.
– Zum bevorstehenden Muttertag wird gebeten, bei Bildveröffentlichungen die kinderreiche Mutter besonders hervorzuheben.
– Aus Anlass des Todes von Ernst Barlach sollen Bilder des Künstlers oder Bilder seiner Werke nicht gebracht werden.
– Der Gau Berlin der NSDAP hat darüber Klage geführt, dass bei den Bildberichten über den Reichsparteitag hier und da Aufnahmen von politischen Leitern erschienen sind, die man als „nicht würdig" bezeichnen kann. So wurden z. B. die Berliner politischen Leiter in ihrem Lager in lustiger Stimmung mit Bierkrügen gezeigt. Der Eindruck, der bei den Volksgenossen durch solche Bilder entsteht, kann durchaus falsch sein und dadurch die ganze Bedeutung der großen Nürnberger Tage beeinträchtigt werden. (…)
– Dem „Illustrierten Beobachter" ist bei einem Bilder-Artikel zum Juden-Problem eine Panne zugestoßen. Er hat eine Anzahl Bilder veröffentlicht, die zwar als solche ohne weiteres hätten gebracht werden können, die aber mit den Unterschriften, wie sie im „Illustrierten Beobachter" zu lesen waren, eher Mitleid erregen als antijüdischen Zwecken dienen konnten.

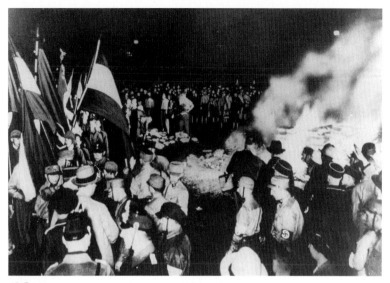

12 *Am 10. Mai 1933* organisierte das Propagandaministerium eine groß angelegte Bücherverbrennung (oben eine Szene aus Berlin). In ganz Deutschland wurden, begleitet von öffentlichen Kundgebungen, Bücher von berühmten deutschen Schriftstellern und Denkern verbrannt, die die Nationalsozialisten als ihre Gegner und als Neuerer in der Kunst hassten (z. B. Ernst Bloch, Bertolt Brecht, Thomas Mann, Heinrich Mann, Stefan Zweig, Erich Kästner, Anna Seghers und viele, viele andere).

1 Wodurch gelang es den Nationalsozialisten, die Mehrheit der deutschen Bevölkerung für sich zu gewinnen?
2 Hinter jeder Anweisung in M 11 steckt ein Teil der NS-Ideologie und der NS-Politik. Finde sie heraus und erkläre sie.
3 Angenommen, du hättest damals gelebt: Schreibe einen Brief an einen Freund, der von Hitler begeistert ist. Kläre ihn über die Hintergründe von Hitlers „Erfolgen" auf und führe ihm die Schattenseiten der Diktatur vor Augen.
4 Diskutiert das Zitat des Dichters Heinrich Heine (1797–1856): „Wer Bücher verbrennt, verbrennt auch Menschen."

3 Jugend unterm Hakenkreuz

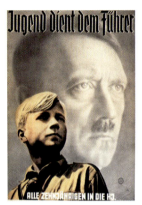

1 Propagandaplakate für die weibliche und männliche Hitlerjugend. – Wie werden Jungen und Mädchen auf diesen Plakaten angesprochen?

2 Auch beim Baden konnte man „Flagge zeigen".

Die Hitler-Jugend

Ebenso wie die italienischen Faschisten und die kommunistischen Diktaturen schenkten auch die Nationalsozialisten der Jugend und der Erziehung große Aufmerksamkeit. Sie waren überzeugt: Wer die Jugend auf seiner Seite hat, dem gehört auch die Zukunft. Deshalb waren sie bestrebt, in größtmöglichem Maße auf Kinder und Jugendliche einzuwirken. Alle anderen Einflüsse sollten zurückgedrängt oder ganz ausgeschaltet werden: Neben der nationalsozialistischen Jugendorganisation, der Hitler-Jugend (HJ), sollte und durfte es keine anderen Jugendorganisationen mehr geben. Veranstaltungen der HJ, die oft auch die Wochenenden belegten, sollten Kinder und Jugendliche von regimekritischen Eltern entfremden. Tatsächlich hat es Fälle gegeben, in denen Kinder ihre eigenen Eltern wegen kritischer Äußerungen zur NSDAP, zum Terror, zu Hitler oder zum Krieg angezeigt haben.

Erziehungsziel Krieg

Die Nationalsozialisten wollten alle Mädchen und Jungen zu treuen Gefolgsleuten erziehen und sie zugleich auf die Aufgabe vorbereiten, die Hitler für das Deutsche Reich und „sein Volk" vorgesehen hatte: auf den Krieg. Die körperliche und militärische Erziehung stand daher gleichberechtigt neben der ideologischen Schulung. Die Nationalsozialisten wollten mutige, vor allem anpassungsfähige und gehorsame Menschen.

Gefallen an der HJ und Widerstand

Aus verschiedenen Gründen ist es der Hitlerjugend tatsächlich gelungen, die Mehrheit der Jugend für sich zu gewinnen. Manche Jugendliche ließen sich dennoch nicht vereinnahmen. Nur die allerwenigsten wagten aber, dies auch offen zu zeigen. Einige Jugendliche schlossen sich in eigenen Cliquen zusammen, die unter Namen wie „Edelweißpiraten" und „Meuten" bekannt wurden. Die „Swing-Jugend" verweigerte sich, indem sie verbotene Musik hörte. Andere Jugendliche beteiligten sich sogar an Widerstandsaktionen oder distanzierten sich innerlich von der HJ.

NS-Schulen

Neben dem Elternhaus hat die Schule für die Erziehung eine große Bedeutung. Daher bemühten sich die Nationalsozialisten, die Schulorganisation und den Unterricht ganz nach ihren Vorstellungen zu gestalten. Die Lehrpläne für die einzelnen Fächer wurden auf die nationalsozialistische Ideologie abgestimmt. Besonders wichtig waren die Fächer Geschichte und Biologie. Die nationalsozialistische „Rassenlehre" und die „Geschichte der Germanen" wurden verpflichtende Unterrichtsinhalte für alle Schülerinnen und Schüler.

Gemessen an anderen Beamten, waren überdurchschnittlich viele Lehrerinnen und Lehrer NSDAP-Mitglied (1936 ca. 30 Prozent). Die Nationalsozialisten versuchten mit aller Macht regimekritische und oppositionelle Beamte aus den Schulen zu entfernen. Dabei war ihnen jedes Mittel recht.

Diktatur – II. Weltkrieg – Völkermord

3 *Erika Martin, eine ehemalige Jungmädelführerin, berichtet:*
Wir machten eine Fahrt, wir wanderten, wir machten eine Schnitzeljagd, wir veranstalteten eine Fuchsjagd. Das waren so Wald- und Feldspiele, wie man sie
⁵ vielleicht heute gar nicht mehr so spielt, aber die massig Spaß machten. Und hinterher wurde dann auch irgendwo ein Lagerfeuer entfacht und ein ordentlicher Kessel Erbsensuppe aufgesetzt. Und
¹⁰ dieses alles, dieses Neue, dieses freie In-der-Natur-sich-bewegen-dürfen ohne Zwang, ohne den strengen Blick des Vaters oder die Sorge der Mutter hinter sich zu spüren, dieses freie Selbstgestalten,
¹⁵ das war es eigentlich, was sehr glücklich machte.

4 *Hitler über die Erziehung der Jugend* in einer Ansprache 1938:
Diese Jugend, die lernt ja nichts anderes als deutsch denken, deutsch handeln. Und wenn nun dieser Knabe und dieses Mädchen mit ihren zehn Jahren in unse-
⁵ re Organisationen hineinkommen (…), dann kommen sie vier Jahre später vom Jungvolk in die Hitlerjugend, und dort behalten wir sie wieder vier Jahre, und dann geben wir sie erst recht nicht
¹⁰ zurück in die Hände unserer alten Klassen- und Standeserzeuger, sondern dann nehmen wir sie sofort in die Partei oder in die Arbeitsfront, in die SA oder in die SS, in das NSKK [National-Sozialisti-
¹⁵ sches Kraftfahr-Korps] und so weiter. Und wenn sie dort zwei Jahre oder anderthalb Jahre sind und noch nicht ganze Nationalsozialisten geworden sein sollten, dann kommen sie in den Arbeits-
²⁰ dienst und werden dort wieder sechs und sieben Monate geschliffen, alle mit einem Symbol, dem deutschen Spaten. Und was dann nach sechs oder sieben Monaten noch an Klassenbewusstsein
²⁵ oder Standesdünkel da oder da noch vorhanden sein sollte, das übernimmt dann die Wehrmacht zur weiteren Behandlung auf zwei Jahre. Und wenn sie dann nach zwei oder drei oder vier Jahren zurück-
³⁰ kehren, dann nehmen wir sie, damit sie auf keinen Fall rückfällig werden, sofort wieder in die SA, SS und so weiter. Und sie werden nicht mehr frei ihr ganzes Leben, und sie sind glücklich dabei.

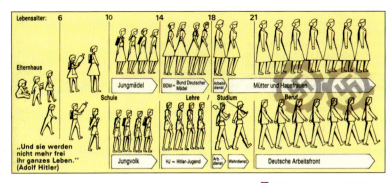

5 *Hitler-Jugend (HJ).* 1933 traten über 3 Millionen Jugendliche, das war etwa ein Drittel der deutschen Jugend, in den Jugendverband der NSDAP ein. Er entwickelte sich zu einer Massenorganisation.

6 *Zeltlager der HJ*

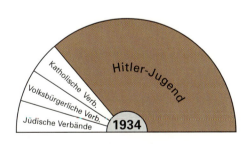

7 *Entwicklung der Hitlerjugend.* Schon bald nach dem Regierungsantritt 1933 wurden die meisten Jugendorganisationen zwangsweise „gleichgeschaltet", d.h. aufgelöst oder in die Hitler-Jugend übernommen; manche gliederten sich auch freiwillig in die Hitler-Jugend ein. So war die HJ bereits Ende 1934 zu einer Massenorganisation mit 3,5 Millionen Mitgliedern geworden. Ab 1936 waren per Gesetz alle Kinder und Jugendliche zwischen 10 und 18 Jahren gezwungen der HJ beizutreten und sich an deren Veranstaltungen zu beteiligen.

Jugend unterm Hakenkreuz

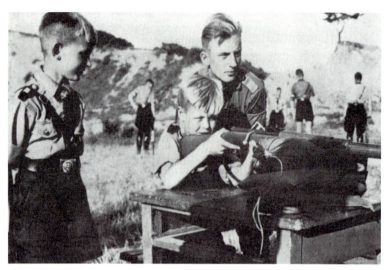

8 *„Jungvolk" bei Schießübungen* mit dem Kleinkalibergewehr. rechts oben: *Ein 16-Jähriger als Luftwaffenhelfer* in den letzten Kriegstagen 1945. Er gehörte zu „Hitlers letztem Aufgebot", das die Wehrmacht bei der Verteidigung bedrohter Heimatgebiete unterstützen sollte.

9 Ein ehemaliger „Pimpf" berichtet über seine Zeit im „Deutschen Jungvolk":
An manchen Samstagen gehen wir auf Wochenendfahrt. Am Koppel hängt der prall mit Stullen gefüllte Brotbeutel, auf dem Brotbeutel die Feldflasche. Über der
5 Schulter tragen wir, zusammengerollt, Decke und Zeltplane. Wir lernen, was feldmarschmäßig ist. (…) Aus der Stadt heraus und bis zum Wald marschieren wir. Vor dem Wald löst sich die Einheit
10 auf. Wir durchstreifen ihn schleichend, stets darauf bedacht, uns vor einem fiktiven Feind zu verbergen. Kein Wort fällt. Die Feldflasche darf nicht klappern, kein Ast darf knacken. Kurz vor dem La-
15 gerplatz, der als „vom Feind besetzt" gilt, brechen wir mit Gebrüll zum Sturmangriff aus dem Gebüsch. Natürlich besiegen wir den Feind und schlagen da, wo er gelegen hat, unsere Zelte auf. (…) Spä-
20 ter schlafen wir in den Zelten ein. Wir schlafen ruhig: Draußen liegen zwei Kameraden beim klein gehaltenen Feuer und schieben Wache. Alle zwei Stunden ist Ablösung. Das Kameradschaftsgefühl
25 gibt Sicherheit.
Am Sonntag das obligate [pflichtgemäße] Geländespiel, das Training im unerbittlichen Freund-Feind-Gefühl. (…) Abends kommen wir nach Hause, müde,
30 aber glücklich. Mancher trägt stolz am Kopf eine Beule in die Wohnküche, Mutter ist entsetzt, Vater ist stolz. (…)
Wir hatten unsere eigene Welt. Vater war kein Kamerad, höchstens ein Vorgesetz-
35 ter ohne Kompetenz.

10 Karl-Heinz Schnibbe (geb. 1924) wurde 1942 vom Volksgerichtshof zu einer mehrjährigen Gefängnisstrafe wegen „Hochverrats" verurteilt. Er hat seine Lebensgeschichte aufgeschrieben. Hier sind einige Auszüge:
Als ich in die Hitler-Jugend überschrieben wurde, hatte ich keine Lust mehr, und jetzt gefiel mir der Druck und der Zwang nicht mehr so. Zuerst ging es vielleicht
5 noch, aber dann passte mir die Schreierei und das Kommandieren nicht mehr. (…) Ich habe auch keine HJ-Uniform gehabt, weil meine Eltern mir keine gekauft haben. Sie haben immer gesagt: „Wenn die
10 euch drin haben wollen, dann sollen die euch auch eine Uniform kaufen." Die HJ-Führung hat das zwar dann für mich gemacht, aber trotzdem habe ich die Uniform nicht angezogen. (…) Einmal tauch-
15 te ich wieder hübsch in Zivil beim Dienst in unserm Hitler-Jugendheim auf. Alle waren in Uniform und mit blank geputzten Stiefeln da, und unserm Scharführer passte es nicht. (…) Ein Wort gab das an-
20 dere, und schließlich habe ich ihm eine geschoben … Am Ende habe ich ihn vor all den anderen verprügelt. Ein paar Wochen später kriegte ich ein Schreiben vom Gebietsführer und musste zu einer
25 Ehrenverhandlung. Man legte keinen Wert mehr auf meine Mitgliedschaft. Ich wurde wegen Befehlsverweigerung aus der Hitlerjugend ausgeschlossen. Was ich natürlich nicht ahnte, war, dass die
30 Gestapo mir später diese Episode übel nehmen und vorhalten würde.

Diktatur – II. Weltkrieg – Völkermord

11 Aus der Chronik der Grundschule in Duisburg-Großenbaum:
Am 28. 7. 1933 findet eine Dringlichkeits-Konferenz statt. Folgende Mitteilungen erhalten die Lehrerinnen und Lehrer:
1. Es wird allen Beamten dringend empfohlen, ein Theaterabonnement zu nehmen um das Theater lebensfähig zu halten.
2. Der Hitler-Gruß ist der deutsche Gruß für alle. Er soll die Verbundenheit unter den Deutschen bekräftigen. Daher sollen alle Beamte, Kinder und Eltern sich des Hitler-Grußes bedienen.

12 Diktat, das Kinder einer 3. Klasse in München 1934 schreiben mussten:
Wie Jesus die Menschen von der Sünde und Hölle befreite, so rettete Hitler das deutsche Volk vor dem Verderben. Jesus und Hitler wurden verfolgt, aber während Jesus gekreuzigt wurde, wurde Hitler zum Kanzler erhoben. Während die Jünger Jesu ihren Meister verleugneten und im Stich ließen, fielen 16 Kameraden für ihren Führer. Die Apostel vollendeten das Werk ihres Herren. Wir hoffen, dass Hitler seine Werke zu Ende führen darf. Jesus baute für den Himmel, Hitler für die deutsche Erde.

13 Über ihre Schulzeit berichtet 1998 Helga Breil. Sie war ehemalige Schülerin an der Helene-Lange-Realschule in Essen:
Sie [die Schule] hieß damals noch Städtische Knaben- und Mädchenmittelschule Essen-Steele. (…) Eines Tages wurden die Kreuze aus jedem Klassenzimmer herausgeholt. Das übliche Gebet vor dem Unterricht wurde verboten, statt dessen sollten nationalsozialistische Lieder gesungen werden. Erst später wurde mir bewusst, wieviel Mut meine Lehrerinnen bewiesen, die einfach die Anweisungen missachteten und weiterhin das Morgengebet beibehielten. Mir sind nur drei Lehrer in Erinnerung, die mit dem Hitlergruß vor die Klasse traten, bei den anderen blieb es beim „Guten Morgen, meine lieben Kinder". (…) Im Geschichtsunterricht hatten wir zwar Bücher von der Schule bekommen, meine Lehrerin benutzte sie nie, sie gab sich große Mühe, stellte selbst Texte zusammen und diktierte sie uns. (…) Nach dem Krieg auf einem Klassentreffen erfuhren wir von unserem Direktor, wie schwer es einige unserer Lehrerinnen und Lehrer gehabt hatten.

14 Fähnleinführer Hermann Schwalbe schrieb am 15. Juli 1936 an die Familie Schmitz in Duisburg folgenden Brief:
Da Ihr Sohn Herbert schon längere Zeit es nicht für nötig fand, am Jungvolkdienst teilzunehmen, möchte ich Sie höflichst auf das Reichsjugendgesetz aufmerksam machen, auf Grund dessen Ihr Sohn verpflichtet ist, zum Dienst zu kommen, ebenso wie er zur Schule gehen muss. Falls er noch einmal ohne triftigen Grund fehlt, werde ich sofort beim Bann beantragen, dass Ihr Sohn aus den Reihen des Jungvolks in der HJ ausgestoßen wird. Was das für das spätere Fortkommen des Jungen bedeutet, kann er selbst noch gar nicht erfassen, darum wende ich mich auch an Sie. Ich bitte Sie nochmals höflichst (…) den Jungen zum Dienst zu schicken, andernfalls muss ich das Nötige einleiten. Heil Hitler!

15 Aus einem Kinderbuch (Illustration). Das vielgelesene Buch erschien 1938. Die Kapitelüberschrift lautet: „Woran erkennt man einen Juden?" Unter dem Bild steht: „Die Judennase ist an ihrer Spitze gebogen. Sie sieht aus wie ein Sechser …" Jüdische Kinder wurden in den Schulen oft diffamiert und ausgegrenzt. Wenn plötzlich jüdische Mitschüler fehlten, wurde darüber nicht gesprochen. Viele Schülerinnen und Schüler wollten nicht als Freunde der Juden angesehen werden.

1. Liste alle im Kapitel genannten Informationen auf, wie die Nationalsozialisten versuchten die Jugend zu beeinflussen.
2. Nenne Gründe, warum viele Mädchen und Jungen Gefallen an der HJ fanden (M3, M6, M8, M9).
3. Überlege: Was hätte dich an der Hitlerjugend besonders fasziniert, was hätte dir nicht gefallen (berücksichtige dazu M10).
4. Wie nimmt der Staat heute Einfluss auf die Jugend? Diskutiert in der Klasse: Soll der Staat die Jugend beeinflussen?
5. Wie versuchten Lehrerinnen und Lehrer der Beeinflussung und der Kontrolle durch Staat und Partei zu entgehen (M13)?

4 Frauen im NS-Staat

1 links: **Modetanz aus den USA in den 20er-Jahren: der Charleston** (Aquarell von Lutz Ehrenberger, 1926).
rechts: **Nationalsozialistisches Idealbild einer Familie** von Paul Hermann Schoedder aus dem Jahre 1938.

2 Das Mutterkreuz wurde Frauen mit mehr als vier Kindern verliehen und sollte einen Anreiz geben möglichst viele Kinder zu gebären und sich für die Familie aufzuopfern. Diese Rolle der Frau stand in Einklang mit der nationalsozialistischen Rassenideologie: Die arische Rasse sollte auch zahlenmäßig überlegen sein. Trotz umfangreicher Propaganda stiegen allerdings die Geburtenzahlen kaum.

Weimarer Republik – Die Frauen fallen aus der Rolle

Die „früher so selbstverständliche Stellung der Frau und Mutter ist ins Wanken geraten". Dies beklagte schon 1929 ein Ausschuss, der sich für die Einführung des „Deutschen Muttertages" stark machte. Zur Zeit der Weimarer Republik führten angeblich immer mehr Frauen einen lockeren und selbstsüchtigen Lebenswandel. Darin sah man eine regelrechte „Verfallserscheinung der Gegenwart". Die Nationalsozialisten wollten derartige in ihren Augen zersetzende Einflüsse aus der republikanischen Zeit bekämpfen und das deutsche Familienleben wieder in „naturgegebene" Bahnen lenken. Das gehörte von der Machtergreifung an zu ihren vordringlichen gesellschaftspolitischen Zielen.

NS-Idealbild der Frau …

Die Nationalsozialisten hatten klare Vorstellungen von der Rolle der Frau in Staat und Familie: Die natürliche Bestimmung jeder Frau lag für sie darin eine treue Gattin und eine fürsorgliche und aufopferungsvolle Mutter zu sein. Die NS-Propaganda bemühte sich die deutschen Frauen von diesem Idealbild zu überzeugen. Frauen sollten ihre Erwerbstätigkeit aufgeben und allenfalls noch als Kindergärtnerinnen oder in Pflegediensten und landwirtschaftlichen Berufen geduldet werden.

… und die Wirklichkeit

Mit dieser „Frauenpolitik" wollten die Nationalsozialisten auch die Arbeitslosigkeit senken. Massive Propagandakampagnen sollten Frauen zum „freiwilligen" Verzicht auf Berufstätigkeit oder Studium bewegen. Im Schulwesen wurden die Frauen aus Leitungspositionen verdrängt, Lehrerinnen von höheren Mädchenschulen an Volksschulen versetzt. Seit 1936 durften Frauen weder Richterinnen noch Staats- oder Rechtsanwältinnen werden. Sie hatten nach einem Medizinstudium große Schwierigkeiten einen Ausbildungsplatz am Krankenhaus zu finden.

Als vor allem in der Rüstungsindustrie zunehmend Arbeitskräfte gebraucht wurden, klafften das Idealbild der Frau und die Wirklichkeit immer mehr auseinander: Um die Produktion aufrecht erhalten zu können sollten Frauen nun auch in so genannten „Männerberufen" arbeiten.

Diktatur – II. Weltkrieg – Völkermord

3 Über den „Einsatz der Frauen in der Nation" schrieb die Schriftstellerin und ehemalige NS-Frauenschaftsführerin Gertrud Scholtz-Klink 1937:

Weil wir heute Hauswirtschaft anders werten müssen als früher, wissen wir, dass eine gute Haushaltsführung eine für die deutsche Volkswirtschaft unersetzliche und entscheidende Leistung der Frau darstellt und deshalb für alle Mädchen Voraussetzung und Verpflichtung für ihren Einsatz in der Nation sind.
Wenn auch unsere Waffe auf diesem Gebiet nur der Kochlöffel ist, soll seine Durchschlagskraft nicht geringer sein als die anderer Waffen.

4 Gerda Zorn erzählte 1980 zum Thema „Frauen unter dem Hakenkreuz":

Nach ihrer Heirat musste meine Mutter ihre Sekretärinnenstelle aufgeben, weil es so genannte Doppelverdiener nicht geben durfte. (…) Die Nazis machten eine Religion daraus, den Frauen die Rolle als Hausfrau und Mutter zuzuweisen. Meine Mutter hasste die „Drei-K-Rolle" [Kinder–Küche–Kirche]. Als geselliger Mensch sehnte sie sich nach Kontakten mit anderen Menschen. Da sie sich weder mit der Nazi-Ideologie noch mit der Nachbarschaft, die dieser Ideologie mehr oder weniger verfallen war, anfreunden konnte, blieben ihr nur Haushalt und Garten.

5 Eine emigrierte Deutsche schrieb 1939 aus Paris:

Jahrelang haben die Nazis sich als Retter der deutschen Familie ausgegeben und Märchen darüber verbreitet, dass andere Ideologien die Familien zerstören. Während in anderen Ländern der Wohlstand der Familien gesichert wird, werden in Hitlers Reich durch die Kriegspolitik die Familien gewaltsam auseinander gerissen und zerstört. Nicht nur die täglichen Sorgen, sondern auch der Zwang und Druck der Wehrwirtschaft belasten und verfolgen die Frauen. (…) Die Ehe ist für die Nazis keine Gemeinschaft zweier Menschen, die das Glück ihrer Familie und ihre Zukunft gestalten und darum gerne Kinder haben wollen. Im Dritten Reich wird die Ehe als Zuchtanstalt und die Frau als Gebärmaschine betrachtet.

6 NS-Plakat von 1944. – Was sagt das Plakat darüber aus, welche Tätigkeiten Frauen in den Augen der Nationalsozialisten ausüben sollten? Beachte auch die Jahreszahl.

7 Munitionsfabrik. Vor allem die Rüstungsindustrie warb um weibliche Arbeitskräfte, vor allem für angelernte Tätigkeiten. Frauen erhielten für die gleiche Tätigkeit höchstens 75 % des „Männerlohnes". Aufstiegschancen in den Betrieben hatten die Frauen kaum.

1 Erläutere anhand der Bilder M1 und M6 das nationalsozialistische Idealbild der Frau.
2 Welches Ziel verfolgte Gertrud Scholtz-Klink (M3)? Versetzt euch in die Lage der Mutter von Gerda Zorn (M4): Was hätte sie der Schriftstellerin geantwortet? Denkt euch einen Brief aus.
3 Warum sind die Nationalsozialisten von ihrer ursprünglichen Frauenpolitik zunehmend wieder abgerückt (VT, M6 und M7)?
4 Fasse die Kritik zum NS-Frauenbild und zur Frauenpolitik in M4 und M5 zusammen und ergänze durch deine eigene Kritik.
5 Sammelt verschiedene aktuelle Argumente zur Erwerbstätigkeit und zur Frauenrolle heute. Gibt es Parallelen zum Frauenbild und zur Frauenpolitik der NSDAP? Diskutiert darüber.

5 Mit Terror gegen Andersdenkende

1 *Der ehemalige Reichstagspräsident Paul Löbe (SPD) wird 1933 in das KZ Dürrgoy bei Breslau eingewiesen. Bei seinem „Einzug" zwingt man ihn einen Strauß Disteln in der Hand zu halten. Häftlinge müssen eine „Ehrenformation" bilden und als Häftlingskapelle aufspielen.*

Schutzhaft
So bezeichneten die Nationalsozialisten die Freiheitsberaubung, die aus politischen Gründen durch staatliche Stellen erfolgte. Angeblich sollten die Häftlinge „vor dem Volkszorn geschützt" werden. Gegen die Verhängung von Schutzhaft war keine Anrufung der Gerichte möglich; der Inhaftierte durfte sich auch nicht durch einen Anwalt vertreten lassen. Damit war er völlig der Willkür der politischen Polizei ausgeliefert.

Emigranten und Andersdenkende
Viele Oppositionelle und politisch Andersdenkende, Künstler und Wissenschaftler verließen nach 1933 Deutschland. Sie gingen in die Emigration, weil sie in Deutschland um ihr Leben fürchten mussten, weil sie mit diesem Deutschland nicht gleichgesetzt werden wollten oder weil sie hofften, sich im Ausland für das „wahre Deutschland" und eine Zukunft nach der Diktatur einsetzen zu können. Wer in Deutschland blieb und es dennoch wagte, öffentlich an der nationalsozialistischen Herrschaft Kritik zu üben, bekam den Terror des Polizei- und Spitzelstaates zu spüren.

Das Terrorsystem
Bereits 1933 hatte die SA eine Vielzahl kleinerer Konzentrationslager eingerichtet, in denen vor allem Kommunisten, Sozialdemokraten und andere politische Gegner inhaftiert wurden. Nach der Entmachtung der SA im Jahr 1934 übernahm die SS die Verwaltung der Konzentrationslager. Jetzt kamen zu den politischen Häftlingen noch andere hinzu, die nach bestimmten Kategorien eingeteilt wurden: „Asoziale", „Bibelforscher" (Zeugen Jehovas), „Arbeitsscheue", „Berufsverbrecher" und Homosexuelle. Heute schätzt man, dass 1933 ca. 50 000 und 1939 132 000 Menschen inhaftiert waren. Anfänglich starben jedes Jahr ca. 10 %, später bereits 20 % der Häftlinge in den Konzentrationslagern.

Die Polizeigewalt, die die SS unter ihrem Führer Heinrich Himmler an sich gerissen hatte, wurde der Kontrolle durch die Justiz vollständig entzogen. Die „Geheime Staatspolizei" (Gestapo) bespitzelte Einzelpersonen oder nahm verfolgte Personen willkürlich in *Schutzhaft*. Richterliche Haftbefehle oder ordentliche Prozesse waren dafür nicht mehr erforderlich.

Zur allgemeinen Einschüchterung trug bei, dass der „Sicherheitsdienst" „Lageberichte über die Stimmung in der Bevölkerung" verfasste.

Zustimmung oder Anpassung
Viele akzeptierten zunächst das Terrorsystem als notwendige Maßnahme auf dem Weg zur „nationalen Erneuerung". Sie beruhigten sich mit dem Sprichwort: „Wo gehobelt wird, da fallen Späne." In ihren Augen hatte Hitler ja auch Erfolge vorzuweisen.

Viele lehnten den Terror ab, wollten aber nichts dagegen unternehmen, weil sie fürchteten sich selbst in Gefahr zu bringen. Man musste auf der Hut sein, denn jeder, selbst in der eigenen Familie, konnte ein Denunziant sein.

2 *Die ersten Konzentrationslager nach der Machtergreifung.*

Diktatur – II. Weltkrieg – Völkermord

Ein bunter Transport durch Tempelhof
Ende der Zigeunerherrlichkeit
Die Behörde greift energisch durch — Beschränkte Freizügigkeit

Schmutzig, von Ungeziefer starrend, schamlos ihre Familienintimitäten vor den Augen aller Welt ausbreitend, unverschämt, aufdringlich, lästig, wurden sie trotzdem von den Behörden geduldet und genossen eine unbeschränkte Freizügigkeit, die ihnen gestattete, bei Nacht und Nebel zu verschwinden und irgendwo anders unterzutauchen. Wir sehen es mit Freuden, daß dieser Freiheit jetzt ein Ende gemacht worden ist. Z.

3 Tempelhofer Zeitung vom 8.8.1936

4 *Schriftsteller Heinrich Mann, 1933 nach Südfrankreich geflüchtet, schrieb 1934:*
Die Emigration (…) ist die Stimme ihres stumm gewordenen Volkes. (…) Die Emigration wird darauf bestehen, dass mit ihr die größten Deutschen waren und sind,
5 und das heißt zugleich: das beste Deutschland. (…) Die Emigration ist eingesetzt vom Schicksal, damit Deutschland das Recht behält, sich zu messen an der Vernunft und an der Menschlichkeit! Ohne die
10 Emigration könnte es dies heute nicht, sie allein ist übrig, als ein Deutschland, das lernt, denkt und Zukunft erarbeitet.

5 *1934: eine Frau in „Schutzhaft". Die Gestapo begründet die „Schutzhaft":*
Der Schutzhäftling Grete Dankwart, geb. Pieper, geb. am 16.12.88 zu Löbau, Berlin, Strassmannstr. 4b wohnhaft, wurde festgenommen, weil er am 25.11.1934
5 die Gräber der Rosa Luxemburg und des Karl Liebknecht auf dem Zentralfriedhof Berlin-Friedrichsfelde mit Blumen geschmückt hat. Er hat dadurch auch äußerlich seine Sympathie zum Kommu-
10 nismus …* zum Ausdruck gebracht und sich bewusst in Gegensatz zu der heutigen Staatsform und zur nationalsozialistischen Weltanschauung gestellt. Sein Verhalten und seine Handlungsweise
15 sind geeignet die Öffentlichkeit zu beunruhigen.
Das Geheime Staatspolizeiamt hat (…) Schutzhaft bis auf weiteres angeordnet.
* unleserlich

6 *Die Einlieferung der Gefangenen in das Lager schildert der Politikwissenschaftler und Historiker Eugen Kogon, der selbst als Häftling viele Jahre im KZ verbringen musste, in seinem Buch „Der SS-Staat":*

Die Gefangenen wurden von den Bahnhöfen entweder in den bekannten geschlossenen Polizeilastwagen oder auf Lastautos zusammengepfercht oder in
5 langen Elendsreihen zu Fuß zum KL [Konzentrationslager] gebracht. (…) Ein Rudel herumlungernder Scharführer [SS-Dienstgrad] stürzte sich auf die Meute. Es regnete Schläge und Fußtritte, die
10 „Neuen" wurden mit Steinen beworfen und mit kaltem Wasser begossen; wer lange Haare oder einen Bart hatte, wurde daran zu Boden gerissen. (…) Dann hieß es stundenlang mit dem „Sachsen-
15 gruß", die Arme hinter dem Kopf verschränkt, häufig auch noch in Kniebeuge, (…) ausharren – in Kälte, Regen oder Sonnenglut, ohne Essen, ohne Trinken, ohne austreten zu dürfen. Dabei konnte
20 jeder SS-Mann mit den Erschöpften treiben, was ihm beliebte.

7 *Das Konzentrationslager Osthofen* südwestlich von Mainz 1933. Die „Umerziehungsanstalt" war das erste KZ für politische Gegner im damaligen Volksstaat Hessen. Die Handlung des weltberühmten Romans „Das siebte Kreuz" hat die aus Mainz stammende Schriftstellerin Anna Seghers hier angesiedelt. Als Jüdin und Kommunistin musste sie nach Mexiko emigrieren.

8 *„Das siebte Kreuz"* (Umschlagbild der Erstausgabe des Romans). Im Mittelpunkt der Romanhandlung steht die dramatische Flucht von sieben Häftlingen aus einem Konzentrationslager. Zugleich wird einfühlsam das Alltagsleben der Menschen während der NS-Diktatur beschrieben.

1 Nenne die Methoden des nationalsozialistischen Terrorsystems. Wie wirkten sie zusammen?
2 Was erfahrt ihr aus M1 und M6 über das Leben in den Konzentrationslagern? Gestaltet selbst ein Umschlagbild für einen KZ-Roman.
3 Listet die Thesen Heinrich Manns zur Emigration auf (M4). Diskutiert darüber, wie überzeugend ihr diese Thesen findet.
4 Nenne die von den Nationalsozialisten verfolgten Minderheiten und versuche den Hass und das Verhalten ihnen gegenüber zu erklären (VT, M4).
5 Erkundigt euch, ob es in eurer Nähe ein Konzentrationslager gegeben hat. Könnt ihr etwas über das Schicksal der dort inhaftierten Menschen in Erfahrung bringen?

6 Ausgrenzung und Entrechtung jüdischer Bürger

1 Schaufenster eines jüdischen Geschäfts. Auch in Frankfurt/Main beschmierten am 1. April 1933 die Nationalsozialisten Schaufenster mit Hetzparolen. Zum Verhalten der Bevölkerung heißt es in einem Bericht staatlicher Organe aus dem Jahr 1935: „Die Judenverfolgungen finden in der Bevölkerung keinen aktiven Widerhall. Aber sie bleiben andererseits doch nicht ganz ohne Eindruck. Unmerklich hinterlässt die Rassenpropaganda doch Spuren."

Bereits in seinem 1925 veröffentlichten Buch „Mein Kampf" hatte Hitler seinen Hass auf die Juden zum Ausdruck gebracht. Für ihn waren sie eine „minderwertige Rasse", die für die „hochwertige nordische Rasse", zu der er die Deutschen zählte, eine Gefahr darstellten. Dieser Antisemitismus auf der Grundlage einer angeblichen Rassenlehre war ein wesentlicher Bestandteil der Propaganda der NSDAP (s. S. 19).

Eine deutsche Minderheit wird ausgegrenzt

Nach der Machtergreifung im Jahre 1933 wurde aus der Propaganda brutale Politik. Zu diesem Zeitpunkt lebten in Deutschland ungefähr 500 000 Juden; das entsprach innerhalb der deutschen Bevölkerung einem Anteil von weniger als einem Prozent. Die ersten gewalttätigen Ausschreitungen gegen Juden, zu denen es bereits im Februar und März an verschiedenen Orten kam, waren noch eher spontan organisiert worden. Am 1. April 1933 setzte dann mit dem „Boykott-Tag" gegen jüdische Geschäftsleute, Rechtsanwälte, Ärzte, Lehrer und Schüler die staatlich angeordnete Ausgrenzung ein. Wer seine Augen nicht verschloss, dem konnten von nun an im deutschen Alltag die Übergriffe gegen die jüdische Minderheit nicht entgehen. Viele Juden hofften anfangs, dass in Deutschland wieder normale Zustände eintreten würden, und gründeten eine Selbsthilfevertretung. Diese „Reichsvertretung der deutschen Juden" organisierte erfolgreich Solidarität und Hilfe unter den Juden oder half den Ausreisewilligen bei der Vorbereitung ihrer Auswanderung. Man schätzt, dass insgesamt etwa 278 000 Juden ins Ausland emigrierten. Wer in Deutschland blieb, erlebte eine ständig zunehmende Entrechtung.

Kriminalisierung und Verfolgung

Mindestens 2 000 antijüdische Gesetze und Verordnungen schränkten die Lebensbedingungen der Juden ein. Mit den so genannten „Nürnberger Gesetzen" von 1935 verloren sie ihre bürgerliche Gleichberechtigung. Wer unter seinen Großeltern drei oder vier Personen jüdischer Religionszugehörigkeit aufwies, galt gesetzlich als Jude und verlor seine politischen Rechte. Kontakte zwischen Juden und Nichtjuden wurden auf diese Weise kriminalisiert und konnten unter dem Vorwurf der „Rassenschande" lebensgefährlich werden.

Seit Herbst 1937 mussten jüdische Geschäftsleute ihre Unternehmen an Nichtjuden verkaufen. Zahlreiche Deutsche haben sich dabei an dem Besitztum ihrer jüdischen Mitbürger bereichert. Jüdische Ärzte und Rechtsanwälte durften nicht mehr in ihren Berufen arbeiten. Als Beamte und Professoren waren Juden schon 1933 aus dem Staatsdienst entlassen worden.

Im nationalsozialistischen Deutschland wurde der jüdischen Bevölkerung aber nicht nur die wirtschaftliche Existenzgrundlage genommen. Auch im privaten Alltagsleben nahmen die demütigenden Schikanen zu: Seit 1938 durften Juden keine Kinos, Theater oder Konzerte besuchen. Sie mussten ihre Führerscheine und Autos abgeben. An Haustüren oder Ortseingängen standen Schilder mit Aufschriften wie „Juden betreten diesen Ort auf eigene Gefahr".

Diktatur – II. Weltkrieg – Völkermord

2 *Schreiben an die NSDAP-Kreisleitung Wiesbaden vom 22. Juni 1935 (Auszug):*
Wir hatten geschäftlich in Wiesbaden zu tun und begaben uns (…) in das Lokal des Hauser. (…) Kurze Zeit darauf betrat ein Jude das Lokal. (…) Einige Minuten später kam aus einem Raum hinter dem Büffet ein Mädchen. (…) Das Mädchen nahm bei dem Juden am Tisch Platz. Selbiger unterhielt sich mit dem Mädchen in freundschaftlicher Form. Nach ungefähr einer halben Stunde verließ der Jude das Lokal, das Mädchen verschwand hinter dem Büffet. Daraufhin baten wir die Wirtin mit ruhigen Worten um Auskunft, ob das Mädel ihre Tochter sei und ob der Herr ein Jude. Die Wirtin tat entrüstet und erwiderte: „Das ist kein Jude, der ist längst vor dem Krieg getauft." Wir erwiderten: „Ob getauft, Jude bleibt Jude." Die Wirtin erwiderte darauf hin: „Gestatten Sie, wir sind schon lange mit dem Herrn befreundet, und er verkehrt sehr oft bei uns." (…) Mein Kamerad erwiderte: „Es ist große Zumutung für uns als Gäste, dass Sie in Ihrem Lokal Juden bewirten." Der Wirt sagte darauf: „Das ist genauso ein Unfug wie mit dem Schild ‚Deutsches Geschäft', das ist ein eigenmächtiger Eingriff und von oben herunter überhaupt nicht geduldet." Darauf erwiderten wir ihm: „Sie haben sich eine schwere Blöße gegeben, dafür werden Sie gerade stehen müssen." (…) Wir stellten ferner fest, dass in dem Lokal weder ein Bild des Führers noch irgendein Zeichen des Dritten Reiches zu sehen war.

3 *Wie die Rassenlehre Schule machte.*
Die Jüdin Gretchen Cohen erinnert sich 1983 an ihre Schulzeit:
Hauptsächlich war der Biologieunterricht für jüdische Schülerinnen nicht angenehm. Man hörte von der Herrenrasse und der Minderwertigkeit der anderen. Wir mussten unsere Urahnen aufspüren, und manche Mädels konnten auf Riesenrollen aufweisen, dass sie bis 1600 oder so rein arisch waren. Meine Großeltern, von meines Vaters Seite, waren aus Russland geflohen zur Zeit der *Pogrome*, und ich konnte nicht viel weiter als bis dahin. Aber meine Mutter kam von einer ostpreußischen Landjudenfamilie, die sehr lange dort ansässig gewesen war. Mein Vater war naturalisierter [eingebürgerter] Deutscher und stolzer darauf als mancher, der es von Geburt war. Er hatte vier Jahre in Frankreich und Belgien im Ersten Weltkrieg in den Schützengräben gelegen. Unsere Namen waren auch, außer der meiner Schwester Eva, sehr deutsch: Wilhelm, Günter, Friedrich und ich, Gretchen. Bevor wir diese Dinge über Rassenkunde hörten, rief mich Dr. B., der diesen Unterricht gab, zu sich und erklärte mir, er sei gezwungen, diese Dinge durchzunehmen, und ich sollte es nicht als persönliche Beleidigung ansehen. So kam eines Tages, 1933, eine Dame und hielt einen Vortrag, und am Ende stellte sie dann einige der verschiedenen Rassentypen vor. Zum Erstaunen aller wurde ich dann als Exemplar der nordischen Rasse gezeigt. Sie kannte uns nicht, und sie wusste sicher nicht, dass jüdische Schülerinnen anwesend waren.

4 *Antisemitismus im Kinderbuch* (Zeichnung von 1936). – Beschreibe, was hier dargestellt wird. Wie hat der Zeichner versucht, die jüdischen Kinder und ihren Lehrer kenntlich zu machen? Was sollte bereits Kindern mit diesem Bild vermittelt werden? Gib der Zeichnung einen Titel.

Pogrom
(russisch = Hetze) spontane, nicht provozierte Verfolgung. Der Begriff bezeichnete ursprünglich die in den letzten Jahrzehnten der russischen Zarenherrschaft weit verbreiteten Übergriffe gegen jüdische Siedlungen. Heute wird der Ausdruck für alle - auch organisierte - gewalttätigen Ausschreitungen gegen eine jüdische Gemeinde verwendet.

1 Beschreibe das Verhalten der deutschen Bevölkerung gegenüber ihren jüdischen Mitbürgern (VT, M1, M 2, M3, M 4).
2 Diskutiert über das Verhalten des Biologielehrers Dr. B. und die Reaktion der Klasse auf den Vortrag der Dame (M3).
3 Wie erklärst du den Hass und das Verhalten gegenüber Minderheiten damals? Gibt es heute Ähnliches?

7 Der 9. November 1938

1 *Die brennende Synagoge in Frankfurt.* Mitglieder der Partei, der SA und der SS führten die Brandstiftung an jüdischen Gotteshäusern durch. Die Feuerwehren wurden daran gehindert zu löschen. In Frankfurt brannten allein vier Synagogen; insgesamt wurden in Deutschland mehr als 1000 zerstört.

Synagoge
griechisch = Versammlungsort
Nach der Zerstörung des Tempels in Jerusalem und der Verschleppung der Juden durch die Römer bauten die Juden in ihrer neuen Heimat Synagogen, Gotteshäuser. Sie dienten als Zentren des Gemeindelebens dem Gebet, der Versammlung und dem Lernen der Heiligen Schriften. In der Synagoge befanden sich die Thorarollen, die die fünf Bücher Mose beinhalten.

Am Morgen des 7. November 1938 geht der 17-jährige Herschel Grünspan in die deutsche Botschaft in Paris. Auf der Treppe begegnet ihm zufällig der Botschaftssekretär Ernst vom Rath. Grünspan zieht einen Revolver und schießt den Beamten nieder. Die Tat eines Wahnsinnigen? – Zehn Tage zuvor sind über 17 000 Juden polnischer Herkunft, die in Deutschland leben und arbeiten, in Züge verladen und an die polnische Grenze gebracht worden. Sie sollen nach Polen abgeschoben werden. Zu ihnen gehört auch das Ehepaar Grünspan, das seit 1914 in Hannover lebt. Ihr Sohn erklärt seine spätere Tat in Paris als Racheakt für die Behandlung seiner Eltern.

Die Nacht der Pogrome
Zwei Tage später nahmen die Nationalsozialisten vom Raths Tod zum Anlass für eine bis dahin kaum vorstellbare Judenverfolgung in Deutschland. Tausende wurden von NS-Schlägern durch die Straßen geprügelt, mindestens 91 jüdische Mitbürger getötet. In den folgenden Tagen verhaftete man mehr als 20 000 Juden und ließ sie erst nach Zahlung eines „Bußgelds für den Judenmord an Ernst vom Rath" wieder frei. Die NSDAP gab die Vorgänge als spontane „Aktion des Volkszorns" aus.

2 *Schaufenster am 10. November 1938*

Überall in Deutschland erschrak die Bevölkerung über die Gewalttaten auf den Straßen, den Feuerschein brennender *Synagogen,* das Zersplittern der Fenster in Wohnungen und Geschäften. In Kaiserslautern beobachteten Bürger und Arbeiter, wie ihr beliebter Hausarzt im Morgengrauen des 10. November durch die Stadt getrieben, bespuckt und geschlagen wurde. Seine Wohnungseinrichtung wurde durch das Fenster auf die Straße geworfen. Dr. Wertheimer nahm sich in seiner Praxis das Leben.

Es gab nur wenige mutige Deutsche, die ihren jüdischen Mitbürgern halfen. Die meisten waren ratlos, schwiegen und bemühten sich das Geschehene möglichst schnell zu vergessen.

Die vollständige Entrechtung
Die Nazis fühlten sich nach dem Pogrom sicher vor nennenswertem Widerstand gegen ihre Judenpolitik. Sie verfügten, dass die Juden für die angerichteten Schäden selbst aufkommen und als „Sühne" an das deutsche Volk eine Milliarde Reichsmark zahlen mussten. Die Juden hatten ihr Eigentum in kürzester Frist zu verkaufen. Sie verloren ihre Renten, Pensionen und Versicherungsbeiträge, von ihren Konten durften sie nur noch festgesetzte Beträge abheben. Ab 1939 mussten jüdische Frauen zusätzlich den Vornamen „Sara", jüdische Männer den Vornamen „Israel" tragen. Ein „J" wurde in ihre Pässe gestempelt um die illegale Auswanderung zu erschweren.

Diktatur – II. Weltkrieg – Völkermord

3 **Spontane „Aktion des Volkszorns"?**
Geheimes Fernschreiben (FS) an alle
Staatspolizei-Stellen und -Leitstellen:
Berlin Nr. 234 404 9. 11. 23:55 Uhr
An Leiter oder Stellvertreter
Dieses FS ist sofort auf dem schnellsten
Weg vorzulegen.
1. Es werden in kürzester Frist in ganz
Deutschland Aktionen gegen Juden, insbesondere gegen deren Synagogen, stattfinden. Sie sind nicht zu stören. Jedoch ist im Benehmen mit der Ordnungspolizei sicherzustellen, dass Plünderungen und sonstige besondere Ausschreitungen unterbunden werden können.
2. Sofern sich in Synagogen wichtiges Archivmaterial befindet, ist dieses durch eine sofortige Maßnahme sicherzustellen.
3. Es ist vorzubereiten die Festnahme von etwa 20 000 bis 30 000 Juden im Reiche. Es sind auszuwählen vor allem vermögende Juden. Nähere Anordnungen ergehen noch im Laufe dieser Nacht.
4. Sollten bei den kommenden Aktionen Juden im Besitz von Waffen angetroffen werden, so sind die schärfsten Maßnahmen durchzuführen. Zu den Gesamtaktionen können herangezogen werden Verfügungsgruppen der SS sowie Allgemeine SS. Durch entsprechende Maßnahmen ist die Führung der Aktionen durch die Stapo auf jeden Fall sicherzustellen.

Gestapo* II Müller
Dieses FS ist geheim

* Geheime Staatspolizei

4 **Ein Leitartikel der „New York Times"** kommentiert am 11. Nov. 1938 die Vorgänge in Deutschland:
Die Repressalien [Unterdrückungsmaßnahmen] gegen die ganze jüdische Bevölkerung Großdeutschlands übersteigen an Terror alles, was selbst das Dritte Reich bisher getan hat. Synagogen wurden niedergebrannt, Wohnungen und Läden geplündert und vernichtet, Tausende von Juden niedergeschlagen und in die Gefängnisse gebracht. (…) So übt eine Regierung Vergeltung für die Tat eines verzweifelten Knaben, eine Regierung, die oberste und unbestreitbare Gewalt über 80 Millionen Menschen ausübt, sich ihrer Regierungsform rühmt und diese Regierungsform über ganz Europa ausbreiten will. (…) [Bei den] Szenen, die sich jetzt in Deutschland abgespielt haben, [handelt es sich um] Szenen, auf die jeder Mensch nur mit Scham über die Degradierung des Menschen überhaupt blicken kann.

5 **Anne Maria Prejer-Gulzow** war im Jahr 1938 sechzehn Jahre alt. Sie erinnerte sich später an den 9. November 1938:
Ich erlebte die so genannte *Reichskristallnacht* in Leipzig. Wir hatten selbst jüdische Freunde und mussten nun erleben, wie man ihnen die Scheiben einschlug und ihre Wertgegenstände plünderte. Die Juden wurden, zum Teil halbnackt, nachts aus ihren Wohnungen gejagt – darunter auch Kinder, Greise und Schwangere. Man trieb sie zu einem ausgetrockneten Flussbett, dort schickte man die Leute wie Schlachtvieh hinein. Über das Flussbett führte eine Brücke. Sie [die Nationalsozialisten] machten sich einen Spaß daraus, die kleinen Kinder dort herunterzuwerfen.

6 **Martin Neumann** erlebte als dreizehnjähriger Jude das Pogrom in seiner Heimatstadt Oppenheim, wo alle 16–80 Jahre alten Juden barfuß zum Rheinufer getrieben, dort verprügelt und anschließend in ein KZ verschleppt wurden. Er konnte Deutschland 1941 verlassen.

„Reichskristallnacht"
Die Nationalsozialisten bezeichneten die Ereignisse vom 9./10. November 1938 als „Reichskristallnacht", weil bei den Plünderungen, Verwüstungen und mutwilligen Zerstörungen zahllose Fensterscheiben zertrümmert wurden. Heute wird diese Nacht als „Reichspogromnacht" bezeichnet.

1. Du bist am 10. November 1938 als Korrespondent der „New York Times" Augenzeuge des Brandes der Bamberger Synagoge. Schreibe für deine Zeitung einen Bericht.
2. Wie lässt sich das Verhalten der deutschen Bevölkerung angesichts der „Szenen, auf die jeder Mensch nur mit Scham (…) blicken kann" (M 4), erklären?
3. Diskutiert: Was wollten die Nationalsozialisten damit erreichen, dass sie die Vorkommnisse am 9. und 10. November 1938 als spontane „Aktionen des Volkszorns" ausgaben?

8 Der Frieden wird verkündet – der Krieg vorbereitet

1 links: Hitler fährt nach dem „Anschluss" Österreichs, der in Wirklichkeit eine militärische Besetzung war, am 12. März 1938 durch Wien. Am 10. April stimmen über 99% der Österreicher für den „Anschluss".
rechts: Plakat aus Oberbayern 1938

Appeasement-Politik von engl. to appease = beschwichtigen
Politik der englischen Regierung gegenüber Hitler bis 1938. Zugeständnisse gegenüber der militärischen Wiederaufrüstung Deutschlands und seinen Gebietsansprüchen sollten Hitler davon abhalten seine Ziele mit Gewalt durchzusetzen. Er sah dies jedoch als Schwäche und forderte deshalb immer mehr.

Außenpolitische Erfolge Hitlers?
1926 wurde Deutschland in den Völkerbund aufgenommen. 1930 räumten die Alliierten vorzeitig das Rheinland. 1932 erfolgte die Anerkennung der militärischen Gleichberechtigung Deutschlands. Und schließlich war es den Weimarer Regierungen sogar gelungen die drückenden Reparationen schrittweise zu verringern und für das Jahr 1932 mit den Alliierten eine allerletzte Zahlung zu vereinbaren. Die deutsche Außenpolitik hatte sich während der Weimarer Republik Vertrauen bei den Regierungen anderer Länder erworben. Das machte sich die NS-Regierung gerade in den ersten Jahren ihrer Herrschaft zunutze.

Englisches Entgegenkommen
Denn auch als in Deutschland bereits die Nationalsozialisten regierten, glaubten die europäischen Mächte und die USA einige Jahre noch, dass die außenpolitischen Linien der Weimarer Zeit fortgeführt würden. Zudem wuchs Englands Bereitschaft, die deutschen Forderungen nach einer Rücknahme des Versailler Vertrages als berechtigt anzuerkennen und gegenüber Frankreich zu unterstützen, das seinem großen Nachbarn weiterhin mit Misstrauen begegnete. Die Engländer dagegen suchten die Verständigung mit einem gleichberechtigten Deutschland auch nach 1933.

Friedenspropaganda und Kriegsvorbereitung
Hitler verstand es seine wahren Ziele nach außen hin zu verbergen. In der Öffentlichkeit redete er immer wieder vom Frieden. Auch die Olympischen Spiele von Berlin 1936 nutzte er dazu die Welt von der Leistungsfähigkeit des nationalsozialistischen Staates und dem Friedenswillen Deutschlands zu überzeugen.

Für Hitler selbst war der Krieg freilich schon längst eine beschlossene Sache, und längst liefen dafür die Vorbereitungen. Die schnelle Wiederaufrüstung Deutschlands und die Remilitarisierung des Rheinlandes hatten die Engländer noch hingenommen. Frankreich allein

Diktatur – II. Weltkrieg – Völkermord

war zu schwach um wirksame Gegenwehr zu leisten. Der englische Premierminister Chamberlain war lange überzeugt davon Hitler mit einer *Appeasement-Politik* vom Krieg abhalten zu können. Als Hitler 1939 das „Münchener Abkommen" brach, war offensichtlich, dass die englische Regierung sich getäuscht hatte.

Etappen der Außenpolitik Hitlers

1935: Die allgemeine Wehrpflicht wird wieder eingeführt. Die deutsche Regierung sagt sich von den Rüstungsbeschränkungen des Versailler Vertrages los. Der Völkerbund verurteilt lediglich den Vertragsbruch.
Deutsch-englisches Flottenabkommen: Großbritannien erklärt sich damit einverstanden, dass Deutschland seine Flotte bis zu einer Stärke von 35 Prozent der englischen Flotte aufrüstet.
1936: Deutsche Truppen besetzen das entmilitarisierte Rheinland. England und Frankreich protestieren.
1938: „Anschluss" Österreichs
Hitler fordert das Selbstbestimmungsrecht auch für die Sudetendeutschen in der Tschechoslowakei. Seine Drohung mit Krieg führt zur „Münchener Konferenz". Hitler beteuert keine weiteren Gebietsforderungen mehr stellen zu wollen. Daraufhin stimmen England, Frankreich und Italien der Angliederung des Sudetenlandes an das Deutsche Reich zu (Münchener Abkommen).
März 1939: Hitler bricht das Münchener Abkommen: Deutsche Truppen marschieren in die Tschechoslowakei ein (Bildung des „Reichsprotektorats Böhmen und Mähren") und rücken wenig später ins litauische Memelland ein. England gibt jetzt seine Appeasement-Politik auf. Frankreich und England geben Polen eine Garantieerklärung.
August 1939: Das Deutsche Reich und die Sowjetunion schließen einen Nichtangriffspakt. In einem geheimen Zusatzprotokoll teilen sie Polen untereinander auf.
1. September 1939: Deutsche Truppen greifen Polen an. Zwei Tage später erklären Großbritannien und Frankreich dem Deutschen Reich den Krieg. Damit hat der Zweite Weltkrieg begonnen.

2 Hitler über Frieden und Krieg
a) Aus der Reichstagsrede, 17. Mai 1933:
Wir sehen die europäischen Nationen um uns als gegebene Tatsachen. Franzosen, Polen sind unsere Nachbarvölker, und wir wissen, dass kein geschichtlich
5 denkbarer Vorgang diese Wirklichkeit ändern könnte. (…) Die deutsche Regierung wünscht sich über alle schwierigen Fragen politischer und wirtschaftlicher Natur mit den anderen Nationen friedlich
10 auseinander zu setzen. Sie weiß, dass jeder militärische Akt in Europa (…) gemessen an seinen Opfern in keinem Verhältnis steht zum möglichen endgültigen Gewinn.

b) Aus einer Aufzeichnung von Hitlers Adjutanten Oberst Hoßbach, 5. November 1937:
Das Ziel der deutschen Politik sei die Sicherung und Erhaltung der Volksmasse und deren Vermehrung, somit handle es sich um das Problem des Raumes. (…)
5 Dass jede Raumerweiterung nur durch Brechen von Widerstand und unter Risiko vor sich gehen könne, habe die Geschichte aller Zeiten – römisches Weltreich, englisches Empire – bewiesen.
10 Auch Rückschläge seien unvermeidbar. Weder früher noch heute habe es herrenlosen Raum gegeben, der Angreifer stoße stets auf den Besitzer. Für Deutschland laute die Frage, wo größter Gewinn
15 unter geringstem Einsatz zu erreichen sei. (…) Zur Lösung der deutschen Frage könne es nur den Weg der Gewalt geben.

3 Bewohner Prags beim Einmarsch deutscher Truppen 1939. Die deutsche Regierung hatte zuvor ihre Gebietserweiterungen in Böhmen und Mähren mit dem Selbstbestimmungsrecht für alle Deutschen begründet. Mit diesem Einmarsch verstieß sie nun gegen das Selbstbestimmungsrecht der Tschechen.

4 „Pax" (lat. = Friede; Karikatur zum Münchener Abkommen aus einer schweizerischen satirischen Zeitschrift von 1938). – Erläutere die Aussage der Karikatur mithilfe des VT.

1 Was trug alles zu Hitlers außenpolitischen Erfolgen bei? Wie „verkaufte" er sie der Öffentlichkeit? Warum stieß er damit bei vielen auf positive Resonanz?
2 Klärt die deutsche Bevölkerung mit einem Flugblatt nach dem Muster von M 1 über Hitlers wahre Ziele auf (VT, M 2). Thema: „Zug um Zug bringt uns Hitler dem Krieg näher."

9 Der Krieg in Europa – Völkervernichtung

1 *Polnische Gefangene werden zur Erschießung abgeführt.*

2 *Ein Kind neben der Leiche seiner Mutter, die in einem KZ für russische Zivilisten umgekommen ist.*

3 *Ein russischer Junge und zwei leicht verwundete deutsche Soldaten.*

Erobern um zu vernichten

Das erklärte Ziel Hitlers war und blieb es immer, für die „arische Rasse neuen Lebensraum im Osten" zu erobern. Der Überfall auf Polen am 1. September 1939 und auf die Sowjetunion 1941 erfolgten in dieser Absicht. Der Eroberungskrieg war aber zugleich auch als grausamer Vernichtungskrieg geplant: Der „Generalplan Ost", den deutsche Beamte ausgearbeitet hatten, sah riesige „Verschiebungen" slawischer Völker nach Osten und die Vernichtung von bis zu 30 Millionen Menschen vor.

Blitzkriege und Bündnisse

Die polnische Armee wurde von der hoch gerüsteten deutschen Wehrmacht innerhalb einiger Wochen besiegt. Vor dem Angriff hatte sich Hitler noch mit Stalin in einem geheimen Abkommen über die Aufteilung Polens verständigt. England und Frankreich erklärten dagegen wenige Tage nach dem Überfall dem Deutschen Reich den Krieg. Sie sahen sich aber noch nicht in der Lage dem deutschen Angreifer militärisch entgegentreten zu können. Im Gegenteil: Hitler gelang es, in einem weiteren Blitzkrieg auch Frankreich 1940 anzugreifen und mithilfe der Panzer- und Luftwaffe binnen weniger Wochen zur Kapitulation zu zwingen. Italien, das sich 1936 mit Deutschland in der „Achse Berlin – Rom" verbunden hatte, trat danach aufseiten des Deutschen Reiches in den Krieg ein und versuchte im Mittelmeerraum Gebiete zu erobern. Als die Versuche zu scheitern drohten, besetzten deutsche Truppen den Balkan, Griechenland und Nordafrika.

Am 22. Juni 1941 brach die deutsche Regierung ihren Nichtangriffspakt mit Stalin: Deutsche Truppen fielen in die Sowjetunion ein.

Vernichtungskrieg

Bei den Völkern Osteuropas ist bis heute unvergessen, was dort während des Krieges geschah: SS-Männer, aber auch Soldaten der deutschen Wehrmacht ermordeten Millionen Kriegsgefangene und Zivilisten. Bereits im Oktober 1939 begannen deutsche Sondereinheiten in Polen mit der planvollen „Ausrottung" der dortigen Intelligenz und Führungsschicht. Bis Kriegsende fielen diesen Maßnahmen mindestens eine Million Polen zum Opfer.

Das Gleiche wiederholte sich in der Sowjetunion, nur dass die deutschen Sonderkommandos mit den „Bolschewisten" noch gnadenloser umgingen. Hitler hatte seinen Generälen erklärt, der Krieg in der Sowjetunion sei ein Weltanschauungskrieg zwischen Kommunismus und Nationalsozialismus. Daher dürfe es keinerlei Rücksichten gegenüber dem Gegner geben. 3,3 Mio. von 5,7 Mio. sowjetischen Kriegsgefangenen überlebten die Zwangsarbeit, die Unterernährung, die Seuchen in deutschen Lagern nicht. Bis zu 20 Millionen Menschen allein aus der Sowjetunion ließen im Krieg ihr Leben.

Diktatur – II. Weltkrieg – Völkermord

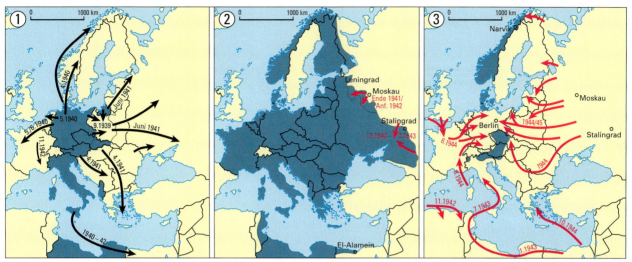

4 *Generalmajor Hellmuth Stieff gehörte später zum Widerstand gegen Hitler und wurde hingerichtet. Aus einem Brief des Generalmajors vom 31. Oktober 1939:*

Es ist eine Stadt und eine Bevölkerung (in Warschau), die dem Untergang geweiht ist. (…) Man bewegt sich dort nicht als Sieger, sondern als Schuldbewusster. (…) Dazu kommt noch all das Unglaubliche, was dort am Rande passiert und wo wir mit verschränkten Armen zusehen müssen! Die blühendste Fantasie einer Gräuelpropaganda ist arm gegen die Dinge, die eine organisierte Mörder-, Räuber- und Plünderbande unter angeblich höchster Duldung dort verbricht. (…) Diese Ausrottung ganzer Geschlechter mit Frauen und Kindern ist nur von einem Untermenschentum möglich, das den Namen Deutsch nicht mehr verdient. Ich schäme mich ein Deutscher zu sein!

5 *Ein von Deutschen in Brand gesetztes russisches Dorf und seine Bewohner.*

6 *Aus einem deutschen Wehrmachtsbefehl vom 10. Oktober 1941:*

Das wesentlichste Ziel des Feldzuges gegen das jüdisch-bolschewistische System ist die völlige Zerschlagung der Machtmittel und die Ausrottung des asiatischen Einflusses im europäischen Kulturkreis. Hierdurch entstehen auch für die Truppe Aufgaben, die über das hergebrachte einseitige Soldatentum hinausgehen. Der Soldat ist im Ostraum nicht nur Kämpfer nach den Regeln der Kriegskunst, sondern auch Träger einer unerbittlichen völkischen Idee. (…) Deshalb muss der Soldat für die Notwendigkeit der harten, aber gerechten Sühne am jüdischen Untermenschentum volles Verständnis haben. (…) Wird im Rücken der Armee Waffengebrauch einzelner Partisanen festgestellt, so ist mit drakonischen Maßnahmen durchzugreifen. Diese sind auch auf die männliche Bevölkerung auszudehnen, die in der Lage wäre Anschläge zu verhindern oder zu melden. (…) Nur so werden wir unserer geschichtlichen Aufgabe gerecht das deutsche Volk von der asiatisch-jüdischen Gefahr ein für alle Mal zu befreien.

7 *Der Krieg in Europa 1939 bis 1945:*
(1) Phase der deutschen „Blitzkriege";
(2) größte Ausdehnung der deutschen und italienischen Mächte während des Krieges im Jahre 1942;
(3) die Zeit der alliierten Invasion und Offensiven, die am 8. Mai 1945 zur Kapitulation des Deutschen Reiches führten.

1 Die Texte M 4 und M 6 spiegeln zwei Ansichten sowohl in der militärischen Führung als auch unter den einfachen Soldaten wider. Fasse sie mit eigenen Worten zusammen.
2 Was vermitteln die Bilder vom Verhältnis der deutschen Eroberer und Besatzer zur einheimischen Bevölkerung?

10 Holocaust – Shoa

1 Auf dem Bahnsteig von Auschwitz teilten Ärzte und Wachpersonal die Ankommenden in zwei Gruppen: Kinder unter 15 Jahren und alle arbeitsunfähigen Frauen und Männer kamen sofort in die Gaskammern, die anderen wurden der „Vernichtung durch Arbeit" zugewiesen.

Holocaust/Shoa
Das griechische Wort „holocauston" bezeichnete ursprünglich ein Brandopfer von Tieren. Ende der 1970er-Jahre wurde der Begriff zur internationalen Bezeichnung für die durch Gas und Feuer betriebene Vernichtung der europäischen Juden im deutschen Herrschaftsbereich zwischen 1933 und 1945. Immer öfter wird für dieses Verbrechen auch der Begriff „Shoa" verwendet. Das hebräische Wort bedeutet großes Unheil, Katastrophe.

Ein übergroßes Verbrechen

Wer sich intensiver mit dem *Holocaust* beschäftigt, gerät schnell an die Grenze seines Vorstellungsvermögens. Die reinen Fakten sind unstrittig: Auf Befehl der nationalsozialistischen Führung wurden während des Zweiten Weltkrieges zwischen 4 und 6 Millionen Menschen jüdischen Glaubens sowie schätzungsweise 500 000 Sinti und Roma systematisch ermordet. Sie wurden von besonderen deutschen Einsatzgruppen massenweise erschossen oder in Gettos getrieben und ausgehungert, durch schwere Zwangsarbeit zu Tode gebracht oder in Konzentrationslagern wie Auschwitz vergast und verbrannt.

Man weiß nicht, was größere Nachdenklichkeit und Entsetzen auslöst: die Grausamkeit, mit der dabei vorgegangen wurde, die Kaltschnäuzigkeit und Skrupellosigkeit der Täter, die technische Perfektion, die man für die Durchführung des Massenmordes entwickelte, oder so manche konkrete Situation der Opfer, in die man sich nur sehr schwer hineinversetzen kann.

Wie war es möglich?

Die Vernichtung der Juden war schon vor 1933 ein erklärtes Ziel Hitlers. Doch lässt sich der Holocaust nicht allein mit dem wahnhaften Rassismus eines mächtigen Diktators erklären. Die Vernichtung hatte industrielle Ausmaße und brauchte viele Mithelfer: Planer, Konstrukteure, Buchhalter, Lieferanten, Wachpersonal und viele mehr. Mancher, der ahnte, was den Juden bevorstand, schaute bewusst weg um ein so übergroßes Verbrechen überhaupt ertragen zu können.

Gettos, Massenerschießungen

Nach dem Einmarsch in Polen begannen die deutschen Besatzer dort sofort mit der Verfolgung der jüdischen Bevölkerung. Juden wurden entrechtet und in Gettos verkehrsgünstiger Städte umgesiedelt. Ihr Vermögen wurde beschlagnahmt, und sie mussten den gelben Stern tragen. Es fanden erste Massenerschießungen statt, die im Verlaufe des Krieges zur Regel wurden. Im September 1941 erschoss ein SS-Sonderkommando in Babi Jar, einer Schlucht am Stadtrand von Kiew, allein an zwei Tagen 33 771 jüdische Menschen. Zuvor mussten die Opfer ihre Habe abliefern und sich entkleiden.

„Endlösung der Judenfrage"

Im Herbst 1941 begann die systematische Verschleppung der Juden aus den seit Kriegsbeginn besetzten Ländern und der noch in Deutschland verbliebenen Juden in die eroberten Ostgebiete. Viehwagen brachten sie in die Gettos, die jetzt weit gehend von der Außenwelt abgeschlossen waren. Für die nationalsozialistische Führung waren die Gettos nur als Übergangslösung gedacht.

Am 20. Januar 1942 wurde in Berlin auf der Wannsee-Konferenz von Regierungsbeamten und Parteifunktionären der NSDAP die „Endlösung der Judenfrage" beschlossen. Hinter diesem Wort verbirgt sich das Vorhaben alle Juden in den von Deutschland besetzten Gebieten zu ermorden. Dafür wurden Konzentrationslager mit Gaskammern und Verbrennungsöfen für die Leichen errichtet. Allein in Auschwitz wurden über eine Million Menschen ermordet.

Diktatur – II. Weltkrieg – Völkermord

2 **Beim Einmarsch der deutschen Truppen** 1941 in Lemberg (in Galizien) war Leon Wells 16 Jahre alt. Seine Geschwister und Eltern wurden getötet, als die Deutschen die Juden zur Vernichtung aus dem Getto ins Konzentrationslager deportierten. Er überlebte in einer „Todesbrigade", die mit der Verbrennung ermordeter Juden beauftragt war. Er schildert folgendes Erlebnis:

Als Nachbarn zur Linken habe ich einen stattlichen Mann, der uns heute Morgen zugeteilt wurde. Er ist etwa 46 Jahre alt, an den Schläfen schon grau, und heißt
5 Brill. (…) Ich wende mich zu Brill. „Was sollen wir tun?", fragte ich. „Ich möchte sterben …", antwortete er. Aber dann beginnt er doch zu sprechen und berichtet, was heute in der Schlucht geschah. Die
10 Worte kommen sehr langsam und stockend, als wollte er sich überzeugen, dass er, Brill, noch existiere. Nach jedem Wort seufzt er und oft stirbt ihm die Stimme mitten im Satz ab.
15 „Ich und meine zwei Töcher, die eine siebzehn, die andere fünfzehn, arbeiteten bei ‚Feder und Daunen' in der Zrodlana-Straße 5. Nach der Liquidation des Gettos versteckte man uns in der Fabrik.
20 Aber ein paar Tage später nahm uns der Direktor alles, was wir gerettet hatten, fort. Und dann kam die Gestapo und brachte uns hierher, meine beiden Kinder und mich. (eine lange Pause)
25 Das war vor ein paar Tagen. Heute führten sie uns mit euch zusammen zum ‚Sand' und ich wurde von meinen Töchtern getrennt. (Pause)
Ich musste, wie alle anderen auch, in die
30 Schlucht hinuntersteigen. Nach einiger Zeit – ich weiß nicht, wie lange – wurden rund fünfzehn Leute ausgesucht – darunter ich – und zu dem Platz gebracht, wo wir morgens die Frauen und Kinder
35 zurückgelassen hatten. (Pause) Und dort, dort … (mit schrecklich gequälter Stimme) dort lagen sie alle … auch meine beiden Kinder, tot, erschossen. Was für Mädchen! Schön und intelligent! Was
40 hätte ich nicht alles für sie getan …
Sie befahlen uns ein Feuer anzuzünden, und wir warfen alle Leichen hinein … auch meine Kinder …"
Was er noch sagte, ging in einem Stöh-
45 nen unter.

3 **Großunternehmen und Konzerne** – darunter Siemens, Krupp, IG Farben – errichteten Fabriken neben den Vernichtungslagern und liehen sich von der SS Häftlinge als billige Arbeitskräfte. Hier die Zeichnung eines Häftlings des Lagers Sachsenhausen.

4 **Nach der Befreiung** durch amerikanische Soldaten 1945 im Lager Bergen-Belsen.

5 **Verbrennungsöfen** des Konzentrationslagers Majdanek (Aufnahme vom Juli 1944).

1 Der Schriftsteller Günter Grass sagte 1985:
„… das übergroße Verbrechen, auf den Namen Auschwitz gebracht, ist heute, aus vierzig Jahren Distanz begriffen, unfaßlicher noch als zur Stunde des ersten Schocks, als ich sah und nicht glauben wollte. Unbewältigt, nicht zu bewältigen, wie ein Mühlstein hängt uns Deutschen, auch den nachgeborenen, der geplante, vollstreckte, geleugnete, verdrängte und doch offen zutage liegende Völkermord an."
Wie sollen wir mit der Erinnerung an Auschwitz umgehen?

11 „Schindlers Liste" – ein Film zum Holocaust

1 *Filmszene:* Oskar Schindler, dargestellt von Liam Neeson, sucht in einem Auschwitz-Transport nach seinem Buchhalter.

Wie der Film entstand

Der Autor Thomas Keneally stößt zufällig auf Informationen über die Rettung von mehr als tausend Juden durch Oskar Schindler. Nach gründlichen Recherchen veröffentlicht er 1982 sein Buch „Schindlers Liste". 1993 trifft er Frau Schindler persönlich und gesteht, dass er nach der Begegnung vermutlich manches anders geschrieben hätte. Steven Spielberg liest das Buch kurz nach seiner Veröffentlichung. Die Person des Oskar Schindler fasziniert ihn. Er will, so sagt er, mit einer Verfilmung des Stoffes ein Dokument schaffen, kein Melodrama. 1993 ist Spielbergs Film in den Kinos. Mehrere deutsche Kultusminister fordern von den Lehrerinnen und Lehrern den Film als „Bestandteil des Unterrichts" anzusehen. Spielbergs Film „Schindlers Liste" hat von den meisten Zuschauern und Kritikern begeisterte Zustimmung erhalten. Einige Stimmen kritisieren jedoch die Art und Weise, wie der Film mit dem Thema „Holocaust" umgeht.

Biografisches zu Oskar Schindler

Oskar Schindler, Sohn eines deutschen Industriellen aus Zwittau (heute: Svitavy; Tschechien), wird 1908 geboren. Er studiert Ingenieurwissenschaften. Zeitgenossen bezeichnen Schindler als intelligenten Geschäftsmann, Liebhaber schöner Frauen, als gutaussehenden blonden Deutschen. Er übernimmt 1939 die Leitung einer Emaillefabrik in Krakau. Auf einem Spazierritt mit seiner Geliebten wird er zufällig Zeuge einer Tötungswelle im Krakauer Ghetto. Dies bewegt ihn sich der Judenvernichtung entgegenzustellen. Seine Fabrik wird Zufluchtsort für hunderte jüdischer Arbeiterinnen und Arbeiter. Die Verbindungen zu einflussreichen Nationalsozialisten helfen ihm dabei. 1944 bekommt er die Genehmigung seine Fabrik mit dem Personal nach Mähren zu verlegen. 1200 Juden entgehen dadurch dem sicheren Tod. Nach dem Krieg geht er mit seiner Ehefrau Emilie nach Argentinien und scheitert dort als Farmer und Unternehmer. 1957 kehrt er alleine nach Deutschland zurück. Er stirbt in Hildesheim im Oktober 1974 und wird sechs Wochen später, wie er es sich gewünscht hat, in Jerusalem beerdigt.

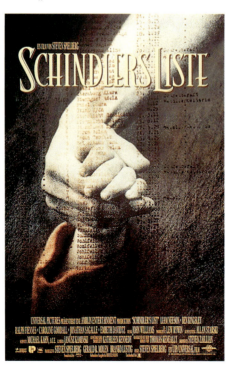

2 *Filmplakat zu „Schindlers Liste"*

Diktatur – II. Weltkrieg – Völkermord

3 *Buchbesprechung* in der „Berliner Morgenpost" vom 19. März 1997:
Bitterkeit und Befriedigung
Wer sich von Steven Spielbergs Film „Schindlers Liste" hat erschüttern lassen, wird auch wissen wollen, welche Rolle Schindlers Frau bei der Rettung der Juden gespielt hat. Nun liegen Emilie Schindlers Lebenserinnerungen in deutscher Übersetzung vor.
Auch Emilie Schindler berichtet über die Rettungsaktionen ihres Mannes. (…) Bei Kriegsende verlassen die Schindlers Brünnlitz und landen nach einer dramatischen Flucht in Regensburg. 1949 gehen sie nach Argentinien, wo Emilie Schindler heute noch lebt. 1957 trennt sich Oskar Schindler von seiner Frau und kehrt allein nach Deutschland zurück.
Das Buch ist einerseits durchzogen von der Bitterkeit über die demütigenden Ehejahre. Schindler hat seine Frau häufig betrogen, hat sie in schweren Situationen allein gelassen und zugleich ihre Hilfe in Anspruch genommen. Andererseits zeugt das Buch von der großen Befriedigung darüber so vielen Menschen das Leben gerettet und spät im Leben dafür Anerkennung gefunden zu haben.

4 *Auszug aus der Filmkritik* von Gerhard Heeke, Mediendienste 1998:
Der Film erzählt die Geschichte des deutschen Industriellen Oskar Schindler, der vom Kriegsgewinnler des Dritten Reichs zum Retter von über tausend Juden wird.
Der Film beginnt damit, wie sich Schindler in NS-Kreisen beliebt macht und mit jüdischen Geldern eine Emailwarenfabrik aufkauft. Gleichzeitig wird erzählt, wie der Antisemitismus weiter um sich greift und alle Juden ins Ghetto ziehen müssen. Als die Emailfabrik mit der jüdischen Sklavenarbeiter-Belegschaft zu florieren beginnt, werden alle Juden in die KZs verbracht und ermordet. Oskar Schindler sorgt sich um „seine" Juden und schafft es, dass diese weiter in der Fabrik arbeiten können. (…)
Was den Film so schockierend macht, sind nicht die Szenen direkt in den Lagern, sondern die Szenen, in denen Menschen, nur weil sie Juden sind, einfach so, grundlos, brutal ermordet werden.
Auch die Person Oskar Schindlers wird von beiden Seiten gezeigt. Der Grund für den Wandel in Schindler, warum er „auf einmal" sein Vermögen und Leben für andere riskiert, wird im Film nicht eindeutig geklärt. Dadurch, dass der Film hauptsächlich in Schwarz-Weiß gedreht wurde, wirkt er sehr real und glaubwürdig.
Der Film ist in unserer Zeit wieder wichtig geworden und ich hoffe, dass ihn sich viele Menschen ansehen. (…)
Nachdenklich haben mich die Stimmen gemacht, die gesagt haben, jetzt nach 50 Jahren müsse doch endlich damit Schluss sein.

Der Spielfilm als Geschichtsquelle
Der Film entwickelte sich seit dem Jahre 1895, als erstmals kurze Stummfilme vorgeführt wurden, zum beherrschenden Medium des 20. Jahrhunderts. Seit seiner Erfindung gibt der Film auch Aufschluss über die Menschen, die Filme herstellen, und über die Ereignisse, die dargestellt sind. Er ist also immer auch eine Geschichtsquelle. Eine Auseinandersetzung mit dieser Quellenart ist nicht einfach, zumal jede Filmform, ob Amateurfilme mit Zufallsaufnahmen, Wochen- oder Tagesschauen, wissenschaftliche Dokumentar- oder Spielfilme, jeweils andere Fragestellungen verlangt. Für den Umgang mit Filmen unterschiedlicher Art lassen sich viele Fragen heranziehen, die man auch bei der Betrachtung von Bildern stellt. Spielfilme mit historischen Themen sollten vor allem unter folgenden Gesichtspunkten betrachtet werden:
1. Liegt der Handlung eine wirkliche Begebenheit zugrunde, oder wird nur eine erdachte Geschichte in einer vergangenen Zeit dargestellt?
2. Welche Personen stehen im Mittelpunkt der Handlung und warum?
3. Erlauben mir meine Geschichtskenntnisse ein Urteil darüber, ob die historischen Zeitereignisse sachlich richtig dargestellt sind oder müssen weitere Informationen eingeholt werden?
4. Wie stark fühlt sich der Regisseur dem historischen Wahrheitsgehalt verpflichtet? Inwiefern weicht er davon ab? Gibt es dazu Hinweise im Drehbuch oder vom Regisseur selbst?
5. Will der Film uns vorwiegend unterhalten, informieren, beeinflussen oder zum Nachdenken anregen? Sind Wertungen erkennbar? Inwiefern werden Gefühle angesprochen? Ist das an bestimmten Stellen beabsichtigt?
6. Mit welcher Absicht könnte eine bestimmte Art der Darstellung – Musikunterlegung, Perspektiven, Kameraführung, … – gewählt worden sein?

5 *Oskar Schindler* 1968 in Frankfurt am Main

1 Besorgt euch Informationen über Oskar Schindler. Schaut euch dann den Film „Schindlers Liste" an und untersucht ihn mithilfe der Checkliste.

Projekt

Auf den Spuren jüdischen Lebens

Die Geschichte einer Gedenktafel
In Deutschland lebten Christen und Juden in vielen Dörfern zusammen. Allein 400 jüdische Friedhöfe und zahlreiche ehemalige Synagogen sind Zeugnisse des hessischen Landjudentums. In Nidderau erinnert heute ein Gedenkstein daran. Wie kam es zur Errichtung?

„Was kann ich heute tun, so viele Jahre nach der Verfolgung und Ermordung der Juden?" fragte sich eine junge Frau. Sie hatte erfahren, dass neben ihrem Haus jahrhundertelang die Synagoge gestanden hatte. Es wurde in der Pogromnacht am 9. November 1938 zerstört. Sie begann, nach Spuren der Menschen zu suchen, die vor 60 Jahren hier lebten. – Was war aus ihnen geworden – aus jedem Einzelnen, der Schneiderin, dem Rindsmetzger, dem Sangesbruder, der Schulfreundin?

Zuerst hatte sie Bedenken ihre Nachbarn zu befragen. Wie würden sie reagieren? Doch dann war sie überrascht, wie genau sich die Menschen an ihre jüdischen Nachbarn erinnerten. Sie fand heraus, wie die Synagoge ausgesehen hatte, wo der jüdische Friedhof war. Sie begann, Fotos von jüdischen Menschen zu suchen, und interessierte sich für ihre Geschichte. Viele jüdische Dorfbewohner waren in den ersten Jahren der Diktatur in die Großstadt Frankfurt geflohen. Anfangs bot sie ihnen Zuflucht, als sie ihre Existenzgrundlage im Dorf verloren hatten, die Kinder in den Schulen missachtet und gedemütigt wurden. Im Dorf war ja klar, wer zu welcher Religion gehörte, in der Großstadt war das Leben anonymer. Einigen gelang die Flucht ins Ausland, wenn sie nach viel Mühen ein Visum bekamen. Nach dem Krieg kehrte niemand zurück. Viele wurden ab 1941 verschleppt und in den Vernichtungslagern umgebracht. Nachdem die Frau das erfahren und veröffentlicht hatte, stellte man 1985 eine Gedenktafel auf.

Die jüdische Gemeinde in Heldenbergen
Seit 1500 lebten in Heldenbergen, heute ein Ortsteil von Nidderau, jüdische Familien. Sie besuchten die Synagoge im benachbarten Windecken, wo seit 1288 n. Chr. Juden ansässig waren. Sie waren als Händler tätig, versorgten die Bauernfamilien mit Waren oder handelten mit Vieh. Auch als Metzger und Bäcker arbeiteten sie. Als „Bank der kleinen Leute" verliehen sie Geld. Die Beziehungen zwischen Juden und Christen im Alltag waren eng. Doch gab es auch antijüdische Vorbehalte wegen der wirtschaftlichen Konkurrenz oder aus religiösen Gründen. Um 1800 hatten die Juden in Heldenbergen eine eigene Synagoge und einen Friedhof. Mitte des 19. Jh. wurden sie gleichberechtigte Bürger und konnten Mitglied im Gemeinderat und in den Vereinen werden.

Innenraum der in der Pogromnacht 1938 zerstörten Synagoge von Heldenbergen mit Thoraschrein. Christliche Nachbarn retteten einige Thorarollen und versteckten sie auf dem Dachboden des Schulhauses.

Sie gestalteten das Dorfleben mit. So feierte 1913 ganz Heldenbergen das 50-jährige Dienstjubiläum des Lehrers und religiösen Oberhaupts der jüdischen Gemeinde Leopold Wertheimer. Christliche und jüdische Heldenberger zogen gemeinsam als Soldaten in den Ersten Weltkrieg. 1932 waren von 1900 Einwohnern 71 jüdisch. 1933 änderte sich das Leben im Dorf, die jüdischen Bürger wurden isoliert und zum Beispiel aus den örtlichen Vereinen ausgeschlossen. Am 15. September 1942 verschleppten die Nazis 23 Personen aus Heldenbergen gewaltsam. Sie wurden alle ermordet.

Diktatur – II. Weltkrieg – Völkermord

in der eigenen Gemeinde

Rekonstruktionszeichnung der Synagoge in Heldenbergen. In dem Fachwerkhaus befand sich das rituelle Bad, die Mikwe.

Juden werden im Viehhof von Wiesbaden zusammengetrieben. Am 30. 08. 1942 transportieren Eisenbahnwaggons der Reichsbahn die Menschen gewaltsam ins Getto Theresienstadt bei Prag.

Jüdischer Friedhof Heldenbergen. Ehemalige jüdische Bürger besuchen den Friedhof. Sie waren von der Stadt Nidderau eingeladen worden, ihre alte Heimat zu besuchen, nachdem die junge Frau sie in den USA besucht hatte.

Spurensuche im Heimatort

Nach dem Ende des Zweiten Weltkrieges und der Judenverfolgung im Jahre 1945 waren viele Spuren der jüdischen Geschichte in Deutschland getilgt worden. Auch die deutsche Bevölkerung im Nachkriegsdeutschland war lange Zeit aus schlechtem Gewissen oder aus Gleichgültigkeit wenig daran interessiert, an die jüdische Geschichte in Deutschland zu erinnern. Deshalb ist eine Spurensuche nicht ganz einfach.
1. Kontaktadressen aufsuchen, z. B. jüdische Kulturgemeinde, Pfarrämter, Augenzeugen
2. Alte Stadtpläne untersuchen im Hinblick auf eingetragene jüdische Friedhöfe oder Synagogen
3. Ortsbesichtigungen vornehmen und Spuren sichern, auch im Hinblick auf Gedenktafeln
4. Stadtarchiv, Zeitungsarchiv, Einwohnermeldeamt aufsuchen und Grundbücher, Akten usw. auswerten

12 Weltkrieg – totaler Krieg

1 Die japanischen Unterhändler treten am 31. August 1945 an Deck des amerikanischen Kriegsschiffes „Missouri", das in der Bucht von Tokio ankert, zur Übernahme der Kapitulationsbedingungen an. – Warum findet die Szene auf einem Kriegsschiff statt? Beachte die Karte M 3.

2 Plakat von 1945

Kapitulation
ist ursprünglich eine Vereinbarung zur militärischen Übergabe einer Festung oder eines Heeres an den siegreichen Gegner. Deutschland unterschrieb 1945 eine bedingungslose Kapitulation; das bedeutete, dass die Sieger keinerlei politische Verpflichtungen gegenüber Deutschland eingehen mussten.

Der Krieg wird zum Weltkrieg

Am 7. Dezember 1941 griffen überraschend japanische Kampfflugzeuge den amerikanischen Flottenstützpunkt Pearl Harbour auf Hawaii an. Damit weitete sich der Krieg nach Asien aus. Jetzt standen sich Deutschland, Italien und Japan auf der einen Seite und die USA, Großbritannien und die Sowjetunion auf der anderen Seite gegenüber. Wie war es zu dem Angriff der Japaner gekommen?

Japan war seit dem Ende des 19. Jh. bestrebt sich durch militärische Eroberungen auf dem Festland eine eigene Rohstoffbasis zu schaffen. Der Krieg in Europa begünstigte die japanischen Expansionspläne. Man hoffte, dass die geschwächten Staaten Europas ihre Kolonien in Asien nun nicht mehr um jeden Preis verteidigen würden. Die USA traten der japanischen Eroberungspolitik energisch entgegen, um im pazifischen Raum nicht an Einfluss zu verlieren, und verhängten einen Handelsboykott für kriegswichtige Rohstoffe. Hitler bestärkte die japanischen Militärs darin, gegen die USA Krieg zu führen, und versprach deutsche Unterstützung. Ihm lag daran die Kräfte der USA in Asien zu binden, um die amerikanischen Waffenlieferungen an England und die Sowjetunion im weiteren Verlauf des Krieges zu beeinträchtigen. Nach dem japanischen Angriff auf Pearl Harbour erklärten die deutsche und die italienische Regierung den USA den Krieg. Der Krieg war zum Weltkrieg geworden.

„Totaler Krieg" und „zweite Front"

Als die Wende des Krieges gilt heute die Schlacht um die Stadt Stalingrad in der Sowjetunion. Wenige Tage nach der Niederlage bei Stalingrad rief Goebbels im Februar 1943 die Deutschen zum „totalen Krieg" auf. Das gesamte Leben wurde auf den Krieg eingestellt. Immer schärfere Gesetze bestimmten das Arbeitsleben und die Privatsphäre der Menschen. Im Jahr 1944 landeten die Alliierten – vor allem amerikanische und britische Truppen – in Frankreich und bildeten in Westeuropa eine neue Front.

Nun wurde die Überlegenheit der verbündeten Gegner Deutschlands deutlich. Während die deutsche Wehrmacht Niederlage auf Niederlage erlebte, war die „Heimat" längst zur zweiten Front geworden. Die Deutschen erlebten, was moderner Krieg bedeutet: Bombenangriffe, brennende Städte, riesige Trümmerlandschaften, unzählige Tote unter der Zivilbevölkerung. Die Kriegsentwicklung verschlechterte zwar die Stimmung, aber die Bevölkerung begehrte nicht auf, weil sie vor der drohenden Niederlage und ihren Folgen Angst hatte. Die alliierten Gegner hatten erklärt bis zur „bedingungslosen *Kapitulation*" Deutschlands zu kämpfen. Deutschland sollte nie mehr zu einem Angriffskrieg in der Lage sein. Wie würden sie mit einem besiegten Deutschland umgehen?

Das Ende des Krieges

Nachdem mit der Kapitulation Deutschlands am 8. Mai 1945 der Krieg in Europa beendet war, ging er in Asien noch weiter. Die USA drängten die Japaner in äußerst verlustreichen Kämpfen immer weiter zurück. Um die Kapitulation zu erzwingen setzten die USA zum ersten Mal in der Geschichte Atombomben ein: In Hiroshima und Nagasaki starben in Sekundenschnelle über 150 000 Menschen; die Städte boten ein Bild der Verwüstung. Das Ende des Krieges markierte zugleich den Beginn eines neuen Zeitalters, des Atomzeitalters.

Diktatur – II. Weltkrieg – Völkermord

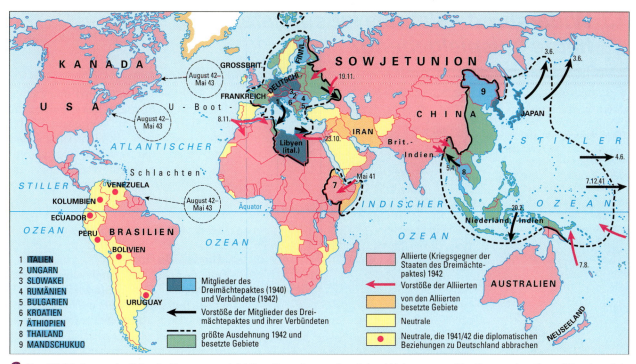

3 Der Weltkrieg – ein Krieg in Europa und Afrika, Ostasien und auf den Weltmeeren. Die Karte zeigt die größte Ausdehnung der Mächte Deutschland, Italien und Japan im Jahr 1942, die miteinander verbündet waren, aber unterschiedliche Kriegsziele verfolgten.

4 Der Führer und „sein Volk"

a) Führer-Befehl vom 19. März 1945:
Alle militärischen, Verkehrs-, Nachrichten-, Industrie- und Versorgungsanlagen sowie Sachwerte innerhalb des Reichsgebietes, die sich der Feind für die Fortsetzung des Kampfes irgendwie sofort oder in absehbarer Zeit nutzbar machen kann, sind zu zerstören.

b) In einem Brief vom 29. März 1945 erinnerte sich Albert Speer an folgende Aussage Hitlers (Speer war Architekt und Reichsminister, seit 1944 zuständig für die Kriegsproduktion):
Wenn der Krieg verloren geht, wird auch das Volk verloren sein. Dieses Schicksal ist unabwendbar. Es sei nicht notwendig, auf die Grundlagen, die das Volk zu seinem primitivsten Weiterleben braucht, Rücksicht zu nehmen. Im Gegenteil sei es besser, selbst die Dinge zu zerstören. Denn das Volk hätte sich als das schwächere erwiesen, und dem stärkeren Ostvolk gehöre dann ausschließlich die Zukunft. Was nach dem Kampf übrig bleibe, seien ohnehin nur die Minderwertigen, denn die Guten seien gefallen.

5 „Ausgebombt" – Mannheim 1944. Der moderne Bombenkrieg, den die Deutschen mit Angriffen auf Guernica, mit der völligen Zerstörung Rotterdams aus der Luft, mit Angriffen auf London und andere englische Städte (Coventry) begonnen hatten, schlug auf Deutschland zurück. Fast alle deutschen Städte wurden erheblich zerstört. Hunderttausende kamen in ihren Häusern und in Bunkern um. Allein in Dresden starben noch im Jahre 1945 in einer Februarnacht Unzählige bei einem britischen Bombenangriff.

1 Erkundigt euch bei Zeitzeugen nach ihren Kriegserfahrungen.
2 Was verstanden die Nationalsozialisten unter „totalem Krieg"? Gestaltet eine Schulbuchdoppelseite zu diesem Thema.

13 Widerstand – damals lebensgefährlich, heute beispielgebend?

1 Die Hinrichtungsstätte in Berlin-Plötzensee. Die verurteilten Widerstandskämpfer des 20. Juli 1944 wurden in einer Reihe aufgestellt. Eine Filmkamera dokumentierte die Hinrichtung. Hitler hat sich den Film dann abends angeschaut.

Widerstand
So nennen wir jede Handlung, die absichtsvoll darauf gerichtet war oder ist, ein Unrechtsregime zu beseitigen. Das Recht auf Widerstand ist gegeben, wenn Staat oder Regierung die Menschenrechte missachten oder nicht fähig sind ihre Verletzung zu verhindern. Als Lehre aus der Geschichte des Nationalsozialismus ist in der Verfassung der Bundesrepublik Deutschland das „Recht auf Widerstand" ausdrücklich verankert. Es kann zwischen aktivem und passivem Widerstand, zwischen Widerstand mit Gewalt und gewaltfreiem Widerstand unterschieden werden.

Von oppositionellen Einstellungen zum Widerstand

Die meisten Menschen gingen unter der nationalsozialistischen Diktatur ihren täglichen Geschäften nach, passten sich irgendwie an, oft in der Hoffnung, dass bald alles vorüber sei. Viele wurden zu „Mitläufern". Und alle wussten, dass eine oppositionelle Haltung zum Führer, zur Regierung oder zur NSDAP lebensbedrohlich werden konnte. Dennoch gab es Tausende, die nicht „mitmachten" oder „mitliefen", manche von Anfang an, andere erst, als sie mit den Verbrechen der NS-Herrschaft konfrontiert wurden und diese nicht mehr mittragen wollten. Die persönlichen Konsequenzen aus dieser Einstellung waren ganz unterschiedlich: Manche gingen im Alltag auf Distanz zu den eingeschliffenen Regeln der „Volksgemeinschaft", umgingen oder ignorierten Verordnungen, grüßten mit „Guten Tag" anstatt mit „Heil Hitler", hängten bei staatlichen Feiern und Umzügen keine Fahne aus dem Fenster, hörten „Feindsender" oder „entartete Musik". Andere versteckten und verpflegten Verfolgte oder verhalfen ihnen zur Flucht. Viele haben dadurch überlebt. Die Arbeit in Widerstandsgruppen, Flugblattaktionen und Attentate auf Hitler hatten dagegen das Ziel die Diktatur zu beseitigen.

„Die Weiße Rose"

Eine Gruppe von Studenten um die Geschwister Sophie und Hans Scholl wurde unter dem Namen „Weiße Rose" bekannt. Ihre Mitglieder verteilten während des Krieges heimlich Flugblätter um vor allem die Jugend zum Widerstand gegen „ihren Verführer" zu bewegen. Sie hatten erkannt, dass sie zuvor selbst als Anhänger Hitlers getäuscht und verführt worden waren. Nach einer Flugblattaktion in der Münchener Universität verriet sie der Hausmeister. Die Mitglieder der „Weißen Rose" wurden im Februar 1942 verhaftet und hingerichtet.

Politischer Widerstand

Gewerkschafter, Sozialdemokraten und Kommunisten waren schon vor Hitlers Machtübernahme überzeugte Gegner der Nationalsozialisten gewesen. Nach dem Verbot der Parteien und angesichts der Verhaftungswellen 1933 gingen viele von ihnen in den Untergrund um durch Flugblattaktionen oder Sabotageakte ihren Kampf fortzuführen.

Schwerer hatten es Beamte, Soldaten und Offiziere sich zum aktiven Widerstand zu entschließen. Sie fühlten sich dem auf „den Führer Adolf Hitler" geleisteten Eid verpflichtet. Nach Kriegsbeginn gerieten viele in Gewissensnot, weil sie einen Putsch als „Verrat an den deutschen Frontsoldaten" betrachteten.

Trotz solcher Bedenken entschloss sich die Widerstandsgruppe um Carl Goerdeler und Ludwig Beck Hitler wegen seiner verbrecherischen Politik zu

Diktatur – II. Weltkrieg – Völkermord

2 *Der Hamburger Helmut Hübner* wurde, 17-jährig, am 11.8.1942 zum Tode verurteilt, weil er Nachrichten eines englischen Senders auf Flugblättern veröffentlichte.

3 *Der evangelische Pfarrer Dietrich Bonhoeffer* büßte seinen Widerstand mit dem Leben. Er wurde im KZ hingerichtet. Kurz vorher konnte er bereits die Artillerie der Alliierten hören.

4 *Widerstandskämpfer:* Sophie Scholl, Christoph Probst, der seine Frau und drei kleine Kinder hinterließ (Weiße Rose); Claus Graf Schenk von Stauffenberg

töten. Sie wollten das NS-Regime allerdings nicht durch eine Demokratie, sondern durch eine humanere Form eines autoritären Staates ablösen. Hitler überlebte durch einen Zufall das Sprengstoffattentat im Führerhauptquartier am 20. Juli 1944, das Oberst Graf Stauffenberg im Auftrag der Widerstandsgruppe verübte. Noch am gleichen Tag wurden Stauffenberg und die Mitglieder der Gruppe hingerichtet. Das Attentat löste eine regelrechte Verfolgungswelle aus. Der Rache Hitlers fielen nicht nur 200 am Aufstand direkt beteiligte Personen, sondern bis Kriegsende zwischen 4000 und 5000 mittelbar Beteiligte oder willkürlich Verhaftete zum Opfer.

Christlicher Widerstand

Die christlichen Kirchen beteiligten sich kaum am Widerstand gegen das NS-Regime. Die katholische Kirche protestierte, wenn der Staat die Rechte bedrohte, die er der Kirche 1933 in einem Vertrag zugesichert hatte (u. a. Sicherung der Bekenntnisschulen, Existenzrecht katholischer Verbände). In der evangelischen Kirche unterstützte die Mehrheit – die „Deutschen Christen" – Partei und Regierung. Eine Minderheit – die „Bekennende Kirche" – stand dem totalitären Staat kritisch gegenüber. Viele Priester und Pfarrer widersetzten sich, unabhängig von der offiziellen Linie, ihrer Glaubensgemeinschaft den Nationalsozialisten. Viele von ihnen wurden verfolgt, eingesperrt und in Konzentrationslagern ermordet.

Attentate von Einzelpersonen

Neben organisierten Gruppen gab es Einzelne, die wagemutig durch Attentate auf Hitler die Diktatur beseitigen wollten. Sie scheiterten jedoch alle: so Maurice Bavaud mit einem Pistolenattentat und der Schreiner Georg Elser, der am 8. November 1939 im Münchner Bürgerbräukeller einen Bombenanschlag verübte.

„Widerstand ohne Volk"?

Gemessen an der Gesamtbevölkerung zählte nur ein geringer Teil der Bevölkerung zum aktiven Widerstand. Die Mehrheit verstand die Handlungen dieser Widerstandskämpfer nicht oder missverstand ihre Beweggründe. Der Historiker Hans Mommsen spricht deshalb von einem „Widerstand ohne Volk". Zudem betrieben die Nationalsozialisten geschickte Propaganda um die Bevölkerung gegen die Frauen und Männer des Widerstandes einzunehmen.

Widerstand im besetzten Europa

Erbitterten Widerstand leisteten Menschen in den besetzten Gebieten. Dort kämpften so genannte Partisanen einen Befreiungskampf gegen die deutsche Besatzung. Wehrmacht und SS antworteten mit grausamen Vergeltungsaktionen. Ganze Orte wurden dem Erdboden gleichgemacht, die Männer erschossen, Frauen und Kinder in Lager verschleppt oder ebenfalls ermordet. Lidice in der Tschechischen Republik, Kalavryta in Griechenland und Oradour-sur-Glane in Frankreich sind Beispiele dafür.

Widerstand – damals lebensgefährlich, heute beispielgebend?

5 *Gesprächskreise,* die sich schon 1933 in der Opposition gegen den Nationalsozialismus zusammengefunden hatten, nahmen im Herbst 1940 Kontakt zum sowjetischen Nachrichtendienst auf. Sie wollten mit der sowjetischen Seite eine Gesprächs- und Vertrauensbasis herstellen um den Krieg zu beenden. Dabei wurden auch der sowjetischen Seite politische und militärische Informationen übermittelt. Zum Widerstandskreis der „Roten Kapelle" gehörten Menschen ganz unterschiedlicher politischer und weltanschaulicher Herkunft. Die Historiker und Politiker in der DDR erklärten sie später fälschlich zu einer kommunistischen Kadergruppe. Deshalb errichtete man dem Ehepaar Harnack auch ein Denkmal.

6 *Flugblatt aus dem Widerstand*

7 *Erinnerungen aus dem Arbeiterwiderstand in München* von Ludwig Linsert (1907–1981). Er stammte aus einer sozialdemokratischen Arbeiterfamilie, war gelernter Schlosser, Mitglied einer Gewerkschaft und der SPD. Seit 1933 arbeitete er im Widerstand, wurde 1938 verhaftet und 1943 in einer militärischen Strafeinheit in der Sowjetunion eingesetzt.

Inzwischen hatten wir angefangen selbst Flugblätter herzustellen. Dazu eine Schreibmaschine mit auswechselbaren Typen, einen Abziehapparat und schließlich viel Papier, das vorsichtig und in kleinen Mengen in verschiedenen Läden gekauft wurde. Die ersten Flugblätter (…) steckten wir in die Briefkästen, vornehmlich in Arbeitervierteln und zwar weit ab von der eigenen Wohngegend. Natürlich trugen wir bei der Herstellung der Flugblätter Gummihandschuhe um keine Fingerabdrücke zu hinterlassen. Inzwischen gab es jedoch den NSDAP-Hauswart, den Blockwart und immer mehr stramme Nazis, die die Flugblätter sofort der Polizei brachten.

8 *Der Fall Emmy Z.:*
Im Namen des Deutschen Volkes
In der Strafsache
gegen die Zeitungsausträgerin Emmy Z. geborene W. aus Berlin-Gatow,
geboren am (…),
zur Zeit in dieser Sache in gerichtlicher Untersuchungshaft,
wegen Wehrkraftzersetzung
hat der Volksgerichtshof, 6. Senat,
aufgrund der Hauptverhandlung vom 19. November 1943
für Recht erkannt:
Die Angeklagte Z. hat es in den Jahren 1940 bis 1942 in Berlin als Anhängerin der Vereinigung internationaler Bibelforscher unternommen, drei Wehrpflichtige, die ebenfalls dieser Vereinigung angehören, durch Gewährung von Unterschlupf und Verpflegung der Erfüllung der Wehrpflicht zu entziehen.
Sie wird deshalb wegen Wehrkraftzersetzung in Verbindung mit landesverräterischer Begünstigung des Feindes zum Tode und zu lebenslangem Ehrverlust verurteilt.
Die Angeklagte trägt die Kosten des Verfahrens.

9 *Denkmal für einen Deserteur* in Ulm. Inschrift: „Hier lebte ein Mann, der sich geweigert hat, auf seine Mitmenschen zu schießen. Ehre seinem Andenken." Etwa 40 000 deutsche Soldaten sind im Zweiten Weltkrieg desertiert, etwa 14 500 Deserteure wurden hingerichtet.

Diktatur – II. Weltkrieg – Völkermord

10 Die „Kittelbachpiraten" von Gladbeck

11 Ein Erlass des Reichsführers SS und Chefs der Deutschen Polizei, Heinrich Himmler, zur „Bekämpfung jugendlicher Cliquen" unterscheidet folgende Gruppen:
a) Cliquen mit kriminell-asozialer Einstellung. Diese äußert sich in der Begehung von leichten bis zu schwersten Straftaten (Unfug, Raufhändel, Übertretungen von Polizeiverordnungen, gemeinsame Diebstähle, Sittlichkeitsdelikte – insbesondere auf gleichgeschlechtlicher Grundlage – usw.) (…)
b) Cliquen mit politisch-oppositioneller Einstellung, jedoch nicht immer mit fest umrissenem gegnerischem Programm. Sie zeigt sich in allgemein staatsfeindlicher Haltung, Ablehnung der Hitler-Jugend und sonstiger Gemeinschaftspflichten, Gleichgültigkeit gegenüber dem Kriegsgeschehen und betätigt sich in Störungen der Jugenddienstpflicht, Überfällen auf Hitler-Jugend-Angehörige, Abhören ausländischer Sender und Verbreitung von Gerüchten, Pflege der verbotenen bündischen oder anderen Gruppen, ihrer Tradition und ihres Liedgutes usw. (…)
c) Cliquen mit liberalistisch-individualistischer Einstellung, Vorliebe für englische Ideale, Sprache, Haltung, Kleidung (englisch-lässig), Pflege von Jazz- und Hotmusik, Swingtanz usw. Die Angehörigen dieser Cliquen stammen größtenteils aus dem „gehobenen Mittelstand" und wollen lediglich ihrem eigenen Vergnügen, sexuellen und sonstigen Ausschweifungen leben.

12 Der Frauenprotest in der Rosenstraße: Anfang 1943 hatten die Nationalsozialisten die jüdischen Ehemänner arischer Frauen verhaftet. In einem Tagebuch wird geschildert, was dann geschah, mitten im Krieg, mitten in Berlin:
Noch am selben Tage machten sich die Frauen jener Männer auf, ihre verhafteten Ehegefährten zu suchen. Sechstausend nichtjüdische Frauen drängten sich in der Rosenstraße, vor den Pforten des Gebäudes, in dem man die „Arischversippten" gefangen hielt. Sechstausend Frauen riefen nach ihren Männern. Schrien nach ihren Männern. Heulten nach ihren Männern. Standen wie eine Mauer Stunde um Stunde, Nacht und Tag.
In der Burgstraße liegt das Hauptquartier der SS. Nur wenige Minuten entfernt von der Rosenstraße. Man war in der Burgstraße sehr peinlich berührt über den Zwischenfall. Man hielt es nicht für opportun, mit Maschinengewehren zwischen 6000 Frauen zu schießen. SS-Führerberatung. Debatte hin und her. In der Rosenstraße rebellierten die Frauen. Forderten drohend die Freilassung ihrer Männer.
Die Frauen in der Rosenstraße hatten Erfolg – ihre Männer wurden freigelassen.

Arier
Sanskrit = der Edle
Ursprünglich war dies die Selbstbezeichnung des iranischen Adels. Nach der NS-Rassenideologie stellten die Arier durch ihre körperlichen (groß, blond, blauäugig) und geistig-seelischen (tapfer, heldisch, opferbereit) Eigenschaften die höchste Rasse dar. Den Kern der arischen Rasse bildeten nach dieser „Lehre" die germanischen Völker und hier vor allem die meisten Deutschen. Diese Rasse sollte rein gehalten werden von anderem Blut.
(siehe Lexikon auf S. 19)

1 Man kann zwischen aktivem und passivem Widerstand unterscheiden. Wo würdest du die im Kapitel genannten Beispiele einordnen? Welche anderen Beispiele kennst du? Versucht gemeinsam in der Klasse eine Definition des Begriffes „Widerstand".
2 Interpretiere das Denkmal M9. Vergleicht eure Interpretationen. Kann man die Darstellung auch auf den Widerstand allgemein beziehen? Überprüft die Aussage des Denkmals an Beispielen aus der Zeit des Nationalsozialismus.
3 Diskutiert die Aussage: Die Widerstandskämpfer haben dazu beigetragen den demokratischen Neubeginn nach 1945 zu erleichtern.
4 Überlegt für euch eine Antwort auf die Frage in der Kapitelüberschrift.
5 M1, M3, M5, M9 sind Formen des Erinnerung an den Widerstand. Soll man heute überhaupt noch daran erinnern? Wenn ja: Welche Formen haltet ihr für angemessen? Würdet ihr bestimmte Personen oder bestimmte Gruppen besonders hervorheben?

14 Sich erinnern – notwendig, aber nicht immer leicht

1 Besucher in der Ausstellung „Verbrechen der Wehrmacht", München 1997

Entnazifizierung
Bestrafung der aktiven NSDAP-Mitglieder gemäß ihrer persönlichen Schuld; Entfernung aller ehemals führenden Nationalsozialisten aus öffentlichen Ämtern, Austilgung nationalsozialistischen Gedankenguts aus allen Lebensbereichen

Verantwortung und Verdrängung

Als die Waffen schwiegen und die Sieger die deutsche Bevölkerung in KZ-Lager führten oder ihr Filmaufnahmen davon zeigten, waren viele Menschen entsetzt. Die meisten Deutschen behaupteten aber von den NS-Verbrechen nichts gewusst zu haben. Viele Soldaten, oft nach langer Gefangenschaft aus dem Kriege heimgekehrt, schwiegen über die Untaten, die sie gesehen oder an denen manche von ihnen beteiligt waren. Viele Täter, die sich an Verbrechen beteiligt hatten, waren ins Ausland geflohen oder hielten sich unter falschem Namen versteckt. Hitler, Himmler und Goebbels hatten sich durch Selbstmord der Verantwortung entzogen.

Die Siegermächte wollten die Deutschen zur Verantwortung ziehen. In Nürnberg, wo die Nationalsozialisten ihre Parteitage gefeiert und auch die „Rassengesetze" verkündet hatten, führten sie Prozesse gegen die Hauptverantwortlichen durch.

Diese „Nürnberger Prozesse" enthüllten den Deutschen das Ausmaß der NS-Verbrechen. Aber in der Bevölkerung ließ das Interesse an der Berichterstattung bald nach. Viele waren geneigt, das Vergangene schnell zu vergessen. Die Probleme der Gegenwart – Wiederaufbau, Flüchtlinge, Vertriebene, Hunger und Wohnungsnot – waren ihnen drückend genug.

Entnazifizierung

Die „*Entnazifizierung*" der deutschen Gesellschaft, die die Sieger beschlossen hatten, verlief in den einzelnen Besatzungszonen unterschiedlich. In der amerikanischen Zone mussten die Deutschen Fragebögen ausfüllen. Nach diesen wurden sie in „Hauptschuldige, Belastete, Minderbelastete, Mitläufer, Entlastete" eingeteilt. Die umständlichen Verfahren zogen sich jedoch in die Länge, die klare Zuordnung zu einer der Gruppen erwies sich als schwierig und weckte bei den Betroffenen Misstrauen. Manch einer kam mit einem Gefälligkeitsgutachten („Persilschein") glimpflich davon, während viele „kleine" Täter sofort verurteilt wurden. Auf Drängen der Bevölkerung gaben gegen Ende der 40er-Jahre die politisch Verantwortlichen die „Entnazifizierung" schließlich ganz auf. In der neu gegründeten Bundesrepublik war es manchen ehemaligen Nationalsozialisten möglich, wieder in gehobene Positionen zu gelangen. Viele Deutsche leugneten oder verdrängten mit der Zeit ihre Mitverantwortung für die Verbrechen der Nationalsozialisten. Die einen schoben alle Schuld auf die NS-Führung, die anderen rechneten die deutschen Verbrechen gegen den alliierten Bombenkrieg oder die Vertreibung der Ostdeutschen auf. Mit dem „Wirtschaftswunder" in den 50er-Jahren schwand bei vielen Bundesbürgern vollends das Interesse an der Vergangenheitsbewältigung. Es ging aufwärts, und die Menschen wollten nach vorne schauen.

In der sowjetischen Besatzungszone wurden sehr viele ehemalige NSDAP-Mitglieder vergleichsweise schnell aus allen öffentlichen Ämtern und Führungspositionen entfernt. Die Besatzungsmacht und die Kommunistische Partei nutzten zugleich diese Gelegenheit, um darüber hinaus alle Personen auszubooten, die ihnen politisch nicht behagten. Das öffnete der Willkür Tür und Tor. Die DDR-Regierung lehnte spä-

Diktatur – II. Weltkrieg – Völkermord

ter die Verantwortung für die Zeit des Nationalsozialismus ab: Ihr Staat sei schließlich von Antifaschisten gegründet worden und habe den Kampf gegen den Faschismus zum Staatsziel erhoben.

Die Vergangenheit kehrt zurück

In Ludwigsburg wurde eine Behörde eingerichtet, die systematisch alle nationalsozialistischen Verbrechen erfasste. Dadurch konnten viele Täter ermittelt und vor deutsche Gerichte gestellt werden. Überlebende aus KZs und Vernichtungslagern traten als Zeugen vor ihren ehemaligen Peinigern auf. Sie mussten die schreckliche Vergangenheit in der Erinnerung noch einmal durchleben.

Weltweit erregte großes Aufsehen, als es dem israelischen Geheimdienst 1961 gelang, den Organisator des Judenmordes in Europa, Adolf Eichmann, in Südamerika aufzuspüren und in Israel vor Gericht zu stellen. So wurden die Deutschen 15 Jahre nach dem Krieg erneut mit den Verbrechen Nazideutschlands konfrontiert. Nun stellte auch die nachgewachsene Generation den Eltern die oft schmerzliche Frage nach deren Verhalten während der Herrschaft der Nationalsozialisten.

2 *Gedanken zum Eichmann-Prozess des Schriftstellers Heinrich Böll, 1961:*
Sicher ist, dass nicht Eichmann allein dort vor Gericht steht; die Geschichte, die ihn an jene Stelle trug, ist nicht eine zufällige gewesen. (…)
5 Das Fürchterliche an der nationalsozialistischen Seuche war, dass sie nicht als Episode abgetan, für erledigt betrachtet werden kann; sie hat das Denken verseucht, die Luft, die wir atmen, sie hat die
10 Worte, die wir sprechen und schreiben, in einer Weise vergiftet, die nicht vor einem Gerichtshof bereinigt werden kann; im Wirkungsbereich dieser Seuche hat das Wort Verantwortung keinen Platz, es
15 wird ersetzt durch das Wort Befehl – und es ist dieses Wort, das in Jerusalem vor Gericht steht. (…)
Es fängt mit kleinen Befehlen an, über die man lachen, die man mit einem in-
20 neren Lachen ausführen kann: linksum, rechtsum, kehrt; es folgen größere, gewichtigere Befehle: auf eine Pappscheibe zu schießen; Befehle, immer mehr, kleine und große, die sich zu dem ungeheuerli-
25 chen Befehl addieren, Menschen zu töten.

4 *Demonstration der Nationaldemokratischen Partei (NPD) 1997* in München anlässlich der umstrittenen Ausstellung zu den Verbrechen der Wehrmacht.

3 *Der Historiker Eberhard Jäckel schreibt 1982 im Buch „Umgang mit Geschichte":*
Man versuchte, die Last der Geschichte abzuschütteln, Besseres an die Stelle des Schlechten zu setzen, um das Schlechte nicht mehr sehen zu müssen. Der Ver-
5 such aber, so emsig er zumal in den Fünfzigerjahren betrieben wurde, scheiterte. Je mehr die westdeutsche Gesellschaft verdrängte, um so bedrängter wurde ihr das, was sie verdrängen wollte. (…)
10 Wie aber nähern wir uns jener Zeit, die sich nicht entfernen will? (…) Vielleicht sollten wir in der Nähe anfangen. Vielleicht kann geschichtliche Erfahrung ebenso wie Nächstenliebe an der ei-
15 genen Haustür beginnen, so wie Geschichtsunterricht mit dem beginnt, was man früher Heimatkunde nannte. Die Schüler haben es uns (bei einem Wettbewerb) vorgemacht. Sie haben die Ver-
20 gangenheit in ihrer örtlichen Nähe aufgespürt und dabei die zeitliche Ferne besser überwunden als in vielen Schulstunden. (…) Sie haben dabei übrigens nicht nur Ermutigung erfahren. Wer
25 Schmutz im eigenen Nest entdeckt, wird oft der Nestbeschmutzung bezichtigt.

5 *Plakat in der britischen Zone 1947*

1. Was ist für dich die wesentliche Aussage in Text M 2 und in Text M 3? Vergleicht eure Ergebnisse und tauscht eure Argumente aus.
2. Bringt die Bilder in Beziehung zur Kapitelüberschrift.
3. Fallen euch weitere (aktuelle?) Beispiele zur Aussage der Kapitelüberschrift ein?

Projekt

Rechtsradikalismus heute

Angst vor Neonazis geht um

In vielen ostdeutschen Städten machen sich Schlägertrupps breit

Schlagzeilen aus der gleichen Zeitung (WAZ) vom gleichen Tag, dem 17. Februar 1998

Ein Dorf wehrt sich gegen die Aufnahme von Juden

In Brandenburg – Jüdische Gemeinde in Berlin ist empört

Dieser Gedenkstein in Berlin wurde im April 1998 innerhalb weniger Wochen zweimal geschändet. Daraufhin bildete sich eine Bürgerinitiative aus „Anwohnern und Engagierten". Sie bewachten abwechselnd und in Zusammenarbeit mit der Polizei das Denkmal rund um die Uhr. Sie haben die Aufforderung des Vorsitzenden der Jüdischen Gemeinde wörtlich genommen: „Wachsamkeit dürfe nicht allein dem Staat überlassen bleiben, hatte er gesagt", heißt es dazu in einem Zeitungsbericht.

Rechtsradikalismus und Neofaschismus – das sind Phänomene, die uns scheinbar immer näher rücken, in Form von Zeitungsmeldungen, von Demonstrationen, Parteiwerbungen, Parolen oder Gewalt gegen Ausländer. Wie soll man sich dazu verhalten? Diese Frage stellt sich besonders, wenn man sich gerade so intensiv wie ihr mit der Zeit des Nationalsozialismus beschäftigt hat. Gibt es Parallelen zwischen damals und heute? Wie sind Parolen, Auftreten und Stellungnahmen der Rechtsradikalen zu bewerten? Mit euren neu gewonnenen Kenntnissen könnt ihr euch nun fundierter damit auseinandersetzen und eigene Positionen beziehen. Dazu sollen euch der folgende Projektvorschlag und die aufgezeigten Möglichkeiten anregen.

Diktatur – II. Weltkrieg – Völkermord

Bundesweit beschlagnahmte Propagandamittel der NSDAP/AO in Hamburg 1995

NDP (Nationaldemokratische Partei) – Mitglieder am 1. Mai 1998 in Leipzig bei einer Kundgebung am Völkerschlachtdenkmal

Homepage im Internet der Gedenkstätte des KZ Dachau: http://www.infospace.de/gedenkstätte/index.html

Informationen sammeln und auswerten

1. Informationen sammeln: Einfachste Bezugsquelle sind die Zeitungen. Dann gibt es Fernsehsendungen zum Thema; auch das Internet bietet unterschiedliche Informationen. Als Beispiel haben wir die Homepage der Gedenkstätte des Konzentrationslagers Dachau abgedruckt, aber ihr findet sicher noch andere.
   Natürlich kann nicht jeder alles machen. Man muss sich die Suche aufteilen und dann später die Informationen in der Klasse zusammentragen. Daraus ergibt sich eine erste Zusammenfassung: Was sagen euch die gesammelten Informationen über den Rechtsradikalismus heute? Auftreten, Formen, Gruppen, Äußerlichkeiten, Argumente und Ziele, Verbreitung etc.
2. Sich mit Argumenten der Rechtsradikalen und mit ihren Lösungskonzepten für aktuelle Probleme auseinandersetzen.
3. Den Rechtsradikalismus heute mit dem Faschismus und dem Nationalsozialismus der 20er- und 30er-Jahre vergleichen: Parallelen und Unterschiede herausstellen.
4. Ursachenforschung betreiben. Die Karikatur auf dieser Seite gibt erste Anregungen. Man könnte dazu auch Experten (z. B. Wissenschaftler, die sich mit Jugendkultur und Gewalt auseinander setzen) und Betroffene befragen.
5. Wie sollten und wie können wir dem Rechtsradikalismus heute begegnen?
6. Ergebnisse zusammenstellen und veröffentlichen: als Wandzeitung, als Beitrag in der Schülerzeitung oder in der Lokalpresse.

Auf einen Blick

1918
Ende des Ersten Weltkrieges

1919
Neuordnung Europas in den Pariser Verträgen; Gründung der Weimarer Republik

1933
nationalsozialistische Machtübernahme und Errichtung einer Diktatur in Deutschland

1939
Überfall Deutschlands auf Polen; Beginn des Krieges in Europa

1942
Wannseekonferenz in Berlin: der Holocaust wird organisiert

1945
Ende des Zweiten Weltkrieges; Kapitulation Deutschlands; Kapitulation Japans nach dem Abwurf von zwei Atombomben

Hausruine, 1945

Nach dem Ersten Weltkrieg

Die erste Hälfte des 20. Jh. war für viele eine große Leidenszeit. Nach dem Ersten Weltkrieg schufen die Pariser Verträge keine stabile Friedensordnung in Europa: Neue Grenzfestlegungen enthielten den Keim neuer Konflikte; Deutschland wurde mit dem Versailler Vertrag ein harter Frieden diktiert; es musste die alleinige Kriegsschuld anerkennen. Das empörte viele Deutsche. Nach dem Ende der deutschen Monarchie mündete der Kampf um eine neue Staatsordnung zunächst in eine Revolution (November 1918). Die Befürworter der parlamentarischen Demokratie verbündeten sich mit der alten militärischen Führung gegen kommunistische Umsturzversuche.

Die Weimarer Republik

Die neu gegründete Weimarer Republik hatte es schwer: Meist erhielt keine Partei eine klare Stimmenmehrheit, sodass keine starken Regierungen zustande kamen. Das erschwerte die Lösung der vielfältigen und großen Probleme. Von Anfang an wurde die Demokratie von links und rechts bekämpft. Die Gegner von rechts nutzten die allgemeine Empörung über den Versailler Vertrag für ihre antidemokratische Propaganda aus.

Die Weltwirtschaftskrise 1929 führte zum Aufstieg der rechtsradikalen, antidemokratischen und antiparlamentarischen NSDAP mit ihrem „Führer" Adolf Hitler. Nicht an demokratische Spielregeln gewöhnt, versäumten zu viele die Chance sie sich in den 15 Jahren der Weimarer Zeit anzueignen. Heute sprechen viele von einer „Demokratie ohne Demokraten".

Extreme politische Wege

Auch in anderen Ländern Europas gewannen Bewegungen Zulauf, die für alle sozialen und wirtschaftlichen Probleme vermeintlich „einfache" Lösungen anboten. Für sie war auch Gewaltanwendung ein Mittel der politischen Auseinandersetzung. Viele Sozialisten und Kommunisten sahen in der bolschewistischen Revolution ein Vorbild, konnten oder wollten aber die Schattenseiten der Sowjetdiktatur nicht sehen. In Italien gelang es 1922 den Faschisten unter Mussolini an die Macht zu kommen und eine Diktatur zu errichten. Hitler und seine Partei nahmen diese als Vorbild. 1933 erreichten sie ihr Ziel: Hitler wurde zum Reichskanzler ernannt. Andere faschistische Bewegungen in Europa orientierten sich an Deutschland und Italien, allerdings meist ohne großen Erfolg. In Spanien putschte sich 1939 die faschistische Falange an die Macht. Diktator General Franco regierte bis 1973.

In Deutschland regierten die Nationalsozialisten ab 1933 mit brutaler Gewalt: Sie schalteten ihre Gegner aus und ersetzten den Rechtsstaat durch einen Polizei- und Überwachungsstaat. Unter ihrer Führung begann Deutschland den Zweiten Weltkrieg. Deutsche und ihre Helfer verübten einen verheerenden Völkermord in Osteuropa und betrieben die systematische Ermordung der europäischen jüdischen Bevölkerung. Als Deutschland nach sechs Kriegsjahren kapitulierte, bildeten die Zerstörung Europas in weiten Teilen und Verbrechen gegen die Menschlichkeit in einem unvorstellbaren Ausmaß die Bilanz der NS-Herrschaft.

Diktatur – II. Weltkrieg – Völkermord

Hans-Georg Noack schrieb 1962 den Jugendroman „Die Webers. Eine deutsche Familie, 1932–1945". Im Vorwort heißt es: „Dies ist die Geschichte einer Familie. Ich hoffe, sie wird den Leser zum Nachdenken anregen. Tut sie es nicht, so habe ich mein Ziel nicht erreicht. (…) Wahrscheinlich wäre es müßig und überflüssig von der Vergangenheit zu sprechen, wenn diese Vergangenheit nicht in einem gewissen Maße die Gegenwart bestimmte, in der wir leben."

Im Folgenden das letzte Kapitel des Buches (Gerd ist der ältere Sohn der Webers; anders als sein jüngerer Bruder hat er sich für die Nationalsozialisten begeistert):

30. April 1945
Hitler endet durch Selbstmord. Zu seinem Nachfolger als Reichspräsident bestimmt er den Großadmiral Dönitz,
5 *zum Reichskanzler Dr. Joseph Goebbels, der jedoch mit Frau und Kindern ebenfalls im Führerbunker der Reichskanzlei Selbstmord verübt.*

Noch war Gerd nicht ganze sechzehn
10 Jahre alt, und vielleicht hätte er, wäre ihm eine Jugend beschieden gewesen, wie sie ihm eigentlich zustand, in diesem Alter daran gedacht, demnächst zur Tanzstunde zu gehen.
15 Unsinniger Gedanke! Sechzehnjährige waren nicht mehr auf der Welt um sich an ihrer Jugend zu freuen. Im letzten Augenblick noch, als man schon das Rasseln sowjetischer Panzerwagen zu hören
20 meinte, musste Gerd die taubengraue Uniform der Luftwaffenhelfer anziehen, in fieberhafter Eile lernen, wie man ein Flakgeschütz bediente, und sich darauf vorbereiten zu den Verteidigern Berlins
25 gezählt zu werden.

Und nun war es so weit. Das Geschütz, zu dessen Bedienung er gehörte, war längst ausgefallen. Er hastete als Melder von Stellung zu Stellung, überbrachte
30 Befehle, die sich widersprachen und keine Ordnung mehr in das Gewirr bringen konnten. Er sprang in die Deckung wankender Ruinenmauern, wenn die Artilleriegeschosse heranfegten, hörte die
35 Splitter vorübersausen, sprang weiter und wunderte sich, dass er noch immer lebte.

Eine Frau kam ihm entgegen und schob einen Kinderwagen vor sich her.
40 Sie ging, als berührte sie der schwere Beschuss überhaupt nicht, als führe sie ihr Kind in einem sonnigen Park spazieren, damit es gute, reine Luft atme, um gut zu wachsen und zu gedeihen. Und unten
45 aus dem Kinderwagen sickerte Blut in den Straßenstaub. Gerd sah entsetzt, sah das Loch, das ein Splitter in die Seitenwand des Wagens gerissen hatte und ahnte, was geschehen war. Aber die jun-
50 ge Mutter wollte es nicht wissen. Sie lächelte dorthin, wo ihr Kind in weichen Kissen gelegen hatte, lächelte und wartete wohl darauf, dass ein zweiter Splitter das Werk vollende. Da war eine Stel-
55 lung. Vier, fünf Jungen hockten hinter leeren Munitionskisten, hielten Panzerfäuste in den Händen und starrten mit bleichen Gesichtern die Straße entlang. Keuchend hockte sich Gerd zu ihnen.
60 „Ihr sollt hier verschwinden. Schnell! Alle zum U-Bahn-Schacht an der Ecke. Da sollen Hunderte von Zivilisten drin sein. Der Eingang soll verteidigt werden."
„Aber wenn doch hier die Panzer kom-
65 men!", widersprach einer.
„Das weiß ich nicht. Befehl! Los, haut ab." Sie gingen, und er schloss sich ihnen an.

Als sie die Treppe hinuntergingen,
70 quoll ihnen das Wasser entgegen, schmutziges, stinkendes Wasser. Ein paar Menschen flohen davor her und erreichten die rettenden Stufen. Und dann schwemmte es heran: Gepäckstücke,
75 Kleider, eine tote Katze, eine Frau, die schreiend versuchte, durch das Wasser zu waten, dann stürzte, noch einmal den Kopf herausbrachte und wieder verschwand.
80 Die Jungen starrten fassungslos, wollten helfen und wussten nicht, was sie tun sollten.

Auf der übel riechenden Flut schwemmte ein Plakat herum: ein farbi-
85 ges Bild Hitlers und darunter die Worte: „Adolf Hitler – das ist der Sieg!"

Gerd wandte sich um, stürzte die Treppe hinauf, erreichte die Straße.

In diesem Augenblick sah er russische
90 Panzer heranrollen. Der Kommandant stand in der offenen Luke, und neben seinem Kopf wehte eine rote Fahne.

Konflikte und Friedensbemühungen

NATO
—
Verteidigungsbündnis des Westens
(1949 gegründet)

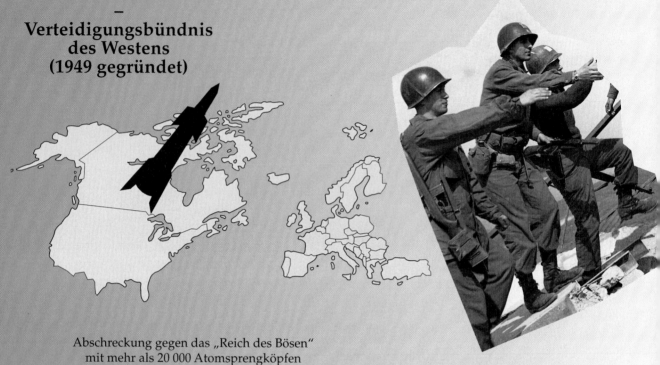

Abschreckung gegen das „Reich des Bösen"
mit mehr als 20 000 Atomsprengköpfen

1945
Sieger und Alliierte: Amerikanische und sowjetische Soldaten treffen in Torgau an der Elbe aufeinander.

1982
Im Westen demonstrieren Hunderttausende gegen die NATO-Nachrüstung mit neuen Raketen. Die Friedensbewegung in der DDR fordert unter dem Motto „Schwerter zu Pflugscharen" ein atomwaffenfreies Deutschland.

in der Welt seit 1945

Warschauer Pakt – Verteidigungsbündnis des Ostens (1955 gegründet, 1991 aufgelöst)

Abschreckung des „Klassenfeindes" mit mehr als 20 000 Atomsprengköpfen

1961
Mauerbau in Berlin: Amerikanische und sowjetische Panzer an der Grenze zwischen Ost und West.

1989
Die Außenminister Österreichs und Ungarns zerschneiden ein Stück des Eisernen Vorhangs. Damit beginnt das Ende des Kalten Krieges.

1 In Hiroshima beginnt die atomare Bedrohung der Welt

1 Bedrohung? „Es wird hier dauernd vom Frieden gesprochen – meine Herren, der Friede bin ich!" (Karikatur von 1956) – Erklärt den Widerspruch.

Eine Stadt wird ausgelöscht
In den letzten Tagen des Zweiten Weltkrieges startete der viermotorige amerikanische Bomber „Enola Gay" von einer kleinen Insel im Pazifik. Sein Ziel war die japanische Hafenstadt Hiroshima. Auf Befehl von US-Präsident Truman sollte der Pilot über der Stadt mit ihren 340 000 Einwohnern eine Bombe abwerfen. Der Besatzung hatte man vorher nur gesagt, diese Bombe werde „ein neues Kapitel in der Geschichte der Kriegführung" einleiten.

Im Augenblick der Explosion sahen die Männer der „Enola Gay" einen riesigen Feuerball von 500 Metern Durchmesser. Eine Minute danach wurde das Flugzeug von einer gewaltigen Druckwelle erschüttert, obwohl es sich schon viele Kilometer von der Abwurfstelle entfernt hatte. Für die Menschen in Hiroshima begann ein entsetzliches Leiden: Die ganze Stadt war in ein riesiges, brodelndes Flammenmeer verwandelt, aus dem sich ein gewaltiger Rauchpilz fast sieben Kilometer in den Himmel erhob. Eine einzige Bombe hatte sie zerstört – eine Atombombe.

Die Entwicklung der Atombombe
Eigentlich war die Atombombe nicht für Hiroshima gebaut worden, eher für Hamburg, Essen oder Chemnitz. Sie sollte das letzte und furchtbarste Mittel der Alliierten im Kampf gegen das nationalsozialistische Deutschland sein. In Europa war aber der Krieg zu Ende gegangen, bevor die Bombe fertig war.

Die Planungen zum Bau dieser Waffe reichen in das Jahr 1939 zurück, als der Physiker Albert Einstein den US-Präsidenten Roosevelt aufforderte die Entwicklung einer amerikanischen Atombombe einzuleiten. Anderenfalls würden die Nationalsozialisten als Erste in den Besitz der neuen Waffe kommen und sie auch einsetzen. Von dieser Vorstellung war Einstein zutiefst beunruhigt, seit es Otto Hahn und Fritz Strassmann Ende 1938 in Berlin gelungen war den Kern des Uranatoms zu spalten. Als im Herbst 1941 deutsche Truppen vor Moskau standen, fiel in den USA die Entscheidung für die Entwicklung der Atombombe. Das später unter dem Namen „Manhattan-Projekt" bekannt gewordene Unternehmen beschäftigte zeitweise bis zu 600 000 Menschen. Ihre Arbeit stand unter strengster Geheimhaltung. Maßgeblich beteiligt waren auch Dutzende von Physikern, die vor den Nationalsozialisten aus Europa geflohen waren.

Die amerikanische Bevölkerung wurde erst nach Hiroshima über den Bau der Bombe informiert. Bei Meinungsumfragen im August 1945 billigte mit 85 % dennoch eine große Mehrheit ihren Abwurf. Die meisten Amerikaner wollten den Krieg so schnell wie möglich beenden, gleichgültig mit welchen Mitteln. Die Wirkung der Atombombe sollte den Japanern die Sinnlosigkeit weiteren Widerstandes vor Augen führen.

Atomares Wettrüsten
In Hiroshima wurden am Morgen des 5. August 1945 über 80 000 Menschen getötet. In Nagasaki, wo vier Tage später die zweite Atombombe fiel, waren es 70 000. Zehntausende starben später an Strahlenschäden und anderen Verletzungen. Für die Japaner war es das Ende des Krieges: Kaiser Hirohito bot am 14. August 1945 die Kapitulation an.

Hiroshima und Nagasaki zeigten der Welt zum ersten Mal die unvorstellbare Zerstörungskraft von Atombomben. Als militärische Großmacht konnte sich von nun an nur noch der Staat empfinden, der wie die USA über Atomwaffen verfügte. Andere Staaten versuchten deshalb ebenfalls *Atommacht* zu werden. Ein atomares Wettrennen begann, bei dem selbst Entwicklungsländer einen großen Teil ihrer materiellen und wissenschaftlichen Ressourcen in den Bau einer Atombombe investierten. Heute ist die Selbstvernichtung der Menschheit mit Atomwaffen leicht möglich.

Atommacht nennt man diejenigen Staaten, die im Besitz von Atom- oder Wasserstoffbomben sind. Nach den USA erreichten die UdSSR (1949), Großbritannien (1952), Frankreich (1960), die Volksrepublik China (1964) und Indien (1964) den Status einer Atommacht.

Konflikte und Friedensbemühungen in der Welt seit 1945

5 Die Bombe „Little Boy" wurde am 6. August 1945 auf Hiroshima abgeworfen (Foto von 1945). Sie explodierte über dem Stadtzentrum in 270 Meter Höhe. Die frei gesetzte Energie entsprach der von 12 500 Tonnen des herkömmlichen Sprengstoffs TNT.

2 Der Zerstörungsgrad der Atombombe (Foto von 1945). Mehr als 60 Prozent der Häuser von Hiroshima wurden zerstört. Menschen, die sich in einem Radius von einem Kilometer um den Feuerball befanden, verkohlten in weniger als einer Sekunde. Noch in vier Kilometer Entfernung fingen Vögel in der Luft Feuer.

3 Die Überlebenden in Hiroshima glauben noch einmal davongekommen zu sein (Foto vom August 1945). Sie wissen nicht, dass sie an einer heimtückischen Strahlenkrankheit leiden, die sie monate- oder jahrelang dahinsiechen lassen wird, bis sie den Strahlentod sterben. Noch nach Jahrzehnten kommen missgebildete Kinder auf die Welt.

4 Die atomare Abschreckung beschrieb der Friedensforscher und Physiker Carl Friedrich von Weizsäcker 1974 so:
Die Motivlosigkeit für Kriege zwischen den nordischen Mächten hängt zum Teil an dem heutigen Abschreckungssystem. (...) Es beruht für die beiden Super-
5 mächte auf der Fähigkeit jeder von beiden, auch nach einem ersten Schlag gegenüber der anderen Macht einen praktisch vernichtenden Gegenschlag zu führen. (...) Das Gleichgewicht der stra-
10 tegischen Abschreckung beruht auf technischen Fakten, die sich ändern können und werden; es ist darum prekär [bedenklich]. (...) Die Zweitschlagskapazitäten der Großmächte können in zehn oder
15 zwanzig Jahren ersatzlos veraltet sein. Dann müsste man nicht mehr wie heute auf den Selbsterhaltungstrieb, sondern auf die beiderseitige oder allseitige Friedensentschlossenheit der Regierungen
20 vertrauen. Ein dritter Weltkrieg ist also sehr wohl möglich.

6 Den Zeitpunkt des Bombenabwurfs zeigt dieses Fundstück aus den Trümmern von Hiroshima an.

1 Zur Zeit des Kalten Krieges wurde häufig vom „Gleichgewicht des Schreckens" gesprochen. Was ist damit gemeint (VT, M1, M4)?
2 Diskutiert darüber, inwiefern mit dem Abwurf der ersten Atombombe ein neues Zeitalter der Politik begonnen hat (VT, M2, M3, M5).

2 Der Traum von der „Einen Welt" – Gründung der Vereinten Nationen

Sicherheitsrat
Das wichtigste Organ der UNO mit fünf ständigen und zehn weiteren Mitgliedern, die auf die Dauer von zwei Jahren gewählt werden:
– 3 aus Afrika
– 2 aus Asien
– 2 aus Lateinamerika
– 1 aus Osteuropa
– 2 aus Westeuropa oder der übrigen westlichen Welt.

Veto
von lat. vetare = verbieten
Wer im politischen Bereich ein Vetorecht besitzt, kann Gesetze oder Beschlüsse verhindern.

1 UN-Friedenspolitik aus der Sicht zweier Karikaturisten.
links: **Horst Haitzinger zur UNO-Politik** in Kroatien 1993; rechts: **Karl Gerd Striepecke zur militärischen Intervention (1992–95)** anlässlich des blutigen Bürgerkrieges in Somalia.
– Auf welche Schwächen der UN-Politik machen die Karikaturisten aufmerksam?

„Nie wieder Krieg" – das war 1945 ein weltweiter Wunsch der Menschen. Sieger und Besiegte hatten Millionen Opfer und unermessliche Zerstörungen zu beklagen. Wie aber konnte in Zukunft der Frieden gesichert, die Welt vor Aggressoren geschützt werden? Dem amerikanischen Präsidenten Franklin D. Roosevelt schwebte damals die Idee einer „Weltregierung" (One World) vor.

Am 26. Juni 1945 schlossen sich 51 Staaten zur Organisation der Vereinten Nationen (UNO = United Nations Organization, abgekürzt auch UN) zusammen, die ihren Sitz in New York erhielt. Die Verlierer des Krieges wurden zunächst ausgeschlossen; Japan wurde 1956 aufgenommen, die Bundesrepublik Deutschland und die DDR erst im Jahr 1973. Bis Ende 1997 wuchs die UNO auf 185 Mitglieder an. Alle Mitgliedsländer haben sich verpflichtet den Weltfrieden zu sichern, die Menschenrechte zu schützen, die Gleichberechtigung aller Staaten zu garantieren und den allgemeinen Lebensstandard in der Welt zu verbessern.

Wunsch ...
Die UNO sollte wirkungsvoller als ihr Vorgänger, der im Jahr 1919 gegründete Völkerbund, zur Friedenssicherung beitragen und daher mit mehr politischen und militärischen Befugnissen ausgestattet werden.

Der *Sicherheitsrat* der Vereinten Nationen kann ein Land, das den Frieden bedroht, mit militärischen Mitteln in die Schranken weisen. Doch die UNO verfügt bis heute über keine eigenen Streitkräfte. Wenn sie militärisch eingreifen will, um einen bewaffneten Konflikt zu beenden oder einen gefährdeten Frieden zu schützen, ist sie auf die Hilfe der Mitgliedsstaaten angewiesen. Diese stellen Kontingente zu einer Friedenstruppe, die unter dem Befehl der UNO eingesetzt wird.

... und Wirklichkeit
Obwohl es der UNO vielfach gelang Konflikte zu entschärfen, konnten seit 1945 weltweit etwa 200 Kriege nicht verhindert werden. Dazu hat auch die Aufspaltung der Welt in zwei konkurrierende Machtblöcke beigetragen, die zur Sicherung von Einflusssphären häufig militärische Gewalt einsetzten.

Die beiden Führungsmächte der neuen Weltordnung nach 1945, die USA und die UdSSR, hatten sich als ständige Mitglieder des Sicherheitsrats das Recht eingeräumt mit ihrem *Veto* Beschlüsse im UN-Sicherheitsrat zu blockieren.

Konflikte und Friedensbemühungen in der Welt seit 1945

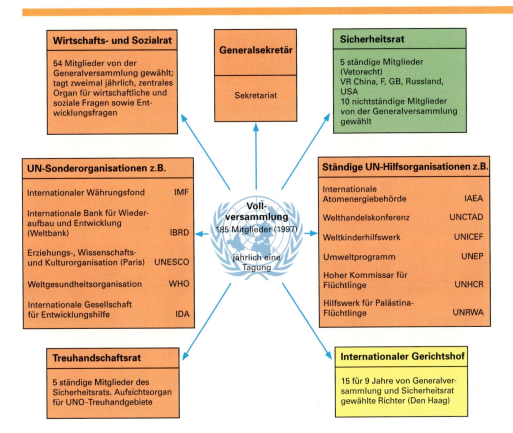

3 Organe und Gliederung der Vereinten Nationen. Beschlüsse der Vollversammlung werden mit Zweidrittelmehrheit gefasst. Dabei hat jeder Staat, unabhängig von seiner Einwohnerzahl, eine Stimme. Der Sicherheitsrat ist das eigentliche Exekutivorgan der UNO. Entsteht eine Situation, die den Weltfrieden gefährdet, entscheidet er – in geringerem Maße der Generalsekretär sowie die Vollversammlung – über geeignete Maßnahmen. Deutschland und Japan wollen in den Kreis der ständigen Mitglieder aufgenommen werden. Sie sind schon jetzt nach den USA die größten Beitragszahler zum Haushalt der UNO.

2 Die UN-Charta von 1945 beschreibt ein System der friedlichen Lösung zwischenstaatlicher Konflikte zur Erhaltung des Weltfriedens:

Artikel 33: Die Parteien einer Streitigkeit, deren Fortdauer geeignet ist die Wahrung des Weltfriedens und der internationalen Sicherheit zu gefährden, be-
5 mühen sich zunächst um eine Beilegung durch (…) friedliche Mittel ihrer Wahl.

Artikel 40: Um einer Verschärfung der Lage vorzubeugen kann der Sicherheitsrat (…) die beteiligten Parteien auffor-
10 dern den von ihm für notwendig oder erwünscht erachteten Maßnahmen Folge zu leisten. Diese vorläufigen Maßnahmen lassen die Rechte, die Ansprüche und Stellung der beteiligten Parteien
15 unberührt. (…)

Artikel 41: Der Sicherheitsrat kann beschließen, welche Maßnahmen – unter Ausschluss von Waffengewalt – zu ergreifen sind um seinen Beschlüssen
20 Wirksamkeit zu verleihen; er kann die Mitglieder der Vereinten Nationen auffordern diese Maßnahmen durchzuführen. Sie können die vollständige oder teilweise Unterbrechung der Wirtschafts-
25 beziehungen, des Eisenbahn-, See- und Luftverkehrs, der Post-, Telegrafen- und Funkverbindungen sowie sonstiger Verkehrsmöglichkeiten und den Abbruch der diplomatischen Beziehungen ein-
30 schließen.

Artikel 42: Ist der Sicherheitsrat der Auffassung, dass die in Artikel 41 vorgesehenen Maßnahmen unzulänglich sein würden oder sich als unzulänglich er-
35 wiesen haben, so kann er mit (…) Streitkräften, die zur Wahrung oder Wiederherstellung des Weltfriedens und der internationalen Sicherheit erforderlichen Maßnahmen durchführen. Sie können
40 Demonstrationen, Blockaden und sonstige Einsätze der Streitkräfte von Mitgliedern der Vereinten Nationen einschließen.

USA	25,0%
Japan	15,4%
Deutschland	9,0%
Frankreich	6,4%
Großbritannien	5,3%
Italien	5,2%
Russland	4,5%

4 Die größten Beitragszahler der UNO 1996: Der 2-Jahres-Haushalt 1996/97 belief sich auf 2,603 Mrd. US-Dollar.

1. Welche Mittel kann die UNO einsetzen um einen Krieg zu verhindern oder um in einen bewaffneten Konflikt einzugreifen (M2)? Wo liegen die Grenzen (VT, M1)?
2. Lässt sich das Vetorecht der fünf ständigen Mitglieder des Sicherheitsrates historisch erklären? Welche Folgen hat es (M3, VT)?
3. Sammelt Zeitungsberichte, Bildmaterial etc. über aktuelle Konflikte. Diskutiert dabei jeweils die Rolle der UNO.

3 USA und UdSSR – die neuen Weltmächte am Beginn des Ost-West-Konflikts

1 Die „Großen Drei" in Jalta, Halbinsel Krim: Churchill, Roosevelt und Stalin (Foto, 1945).

2 Die Freiheitsstatue in der New Yorker Hafeneinfahrt galt Millionen von Einwanderern als Symbol der Neuen Welt.

3 „Entwurf für ein Siegerdenkmal" (Karikatur aus der Schweizer Illustrierten vom 11. April 1945). – Wer sind die Personen? Wie beschreibt der Karikaturist ihr Verhältnis zueinander? Beachte die Schlange.

Für junge Menschen ist es heute kaum noch vorstellbar, dass Europa einst geteilt war, dass Minenfelder, Stacheldraht und Wachtürme die Grenze zwischen Ost und West markierten, dass diese Teilung in Berlin in Form der Mauer brutal in Beton gegossen war. Diese Trennlinie nannte man den Eisernen Vorhang. Die Teilung des europäischen Kontinents ist ein Ergebnis der unmittelbaren Nachkriegspolitik der beiden Hauptsiegermächte über Deutschland: USA und UdSSR. Von welchen politischen Grundvorstellungen ließen sie sich leiten?

Weltmachtinteressen: USA

Die USA waren 1945 die einzige Siegermacht ohne Zerstörungen im eigenen Land. Ihre Hilfslieferungen an Großbritannien und die UdSSR hatten entscheidend zum Sieg über Hitler-Deutschland beigetragen. Durch die Kriegsproduktion hatte Amerika eine schwere Wirtschaftskrise überwunden. Steigende Einkommen waren die Folge. Mehr als 60 % der weltweiten Industrieproduktion kam nun aus amerikanischen Fabriken. Anders als nach dem Ersten Weltkrieg wollten die USA die politische Neuordnung der Welt mitgestalten. Demokratie, Friedenssicherung und Menschenrechte sollten dabei ebenso bestimmend sein wie der freie Zugang zu den Märkten und Rohstoffquellen der Welt.

Weltmachtinteressen: UdSSR

Keine Siegermacht hatte so große Opfer im Zweiten Weltkrieg zu beklagen wie die Sowjetunion: Mehr als 20 Millionen Tote, verwüstete Landstriche und zerstörte Industriebetriebe waren die schreckliche Bilanz des Krieges. Der Wiederaufbau des Landes musste das wichtigste Ziel der Nachkriegszeit sein. Dazu wollte die Sowjetunion deutsche Reparationsleistungen und amerikanische Kredite nutzen. Langfristig fürchtete die Sowjetführung einen Konflikt mit den USA und anderen kapitalistischen Staaten. Sie setzte daher alles daran um die UdSSR als „Vaterland aller Werktätigen" zu sichern.

Konflikte und Friedensbemühungen in der Welt seit 1945

4 Das Wappen der USA von 1777 stammt aus dem Unabhängigkeitskrieg gegen England. Wappen und Flagge gelten den Amerikanern noch heute als Symbole der Freiheit und der nationalen Einheit.

6 Wappen der UdSSR von 1924: Im Hintergrund wird der Anspruch auf die Weltherrschaft des Kommunismus symbolisiert. – Erläutere die Bedeutung von Hammer und Sichel.

7 „Arbeiter und Kolchosbäuerin" Die Monumentalplastik der Künstlerin Vera Muchina wurde anlässlich der Pariser Weltausstellung 1937 geschaffen. Sie sollte die neue sowjetische Gesellschaft symbolisieren. Heute steht das Monument im Norden Moskaus.

5 Konferenzen der Alliierten

1941 – Atlantik-Charta:
Der amerikanische Präsident Roosevelt und der englische Premierminister Churchill legen die gemeinsamen Grundsätze einer freien Welt nach dem Ende der nationalsozialistischen Diktatur fest.

1943 – Konferenz von Teheran:
Churchill, Roosevelt und der sowjetische Staatschef Stalin einigen sich auf eine „Westverschiebung" Polens und eine Teilung Deutschlands.

1945 (Februar) – Konferenz von Jalta:
Churchill, Roosevelt und Stalin legen ihre Nachkriegspolitik fest. Deutschland soll in vier Besatzungszonen geteilt werden und einen alliierten Kontrollrat als Militärregierung erhalten. Im Osten gehen umfangreiche Gebiete verloren.

1945 (Juli/August) – Potsdamer Konferenz:
Churchill, Truman (der Nachfolger Roosevelts) und Stalin können sich nur mit Mühe auf eine gemeinsame Deutschlandpolitik einigen.

1 Skizziere in Stichworten die unterschiedliche Ausgangssituation der USA und der UdSSR (VT, M 2, M 4, M 6, M 7).
2 Vergleiche M 1 und M 3. Welchen Eindruck vermittelt die Darstellung der Sieger des Zweiten Weltkrieges?
3 Informiere dich aus Lexika über die „Großen Drei" (M 1).
4 Sammelt Material zu den USA bzw. Russland (UdSSR). Ordnet in Arbeitsgruppen nach Themen (Land, Menschen, Geschichte, Küche …). Formuliert jeweils Schlagzeilen dazu. Englisch- und Geografieunterricht können sicher einen Beitrag leisten.

4 Blockbildung in Ost und West

1 Ein Rotarmist hisst am 2. Mai 1945 die sowjetische Fahne auf dem Reichstagsgebäude in Berlin, das seit dem Brand von 1933 leer gestanden hatte. Die Rote Armee war weit nach Mitteleuropa vorgedrungen. Sie hatte Bulgarien, Ungarn, die Tschechoslowakei, Polen, die baltischen Staaten und Finnland von der deutschen Besetzung befreit. Das nachkolorierte Foto entstand zwei Tage nach der Erstürmung des Reichstags als nachgestellte Szene. Militon Kantarija, der wie Stalin aus Georgien stammte, durfte die Fahne hissen. – Sprecht über die Bedeutung der Farbe, der Person und des Ortes.

Sowjetisches Sicherheitsbedürfnis

In den letzten Wochen des Zweiten Weltkrieges empfing Josef Stalin eine Gruppe jugoslawischer Kommunisten in Moskau. In aller Offenheit erläuterte er ihnen seine Vorstellungen von der Nachkriegsordnung Europas: „Dieser Krieg ist nicht wie in der Vergangenheit; wer immer ein Gebiet besetzt, erlegt ihm auch sein gesellschaftliches System auf. Jeder führt sein eigenes System ein, so weit seine Armee vordringen kann."

Die sowjetischen Truppen hatten zu diesem Zeitpunkt weite Teile Ostmitteleuropas erobert. Stalin war entschlossen diese Machtposition zu nutzen, seinen Führungsanspruch gegenüber kleineren Staaten durchzusetzen und die UdSSR militärisch unangreifbar zu machen.

Die Haltung der Westalliierten zur Entwicklung in Osteuropa war widersprüchlich und schwankend. Großbritannien etwa war als Schutzmacht Polens in den Krieg eingetreten (s. S. 61 f.). Jetzt fand sich die britische Regierung mit den sowjetischen Gebietsansprüchen auf Ostpolen ab. Trotz der Besorgnis über die russische Machtausweitung würdigten die Briten damit die sowjetische Kriegsleistung: Ohne die russische Front, lange Zeit die einzige in Europa, hätte Deutschland nicht besiegt werden können. In Jalta verlangten die Westalliierten im Februar 1945 zwar für alle befreiten Staaten eine demokratische Ordnung auf der Basis freier Wahlen, waren andererseits aber doch bereit, der UdSSR ein „besonderes Interesse an sowjetfreundlichen Regimen" in Osteuropa zuzugestehen. Stalin konnte darauf verweisen, dass die Sowjetunion nur knapp einer Niederlage entgangen und von allen Kriegsgegnern Deutschlands am meisten zerstört worden war.

Die „One-World-Idee" Roosevelts

Der amerikanische Präsident Franklin D. Roosevelt hatte 1941 zusammen mit Winston Churchill in der Atlantik-Charta die Grundsätze einer künftigen Weltordnung formuliert: Gewaltverzicht, Selbstbestimmungsrecht der Völker, Abrüstung, Freihandel und internationale Zusammenarbeit auf allen Gebieten. Roosevelt hatte zwar immer wieder um die Mitarbeit der Sowjetunion in einer freien und friedlichen Nachkriegswelt (One-World-Idee) geworben, aber Stalin blieb misstrauisch. Der sowjetische Staatschef sah in der amerikanischen Vorstellung von der „Einen Welt" nicht das Angebot zur partnerschaftlichen Zusammenarbeit. Für ihn war es vielmehr der raffinierte Plan des US-Kapitalismus, die europäischen Staaten eng an sich zu binden, neue Märkte zu öffnen und die Sowjetunion zur Demokratisierung zu zwingen. Die Bedrohung durch die deutsche Lebensraumpolitik wäre aus seiner Sicht damit nur durch den noch mächtigeren und gefährlicheren US-Imperialismus ersetzt worden.

Die Sowjetisierung Osteuropas

Um die erlangte Machtstellung zu sichern, wurden die Staaten im Herrschaftsgebiet der Roten Armee nach sowjetischem Muster umgeformt. Diese Sowjetisierung verlief überall ähnlich: Unterstützung sowjetfreundlicher Kräfte durch die Rote Armee, Bildung „Provisorischer Regierungen" mit in Moskau

Konflikte und Friedensbemühungen in der Welt seit 1945

2 Die Ausdehnung des sowjetischen Machtbereichs seit dem Zweiten Weltkrieg. – Versuche mithilfe der Karten M2 und M3 die Vorstellungen beider Blöcke von der gegenseitigen Bedrohung zu erklären (dazu auch VT, M6, M8). Gehe dabei von zwei verschiedenen Ansätzen aus:
a) Stelle die möglichen Ängste des Westens dar, indem du nur die europäische Dimension betrachtest.
b) Stelle die möglichen Ängste auf Seiten der Sowjetunion dar, indem du im Weltmaßstab urteilst.

geschulten Kommunisten in wichtigen Positionen, Bodenreformen und Verstaatlichung der Industrie, Einschüchterung bürgerlicher Politiker, Verfolgung von „Abweichlern" in der Kommunistischen Partei, Gleichschaltung der Parteien, Ausschaltung jeglicher Opposition.

Am Ende hatte Stalin mit einem Gürtel von „befreundeten" Ländern eine Sicherheitszone vor der Westgrenze der UdSSR geschaffen. Die so genannten Satellitenstaaten waren durch Militär- und Wirtschaftsverträge von der Sowjetunion abhängig. Zusammen mit dieser werden sie oft auch als „Ostblock" bezeichnet. Lediglich Jugoslawien konnte als sozialistischer Staat einen von Moskau unabhängigen Weg einschlagen.

Der ungeheure Machtzuwachs der Sowjetunion erfüllte viele Menschen in Westeuropa mit Sorge und Angst. Winston Churchill sagte schon 1946: „Von Stettin an der Ostsee bis hinunter nach Triest an der Adria ist ein *Eiserner Vorhang* über den Kontinent gezogen. (…) Das ist nicht das befreite Europa, für das wir gekämpft haben."

Konfrontation der Siegermächte

1947 schien auch in Griechenland eine kommunistische Machtübernahme infolge eines Bürgerkrieges möglich. Die Westmächte griffen ein. Sie unterstützten die Regierung gegen die Kommunisten. US-Präsident Truman und seine Berater sahen in der sowjetischen Politik nicht länger ein Bedürfnis nach Sicherheit, sondern nach Ausdehnung und Vorherrschaft. Dem wollten sie eine Politik der Eindämmung (containment) entgegensetzen. Militärische Bündnisse und die wirtschaftliche Unterstützung befreundeter Staaten, z. B. durch den Marshallplan (s. M4, M5), waren die wichtigsten Maßnahmen. Die Beziehungen der beiden Supermächte wurden zunehmend von Misstrauen, Angst und Rivalität beherrscht. Es entwickelte sich ein Konflikt, der mehr als 40 Jahre einen großen Teil der Welt in zwei feindliche Lager – *NATO* und *Warschauer Pakt* – spaltete. Da zumindest die Supermächte angesichts der atomaren Drohung keinen direkten militärischen Konflikt riskierten, sprechen wir vom *Kalten Krieg*.

Eiserner Vorhang
Grenze zwischen Ost- und Westblock in Europa: mit Stacheldraht, Minenfeldern, Wachtürmen und Schießbefehl. Diese Grenze war zwischen den beiden deutschen Staaten am schärfsten bewacht.

NATO
1949 gegründetes Militärbündnis des Westens unter Führung der USA

Warschauer Pakt
1955 gegründetes Militärbündnis des Ostblocks unter Führung der UdSSR

Kalter Krieg
bezeichnet den Zeitraum von 1946/47 bis 1989/90. Er war geprägt von der Rivalität der Supermächte, regionalen Konflikten und der ständigen Bedrohung durch Atomwaffen.

3 Militärische Zusammenschlüsse um 1960

- USA
- NATO (Nordatlantikpakt, 1949)
- SEATO (Südostasienpakt, 1954)
- OAS (Organisation der amerikanischen Staaten, 1948)
- CENTO (Zentrale Paktorganisation, 1955/59)
- ANZUS-Pakt (Pazifikpakt, 1951)
- Sowjetunion und übrige Staaten des Warschauer Vertrages (1955)
- sonstige kommunistische Staaten

Stand der Grenzen: vor 1990

totalitär
Bestreben, alle Bereiche des politischen, wirtschaftlichen und gesellschaftlichen Lebens im Sinne einer herrschenden Ideologie zu erfassen.

4 **Plakat** zum Marshallplan (1948). Auf Druck Moskaus lehnten die osteuropäischen Staaten die Marshallplanhilfe ab. Sie hätte den USA auch dort größeren politischen und wirtschaftliche Einfluss ermöglicht.
Aus dem Wiederaufbauprogramm erhielten von 1948 bis 1952 (Kredite in Milliarden Dollar):

Großbritannien	3,6
Frankreich	3,1
Italien	1,6
Westdeutschland	1,5
Niederlande	1,0
Belgien/ Luxemburg	0,6
Österreich	0,7
Griechenland	0,8
verschiedene	1,9

5 **Für den Wiederaufbau Europas** kündigte US-Außenminister Marshall im Juni 1947 amerikanische Hilfe an:
Es ist nur logisch, dass die Vereinigten Staaten alles tun, was in ihrer Macht steht, um die Wiederherstellung gesunder wirtschaftlicher Verhältnisse in der
5 Welt zu fördern, ohne die es keine politische Stabilität und keinen sicheren Frieden geben kann.
Unsere Politik richtet sich nicht gegen irgendein Land oder irgendeine Doktrin,
10 sondern gegen Hunger, Armut, Verzweiflung und Chaos.

6 **Warum Kalter Krieg? – Version West**
US-Präsident Truman gibt in seinen Memoiren den Inhalt einer Rede wieder, die er im März 1947 vor dem Kongress hielt:
Anschließend charakterisierte ich die zwei großen Richtungen der Zeit: „Die eine Lebensform gründet sich auf den Willen der Mehrheit und ist gekenn-
5 zeichnet durch freiheitliche Einrichtungen; eine repräsentative Regierung, unbeeinflusste Wahlen, Rechtsgarantien für persönliche Freiheit, Rede- und Religionsfreiheit und Schutz vor politischer
10 Unterdrückung. Die andere Lebensform gründet sich auf den von einer Minderheit der Mehrheit gewaltsam aufgezwungenen Willen. Sie stützt sich auf Terror und Unterdrückung, auf die Gleichschal-
15 tung der Presse und des Rundfunks, auf vorgeschriebene Wahlen und auf den Entzug der persönlichen Freiheit. (...) Die totalitären Regierungen wurzeln in dem üblen Boden der Armut und des Bürger-
20 kriegs, saugen ihre Nahrung aus Elend und Not und erreichen ihr volles Wachstum dort, wo die Hoffnung auf ein besseres Dasein stirbt.
Diese Hoffnung aber gilt es lebendig zu
25 erhalten. Die freien Völker erhoffen von uns Hilfe für ihren Kampf um die Freiheit. Wenn wir Schwächen zeigen, gefährden wir den Frieden der Welt und schaden der Wohlfahrt des eigenen Landes." Als
30 ich endete, erhob sich der Kongress wie ein Mann und spendete Beifall.

Konflikte und Friedensbemühungen in der Welt seit 1945

7 *„Der Weg zur Hölle"* (Karikatur in der Zeitschrift Simplizissimus, 11. Mai 1957).

9 Die Tschechoslowakei war der einzige Staat Osteuropas, in dem die Kommunisten bei freien Wahlen (Mai 1946) mit 38% der Stimmen die stärkste Partei wurden. Der in Moskau geschulte Kommunist Klement Gottwald wurde Ministerpräsident in einer Koalitionsregierung. Das Foto von 1947 zeigt einen Umzug mit seiner Büste durch die Straßen Prags. – Überlege, welche Wirkung dies auf die Bevölkerung haben sollte. Gottwald drängte die bürgerlichen Minister zum Rücktritt, besetzte hohe Polizeiposten mit Kommunisten und ließ Presse, Rundfunk und Verwaltung kontrollieren. 200 000 Menschen kamen bei „Säuberungen" in Straflager. Nach Scheinwahlen – Oppositionsparteien waren nicht zugelassen – ließ er eine Verfassung nach sowjetischem Vorbild ausarbeiten.

8 Warum Kalter Krieg? – Version Ost
Georgij Malenkow, Sekretär des Zentralkomitees der KPdSU (Kommunistische Partei der Sowjetunion), einer der mächtigsten Männer nach Stalin, im September 1947 vor Vertretern ausländischer kommunistischer Parteien:
In den Verhältnissen, die durch Ausschaltung der Hauptkonkurrenten der USA, Deutschland und Japan, und durch die Schwächung Englands und Frank-
5 reichs entstanden, sind die USA zu einer neuen unverhüllten Expansionspolitik übergegangen, die auf die Herstellung der Weltherrschaft gerichtet ist. Unter diesen neuen Nachkriegsverhältnissen
10 vollzieht sich eine Wandlung in den Beziehungen zwischen den Kriegsverbündeten von gestern, die gemeinsam gegen das faschistische Deutschland und das imperialistische Japan gekämpft ha-
15 ben. (…)
Die eine Politik wird von der Sowjetunion getragen und den Ländern der neuen Demokratie verfolgt [Volksdemokratien des Ostblocks]. Die Außenpolitik der Sow-
20 jetunion und der demokratischen Länder ist auf die Untergrabung des Imperialismus, auf die Sicherstellung eines festen demokratischen Friedens zwischen den Völkern und auf den größtmöglichen
25 Ausbau der freundschaftlichen Zusammenarbeit der friedliebenden Völker gerichtet. (…)
In der anderen Richtung der internationalen Politik ist die herrschende Clique
30 der amerikanischen Imperialisten führend. In dem Bestreben, die Position zu festigen, die das amerikanische Monopolkapital während des Krieges in Europa und Asien erobert hat, hat diese Cli-
35 que nun den Weg der offenen Expansion betreten, den Weg der Versklavung der geschwächten kapitalistischen Länder Europas, der Versklavung der kolonialen und abhängigen Länder, den Weg der
40 Vorbereitung neuer Kriegspläne gegen die UdSSR und die Länder der neuen Demokratie, wobei sie sich des Vorwandes eines Kampfes gegen die „kommunistische Gefahr" bedient.

1 Erläutere die Sowjetisierung am Beispiel Tschechoslowakei (VT, M 9).
2 Vergleiche die Positionen Trumans und Malenkows (M 6, M 8). Wie wird das eigene Lager dargestellt? Welche Begriffe, Wertungen oder Unterstellungen gelten dem ideologischen Gegner?
3 In der Atlantik-Charta von 1941 (vgl. S. 89, M 5) heißt es, die USA und Großbritannien wollten sich nach dem Krieg zum Wohle aller Nationen weltweit für freien Handel und freien Zugang zu allen Rohstoffen einsetzen. Wer profitiert von einem Freihandelssystem am meisten? Begründe, warum.
4 Führt ein Streitgespräch: Wer ist Schuld am Ausbruch des Kalten Krieges? Bildet dazu zwei Arbeitsgruppen, die jeweils Argumente für das westliche beziehungsweise östliche Lager suchen.

5 Die Guten und die Bösen – Feindbilder im Kalten Krieg

1 *Amerikanisches Filmplakat* (1963). In westlichen Spionagefilmen und -romanen war die Sowjetunion in der Regel das „Reich des Bösen", gegen das Geheimagenten wie Kreuzritter der Moderne die westliche Zivilisation verteidigten.

2 *Öffentliche Auseinandersetzung* um Julius und Ethel Rosenberg (Foto, 1953). Trotz internationaler Proteste wurde das Ehepaar am 20. Juni 1953 auf dem elektrischen Stuhl hingerichtet.

Wie mittelalterliche Hexenjagden

muten heute die Kommunistenverfolgungen unter Senator Joseph McCarthy in den frühen 50er-Jahren in den USA an. Seine „Kommission für unamerikanische Umtriebe" setzte Politiker, Wissenschaftler wie Nobelpreisträger Albert Einstein oder Atomphysiker Robert Oppenheimer, Schriftsteller und Künstler unter Druck, die im Verdacht standen den Sozialismus zu unterstützen.

In dieser Atmosphäre fand ein Prozess gegen das Ehepaar Julius und Ethel Rosenberg statt, dem man den Verrat amerikanischer Atomgeheimnisse an die Sowjets vorwarf. Obwohl ihnen bestenfalls die Weitergabe geheimer Informationen nachzuweisen war, wurden sie zum Tode verurteilt – Ethel wegen „moralischer Unterstützung" ihres Mannes. Zwei Tage vor der Hinrichtung ordnete ein Richter des Obersten Gerichtshofes einen Aufschub an, damit das Gericht die Rechtmäßigkeit der Verurteilung noch einmal überdenken könne. Da verlangte ein Abgeordneter, der Richter selbst sei wegen Hochverrats anzuklagen.

Propagandaschlachten in West …

Als sich die amerikanische Regierung unter Präsident Truman entschlossen hatte mit der so genannten Containment- oder auch Eindämmungs-Politik überall in der Welt dem Einfluss des Kommunismus entgegenzutreten, galt es zunächst das eigene Volk für die neue Politik zu gewinnen. Wie nach dem Ersten Weltkrieg gab es auch jetzt viele Amerikaner, die meinten, die USA sollten sich möglichst bald wieder aus Europa zurückziehen. „Jagt ihnen kräftig Angst ein!", soll ein Minister empfohlen haben. Kurzfilme, Plakate, Zeitungsgeschichten, Spionagefilme und Trickfilme des Zivilschutzes erzeugten in den 50er und 60er-Jahren immer neue Alpträume vor der „roten Gefahr" und der Bedrohung amerikanischer Bürger durch einen sowjetischen Nuklearangriff. Zeitweise artete die Kommunistenfurcht in blanke Hysterie aus.

… und Ost

Wie ein Spiegelbild wirkte die östliche Propaganda, die mit großem Aufwand ein Zerrbild der westlichen Welt erzeugte. Die Menschen im sowjetischen Herrschaftsbereich sollten glauben, sie seien überall durch US-Imperialismus und wieder erwachten deutschen Faschismus und Militarismus bedroht. Die Berliner Mauer und die befestigte innerdeutsche Grenze nannte man offiziell daher „antifaschistischen Schutzwall". Einzig die kommunistischen Parteien und die Sowjetmacht könnten vor kapitalistischer Ausbeutung schützen.

Um gegen den Westen bestehen zu können seien größte Anstrengungen bei der Produktion von Wirtschafts- und Rüstungsgütern erforderlich. Dies rechtfertigte die Einschränkung der persönlichen Freiheit: Wer es wagte, offen für eine abweichende Sicht der Lage einzutreten, setzte sich und seine Familie dem Terror der Geheimpolizei aus. Hunderttausende verschwanden für immer in unmenschlichen Straflagern, dem Gulag.

Konflikte und Friedensbemühungen in der Welt seit 1945

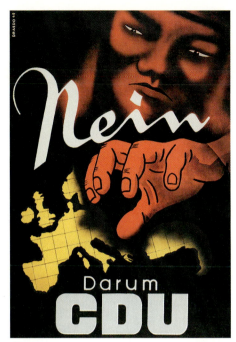

3 Plakat zur ersten Bundestagswahl 1949. – Mit welchen Mitteln arbeitet dieses Plakat? An welche Erfahrungen der Menschen will es anknüpfen?

4 Plakat des Amts für Information der DDR, August 1952. RIAS (= Rundfunk im amerikanischen Sektor) ist ein Westberliner Radiosender, dessen Programm für die Menschen in der DDR gemacht wurde. – Was soll dem Betrachter durch das Plakat vermittelt werden?

5 Plakat der SED nach sowjetischer Vorlage, 1951. Legende links: „Marshallplan, Nordatlantikpakt, Westblock"; rechts: „Für den Frieden". – Nach welchen Gesichtspunkten unterteilt das Plakat die beiden Lager? Welche Symbolik geht von den Schiffen aus?

1 Schreibe einen Lexikonartikel zum Begriff „Feindbild".
2 Diskutiert, u. a. mithilfe der Materialien dieser Themenseite: Wie können sich Feindbilder auf das Denken der Menschen und die Politik auswirken?
3 Künstler und Schriftsteller mussten in der Sowjetunion ihre Arbeit in den Dienst der Partei stellen. Wer dazu nicht bereit war, wurde verleumdet und verfolgt, zum Beispiel als Verderber der Jugend, Sittenstrolch oder Alkoholiker. Alexander Solschenizyn prangerte in seinen Büchern die unmenschlichen Bedingungen in den stalinistischen Straflagern an. Nachdem 1974 sein Werk „Der Archipel Gulag" im Westen erschienen war, wurde er aus der UdSSR verbannt. Erkundigt euch über sein Leben und Werk.

6 Krisen im sozialistischen Lager

1 Fluchtweg Berlin.
Bis 1961 flohen mehr als drei Millionen Bürger der DDR in den Westen. Mit dem Bau der Berliner Mauer war seit dem 13. August 1961 der letzte Fluchtweg versperrt. Gleichzeitig wurde die Teilung Deutschlands und Europas vertieft. Beide Seiten stellten sich auf einen langen Fortbestand der Machtverhältnisse ein.

Rat für gegenseitige Wirtschaftshilfe (RGW)
Dies war die von den Ostblockstaaten 1949 unter der Führung der Sowjetunion gegründete Wirtschaftsorganisation, gedacht als Gegenstück zum Marshallplan. Der RGW lenkte die Produktion und die Verteilung von Gütern im Ostblock (s. S. 176/177), wobei er vor allem die Belange der UdSSR berücksichtigte.

Dieses Foto gehört zu den bekanntesten Bilddokumenten des 20. Jahrhunderts. Es zeigt einen jungen Grenzsoldaten der DDR, der am 15. August 1961 mit einem gewagten Sprung die militärische Absperrung zwischen Ost und West in Berlin überwindet. Wenig später war dieser Sprung nicht mehr möglich: Eine Mauer aus Beton schloss hier die letzte Lücke im Eisernen Vorhang (s. S. 116 und 134).

Grenzen der Freiheit
Die Regierenden aller Ostblockstaaten hinderten die Menschen nun verstärkt daran in westliche Länder zu reisen. Nirgendwo erlaubte die sowjetische Regierung größere Abweichungen von der eigenen ideologischen Linie. Der Austritt eines Staates aus dem Warschauer Pakt oder dem *Rat für gegenseitige Wirtschaftshilfe* war lange Zeit undenkbar.

Die kommunistischen Regierungen waren mithilfe der Sowjets an die Macht gekommen und ließen danach keine freien, demokratischen Wahlen mehr zu. In all diesen Ländern kontrollierten Partei, Geheimpolizei und andere staatliche Behörden die Bevölkerung. Eine weitgehend verstaatlichte Wirtschaft arbeitete nach den Vorgaben einer zentralen Planbehörde. Diese musste sich wiederum stark an den Bedürfnissen der Sowjetunion orientieren. Vorzeigeprojekte der Schwerindustrie, des Maschinenbaus und der Energieversorgung hatten Vorrang. Dagegen blieb die Versorgung der Bevölkerung mit Nahrungsmitteln und Konsumgütern mangelhaft. Propagandalügen konnten die Unzufriedenheit vieler Menschen mit ihrer Lage auf Dauer nicht unterdrücken. Zum ersten offenen Ausbruch von Widerstand gegen ein kommunistisches Regime kam es in der DDR.

Aufstand in der DDR ...
Am Morgen des 16. Juni 1953 zogen streikende Bauarbeiter von der Ostberliner Stalinallee zum Haus der Ministerien, um gegen zu hohe Arbeitsnormen, die zunehmenden Leistungsdruck bedeuteten, und die schlechte Versorgungslage zu protestieren. Unterwegs schlossen sich ihnen Zehntausende von Unzufriedenen an.

Der Protest weitete sich aus: In mehr als 250 Orten der DDR kam es am folgenden Tag zu Arbeitsniederlegungen und Demonstrationen. Nun richteten sich die Proteste gegen die Diktatur der SED und gegen abnehmende Freiheiten in vielen Bereichen des Lebens. Demonstranten setzten Parteibüros und Kioske mit kommunistischen Zeitungen in Brand, zerrissen rote Fahnen und befreiten politische Gefangene. Nur mithilfe sowjetischer Soldaten, die den Aufstand am 17. Juni blutig niederschlugen, konnte sich die SED-Führung gegen die eigene Bevölkerung behaupten (s. S. 134).

... in Polen ...
Im Juni 1956 streikten in Polen Arbeiter für eine bessere Versorgung. Zu Parolen wie „Mehr Brot" kamen bald andere: Als sich die Protestbewegung gegen die Kommunistische Partei Polens wandte und „Russen raus" auf ihre Plakate schrieb, griffen auch hier sowjetische Truppen gewaltsam ein.

Konflikte und Friedensbemühungen in der Welt seit 1945

... und Ungarn

Auch in Ungarn war das sozialistische System 1956 so verhasst, dass sogar Teile der kommunistischen Partei freie Wahlen mit einem Mehrparteiensystem, Pressefreiheit, Auflösung der Geheimpolizei und den Abzug der Roten Armee forderten. Nach einer Volkserhebung und ersten Kämpfen zogen sich die sowjetischen Truppen zurück. Der Reformpolitiker Imre Nagy wurde Ministerpräsident einer Mehrparteienregierung, die das Land zu Demokratie und staatlicher Unabhängigkeit führen wollte.

Daraufhin griffen russische Panzerdivisionen an. Die Sowjets setzten eine neue Regierung ein, ließen ungarische Politiker, Offiziere und Intellektuelle verhaften und verschleppten sie nach Sibirien. Andere wie Imre Nagy wurden nach Schauprozessen hingerichtet. Trotz verzweifelter Hilferufe der ungarischen Regierung war der Westen nicht bereit gewesen militärisch einzugreifen; wegen Ungarn wollte niemand einen Atomkrieg riskieren.

Panzer beenden den „Prager Frühling"

Im Januar 1968 setzte sich innerhalb der kommunistischen Partei der Tschechoslowakei eine Mehrheit durch, die einen neuen „Sozialismus mit menschlichem Antlitz" schaffen wollte. Diese Reformer um Alexander Dubček versprachen zwar Wirtschaftsreformen sowie Meinungs-, Versammlungs- und Reisefreiheit, ließen aber keinen Zweifel daran, dass sie das kommunistische System beibehalten wollten.

Das kurze Experiment des so genannten „Prager Frühlings" endete am 21. August 1968 mit dem Einmarsch von Soldaten des Warschauer Paktes – darunter Streitkräfte Polens, Bulgariens, Ungarns und der DDR – in die Tschechoslowakei. Der sowjetische Parteichef Leonid Breschnew begründete die Invasion mit der Führungsrolle der KPdSU. Keinem Land des Ostblocks sei ein eigener Weg zum Kommunismus erlaubt. Mit dieser Drohung stabilisierte Breschnew das System des Ostblocks für die folgenden zwei Jahrzehnte, machte es aber gleichzeitig reformunfähig.

3 Sowjetischer Panzer in Prag (Foto, 22. August 1968). – Beschreibe die vom Fotografen eingefangene Situation.

2 Die Haltung des sowjetischen Parteichefs Breschnew gegenüber den Prager Genossen notierte ein Mitarbeiter Alexander Dubčeks:

Breschnew war persönlich aufrichtig entrüstet darüber, dass Dubček sein Vertrauen enttäuscht hatte und nicht jeden seiner Schritte vom Kreml billigen ließ. (...) Allein von dieser Todsünde (...) leitete Breschnew alle anderen Sünden ab: „antisozialistische Tendenzen" nehmen überhand, die Presse schreibt, was sie will. (...) Breschnew sprach ausführlich über die Opfer der Sowjetunion im Zweiten Weltkrieg. (...) Diesen Preis musste die Sowjetunion für ihre Sicherheit bezahlen, und eine der Garantien für diese Sicherheit ist die Teilung Europas nach dem Krieg und dazu gehört auch, dass die Tschechoslowakei „für ewige Zeiten" mit der Sowjetunion verbunden ist. (...) Die Ergebnisse des Zweiten Weltkrieges – so Breschnew – sind für die Sowjetunion unantastbar und darum werden sie auch auf die Gefahr eines neuen Krieges hin verteidigt werden. (...)

Er (...) hat bei [US-]Präsident Johnson angefragt, ob die amerikanische Regierung auch heute noch die Ergebnisse der Konferenzen von Jalta und Potsdam voll anerkennt. Und am 18. August hat er folgende Antwort erhalten: In Bezug auf die Tschechoslowakei und Rumänien gilt die vorbehaltlose Anerkennung.

4 „Sag, dass du mich gerufen hast." (Karikatur aus dem Westen, 1968) – Erläutert Darstellung und Aussage der Karikatur.

5 *Aufstand in Ungarn* (zwei Fotos aus Budapest vom November 1956). – Welche Einstellung der Menschen in Ungarn gegenüber der Sowjetunion zeigen diese Fotos?

6 *Ungarn 1956*

a) Der ungarische Sender Kossuth am 30. 10. 1956, 14.28 Uhr:
Hier spricht Imre Nagy.
Ungarische Arbeiter, Soldaten, Bauern und Intellektuelle! Die Revolution (…) und die gewaltige Bewegung der demokratischen Kräfte haben es mit sich gebracht, dass unsere Nation jetzt am Scheidewege angelangt ist. Im Interesse einer weiteren Demokratisierung des politischen Lebens (…) hat das Kabinett das Einparteiensystem abgeschafft und beschlossen, zu einer Regierungsform zurückzukehren, die auf demokratischer Zusammenarbeit der Koalitionsparteien beruht. (…) Die vorläufige Regierung hat das sowjetische Oberkommando aufgefordert mit dem Abzug der sowjetischen Truppen aus Budapest unverzüglich zu beginnen. Gleichzeitig unterrichteten wir das ungarische Volk davon, dass wir die Sowjetunion ersuchen werden sämtliche Truppen aus Ungarn abzuziehen.

b) Radio Moskau am 1. 11. 1956:
Die Sowjetunion ist getreulich Lenins Prinzip der Achtung vor der Souveränität anderer Nationen gefolgt und der Gedanke liegt ihr fern, Ungarn seinen Willen aufzuzwingen oder sich in seine nationalen Angelegenheiten einzumischen.

c) Der Freie Sender Kossuth am 4. 11. 1956, 5.19 Uhr:
Hier spricht Ministerpräsident Nagy. Sowjetische Truppen haben im Morgengrauen zu einem Angriff auf unsere Hauptstadt angesetzt, mit der eindeutigen Absicht die gesetzmäßige Regierung der Ungarischen Volksrepublik zu stürzen. Unsere Truppen stehen im Kampf. Die Regierung ist auf ihrem Platz. Ich bringe diese Tatsache unserem Land und der ganzen Welt zur Kenntnis.

d) Der ungarische Freie Sender Petöfi am 4. 11. 1956, 14.34 Uhr:
Völker der Welt! Hört uns – helft uns! Nicht mit Erklärungen, sondern mit Taten, mit Soldaten, mit Waffen! Vergesst nicht, dass es für die Sowjets bei ihrem brutalen Ansturm kein Halten gibt. Wenn wir untergegangen sind, werdet ihr das nächste Opfer sein. Rettet unsere Seelen! Rettet unsere Seelen! (…) Völker der Welt! Im Namen der Gerechtigkeit, der Freiheit und des verpflichtenden Prinzips der tatkräftigen Solidarität, helft uns! Das Schiff sinkt, das Licht schwindet, die Schatten werden von Stunde zu Stunde dunkler über der Erde Ungarns. Hört den Schrei, Völker der Welt, und handelt. Reicht uns eure brüderliche Hand.
SOS! SOS! Gott sei mit euch!

e) Radio Moskau am 4. 11. 1956, 21.05 Uhr:
Heute Morgen sind die Kräfte der reaktionären Verschwörung gegen das ungarische Volk zerschlagen worden. Eine neue ungarische Revolutionsregierung der Arbeiter und Bauern wurde von Ministerpräsident Janos Kadar gebildet. (…) Die Revolutionsregierung der Arbeiter und Bauern hat das Kommando der Sowjetstreitkräfte gebeten ihr bei der Unterdrückung der Aufständischen zu helfen.

f) Der Sender Kossuth, 6. 11. 1956:
Wir grüßen die Sowjetunion, die zum zweiten Mal das ungarische Volk befreit hat.

Chruschtschow
war der Nachfolger Stalins als Generalsekretär der KPdSU. 1956, drei Jahre nach Stalins Tod, rechnete er mit dessen Politik in einer Geheimrede vor den höchsten Vertretern der Partei ab. Die nachfolgende Politik wird als Entstalinisierung bezeichnet. Sie hielt aber an der Führungsrolle der KPdSU und der Sowjetunion innerhalb des Ostblocks fest.

Konflikte und Friedensbemühungen in der Welt seit 1945

Erzählte Geschichte
Im Bereich der Zeitgeschichte kann es sehr aufschlussreich sein, Menschen über ihr Leben erzählen zu lassen. Dadurch erfährt man zum Beispiel, wie sie bestimmte Ereignisse persönlich erlebt haben oder welche Veränderungen es in ihrem Alltag gegeben hat. Aus der Erinnerung wird eine historische Quelle, die uns einen neuen Zugang zur Geschichte erlaubt. Wenn du dein Geschichtsbild durch die Lebensgeschichte(n) anderer erweitern willst, solltest du einige Punkte beachten:
1. Verschaffe dir einen Überblick über die Zeitepoche. Nur so kannst du das Erzählte schnell einordnen und gezielt Fragen stellen. Erstelle eine erste Checkliste mit Fragen, auf die du Antworten suchst.
2. Suche dir Gesprächspartnerinnen oder -partner aus, von denen du annimmst, dass sie unterschiedliche Erfahrungen gemacht haben; so erhältst du ein möglichst vielschichtiges Bild der Epoche.
3. Lasse deine Gesprächspartner möglichst frei erzählen. Gib ihnen zu verstehen, dass du ihnen gerne zuhörst. Lenke sie durch gezielte Fragen zum Kern deines Interesses. Respektiere dabei ihre Gefühle, wenn sie über bestimmte Dinge nicht sprechen wollen.
4. Mach dir Notizen oder nimm das Gespräch auf Band auf. Dazu brauchst du aber in jedem Fall eine Erlaubnis der Interviewten.
5. Führe eine Analyse durch: Was war selbst Erlebtes, was bloß von anderen Gehörtes? Hat die Erzählerin/der Erzähler bewusst Dinge ausgelassen? Soll eigenes Handeln bloß gerechtfertigt werden? Wie lässt sich die Erzählung in das dir bekannte Geschehen einordnen?
6. Könnte das Gehörte auch für andere interessant sein? Wie willst du es weitergeben?

7 **Der Generalsekretär der KPdSU,** Nikita Chruschtschow, am 3. November 1956 zum Eingreifen der Roten Armee (Tagebucheintrag des jugoslawischen Botschafters):
Wenn wir nachgeben würden, hieße es im Westen, wir wären dumm und schwach, was das Gleiche ist. (...) Die Kapitalisten würden dann direkt an die
5 Grenze der UdSSR vorrücken. (...) [Chruschtschow sagte,] sie könnten eine Restauration des Kapitalismus in Ungarn auch aus internen Gründen der Sowjetunion nicht zulassen. Es ließen sich dort
10 Leute finden, die die ganze Angelegenheit wie folgt darstellen könnten: Solange Stalin regierte, habe jeder pariert und es habe keine Erschütterungen gegeben.

9 **Ein Bürger der Tschechoslowakei,** ehemaliger KZ-Häftling, leistete am 22. August 1968 Widerstand. Wenig später wurde er tödlich getroffen.

8 **Die Zeitzeugin Eva Leinen,** damals 27 Jahre alt, über die Ungarnkrise 1956:
Ich hatte schreckliche Angst vor einem neuen Weltkrieg. Gott sei Dank hatten wir die Kartoffeln im Keller. Eine Ziege und drei Schweine standen auch im
5 Stall. Mein Mann brachte nach Feierabend noch zwei Zentner Mehl und einen Sack Zucker nach Hause. Ich dachte auch an die armen Menschen im Osten, die im Winter 1945 vor den Russen hatten flie-
10 hen müssen. Also kaufte ich schnell noch zwei Wolldecken, mit denen ich wenigstens meine beiden Kinder vor der Kälte schützen könnte. Die Wolldecken besitze ich übrigens heute noch.

1 Wie begründet Breschnew die Führungsrolle der UdSSR (M 2)?
2 Zwei Bilder (M 3, M 9) zeigen Symbole einer anderen Geschichtsepoche. Was wollten die Menschen in der Tschechoslowakei damit ausdrücken?
3 Zeige Strategie (Verfolgung langfristiger Ziele) und Taktik der Sowjetunion anhand der Ungarnkrise auf (M 6, M 7). Diskutiert, inwieweit diese erfolgreich waren.
4 Überlege, warum der Westen 1953, 1956, 1961 und 1968 nicht eingriff.
5 Befragt Zeitzeugen nach ihren Erinnerungen an eines der in diesem Kapitel behandelten Ereignisse (siehe Checkliste „Erzählte Geschichte").

7 Weltweite Konfrontation – die Stellvertreterkriege der Großen

1 Protestkundgebungen gegen den Vietnamkrieg (Foto: Washington, November 1969) fanden in den 60er- und 70er-Jahren in vielen Städten der westlichen Welt statt. Es war der erste Krieg, dessen Grausamkeiten täglich vor einem Millionenpublikum im Fernsehen unzensiert gezeigt wurden. Die militärischen Misserfolge der USA und die Brutalität, mit der dieser Krieg geführt wurde, machten vielen Amerikanern seine Sinnlosigkeit immer deutlicher.

Guerillakrieg nennt man einen Kampf ohne feste Fronten, bei dem Untergrundkämpfer einen überlegenen Feind an seinen schwächsten Stellen überraschend angreifen. Dazu brauchen die Guerillas die Unterstützung zumindest eines Teils der Bevölkerung.

USA: Kriege in Korea und Vietnam

Als Dwight D. Eisenhower 1953 Präsident wurde, bekannte er sich zur „world leadership" der USA. Dieser Anspruch seines Landes sei der einzige Garant von Freiheit auf der Erde. Die Verteidigung Vietnams erklärte er zu einem der wichtigsten Ziele seiner Regierung: „Wenn Indochina [Laos, Vietnam und Kambodscha] in die Hände der Kommunisten fällt, ist die Sicherheit der Vereinigten Staaten bedroht." Zu diesem Zeitpunkt beendeten die USA gerade einen Krieg um Korea, in dem es nicht gelungen war den Einfluss des Kommunismus zurückzudrängen. Südkorea wurde in der Folgezeit allerdings zu einem wichtigen Bündnispartner und Stützpunkt für amerikanische Truppen in Asien.

In Vietnam zeichnete sich 1953 eine Niederlage der Kolonialmacht Frankreich gegen überwiegend kommunistische Freiheitskämpfer ab, die von China unterstützt wurden. Die Kommunisten siegten trotz massiver amerikanischer Militär- und Finanzhilfe für Frankreich. Eine internationale Konferenz teilte Vietnam am 17. Breitengrad in ein kommunistisch regiertes Nordvietnam und ein westlich orientiertes Südvietnam.

Zu den geplanten freien Wahlen in ganz Vietnam kam es nicht mehr: Als die südvietnamesische Regierung eine Diktatur errichtete, führten die kommunistischen Vietcong einen *Guerillakrieg* gegen sie. Dies unterstützten Nordvietnam, die UdSSR und China. Südvietnam erhielt amerikanische Materiallieferungen und Finanzhilfen. Ab 1963 griffen die USA auch mit Truppen ein. Die US-Luftwaffe warf bis 1972 mehr als sieben Millionen Tonnen Bomben ab. Über eine Million Hektar Wald und Ackerland wurden aus der Luft durch Entlaubungsmittel vernichtet.

Bei Kriegsende waren eine Million Nordvietnamesen, 700 000 Südvietnamesen und 57 000 Amerikaner getötet worden. Vietnam wurde nach dem Sieg der Vietcong 1973 als kommunistischer Staat vereinigt. Auch in Laos und Kambodscha setzten sich kommunistische Systeme durch. Regimegegner wurden getötet oder in „Umerziehungslager" gebracht. Millionen flüchteten vor dem Terror als „Boatpeople" über das Meer.

In den USA wird der Friedensschluss in Vietnam als demütigende Niederlage empfunden. Der Krieg hat tiefe Spuren im Bewusstsein der Bürger hinterlassen, zumal noch heute Spätfolgen sichtbar sind: Viele Kriegsveteranen sind körperlich und psychisch gebrochen und finden keinen Halt in der Gesellschaft.

Sowjetische Expansionsversuche

Die Sowjetunion versuchte vor allem in den 70er- und 80er-Jahren ihre Position im weltweiten Wettbewerb mit den USA zu verbessern. In den schwach entwickelten jungen Staaten Asiens, Afrikas und Mittelamerikas unterstützte sie kommunistische „Befreiungsbewegungen" im Kampf gegen die jeweiligen Regierungen. Der Westen schützte diese Systeme solange es ging, auch wenn sie bestechlich und diktatorisch waren.

1978 hatten kommunistische Gruppen in Afghanistan mit sowjetischer Hilfe die Monarchie gestürzt. Als ihre Macht ein Jahr später durch islamische Widerstandsgruppen gefährdet schien, griff die UdSSR mit Truppen ein. Die andere Seite erhielt von den USA Waffen. Tausende von Panzerwagen und raketenbestückten Kampfhubschraubern konnten den erbitterten Widerstand der Freiheitskämpfer nicht brechen. 1988 mussten sich die sowjetischen Soldaten aus dem verwüsteten Land zurückziehen.

Trotz modernster Waffen waren beide Supermächte am Widerstandswillen fanatischer Guerillakämpfer gescheitert. Der Vietnamkrieg löste in den USA erbitterte Proteste der Bevölkerung aus und beschädigte das Ansehen Amerikas wie kein zweites Ereignis. Afghanistan zeigte, dass auch die UdSSR eine von ihr unterstützte Regierung nicht uneingeschränkt an der Macht halten konnte.

Konflikte und Friedensbemühungen in der Welt seit 1945

2 Ohne Gerichtsverhandlung erschießt der Polizeichef der südvietnamesischen Hauptstadt Saigon im Jahr 1968 einen gefangenen Vietcong. – Begründet, weshalb solche Fotos die US-Bürger schockiert haben und bezieht dabei ihre Wertvorstellungen mit ein.

3 Über den Sinn des Vietnamkrieges äußerte sich US-Präsident (1963–1968) Johnson 1965:
Warum sind wir in Südvietnam? Wir sind dort, weil wir ein Versprechen zu halten haben. (…) Wir haben aufbauen und verteidigen geholfen. So haben wir (…) uns
5 verpflichtet Südvietnam bei der Verteidigung seiner Unabhängigkeit zu helfen. Dieses Versprechen zu brechen und dieses kleine tapfere Volk seinem Feind preiszugeben – und damit dem Terror,
10 der darauf folgen muss –, das wäre ein unverzeihliches Unrecht. Wir sind ferner in Südvietnam um die Ordnung der Welt zu stärken. Auf der ganzen Erde – von Berlin bis Thailand – leben Menschen,
15 deren Wohlergehen zum Teil auf dem Vertrauen beruht, dass sie auf uns zählen können, wenn sie angegriffen werden.

4 Nordvietnams Staatschef Ho Chi Minh 1967 in einem Brief an Präsident Johnson:
Die Regierung der USA hat ständig in Vietnam interveniert und ihre Aggressionen gegen Südvietnam begonnen und intensiviert um die Teilung Vietnams zu
5 verewigen und Südvietnam in eine amerikanische Kolonie und einen amerikanischen Militärstützpunkt umzuwandeln. (…) In Südvietnam haben sich eine halbe Million Soldaten der USA und ihrer Sa-
10 tellitenstaaten der unmenschlichsten Methoden der Kriegsführung wie Napalm,

5 „Das einzige System, das sich im Felde bewährt hat", nennt der Italiener Paolo Baratella sein fotorealistisches Bild. Es zeigt die Konfrontation von Napalm-Opfern und Militärflugzeugen.

Chemikalien und Giftgase bedient um unsere Landsleute zu morden, ihre Ernten zu vernichten und ihre Dörfer dem
15 Erdboden gleichzumachen. In Nordvietnam haben Tausende amerikanischer Flugzeuge Hunderttausende Tonnen Bomben herabregnen lassen und Städte, Dörfer, Fabriken, Straßen,
20 Brücken, Deiche, Dämme und sogar Kirchen, Pagoden, Krankenhäuser und Schulen zerstört.

6 Kinder retten sich vor US-Napalmbomben, die ihr Dorf in Brand gesetzt haben (1972).

1 Überlegt, welchen Einfluss die US-Medien durch die Veröffentlichung der Fotos M 2 und M 6 auf die Einstellung der Bevölkerung zum Vietnam-Krieg nahmen.
2 Wie stellt Baratella die Schrecken des modernen Krieges dar? Versucht herauszufinden, gegen wen sich die Anklage richtet (M 5).
3 Vergleiche die Aussagen Johnsons (M 3) und Ho Chi Minhs (M 4) miteinander. Mit welchen Formulierungen versuchen sie jeweils die Öffentlichkeit für ihre Sache einzunehmen?
4 Erläutere mithilfe des VT und der Materialien dieser Themenseite die Bedeutung von Stellvertreterkriegen im Kalten Krieg.

8 Wie kann der Frieden bewahrt werden?

1 **Chruschtschow und Kennedy** in einer englischen Karikatur, 1962: „Einverstanden, Herr Präsident, wir wollen verhandeln ..."

Kuba
Der Inselstaat in der Karibik stand seit seiner Unabhängigkeit von Spanien 1898 unter politischem und wirtschaftlichem Einfluss der USA. Amerikanische Konzerne beherrschten die Zucker- und Tabakindustrie. 1959 stürzten Guerilleros unter Führung Fidel Castros den Diktator Batista. Castro ordnete die Verstaatlichung der Zuckerindustrie an und ließ alle US-Vermögen beschlagnahmen. Eine vom amerikanischen Geheimdienst gesteuerte Invasion von Exilkubanern scheiterte. Das sozialistische Regime auf Kuba bat die UdSSR um Hilfe und Schutz.

heißer Draht
Fernschreib- und Telefonverbindung zwischen den Regierungen der USA und der UdSSR

2 „Was für eine Unverschämtheit mir Raketen vor die Haustür zu stellen!" (Karikatur, Der Spiegel, 31.10.1962) – Interpretiere die Karikatur, indem du Aussagen aus M 4 heranziehst.

Am Rand eines Atomkrieges

Am Abend des 22. Oktober 1962 schreckte eine Rundfunk- und Fernsehbotschaft des amerikanischen Präsidenten Kennedy die Menschen in aller Welt auf. Er teilte mit, dass die USA nicht länger bereit seien den Aufbau russischer Atomraketen auf Kuba hinzunehmen. Amerikanische Kriegsschiffe würden ab dem 24. Oktober alle Schiffe mit dem Ziel Kuba durch einen Blockadering aufhalten, durchsuchen und, falls sie Angriffswaffen an Bord hätten, zurückschicken. Als äußerste Warnung an die Adresse der Sowjets, die für den Fall eines amerikanischen Angriffs auf *Kuba* mit dem Einsatz von Atomwaffen gedroht hatten, fügte er hinzu: „Wir werden nicht verfrüht und unnötigerweise einen weltweiten Kernwaffenkrieg riskieren. (...) Aber wir werden vor diesem Risiko auch nicht zurückschrecken, wenn wir ihm gegenüberstehen."

Zu diesem Zeitpunkt waren die amerikanischen Truppen auf ihren Stützpunkten rund um die Erde schon in Alarmbereitschaft versetzt worden. Flugzeuge mit Atombomben an Bord befanden sich ständig in der Luft. Auf der Gegenseite ordnete Marschall Gretschko für die Truppen des Warschauer Pakts ebenfalls erhöhte Kampfbereitschaft an. Es folgten dramatische Tage des bangen Abwartens. Was würde geschehen, wenn die russischen Schiffe die Seeblockade durchbrechen wollten?

Kurz vor der Blockadezone drehten die russischen Schiffe ab. Radio Moskau meldete am 28. Oktober: „Die Raketen werden abmontiert und in die Sowjetunion zurückgebracht." Die Krise war vorbei, ein Atomkrieg der Supermächte noch einmal abgewendet worden. Doch die Angst von Millionen Menschen vor einem Krieg im Atomzeitalter blieb.

Rüstungskontrolle durch Verträge

Noch im gleichen Jahr wurde zwischen dem Weißen Haus in Washington und dem Kreml in Moskau der so genannte *heiße Draht* installiert, der im Krisenfall zumindest einen ungewollten Kriegsausbruch verhindern helfen sollte. Es folgten erste Verträge zwischen den beiden Supermächten, die das unkontrollierte Wettrüsten einschränken sollten:
– 1963: Verbot von Kernwaffenversuchen in der Atmosphäre, im Weltraum und unter Wasser;
– 1968: Vertrag über die Nichtverbreitung von Kernwaffen (Atomwaffensperrvertrag);
– 1972: Vertrag über die Begrenzung der strategischen Rüstung (SALT-I).

1975 unterzeichneten 33 europäische Staaten, die USA und Kanada in Helsinki die Schlussakte der „Konferenz über Sicherheit und Zusammenarbeit in Europa" (KSZE). Bestehende Grenzen wurden garantiert, „vertrauensbildende Maßnahmen" im militärischen Bereich vereinbart und die Beachtung der Menschenrechte zugesichert. Diese Maßnahmen sollten ein Klima des gegenseitigen Vertrauens schaffen, in dem Krisen besser gemeistert und Kriege vielleicht ganz verhindert werden könnten.

Konflikte und Friedensbemühungen in der Welt seit 1945

Erneutes Wettrüsten

Trotz Helsinki versuchten die Supermächte außerhalb der Blockgrenzen ihre politischen und militärischen Positionen zu verbessern. 1979 begann ein neues Wettrüsten, das ungeheure Finanzmittel verschlang. Die UdSSR richtete moderne Mittelstreckenraketen auch auf Westeuropa; darauf antwortete die NATO mit dem so genannten Doppelbeschluss: Er bot Verhandlungen an mit dem Ziel die Raketenstellungen auf beiden Seiten abzubauen. Falls keine Übereinkunft erreicht würde, sollte die Zahl der Raketenbasen in Westeuropa erhöht werden. Trotz breiter Proteste gerade in der Bundesrepublik wurden auch hier neue Raketen stationiert.

Erst die Wahl Michail Gorbatschows zum Generalsekretär der KPdSU 1985 leitete eine neue Phase der Entspannung ein: Beide Seiten bauten ihre Mittelstreckenraketen in Europa ab und verschrotteten sie. Durch den gleichzeitigen Truppenabbau wurde der Frieden zumindest in Europa erheblich sicherer.

3 US-Präsident Kennedy in einer Rundfunk- und Fernsehansprache, 22.10.1962:
Jede dieser Raketen ist – kurz gesagt – in der Lage die Bundeshauptstadt Washington, den Panamakanal, Cape Canaveral, Mexiko-City oder irgendeine andere
5 Stadt im südöstlichen Teil der Vereinigten Staaten, in Mittelamerika oder im karibischen Gebiet zu treffen. (…) Diese plötzliche und heimliche Entscheidung, zum ersten Male außerhalb der Sowjet-
10 union strategische Waffen zu stationieren, ist eine absichtlich provokatorische und ungerechtfertigte Veränderung des Status quo, die von unserem Land nicht hingenommen werden kann, wenn un-
15 ser Mut und unsere Versprechen von Freund und Feind noch ernst genommen werden sollen.

4 Chruschtschow an Kennedy, 27.10.1962:
Sie sind beunruhigt über Kuba. Sie sagen, das beunruhigt Sie, weil es nur 150 Kilometer vor der Küste der Vereinigten Staaten von Amerika liegt. Aber
5 die Türkei grenzt an unser Land; unsere Wachtposten patrouillieren hin und her und können einander sehen. Meinen Sie,

Sie hätten das Recht Sicherheit für Ihr Land zu verlangen und Abzug der Waffen
10 zu fordern, die Sie offensiv nennen, uns aber dasselbe Recht nicht zuzugestehen? Sie haben vernichtende Raketenwaffen, die Sie offensiv nennen, in der Türkei stationiert.(…) Ich mache daher folgenden
15 Vorschlag: Wir sind bereit die Waffen, die Sie für offensiv halten, aus Kuba abzuziehen. Wir sind bereit dies durchzuführen und diese Zusage den Vereinten Nationen zu geben. Ihre Vertreter wer-
20 den eine Erklärung des Inhalts abgeben, dass die Vereinigten Staaten ihrerseits in Anbetracht der Besorgnis und des Unbehagens in der Sowjetunion ihre entsprechenden Waffen aus der Türkei abziehen.

5 Luftaufklärung durch Spionageflugzeuge, später auch durch Satelliten, machte im Kalten Krieg militärische Pläne der Gegenseite frühzeitig bekannt. Dadurch wurde es fast unmöglich einen Angriffskrieg unbemerkt vorzubereiten. Solche Luftaufnahmen lieferten Kennedy den Beweis für sein Ultimatum an Chruschtschow.
oben: **Raketenabschussbasis** auf Kuba;
links: **Der russische Frachter „Krasnograd"** mit Düsenjägern an Bord in der Karibik.

1 Wie lassen sich die folgenden Aussagen psychologisch erklären?
 a) Die sowjetische Regierung feierte vor der eigenen Bevölkerung den Ausgang der Kuba-Krise als Sieg: Man habe die geplante „imperialistische Invasion" der Insel erfolgreich abgewehrt.
 b) Die Amerikaner zogen 1963 ihre Raketen aus der Türkei ab. Sie leugneten aber beharrlich einen Zusammenhang mit der Kuba-Krise. Ziehe M1, M2, M3 und M4 hinzu.
2 Kennedy sagte 1963, ein totaler Krieg sei im Zeitalter der Atomwaffen sinnlos. Begründe diese Aussage.

Projekt

Die Angst war gesamtdeutsch

Der Zweite Weltkrieg brachte die Teilung Deutschlands; der Kalte Krieg zwei deutsche Staaen, die sich in feindlichen Lagern gegenüberstanden; das Ende des Ost-West-Konfliktes machte die Wiedervereinigung möglich. Dazwischen war manchmal die Angst, das unbewusste Gefühl, eines Tages zwischen den Blöcken zerrieben zu werden.

Wie gingen die Deutschen mit dieser Angst um? Welche Gedanken beschlichen Menschen in den großen Krisen des Kalten Krieges? Was konnten sie tun? Solche Fragen beschäftigten Schülerinnen und Schüler einer 10. Realschulklasse. Das Geschichtsbuch hatte für diesen Fall keine Antworten parat. Sicher, man könnte die Eltern fragen oder die Großeltern – aber wüssten die überhaupt noch etwas darüber?

Aus der Idee wurde ein tolles Projekt: Die Schülerinnen und Schüler aus Daun in der Eifel knüpften Kontakte zu einer Schule in Schmalkalden (Thüringen) und planten ein Seminar, das sie eine Woche lang ins hessische Gensungen führte. Höhepunkt wurde der Besuch einer 10. Klasse in Erfurt: Hier konnten sie erfahren, wie Menschen in Ostdeutschland die Zeit des Kalten Krieges erlebt hatten.

Interviews auswerten

Zeitzeugen befragen

Mutter (44) von Julia, 9d
Ich habe mich gefragt, warum Deutschland getrennt wird. Ich war froh, dass ich im Westen wohnte, und hatte Mitleid mit den Menschen im Osten. Mir wurde richtig bewusst, wie brutal der Kalte Krieg war.

Aus einem Interview von Marcus, 9b, aus Schmalkalden
An diesem 17. Juni 1953 fuhren meine Frau und ich von einem FDGB-Urlaub an der Ostsee nach Hause. Je mehr wir uns Berlin näherten, desto lebhafter erschien uns das Treiben entlang der Bahnlinie und auf den Bahnhöfen. Auffällig war das Schweigen der Mitreisenden. Keiner traute dem anderen, auch wir nicht! Das war sicher keine Angst, sondern unter diesen Umständen gebotene Vorsicht. Erst zu Hause erfuhren wir, was sich zutrug. Damit schien auch das letzte bisschen Hoffnung auf eine baldige Wiedervereinigung geschwunden.

Vater (damals 28) von Sandra, 10b
Als die Sowjets ihre veralteten SS-4 und SS-5 durch SS-20 ersetzten, musste die NATO angeblich nachrüsten – wohlwissend, dass ihre Raketen jetzt qualitativ besser waren. Angst hat man verdrängt, nur Ohnmacht verspürt angesichts der Arroganz und Ignoranz, mit der sich Politiker beider Seiten über die Ängste und Sorgen der „kleinen Leute" hinwegsetzten.

Vater (38) von Verena, 9d
Ich hielt die Nachrüstung für das Unvernünftigste, was man machen konnte. Sie gab der Gegenseite nur das Gefühl der Unsicherheit. Dadurch stieg die Gefahr eines Kriegsausbruchs.

aus einem Interview, das Peter, 10d, führte
Lutzerath liegt Luftlinie genau zwischen dem Bundeswehr-Fliegerhorst Büchel und der amerikanischen Raketenstation Hontheim, deshalb war die Angst schon da, mittendrin zu sein, wenn's mal krachen würde.

Konflikte und Friedensbemühungen in der Welt seit 1945

Ergebnisse präsentieren

Zum Einmarsch des Warschauer Paktes in die Tschechoslowakei, 1968

Unvergesslich sind für mich die Fernsehbilder, die zeigten wie sich Tschechen mit Steinen und Protesten gegen die anrollenden Panzer wehren wollten.
Besonders beeindruckt war ich vom damaligen Parteichef Alexandr Dubcek. Da war endlich einer, der es wagte, gegen den Willen der übermächtigen UdSSR Reformen durchzusetzen und seinem Volk mehr Menschenrechte zu erkämpfen. Angst hatte ich keine; ich empfand sehr große Sympathien für Dubcek und das tschechische Volk.
(Johannes Neuhaus: vom Vater erzählt - damals 17 Jahre alt)

Zur Kubakrise, 1962

1962 hatte ich große Angst vor einem dritten Weltkrieg. Den stellte ich mir nicht wie die bisherigen Kriege mit festen Fronten vor, sondern als Atomkrieg mit zerstörten und verseuchten Gebieten im ganzen Land. Als Notvorrat bunkerte ich 200 Dosen mit Fleisch und Wurst, dazu noch andere Lebensmittel. (Marco Ant: vom Großvater erzählt)

Wir hatten Angst, dass die Russen einen Krieg anfangen würden, deshalb legten wir uns einen kleinen Notvorrat an. Leute aus dem Dorf wollten sich sogar einen Bunker bauen, falls es zu einem Krieg kommen würde. (Thomas Seifert: vom Großvater erzählt)

Mit Zeitzeugen ins Gespräch kommen – eine Checkliste

1. Vorbereitung: Themen erarbeiten (z. B. Kuba-Krise, Mauerbau, Prager Frühling, Leben in Ost- und Westdeutschland …); Fragen formulieren; überlegen, wen man interviewen könnte (Verwandte, Passanten auf der Straße, Nachbarn …)
2. Methoden: frei erzählen lassen und gezielt nachfragen; zu zweit oder mehreren Gespräche führen; Notizen machen; Interviews auf Tonband aufnehmen
3. Auswertung: statistische Untersuchung (wie viele Interviews, Altersgruppen in Bezug auf die Aussagen, Geschlecht der Befragten …); Aussagen vergleichen; prüfen, ob Dinge bewusst ausgelassen wurden und was möglicherweise der eigenen Rechtfertigung dient
4. Präsentation der Ergebnisse: Wandzeitung; Artikel in der örtlichen Zeitung oder Schülerzeitung; eigenes Geschichtsbuch entwerfen …
5. Genauere Hilfen findet ihr im Methodenabschnitt auf Seite 99. Lasst euch außerdem von den Bildern auf diesen beiden Seiten anregen!

9 Wettstreit der Systeme

1 Satellit Sputnik, 1957

„Piep ... Piep ... Piep ..."
Dieser Ton aus dem Weltraum versetzte im Oktober 1957 Millionen Amerikaner in Furcht. Das Signal stammte von einem sowjetischen Satelliten, der als erster Himmelskörper die Erde umkreiste. Für das selbstbewusste Amerika kam es einem Schock gleich, dass die Russen auf einem so wichtigen Gebiet plötzlich führten.

Die Furcht unterlegen zu sein

Bis zu diesem Zeitpunkt fühlten sich die Bürger der USA trotz russischer Atom- und Wasserstoffbomben persönlich sicher. Amerikanische Fernbomber konnten von den Stützpunkten rund um den Globus jeden Punkt der UdSSR erreichen; die Sowjetunion war umgekehrt allenfalls in der Lage, Westeuropa nuklear zu vernichten. Nun glaubte eine verängstigte Bevölkerung bereitwillig den wildesten Gerüchten: Der Satellit habe geheimnisvolle Waffen an Bord, und die Sowjets planten einen atomaren Erstschlag aus dem All.

Nur einen Monat später gelang den Russen eine neue Sensation: An Bord eines 508 kg schweren Satelliten umkreiste die Hündin Laika mehrmals die Erde. Dass die Sowjets derart schwere Lasten in den Weltraum schießen konnten, bewies ihre Überlegenheit, sahen sich die Amerikaner doch zur gleichen Zeit nur in der Lage, einen 2 kg schweren Satelliten anzukündigen. Präsident Eisenhower musste die Öffentlichkeit mit einer Erklärung beruhigen: Die amerikanische Militärrüstung sei im Ernstfall stark genug einen sowjetischen Angriff zurückzuschlagen.

Der Wettlauf zum Mond

Zunächst konnten die Amerikaner immer nur russische Erfolge nachahmen. Sie wollten aber auf diesem technologisch und militärisch wichtigen Feld die Führung übernehmen. Deshalb erklärte Präsident John F. Kennedy 1961 die bemannte Mondlandung zur großen nationalen Herausforderung für das kommende Jahrzehnt. Wie bei der Entwicklung der Atombombe war der Einsatz gigantisch: Zeitweise arbeiteten mehr als 400 000 Menschen an dieser Aufgabe. Über 20 000 Firmen, Forschungseinrichtungen und Universitäten waren am Apollo-Projekt beteiligt. Es kostete den amerikanischen Steuerzahler etwa 25 Milliarden Dollar.

Als Neil Armstrong 1969 als erster Mensch seinen Fuß auf die Mondoberfläche setzte, verfolgten weltweit etwa 500 Millionen Fernsehzuschauer das Ereignis live an ihren Bildschirmen. Die USA übernahmen im Weltraum die Führung und hatten einen großen Prestigeerfolg errungen.

2 *Das Apollo-Projekt* machte zwischen 1969 und 1972 sechs Mondlandungen möglich. Das Foto zeigt den Astronauten James Irwin 1972 mit der Mondfähre „Apollo 15". Seit 1973 richtete sich das Hauptinteresse der Supermächte auf wieder verwendbare Raumgleiter und Raumstationen. 1997 kämpften ein amerikanischer und zwei russische Astronauten gemeinsam gegen Defekte in der ehemals sowjetischen Raumstation „Mir" an.

Konflikte und Friedensbemühungen in der Welt seit 1945

UdSSR	Name	Starttag	Flugdauer (Stunden/Minuten)	USA
erster bemannter Raumflug (Juri A. Gagarin)	Wostok 1	12.04.1961	1 h 48 min	
	Mercury-Atlas 6	20.02.1962	4 h 55 min	erster amerikanischer Astronaut im Erdorbit (John H. Glenn)
erste Frau im Weltraum (Valentina V. Tereschkowa)	Wostok 6	16.06.1963	70 h 50 min	
erster freier Ausstieg eines Besatzungsmitgliedes (Alexei A. Leonow, 12 min)	Woschod 2	18.03.1965	26 h 3 min	
Kosmonaut (Wladimir M. Komarow) bei der Landung tödlich verunglückt	Sojus 1	23.04.1967	26 h 37 min	
	Apollo 8	21.12.1968	147 h 1 min	erste bemannte Mondumrundung (Frank Bormann, James A. Lovell, William A. Anders)
	Apollo 10	18.05.1969	192 h 3 min	Abstieg mit der Mondlandeeinheit bis auf 15,2 km über der Mondoberfläche
	Apollo 11	16.07.1969	195 h 19 min	erste bemannte Mondlandung (Neil A. Armstrong, Michael Collins, Edwin E. Aldrin)
	Apollo 13	11.04.1970	142 h 55 min	Flug nach einer Explosion im Triebwerksteil des Raumschiffes abgebrochen und glücklich beendet (dritter bemannter Mondflug)
	Apollo 15	26.07.1971	295 h 12 min	vierte bemannte Mondlandung: erstes Mondmobil: „Lunar Rover"

3 *Höhepunkte der bemannten Raumfahrt* in einem Jahrzehnt

5 *Der erste Mensch im Weltall* war 1961 der Russe Juri Gagarin.

4 *Explosion der amerikanischen Raumfähre „Challenger" 1986:* Zwei Astronautinnen und fünf Astronauten starben.

1 Erkläre den „Sputnik-Schock" im Westen. Inwieweit war er einer der Höhepunkte des „Wettlaufs der Systeme"?
2 Befrage Zeitzeugen zu ihren persönlichen Erlebnissen bei amerikanischen und sowjetischen Weltraumunternehmungen.

10 Niedergang einer Supermacht

1 *„Der Neue im Kreml: Konstantin Tschernenko, 74" (Karikatur von Pepsch Gottscheber zur Wahl eines kranken alten Mannes als Generalsekretär der KPdSU, 1984). Die beiden Männer im Hintergrund sind Verteidigungsminister Ustinow und Außenminister Gromyko. – Wie sieht der Karikaturist die Rolle Tschernenkos?*

Nomenklatura
Bezeichnung für die Führungsschicht der Sowjetunion aus Spitzenleuten der Partei, des Militärs, der Regierung, der Wirtschaft und der Wissenschaften. Mit Dienstwagen, eigenen Kliniken, Kaufhäusern und Ferienhäusern genoss diese Gruppe Annehmlichkeiten, zu denen die normalen Sowjetbürger keinen Zugang hatten.

Dissidenten
von lat. dissidere = nicht übereinstimmen, getrennt sein
Bezeichnung für Andersdenkende, die das Sowjetsystem kritisierten. Die Dissidentenbewegung begann unter Chruschtschow, indem zunächst Schriftsteller und Künstler mehr Freiheit für ihre Arbeit forderten.

Machterhaltung oder Neuerung?
Die Karikatur setzt sich mit einem System auseinander, das sich selbst überlebt hatte. Im Kreml gab in der ersten Hälfte der 80er-Jahre eine Riege betagter Männer den Ton an, der jedes Mittel recht war das Alte und Morsche zu erhalten. Wie war es dazu gekommen?

Als Leonid Breschnew 1964 Chruschtschow als Parteichef der KPdSU ablöste, wollten viele hohe Funktionäre vor allem ihre Privilegien erhalten. Chruschtschows sprunghafte Neuerungen in der Wirtschaft, seine Ankündigung die Gesellschaft von stalinistischen Zwängen zu befreien, der Versuch die Kommunistische Partei zu reformieren und die Macht der Bürokraten einzuschränken – all das stieß bei der sowjetischen *Nomenklatura* auf Widerstand.

Industriegigant UdSSR?
Breschnews Politik schien zunächst erfolgreich zu sein: Die Wirtschaft produzierte mehr Güter, der Lebensstandard der Bevölkerung stieg langsam an. Vorzeigeprojekte wie der Bau von gewaltigen Staudämmen oder die Erschließung der sibirischen Ölfelder täuschten über die geringe Leistungsfähigkeit der Planwirtschaft hinweg. Ab Mitte der 70er-Jahre war sie immer weniger in der Lage den schnellen Wandel der Weltwirtschaft mitzumachen.

Der Neuaufbau riesiger Produktionskomplexe zerstörte zudem die natürlichen Lebensräume und die Lebensqualität von vielen Millionen Menschen in der UdSSR. Eine der schlimmsten ökologischen Katastrophen ist das allmähliche Verschwinden des Aralsees: Die den See speisenden Flüsse sind durch zu hohe Wasserentnahme für die mittelasiatische Baumwollwirtschaft seit den 50er-Jahren zu Rinnsalen geworden.

Zur gleichen Zeit beanspruchte das erneute Wettrüsten (s. S. 103) die knappen Ressourcen der Sowjetwirtschaft so sehr, dass die komplizierten Pläne immer weniger eingehalten werden konnten. Die Produktion stockte, dringende Investitionen blieben aus. Die veralteten Industrien konnten die Bevölkerung bald nicht mehr ausreichend mit Wohnungen und Konsumgütern versorgen.

Chance für Reformen?
Der allgemeine Mangel, außenpolitische Misserfolge und die Unterdrückung der Freiheit im Innern ließen immer weniger Menschen an den Erfolg des sozialistischen Modells glauben. Millionen reagierten mit Passivität und Teilnahmslosigkeit. Eine kleinere Gruppe, die so genannten *Dissidenten,* trat mutig für die Veränderung von Staat, Gesellschaft und Wirtschaft ein und forderte die Verwirklichung all der Menschenrechte, die die KSZE-Schlussakte von 1975 zusicherte (s. S. 102). Das Staatssystem behandelte diese Kritiker wie Verbrecher oder Geisteskranke: Sie wurden in Straflager oder „psychiatrische Kliniken" verbannt.

Nach dem Tode Breschnews und zweier Übergangskandidaten folgte 1985 der 54-jährige Michail Gorbatschow als Generalsekretär der KPdSU. Er versprach größere Freiheiten und umfassende Reformen.

Konflikte und Friedensbemühungen in der Welt seit 1945

2 *Aus dem Parteiprogramm der KPdSU von 1961:*
Der Kommunismus ist die lichte Zukunft der Menschheit. Der Aufbau der kommunistischen Gesellschaft ist zur unmittelbaren praktischen Aufgabe des Sowjetvolkes geworden. (…) Kommunismus ist eine klassenlose Gesellschaftsordnung, in der die Produktionsmittel einheitliches Volkseigentum und sämtliche Mitglieder der Gesellschaft sozial völlig gleich sein werden (…) und wo das große Prinzip herrschen wird: Jeder nach seinen Fähigkeiten, jedem nach seinen Bedürfnissen. (…) Im nächsten Jahrzehnt [1961 bis 1970] wird die Sowjetunion beim Aufbau der materiell-technischen Basis des Kommunismus die USA – das mächtigste und reichste Land des Kapitalismus – in der Produktion pro Kopf der Bevölkerung überflügeln.

4 **Der Aralsee,** viertgrößter Binnensee der Erde, wurde zwischen 1960 und 1990 um ein Drittel kleiner. Der ehemalige Hafen Mujnak liegt heute mehr als 100 km vom Seeufer entfernt. Jährlich trägt der Wind 75 Millionen Tonnen salzhaltigen Staub in die Region. Bis heute haben sich schon über zwei Millionen Hektar Ackerland in Wüstengebiet verwandelt.

3 **Die letzten Jahre der Ära Breschnew**
beschrieb Hedrick Smith, Moskauer Redakteur der New York Times, 1991 so:
Arbeiter, Manager, jedermann tat pro forma so, als arbeite er in der offiziellen Wirtschaft, aber wenn der Konsument wirklich etwas benötigte, wandte er sich an den Schwarzmarkt, und zwar in solchem Umfang, dass dieser das Ausmaß einer Gegenwirtschaft annahm. Was immer man brauchte – Fleisch, frisches Gemüse, Zahnpasta, Kaviar, Babykleidung, Ballettkarten, Ersatzteile, Medikamente, Nachhilfestunden für die Kinder, eine anständige Wohnung –, man wandte sich an diese Gegenwirtschaft.
Ganze Untergrundindustrien blühten, illegale Fabriken innerhalb legaler: Sie arbeiteten mit denselben Arbeitskräften und Rohstoffen, doch diesmal effizient, da für privaten Gewinn. Hier investierten die Menschen ihre Energien, hier brachten sie ihren ganzen Einfallsreichtum ein. Die Menschen verfolgten ihre privaten Ziele im Verborgenen und missachteten und umgingen die Strafandrohungen der Regierung. Diese Praxis war so sehr Teil des täglichen Lebens eines jeden, dass die meisten Russen, die ich kannte, glaubten, Breschnew und seine Kumpane rechneten mit dem schwarzen Markt als einem Sicherheitsventil für die Frustrationen des Volkes.

5 **Solidarność** entstand 1980 als unabhängige Gewerkschaft aus einem Streik der Danziger Werftarbeiter. Unter Führung Lech Wałęsas strebte sie durch die Verbindung christlicher und sozialistischer Ideen eine humanere Gesellschaft an. Da Breschnew darin eine Gefährdung der östlichen Ordnung sah, drohte er mit dem Einmarsch sowjetischer Truppen in Polen. Daraufhin wurde Solidarność von der polnischen Regierung verboten, arbeitete aber im Untergrund weiter. 1989 trieb Solidarność die Demokratisierung Polens voran und ermutigte damit auch die übrigen Völker des Ostblocks zum Widerstand.

1 Vergleicht die Quellen M2 und M3. Macht ein Rollenspiel daraus: Kritische Sowjetbürger machen sich über die ideologischen Versprechungen der Vergangenheit lustig.
2 Besorge dir Literatur zu einem der folgenden Themen und halte ein Kurzreferat dazu: Dissidentenbewegung; Gewerkschaft Solidarność; Auflösung der Sowjetunion; Umweltprobleme.

11 Das Ende des Kalten Krieges – was kommt danach?

1 Hohe Funktionäre aus Partei, Militär und Geheimdienst hatten Gorbatschow durch einen Putsch im August 1991 für drei Tage entmachtet. Nur das entschlossene Eingreifen des russischen Präsidenten Jelzin, dem es gelang Teile des Militärs auf seine Seite zu ziehen, verhinderte eine Rückkehr zu Stalinismus und Kaltem Krieg. Jelzin drängte nun zu radikaleren Reformen: Verbot der KPdSU und Auflösung der Sowjetunion. Auf seine Initiative schlossen sich im Dezember 1991 zehn Nachfolgestaaten der UdSSR mit Russland zur „Gemeinschaft Unabhängiger Staaten" (GUS) zusammen.

Russisches Parlament, 23. August 1991: Zwei Staatsmänner streiten vor laufenden Kameras – und damit vor den Augen einer ungläubig staunenden Weltöffentlichkeit – um die Zukunft des Sowjetsystems. Boris Jelzin ist an das Rednerpult getreten und verlangt von Michail Gorbatschow, dieser solle ein vorbereitetes Papier unterschreiben und verlesen, das die Auflösung der KPdSU verfügt.

Das Ende einer Ära

Gorbatschow ist zu diesem Zeitpunkt noch einer der beiden mächtigsten Männer der Erde. Als Präsident der Sowjetunion gebietet er über die Mittel einer Supermacht. Vier Monate später gibt es diese Supermacht nicht mehr: Die Sowjetunion löst sich in ihre 15 Teilrepubliken auf, die selbstständige Staaten werden. Gorbatschow selbst hatte die revolutionäre Umgestaltung in Gang gesetzt – auch wenn er sie so nicht gewollt hat.

Auslöser: Glasnost und Perestroika

Im März 1985 hatte Gorbatschow das Amt des Generalsekretärs der KPdSU übernommen und wenig später mit Perestroika und Glasnost eine radikale Wende angekündigt. Er wollte das sozialistische Modell menschenfreundlicher und erfolgreicher machen. Bald zeigte sich, dass das System von innen heraus mithilfe der alten Kräfte nicht zu reformieren war. Gorbatschows Politik bewirkte aber eine Atmosphäre der Offenheit, wie man sie in der Sowjetunion nie gekannt hatte. Sie erlöste die Menschen von der lähmenden Angst der Vergangenheit und ermunterte sie zu Kritik an Missständen. Dann machte sie denen Mut, die auch die Grundsätze des Marxismus-Leninismus infrage stellten. Am Ende forderten die Radikalsten die Abschaffung des gesamten Systems.

Eine Welt jenseits der Blöcke

Die Völker der UdSSR und die Staaten des Ostblocks wollten keinen neuen Weg zum Sozialismus. Es kam zu Aufständen, Bürgerkriegen und Abspaltungen. 1990 löste sich der Warschauer Pakt auf, 1991 die Sowjetunion. Besonders in Russland ist der Umbau von der Staats- zur Marktwirtschaft sehr schmerzlich verlaufen: Viele haben sich bei der Zerschlagung der Staatsbetriebe bereichert, Millionen sind aber auch arbeitslos geworden oder müssen mit Renten leben, die weit unter dem Existenzminimum liegen. Diese Menschen sind von der neuen Ordnung tief enttäuscht.

Zwar sind die USA die einzige Supermacht der Gegenwart, während Russlands Weg zu politischer und wirtschaftlicher Stabilität noch weit ist. Ob man deshalb – wie US-Präsident George Bush 1991 – vom Sieg Amerikas im Kalten Krieg sprechen kann, ist heute bei vielen Historikern umstritten. Die Gefahr eines Atomkriegs scheint zwar gebannt, dafür sind aber viele regionale Konflikte aufgebrochen: etwa in Georgien, in Bosnien oder im Kosovo.

Ein demokratisches, vielleicht auch politisch geeintes Europa vom Atlantik bis zum Ural ist am Beginn des 21. Jh. trotzdem keine Utopie mehr. Europa wird die Stabilität brauchen, denn im Weltmaßstab werden neue Konflikte aufbrechen oder alte sich verschärfen – durch knappe Ressourcen, religiösen Fanatismus, ethnische Gegensätze oder wieder durch ideologische Frontstellungen.

Konflikte und Friedensbemühungen in der Welt seit 1945

2 Über „Perestroika" und „Glasnost" sagte Gorbatschow 1990:
Während wir anfangs annahmen, dass es im Wesentlichen um (...) die Vervollkommnung dieses im Großen und Ganzen fest gefügten Systems geht, das sich in den vorangegangenen Jahrzehnten herausgebildet hatte, so sprechen wir jetzt von der Notwendigkeit eines radikalen Umbaus unseres gesamten Gesellschaftsgebäudes. (...) Und wir sprechen nicht nur davon, wir unternehmen auch praktische Schritte zur Reformierung der Eigentumsverhältnisse, des Wirtschaftsmechanismus, des politischen Systems, zur Veränderung des geistigen und moralischen Klimas der Gesellschaft. (...) Wir stehen heute vor der komplizierten Aufgabe das Ansehen des marxistischen Denkens, des marxistischen Herangehens an die Wirklichkeit, wieder herzustellen. Bei der weiteren Ausarbeitung der Konzeption und der Politik der Perestroika, beim Erfassen der Probleme des sich entwickelnden Sozialismus brauchen wir die Weisheit und die Wertvorstellungen dieser Ideologie, die zu den einflussreichsten der Welt gehört.

3 Über das Ende des Ost-West-Konflikts
a) Der Historiker Wilfried Loth meint 1991:
Dass der Ost-West-Konflikt schließlich doch, für alle Beteiligten überraschend schnell, zu Ende ging, war (...) nicht ein Erfolg westlicher Politik der Stärke. (...) Entscheidend für die Überwindung des Sicherheitsdilemmas war vielmehr zunächst das geduldige Beharren all derjenigen, die sich um ein Durchlässigmachen der Blockgrenzen bemühten. (...) Entscheidend war (...), dass Michail Gorbatschow und die Reformer, für die er steht, den Schritt aus der Festung des Kalten Krieges heraus tatsächlich gewagt haben. (...) Es ist darum ganz irreführend, zu behaupten, der Westen habe im Kalten Krieg gesiegt. Nicht der Westen hat gesiegt, sondern die westlichen Prinzipien sind im sowjetischen Machtbereich zum Programm geworden. Das ist etwas ganz anderes. Es ist neben und vor dem Erfolg westlicher Entspannungspolitik auch ein Erfolg der Sowjetunion selbst: Sie hat (...) Verbündete gewonnen, die ihr bei der Bewältigung ihrer Modernisierungsprobleme helfen können.

b) Der Historiker F. Furet erklärt 1995 zum Auflösungsprozess der Sowjetunion:
Inwiefern eine erklärte Absicht dahinter stand, ist am schwierigsten auszumachen. Der für die Aufrechterhaltung der Weltmacht zu zahlende Preis und (...) der Rüstungswettlauf haben die Sowjetunion letztlich ausgebrannt. Vielleicht kommen die Historiker eines Tages zu dem Schluss, dass die Politik Reagans unter diesem Blickwinkel effizienter [wirkungsvoller] war, als ihr (...) allgemein bescheinigt wird. Jedenfalls hat der innere Verfall der Sowjetunion am Ende der Breschnew-Ära ein solches Ausmaß erreicht, dass nicht nur die Regierungsgewalt des Landes, sondern auch (...) die Fähigkeit der öffentlichen Seite, elementare gesellschaftliche Bedürfnisse zu befriedigen, nicht länger gewährleistet war.

4 Eine Karikatur zum Ende des Kalten Krieges übergab Michail Gorbatschow dem US-Präsidenten George Bush auf dem KSZE-Gipfeltreffen in Helsinki im September 1990 (Foto). 1991 unterzeichneten sie einen Vertrag, der beide Seiten verpflichtete die Atomsprengköpfe auf Langstreckenraketen stark zu reduzieren. Wenig später wurde die ständige Alarmbereitschaft für strategische Bomber und Interkontinentalraketen aufgehoben. Der Vorgänger von George Bush, Ronald Reagan (Amtszeit 1980–88), hatte noch eine sehr antikommunistische Außenpolitik und eine Politik der Rüstungserhöhungen (von 1980–1984 um 40 %) betrieben.

1 Gorbatschows Ideen galten 1985 als revolutionär. Wie mussten sie 1990 auf viele Menschen wirken (M 2)?
2 Nimm Stellung zu Präsident Bushs Aussage, die USA hätten den Kalten Krieg gewonnen (VT, M 3, M 4).
3 Stelle mithilfe deiner Kenntnisse über das Ende des Ost-West-Konflikts die Verbindung zwischen der Karikatur und dem Foto dar (M 4, dazu auch M 3).
4 Sammelt über längere Zeit Informationen zu Veränderungen in den Staaten des ehemaligen Ostblocks (Politik, Wirtschaft, Gesellschaft). Präsentiert die Ergebnisse auf Wandzeitungen.
5 Nennt aktuelle Konflikte in der Welt. Wie unterscheiden sie sich vom Ost-West-Konflikt?

Auf einen Blick

1945
Konferenzen von Jalta und Potsdam, Gründung der UNO

1946–1949
im sowjetischen Machtbereich entstehen Satellitenstaaten

1955
die Bundesrepublik Deutschland wird in die NATO, die DDR in den Warschauer Pakt aufgenommen

1962
Höhepunkt des Kalten Krieges mit der Kuba-Krise

1963
die USA greifen mit Truppen in den Vietnamkrieg ein

1979
Einmarsch der Sowjetunion in Afghanistan

1989/90
Revolutionen im Ostblock: Fall der Berliner Mauer; der Warschauer Pakt löst sich auf

Den „Wettlauf zum Mond" gewannen die USA 1969. Im Vordergrund Edwin Aldrin, der nach Neil Armstrong als zweiter Mensch den Mond betrat. Der Blick vom Mond auf die Erde zeigt eine Welt – aber wie weit ist der Weg zur „Einen Welt"?

Der Ost-West-Konflikt

Mit dem Sieg über Deutschland zerbrach die Siegerkoalition zwischen den westlichen Demokratien und dem Sowjetkommunismus.

Überall dort, wo die Rote Armee als Sieger oder Befreier gekommen war, entstanden bis 1949 kommunistisch geprägte Volksdemokratien als Satellitenstaaten Moskaus.

Der Westen empfand diesen Block sozialistischer Staaten als Bedrohung seiner Sicherheit. Umgekehrt fühlte sich die Sowjetunion durch Militärbündnisse und Wirtschaftsinteressen des Westens bedroht.

1949 schlossen sich westliche Staaten unter Führung der USA zur NATO zusammen. Dem setzte die UdSSR ein Bündnis der sozialistischen Staaten, den Warschauer Pakt, entgegen.

Die Kubakrise brachte 1962 die Supermächte an den Rand eines Atomkrieges. Dies förderte auf beiden Seiten die Einsicht, dass hemmungsloses Wettrüsten unkalkulierbare Risiken mit sich bringen musste. Abkommen zur Rüstungsbegrenzung folgten.

Michail Gorbatschows Wahl zum Generalsekretär der KPdSU machte den Weg frei für eine Demokratisierung des sozialistischen Systems, für eine Zusammenarbeit mit dem Westen und für eine militärische Abrüstung. Die Auflösung von Ostblock und Warschauer Pakt 1990 brachte das Ende des Kalten Krieges.

Kalter Krieg im Kinderzimmer. Im Osten spielte man mit dem Raumschiff Wostok-I (oben), mit dem Jurij Gagarin als erster Mensch ins All flog. Im Westen spiegelt die Apollo-Rakete (links) die Begeisterung für die Mondlandung durch die Amerikaner wider. Weltraumspiele boomten in beiden Systemen.

Konflikte und Friedensbemühungen in der Welt seit 1945

„Als die erste Atombombe fiel ... Kinder aus Hiroshima berichten" heißt ein von Hermann Vinke herausgegebenes Buch, das Einblicke in die unmittelbaren Folgen des ersten Atombombenabwurfs für die betroffenen Kinder gibt. Unter dem Titel „Bonbons mit in den Sarg" berichtet Toshihiko Kondo, ein Schüler der 7. Klasse, der 1945 in die 1. Klasse ging:

Im August hatte ich Schulferien, und am Sechsten war der Himmel klar und blau. Mutter und mein großer Bruder mussten Arbeitsdienst leisten und waren zum
5 Rathaus gegangen, Vater zur Bank. Ich war allein zu Hause und spielte mit meinen Freunden beim Luftschutzunterstand in der Nähe. Plötzlich blitzte es grell auf, und gleich darauf waren wir
10 von schwarzem Rauch umgeben. Während ich verwirrt dastand und nachdachte, was ich tun sollte, begann sich das Haus vor uns in unsere Richtung zu neigen. Wir konnten uns gerade noch in Si-
15 cherheit bringen. Auf dem Weg nach Hause sah ich Kinder, die nach ihren Müttern riefen, und Leute, die ihre Wunden mit den Händen zusammenpressten (...). [Vater und ich] machten uns auf den
20 Weg zum Rathaus. Dabei sahen wir einen Mann, dessen Unterkörper von einem eingestürzten Haus eingeklemmt war. Er rief ununterbrochen: „Hilfe! Hilfe!" Wir konnten nicht vorübergehen
25 und tun, als hätten wir seine Rufe nicht gehört, also halfen wir ihm. (...) Ein paar Häuser entfernt von uns hörte ich ein Baby weinen. Man hörte, dass das Baby vor Angst zitterte. Wir wollten es retten, aber
30 wir konnten nichts tun, weil das Haus davor schon in Flammen stand. Wir hörten das Baby hinter uns weinen, während wir zum Rathaus weitergingen. Als wir dort ankamen, lagen viele Menschen auf
35 dem Boden. Wir suchten nach Mutter und meinem Bruder, aber wir fanden sie nicht. Enttäuscht und müde machten wir uns auf den Rückweg; da es aber gefährlich war, auf der Straße zu gehen, nah-
40 men wir wieder den Weg über die Dächer. Wir machten einen langen Umweg, um das Feuer in der Nähe der Miyuki-Brücke zu meiden. Nach kurzer Zeit sahen wir einen Jungen, der uns ent-
45 gegengestolpert kam. Es war mein Bruder. Er schien den Verstand verloren zu haben. „Wo ist Mutter?" fragte ich ihn. „Ich weiß nicht", antwortete er. Schließlich erfuhren wir, dass sie auf Ninoshima,
50 einer Insel südlich von Hiroshima, war, und Vater entschloss sich, dorthin zu gehen. Ich blieb allein zurück mit meinem Bruder, der immer noch nicht ganz richtig im Kopf war. Wie sollte ich ganz allein
55 für ihn sorgen? Ich ging erst in die erste Klasse. In der Nacht zündete ich eine Kerze an und hielt sie nahe an sein Gesicht. Es war geschwollen und voller Brandblasen. Er murmelte etwas, als ob er im
60 Schlaf spräche, dann stand er plötzlich auf und rief: „Hurra! Hurra!" Vielleicht träumte er von einem Sportwettbewerb. Ich hielt ihn fest und rief immer wieder seinen Namen, aber er wollte sich nicht
65 beruhigen. Schließlich lief ich zu userm nächsten Nachbarn, und er beruhigte meinen Bruder. (...) Am Morgen war Vater zurück. „Was ist mit Mama?", fragte ich. Er sagte nur: „Sie war tot. Sie haben
70 ihren Leichnam auf der Insel verbrannt." Sie sagten, dass Mutter am ganzen Körper schwarz verbrannt war und im Laufe des Tages gestorben sei. Vater forderte mich auf, eine Schachtel zu öffnen. In der
75 Schachtel war ihre Asche. Einen Augenblick lang war mir, als sei ich auf den Boden des Meeres gesunken. Um etwa 12.30 Uhr in derselben Nacht tat mein Bruder seinen letzten Atemzug. Wir leg-
80 ten seinen Leichnam in einen Sarg, und wir gaben ihm Bonbons mit in den Sarg. Am nächsten Morgen brachten wir den Sarg zur Uferböschung, aber ich wollte nicht, dass sein Körper verbrannt wurde.
85 Warum? Weil er neun Jahre lang ein so guter Bruder gewesen war. Und als ich daran dachte, wie nett er immer zu mir gewesen war, begann ich diejenigen zu hassen, die ihm das angetan hatten. Der
90 Sarg wurde angezündet, und in dem Rauch und den Flammen sah ich die Gesichter meiner Mutter und meines Bruders erscheinen und wieder verschwinden. Ich sah Vater an. Tränen liefen ihm
95 über die Wangen. Als wir am Abend die Asche meines Bruders holten, sagte Vater: „Toshi, deine Mutter und dein Bruder haben uns verlassen. Von jetzt an müssen wir allein weitergehen. Verstehst du
100 mich?"

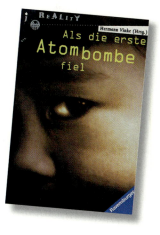

113

Die Deutschen und ihr Staat –

Aufwändige Paraden: Unter der Herrschaft der Nationalsozialisten dienen die Berliner Prachtstraßen der Selbstdarstellung des Regimes.

Nach der bedingungslosen Kapitulation im Mai 1945 sind Berlin und viele andere Großstädte Deutschlands zerstört.

Entwicklungen seit 1945

Der britische Militärgouverneur Montgomery (Mitte) und der russische Militärgouverneur Schukow (links daneben) nach Kriegsende im zerstörten Berlin. Nach der Wiedervereinigung der Bundesrepublik und der DDR im Jahre 1990 ziehen 1994 die Besatzungsmächte, die Alliierten des Zweiten Weltkrieges, endgültig aus Berlin ab.

Leuchtende Zukunft? 1990 beschloss der Bundestag den Regierungssitz des wiedervereinten Deutschland in die alte Hauptstadt Berlin zu verlegen. Der Reichstag wurde renoviert und modernisiert. Im neuem Gewand des alten Parlamentsgebäudes sollen die historische Tradition und die moderne Umsetzung der deutschen Demokratie zum Ausdruck kommen.

1 Der Fall der Mauer

1 Montagsdemonstration in Leipzig am 9. Oktober 1989.

Berliner Mauer
In der Nacht zum 13. August 1961 wurde auf Befehl der SED-Regierung in Berlin mit dem Bau der Mauer begonnen. Dieser scharf bewachte Grenzstreifen ging mitten durch die Stadt und wurde auf die gesamte Grenze der DDR zum Westen (1378 km) hin ausgeweitet.

deutsche Frage
Dies bezeichnet die Frage nach der deutschen Staatlichkeit. Vor der Gründung des deutschen Kaiserreichs 1871 ging es darum aus den vielen deutschen Einzelstaaten einen Nationalstaat zu schaffen. Nach dem Zweiten Weltkrieg verstand man darunter die Vereinigung der beiden deutschen Staaten.

„Wir wollen raus!", riefen am 4.9.1989 einige hundert Bürgerinnen und Bürger der Deutschen Demokratischen Republik (DDR). Sie hatten sich nach einem Friedensgebet auf dem Platz neben der Leipziger Nikolaikirche versammelt.

Vom Bau der Mauer ...
Die Menschen in der DDR waren sozusagen eingesperrt, seit ihre Regierung 1961 die *Berliner Mauer* errichtet hatte. Mehr als 2,5 Millionen Menschen waren bis zum Bau der Absperrung bereits geflohen (s. S. 134). Die Grenzanlage sollte die Bürger daran hindern den Staat Richtung Westen zu verlassen. Bis 1989 erschossen DDR-Grenztruppen über 900 Flüchtlinge beim Versuch die befestigte und scharf bewachte Grenze zu überwinden – darunter mehr als 200 in Berlin.

Seit 28 Jahren stand die Berliner Mauer nun, ein steinernes Symbol der Teilung – der Teilung Berlins, der Teilung Deutschlands und auch der Teilung der Welt in Ost und West. Die meisten Menschen in der DDR durften nur in die „sozialistischen Bruderstaaten" reisen, und auch dort versperrte der Eiserne Vorhang den Weg nach Westen.

An die Reformpolitik Gorbatschows in der Sowjetunion seit Mitte der 80er-Jahre knüpften sich neue Hoffnungen.

Und tatsächlich hob sich in Ungarn im Sommer 1989 der Eiserne Vorhang: Hier ließ die Reformregierung Grenzanlagen abbauen und machte den Weg in den Westen frei. Dies nutzten im August und September zahlreiche DDR-Bürger, die in Ungarn ihren Urlaub verbrachten, zur Flucht über Österreich in die Bundesrepublik. Der Damm war an einer Stelle gebrochen. Bald besetzten DDR-Bürger die westdeutschen Botschaftsgebäude in Prag und Warschau um so ihre Ausreise in die Bundesrepublik zu erzwingen.

Auch in der DDR bekundeten Demonstranten ihren Freiheitswillen. Sie stellten Forderungen an die Sozialistische Einheitspartei Deutschlands (SED), die seit 40 Jahren das Leben im Lande bestimmte und behauptete „im Namen des Volkes" zu handeln. „Wir sind das Volk!" riefen die Demonstranten und verlangten freie Wahlen, Meinungs-, Presse- und Reisefreiheit – der Beginn der friedlichen Revolution in der DDR.

... zur Wende
Die Regierung stand mit dem Rücken zur Wand: Sollte sie gewaltsam gegen die Demonstranten vorgehen oder den Forderungen nachgeben? Beim 40-jährigen Staatsjubiläum am 7. Oktober ging sie noch brutal gegen Demonstranten vor. Zwei Tage später, bei einer Demonstration von 50 000 Menschen in Leipzig, stand die Situation auf des Messers Schneide: Jetzt griffen die zahlreich aufgebotenen Volkspolizisten nicht ein – das war die Wende: Der Untergang des SED-Regimes war nicht mehr aufzuhalten. In Berlin mussten am 9. November die völlig überraschten Grenzbeamten um 21 Uhr dem Druck der Massen nachgeben und die Tore der Sperranlagen öffnen. Auf der anderen Seite warteten jubelnde und feiernde Westberliner. Ein neues Kapitel der *deutschen Frage* begann. – So neu war der Wunsch nach Freiheit und Einheit aber nicht. Seit 200 Jahren suchen die Deutschen einen Weg zu einem Nationalstaat.

Die Deutschen und ihr Staat – Entwicklungen seit 1945

2 Über die Ereignisse am Abend des 9. Oktober 1989 in Leipzig berichtete der „Spiegel":

An zentralen Punkten warteten (…) Hunderte von Bereitschaftspolizisten auf mit Planen zugehängten Lkws auf ihren Einsatz, neben dem Hotel „Stadt Leipzig"
5 waren mindestens eine Hundertschaft der SED-Betriebskampfgruppen aufgefahren; Vopos [Volkspolizisten] mit Helm und Schilden sicherten den Hauptbahnhof und die Bezirksverwaltung des
10 Ministeriums für Staatssicherheit. Die Rüpel der örtlichen Stasi waren überall, in den Kirchen und davor, in Gebüschen am Straßenrand und unter den Passanten in der Innenstadt. Am Rande der
15 Stadt, so berichteten Leipziger Pfarrer, standen Panzer der Nationalen Volksarmee auf Abruf. Und Piloten der Hubschrauberstaffel aus der Albert-Zimmermann-Kaserne im 150 km von Leipzig
20 entfernten Cottbus erzählten, sie hätten am 9. Oktober vorsorglich „Führungsbereitschaft" gehabt. (…) In den Krankenhäusern von Leipzig waren am Nachmittag ganze Abteilungen frei geräumt
25 worden. Blutkonserven standen bereit. (…) Über der Stadt lag Stunden vor der Demo eine seltsame Spannung, wilde Gerüchte schwirrten, das wildeste: Die Betriebskampfgruppen hätten für den
30 Abend Schießbefehl erhalten.

3 Ein Offizier des DDR-Grenzkommandos berichtet 1995 in einem Gespräch über den 9. November am Brandenburger Tor:

Der Versuch der Leute nur einmal das Brandenburger Tor anzufassen, nur einmal durchzugehen, war nicht zu bremsen. Es waren keine Randalierer wie spä-
5 ter, das war die „echte" Bevölkerung Berlins, die wollte nur mal durch's Brandenburger Tor gehen. Ich habe das nicht verstanden, ich habe es nicht begriffen. Aber es waren keine Jugendlichen, es
10 waren wirklich Leute im mittleren Alter, in unserem eigenen Alter, die kannten das von früher, die wollten da mal durch und einmal anfassen. Ich habe selbst eine Frau im Rollstuhl einmal durch das
15 Tor geschoben und dann wieder zurückgebracht. Es war für mich als völlig außen stehenden Militär, der konsequent bis zuletzt war, echt bewegend.

4 Die Mauer trennt nicht mehr. Freudenszenen spielten sich in der Nacht der Grenzöffnung an der Mauer in Berlin ab. – Wie erklärst du diesen Jubel?

1 Stelle eine Chronik der Ereignisse seit Sommer 1989 bis zum Fall der Mauer zusammen (VT).
2 Versetze dich in die Lage von Teilnehmern an der Demonstration des 9. Oktober 1989 in Leipzig. Welche Gedanken könnten euch durch den Kopf gegangen sein, welche Gefühle könnten euch bewegt haben (VT, M 2)?
3 Überlegt, warum es für viele Menschen nach der Wende so wichtig war, einmal durchs Brandenburger Tor zu gehen (VT, M 3).

2 Nach der Kapitulation – Leben in Trümmern

1 Frankfurt am Main, im März 1945.

2 Essensmarke (Ausschnitt), mit der Lebensmittel zugeteilt wurden.

Am 8. Mai 1945, dem Tag der deutschen Kapitulation, war der größte Teil Deutschlands bereits von den Alliierten besetzt. Für einen großen Teil der deutschen Zivilbevölkerung war der Krieg schon Wochen oder Monate zuvor beendet, nämlich mit dem Tag, an dem ihre Stadt oder ihr Dorf den Alliierten übergeben worden war.

Mit dem Eintreffen der Alliierten endete für die Bevölkerung die alltägliche Angst vor den Bombenangriffen. Viele Menschen waren erleichtert, viele hatten jedoch auch Angst vor möglichen Racheakten der Sieger. Die Alliierten übernahmen die oberste Regierungsgewalt und teilten das Land in vier Besatzungszonen auf.

Überleben in Trümmern

Für die deutsche Zivilbevölkerung ging der Kampf ums Überleben nach Kriegsende unvermindert hart weiter. Die Not war überall sicht- und spürbar. Die meisten Städte lagen in Trümmern. Schätzungsweise ein Viertel des gesamten Wohnraums und fast die Hälfte der Eisenbahnstrecken, Straßen und Brücken in Deutschland waren zerstört. Zudem wurden die Städte fast völlig von der Lebensmittelversorgung abgeschnitten. Viele Industrie- und Produktionsanlagen waren zwar noch funktionstüchtig, aber es fehlten Energie und Rohstoffe.

Familien waren ausgebombt, entwurzelt und auseinander gerissen. Flüchtlinge und Ausgesiedelte aus den ehemals deutschen Ostgebieten irrten durch die Straßen und suchten nach Verwandten und Obdach. Überall herrschte Chaos und Mangel: Um jede Mahlzeit, um Kleidung, um ein Dach über dem Kopf, um Brennstoff und Wasser musste gekämpft werden. „Die Ordnung der Dinge hat aufgehört", schrieb eine Zeitzeugin in ihr Tagebuch.

Die Deutschen und ihr Staat – Entwicklungen seit 1945

Nach den Bomben kam der Hunger

1946 wurde die Bevölkerungszahl in Deutschland auf 66,5 Millionen geschätzt. Fast vier Millionen Männer waren im Krieg gefallen und 12 Millionen befanden sich 1945 in Kriegsgefangenschaft. So stellten Frauen die große Mehrheit der Bevölkerung. Sie waren diejenigen, die die katastrophale Lebenssituation bewältigen mussten.

In den Städten war die Hälfte der Wohnungen zerstört, sodass allein stehende Frauen mit ihren Kindern und Hinterbliebenen nicht selten Wohngemeinschaften auf kleinstem Raum bilden mussten. Das Allernötigste fehlte: Essen, Betten, Schuhe, warme Kleidung. Kinder mussten in den Trümmern auf Holzsuche gehen. Frauen sammelten heruntergefallene Kohlen von den Eisenbahnschienen und stahlen sie von den Waggons. Dennoch starben viele Menschen durch Unterkühlung und Unterernährung. Lebensmittel waren nach Beruf und Alter rationiert, der tägliche Kalorienwert der zugeteilten Lebensmittel war viel zu gering.

Erweiterte Hausarbeit

Traditionell gehört die Hausarbeit zu den Aufgaben von Frauen. Als Überlebensarbeit wurde sie nun umfangreicher und mühsamer als je zuvor. Um Lebensmittel zu organisieren mussten zumeist Frauen und Kinder stundenlang Schlange stehen; sie tauschten auf dem Schwarzmarkt ihre geretteten Besitztümer gegen Butter und Eier und organisierten „Hamsterfahrten" aufs Land. Auch war es schwierig und sehr zeitaufwändig aus den wenigen vorhandenen Nahrungsmitteln wie Kartoffeln, Graupen oder Rüben eine schmackhafte Mahlzeit herzustellen. Dennoch bekamen die Frauen als „nichtberufstätige Hausfrauen" von den Militärbehörden nur die Lebensmittelkarte V mit der niedrigsten Kalorienmenge. Nur wer Trümmer beseitigen half, bekam die Lebensmittelkarte I für schwere Arbeit und hatte damit Anspruch auf die doppelte Brot- und Fettmenge. In Berlin arbeiteten im Sommer 1945 schätzungsweise zwischen 40 000 und 60 000 Trümmerfrauen.

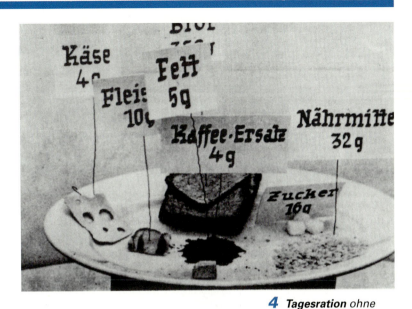

4 *Tagesration* ohne Sonderzulagen in der US-Zone.

3 *Erinnerungen eines Trümmerkindes:*
Als das Ausgehverbot aufgehoben wurde, räuberten wir auch in der Höhe, in den zerbombten Häuserresten. In Küchen und Küchenteilen zwischen den
5 schwankenden, brüchigen Wänden sah man noch Kochtöpfe, Geschirr und sogar volle Einmachgläser. Wir Trümmerkinder wagten den gefährlichen Weg durch zerstörte Treppenhäuser und über die Reste
10 der Deckenbalken. Jeder Schritt war begleitet von der Angst zu stürzen und unter Mörtel und Schutt umzukommen. Als einer von uns unter einer zusammenbrechenden Wand begraben wurde, haben
15 wir zwar geschrien, aber den Mut ihn auszugraben hatten wir nicht.
Dann kam die Arbeit auf den Trümmerfeldern. Wie Tausende von Kindern meines Alters musste ich Steine klopfen.
20 Auch in der Schule, wo wir jeden Tag eine Schulstunde für den Wiederaufbau unserer Lernanstalt opferten.

5 *Kinder* auf dem Schulweg, 1945. Die Schulspeisung war Garantie dafür, dass die Kinder wirklich zur Schule gingen.

Nach der Kapitulation – Leben in Trümmern

6 *Frauen beseitigen Trümmer in Berlin 1945.*

7 *Eine Überlebensgemeinschaft in Berlin 1945. Helene, 35 Jahre alt, ein Sohn, hat Karla, eine Flüchtlingsfrau aus Ostpreußen, mit ihren zwei Kindern in ihre Wohnung aufgenommen:*

»Karla und ick hatten uns die Arbeit eingeteilt. Wenn ick für die Essensbeschaffung zuständig war, musste sie Wasser holen. Dat hört sich nun nach gar nicht
5 an, aber für zwei Eimer Wasser musste se oft Stunden anstehn und dann waren ihre beiden Kinder immer bei Oma Polten. Also haben wir für die mitgesorgt und der wat mitgebracht und abends,
10 nachdem wir unsere herrliche Wassersuppe mit Aromastoff runtergeschlürft hatten, sind Karla und ick los und haben auf den Trümmern nach Baumaterial gesucht, denn wir sollten unsere Wohnung
15 noch winterfest machen. Wir hatten zwar ne Tür, aber die Fenster waren noch nich so richtig dicht.«
Der Hunger wurde so schlimm, dass [sie] ihre Wertgegenstände auf den Tisch
20 packten um sie auf dem Schwarzmarkt gegen Lebensmittel zu tauschen. (...) Mit ihren Habseligkeiten marschierten sie zur Friedrichstraße, wo sie mit Russen und Händlern tauschen konnten. Da sie
25 sich auf diesem Sektor überhaupt nicht auskannten, war ihre Ausbeute mehr als dürftig: 100 g Butter, Möhren, Kaffee, Brot und Speck. Dafür hatten die beiden Frauen einen goldnen Ring, ein Kleid und
30 zwei Röcke verhökert. Von dem teuer erkauften Essen mussten drei Erwachsene und fünf Kinder einige Tage leben.
Der Winter 1945/46 wurde kalt, sehr kalt. In Berlin starben 60 000 Menschen an
35 Unterernährung oder durch Erfrierungen. Die Lebensmittelrationen für den Normalverbraucher wurden von 1500 auf 1000 Kalorien gekürzt. Fett und Eiweiß gab es nur in winzigen Mengen. Im
40 Frühjahr gab der Magistrat die öffentlichen Grünanlagen als landwirtschaftliche Nutzfläche frei.

8 *Trümmerleben in Hamburg 1945/46. Frieda Martens, Mutter von zwei Kindern und früher Sparkassenangestellte, muss eine Stelle als Trümmerfrau annehmen:*
72 Pfennig verdient [sie] in der Stunde. Auch wenn es – außer auf die Lebensmittelkarten – fast nichts zu kaufen gibt, viel Geld kommt da bei 48 Stunden in der
5 Woche nicht zusammen. Und die Miete kostet weiterhin 69 Mark 40. Klar, dass die Kinder mithelfen müssen. (...) Hannelore [die Tochter] ist für Einkäufe zuständig, das heißt, sie muss ständig die
10 Augen offen halten, was es gerade auf Lebensmittelmarken zu kaufen gibt. Ständig steht sie irgendwo in Schlangen und wartet auf Milch, Brot oder Fleisch, was immer besonders schnell ausver-
15 kauft ist. Außerdem zieht sie zusammen mit Wolfgang [ihrem Bruder] durch die

Die Deutschen und ihr Staat – Entwicklungen seit 1945

9 „Hamsterfahrt" aufs Land

12 Kinder beim „Kohlenklau". Diebstahl nannte man auch „fringsen", weil der Kölner Kardinal Frings 1946 gepredigt hatte, dass jeder Mensch, „was [er] zur Erhaltung seines Lebens und seiner Gesundheit notwendig hat", nehmen darf, „wenn er es durch seine Arbeit oder Bitten nicht erlangen kann".

Ruinen und sammelt Holz. Denn ihr Keller ist leer und mit einer Kohlenzuteilung ist nicht zu rechnen. (…) Bis Wolfgang eines Tages ins wirklich große Geschäft kommt. Auf einer seiner Touren sieht er, wie nicht weit vom Bahnhof Sternschanze ein Kohlenzug vor einem Haltesignal wartet. Von den Wagen werfen Jungen seines Alters Säcke, in die sie Kohlen gefüllt haben, nach unten, wo andere sie in Empfang nehmen. (…) Natürlich, wendig muss man sein, schneller als die Polizisten, und man muss sie eher sehen.

10 *Schulalltag* für Hannelore und Wolfgang in Hamburg 1945/46:
Im Winter fällt die Schule öfter aus, je nachdem, wie die Brennstoffversorgung ist. (…) Aber das stört eigentlich keinen. Viel wichtiger dagegen ist die Frage: Wie bekommt man an diesen Tagen seine Schulspeisung? Denn die Schulspeisung ist ja längst das eigentlich Wichtige in der Schule geworden. Die Besatzungsmächte spendieren sie aus ihren eigenen Verpflegungslagern. (…) Wo gibt es so etwas heute schon: Essen ohne Marken? Und die Lehrer muss man dabei beobachten. Sie geben die Suppe aus und kriegen selber nichts. Ganz hungrige Augen haben sie.

11 *Schwarzmarktgeschäfte.* In einem Zeitungsartikel von 1947 heißt es:
Einem hungrigen Freunde wurde ein Pfund Butter für 320 RM angeboten. Er nahm sie auf Kredit, weil er so viel Geld nicht hatte. Er wollte sie morgen bezahlen. Ein halbes Pfund bekam seine Frau. Mit dem Rest gingen wir „kompensieren": In einem Tabakladen gab es für das halbe Pfund 50 Zigaretten. Zehn Stück behielten wir für uns. Mit dem Rest gingen wir in eine Kneipe. Wir rauchten eine Zigarette, und das Geschäft war perfekt: Für 40 Zigaretten erhielten wir eine Flasche Wein und eine Flasche Schnaps. Den Wein brachten wir nach Hause. Mit dem Schnaps fuhren wir auf das Land. Bald fand sich ein Bauer, der uns für den Schnaps zwei Pfund Butter eintauschte. Am nächsten Morgen brachte mein Freund dem ersten Butterlieferanten sein Pfund zurück, weil es zu teuer war.

1 Erkundigt euch bei Zeitzeuginnen und Zeitzeugen über Kriegszerstörungen in eurem Ort. Fragt nach, wie die Wohnsituation war und wie die Einheimischen Flüchtlingen begegneten.
2 Beschreibt in Stichworten die Ernährungssituation 1945. Unterscheidet dabei nach Bevölkerungsgruppen (VT).
3 Listet auf, was heute zur Hausarbeit gehört, und vergleicht mit der „erweiterten Hausarbeit" nach dem Krieg (VT, M7).
4 Versetzt euch in die damalige Zeit. Welche Möglichkeiten gab es Kleidung, Schuhe oder Nahrung zu beschaffen, wenn es in den Geschäften nichts zu kaufen gab (VT, M3, M7–M9, M11–M12)?
5 Entwickelt ein Rollenspiel: „Auf dem Schwarzmarkt" oder „Tauschgeschäfte auf dem Land".
6 Erklärt den Begriff „Trümmerfrauen" und „Trümmerkinder" (VT, M8, M10).
7 Schreibt einen Brief an einen kriegsgefangenen Verwandten über die Situation nach Kriegsende.

3 Flucht, Vertreibung und Zwangsumsiedlung

1 Flucht und Vertreibung in Europa 1945–1950.

2 Notunterkunft einer Flüchtlingsfamilie, Berlin 1945.

Eine gewaltige Bevölkerungsbewegung in Ost-West-Richtung ist eine der Folgen des Zweiten Weltkrieges. Bereits seit Herbst 1944 strömten endlose Flüchtlingskolonnen vor allem aus Ostpreußen und aus Schlesien nach Westen. Sie flohen vor der heranrückenden sowjetischen Armee. Auf der Potsdamer Konferenz stimmten die englischen und amerikanischen Alliierten rückwirkend der Aneignung Königsbergs und der nördlichen Teile Ostpreußens durch die Sowjetunion zu. Ebenso legten sie fest die deutschen Gebiete östlich der Oder-Neiße-Linie unter polnische Verwaltung zu stellen. Und es wurde beschlossen die Deutschen aus diesen Gebieten und aus Teilen Ungarns und der Tschechoslowakei „in geordneter und humaner Weise" umzusiedeln. Die meisten Umsiedelungen hatten jedoch bereits vor der Potsdamer Konferenz begonnen und verliefen oftmals nicht in „humaner" Weise.

Fremd im eigenen Land

Im Mai 1945 waren durchschnittlich von fünf Deutschen zwei irgendwie irgendwohin unterwegs. An eine systematische Verteilung der Flüchtlinge und Vertriebenen war im Chaos der Jahre 1945/46 nicht zu denken. Einheimische sahen die körperlich und seelisch Erschöpften als Fremde an und nahmen sie oft nur widerwillig auf. Im Umland von Großstädten trafen Flüchtlinge und Vertriebene auf die dort bereits untergebrachten Ausgebombten der Städte. Es kam zu Rivalitäten zwischen beiden Gruppen, aber auch zu selbstloser Hilfe.

Die Flüchtlinge verteilten sich nicht gleichmäßig über das Gebiet einer Zone. Es bildeten sich Schwerpunkte, in denen der Vertriebenenanteil nicht selten bis zu 50 % der einheimischen Bevölkerung betrug. Rund 2 Millionen Deutsche verloren bei Flucht und Vertreibung ihr Leben. Dazu gehörten auch die Opfer von Rache- und Mordaktionen derer, die unter deutscher Herrschaft während des Nationalsozialismus gelitten hatten. Jahrelang aufgestauter Hass entlud sich. Der polnischen Armee hatte man befohlen, „mit den Deutschen so zu verfahren, wie sie mit uns verfuhren".

Zwangsumsiedlungen von Polen

Vertriebene gab es zu dieser Zeit nicht nur in der deutschen Bevölkerung. So wurden etwa Polen aus Gebieten umgesiedelt, die nach dem Kriege der Sowjetunion zugesprochen worden waren (s. S. 91). Auch sie verließen ihre Heimat nicht freiwillig, auch sie kamen jetzt in eine fremde Umgebung und wussten nicht, wie lange sie dort bleiben konnten.

Die Deutschen und ihr Staat – Entwicklungen seit 1945

3 *Die Vertreibung der Sudetendeutschen.* Bericht einer Frau aus Freiwaldau (Frývaldóv, Tschechische Republik):
Am 26. Juli 1945 kamen plötzlich drei bewaffnete tschechische Soldaten und ein Polizist in meine Wohnung, und ich musste dieselbe binnen einer Stunde
5 verlassen. Ich durfte gar nichts mitnehmen. Wir wurden auf einen Sammelplatz getrieben. (…) Unter starker Bewachung mussten wir (…) viele Stunden warten, gegen Abend wurden wir unter grässli-
10 chen Beschimpfungen und Peitschenschlägen aus dem Heimatort fortgeführt. (…) Es wurde uns (…) nicht gesagt, was mit uns geschehen soll, bis wir am 2.8.45 zum Bahnhof mussten und auf of-
15 fene Kohlenwagen (…) verladen wurden. Während der Fahrt regnete es in Strömen. (…) Die Kinder wurden krank und ich wusste mir vor Verzweiflung keinen Rat. Nach zwei Tagen wurden wir in
20 Teschen ausgeladen.

4 *Wladyslaw Gomulka, Generalsekratär der polnischen Arbeiterpartei,* auf einer Sitzung am 21./22. Mai 1945:
An der Grenze ist ein Grenzschutz aufzustellen und die Deutschen sind hinauszuwerfen. Denen, die dort sind, sind solche Bedingungen zu schaffen, dass sie
5 nicht bleiben wollen. (…) Der Grundsatz von dem wir uns leiten lassen sollen, ist die Säuberung des Terrains von den Deutschen, der Aufbau eines Nationalstaates.

5 *Der Zweite Weltkrieg und die Westverschiebung Polens* führte auch zur Vertreibung polnischer Bürger. Ein Pole aus Lemberg berichtet, wie er in Danzig ein Haus zugewiesen bekam, in dem sich die deutsche Besitzerin noch aufhielt:
Ich wollte etwas zu der Deutschen sagen, aber die Sprache versagte mir ihren Dienst. Ich bemerkte, dass die Deutsche weinte, etwas zu mir oder auch zu sich
5 selbst sagte und ihre Sachen packte. Ich sah ihr zu, wie sie von der Wand kleine Porträts von Jungen und Mädchen und eines älteren Mannes abnahm. Sie wischte sie ab, sprach etwas zu ihnen
10 und presste sie an ihre Brust. In diesem Moment. brauchte ich kein Deutsch zu verstehen, denn ich empfand ihr Weinen und Tun sehr deutlich. Niemand musste mir erklären, was ich sah. Ich fühlte, was
15 diese unbekannte Frau durchmachte. Sie erlebte das, was ich schon hinter mir hatte.

7 *Flüchtlingstreck aus Ostpreußen* auf der Flucht vor der sowjetischen Armee im Januar 1945. Eine Volkszählung Ende 1946 erfasste 9,6 Millionen aus ihrer Heimat vertriebene Deutsche.

6 *Aus dem Verwaltungsbericht* der Stadt Fulda für das Haushaltsjahr 1947:
Von den 5636 Flüchtlingen sind 986 Familien mit Ernährer, 643 Familien ohne Ernährer und 932 Personen allein stehend. (…) Das enge Zusammenwohnen,
5 der verschiedenartige landsmannschaftliche Charakter führen schon ohnehin, von allen anderen Schwierigkeiten abgesehen, zu Spannungen zwischen Alt- und Neubürgern. (…) Soweit Klagen von
10 Flüchtlingen geltend gemacht wurden, hatten sie häufig folgende Beweggründe als Ursache: Hinausekeln des Zwangsmieters, Entzug von geliehenen Gegenständen, Verweigern der notwendigen
15 Schlüssel, Sperrung von Kellern, Boden, Klosett und Waschküche.

1 Erkundige dich in deinem Bekanntenkreis nach Zeitzeugen und befrage sie über ihre Vertreibung, die Bedingungen, unter denen sie flohen, und wie sie in der neuen Heimat aufgenommen wurden.
2 Versetze dich in die Rolle eines Bürgermeisters, der für die ankommenden Flüchtlinge Wohnraum sucht. Mit welchen Reaktionen der Einheimischen wird er sich auseinander setzen müssen?
3 Versetze dich in die Lage von deutschen und polnischen Vertriebenen. Erkläre ihre Reaktionen und Gefühle bei einer Begegnung (M 3, M 5, VT).
4 Flucht und Vertreibung ist nicht nur das Schicksal der Deutschen. Begründe diese Aussage anhand des VT und der Karte (M 1).
5 Schildere die wirtschaftliche und soziale Lage der Vertriebenen (VT, M 6).

4 Die Siegermächte behandeln die Deutschen verschieden

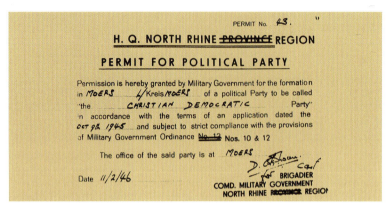

1 Zulassung der CDU in Moers. – Übersetze das Formular der britischen Militärregierung.

Kommunismus
a) Zustand einer klassenlosen Gesellschaft nach Abschaffung des Privateigentums und des bürgerlichen Staates;
b) politische Bewegung, die diesen Gesellschaftszustand durch eine revolutionäre Politik gegen den Kapitalismus durchsetzen will.

Kapitalismus
Wirtschaftsordnung, in der Privateigentümer Kapital investieren. Um höhere Gewinne zu erzielen wollen sie Löhne und Kosten niedrig halten. Wettbewerb zwingt zu technischem Fortschritt und Wachstum, führt aber auch zu Bankrotten und Arbeitslosigkeit.

Sozialismus
Gesellschaftsordnung, in der Kapital und Produktionsmittel (Grund und Boden, Maschinen, Fabriken) Gemeineigentum (meist staatlich) sind. Gewinne sollen zum Nutzen aller verwendet werden.

Kommunisten an die Macht?
Die Sowjetische Militärverwaltung (SMAD) förderte in ihrer Besatzungszone (SBZ) die *Kommunisten*. Zu ihnen gehörte Walter Ulbricht, der im Moskauer Exil zum Gefolgsmann Stalins geworden war und in Deutschland, zumindest in der SBZ, eine politisch-wirtschaftliche Ordnung nach sowjetischem Vorbild durchsetzen wollte. Zwar wurden mehrere Parteien gegründet, was dem demokratischen Aufbau zu dienen schien. Zur entscheidenden politischen Kraft sollten aber die Kommunisten werden. Sie nahmen sofort Schlüsselstellungen ein. KPD und SPD schlossen sich 1946 auf Veranlassung der SMAD zur Sozialistischen Einheitspartei Deutschlands (SED) zusammen. Die SPD sollte so als Konkurrenz der KPD ausgeschaltet werden. 1945 hatten Mitglieder beider Parteien die Vereinigung noch selbst gewünscht um die Spaltung der Arbeiterbewegung zu überwinden. Bald aber wurden unliebsame Sozialdemokraten in der SED und die Mitglieder anderer Parteien unter dem Vorwand des antifaschistischen Kampfes verfolgt.

Große Veränderungen in der SBZ
Zu den antifaschistischen und anti*kapi*talistischen Maßnahmen gehörte die Enteignung aller Landgüter über 100 ha. Die Entmachtung der alten ländlichen Führungsschicht, aber auch die in Sachsen durch eine Volksbefragung beschlossene Verstaatlichung von Banken, Versicherungen, Bergwerken und Industriebetrieben waren populär – nicht so die Demontage von Industrieanlagen, da sie die ostdeutsche Wirtschaft schwächte. 25 % der Betriebe musste direkt für die Sowjetunion produzieren um deren zerstörte Städte und Industrien wieder aufzubauen. 75 % der Beamten des Bildungs- und Rechtswesens wurden durch rasch geschulte, kommunistisch eingestellte Volksrichter und -lehrer ersetzt. So nutzten SMAD und SED auch die Entnazifizierung um in der SBZ nach sowjetischem Vorbild eine *sozialistische* Ordnung umzusetzen.

Keine Wirtschaftsreform im Westen
Die West-Siegermächte hatten erst keine gemeinsamen Ziele für die Verwaltung ihrer Gebiete. Besitzverhältnisse und Wirtschaftsordnung blieben bestehen, obwohl viele Deutsche für sozialistische Reformen waren. Die Demontage, gegen die die Bevölkerung protestierte, wurde nicht wie geplant durchgeführt.

Neue und alte Parteien
Im Westen wurden 1945 demokratische Parteien erlaubt, die 1946 durch freie und geheime Wahlen ein gewisses Maß an Selbstverwaltung und politischer Verantwortung erhielten. Stärkste Kraft schien zunächst die SPD zu sein, die für Demokratie und eine sozialistische, staatliche gelenkte Wirtschaft eintrat und die Kommunisten bekämpfte. Die neu entstandene CDU und ihre bayrische Schwesterpartei CSU sammelten die demokratischen Kräfte der christlichen, bürgerlich-konservativen Richtungen in einer Volkspartei, die mit einem christlichen Weltbild alle Schichten der Bevölkerung ansprechen wollte. Sie zogen mit der SPD in den Wahlen gleich. Als dritte Partei bildete sich die liberale FDP, die sich für freie Marktwirtschaft, Demokratie und einen Bundesstaat einsetzte. Die Kommunisten verloren wegen der Politik der KPD in der SBZ stark an Ansehen.

Die Deutschen und ihr Staat – Entwicklungen seit 1945

2 Wie soll die deutsche Schule aussehen?
a) Kölner Leitsätze der CDU 1945:
Das natürliche Recht der Eltern auf die Erziehung ihrer Kinder ist die Grundlage der Schule. Diese gewährleistet die Bekenntnisschule für alle vom Staat anerkannten Religionsgemeinschaften wie auch die christliche Gemeinschaftsschule mit konfessionellem Religionsunterricht als ordentlichem Lehrfach. Das kulturelle Schaffen muss frei von staatlichem Zwang sein.

b) „Forderungen und Ziele" der SPD (1946):
Das allgemeine Schulwesen ist öffentlich. Die Schulen sollen die Jugendlichen frei von totalitären und intoleranten Anschauungen erziehen im Geist der Humanität, der Demokratie, der sozialen Verantwortung und der Völkerverständigung. Allen Deutschen stehen die Bildungsmöglichkeiten allein entsprechend ihrer Befähigung offen. Sie sind unabhängig von Bekenntnis, Staat und Besitz.

c) Aufruf der KPD (1945):
Die unmittelbarsten und dringendsten Aufgaben (…) sind (…) Säuberung des gesamten Erziehungs- und Bildungswesens von dem faschistischen und reaktionären Unrat. Pflege eines wahrhaft demokratischen und freiheitlichen Geistes in allen Schulen und Lehranstalten. Systematische Aufklärung über den barbarischen Charakter der Nazi-Rassentheorie, über die Verlogenheit der „Lehre vom Lebensraum", über die katastrophalen Folgen der Hitlerpolitik für das deutsche Volk.

3 Wie kamen die Kommunisten an die Macht? Wolfgang Leonhard arbeitete 1945 in der „Kommunistischen Gruppe" mit. 1949 floh er als Gegner der kommunistischen Herrschaft nach Westdeutschland:
Ulbricht gab uns neue Direktiven [Anweisungen]: (…) „Ihr kennt jetzt schon genug Leute. Gleich morgen kann man mit der Zusammensetzung der Verwaltung beginnen. Sucht euch zunächst einmal den Bürgermeister. Wenn ihr erst einen Bürgerlichen oder Sozialdemokraten habt, dann werdet ihr auch schon an andere herankommen. Und nun zu unseren Genossen. Der erste stellvertretende Bürgermeister, der Dezernent für Personalfragen und der Dezernent für Volksbildung – das müssen unsere Leute sein. Dann müsst ihr noch einen ganz zuverlässigen Genossen in jedem Bezirk ausfindig machen, den wir für den Aufbau der Polizei brauchen. (…) Etwa nach einer halben Stunde brach Ulbricht die Diskussion ab. In klassischem Sächsisch gab er uns die abschließende Direktive: „Es ist doch ganz klar: Es muss demokratisch aussehen, aber wir müssen alles in der Hand haben."

4 *„Junkerland in Bauernhand!"* Herausgegeben von der KPD (Plakat von Alfred Stiller, 1945).

1 Untersucht das Vorgehen der Kommunisten in der SBZ (M 3). Worin bestanden ihre Ziele, welche Mittel wurden eingesetzt?
2 Die SED hat immer ihre antifaschistische Haltung gegenüber den anderen politischen Kräften betont. Überlege, ob diese Haltung berechtigt ist.
3 Vergleicht die unterschiedlichen Aussagen der Parteien und sucht nach den grundlegenden Prinzipien (M 2). Welche Ziele haltet ihr für aktuell und begründet?
4 Stellt in einer Tabelle die gegensätzliche Entwicklung in Ost- und Westdeutschland dar (VT).

5 Ist die Teilung Deutschlands noch aufzuhalten?

1 *„Von dem Onkel dürft ihr nichts annehmen!"* (Karikatur von M. Szwczuck; Die Zeit, 17. 7. 1947).

Die Bizone – eine Initiative der USA
Die Hungersnot 1946 veränderte die US-Politik: Die Deutschen sollten sich wieder selbst ernähren können. Deshalb verweigerten die USA der Sowjetunion Abgaben aus dem Ruhrgebiet und legten ihre Zone am 1. Januar 1947 mit der britischen zur Bizone zusammen. Die Russen lehnten einen Anschluss ab, während die französische Zone 1948 dazukam. Vor allem im wirtschaftlichen Bereich entstanden deutsche Verwaltungen. Diese überwachte der Wirtschaftsrat in Frankfurt, gebildet aus Mitgliedern der Länderparlamente. Er erließ auch in eingeschränktem Maß Gesetze.

Wie weit die deutschen Politiker in Ost und West bereits getrennt waren, zeigte im Juni 1947 die Konferenz der Ministerpräsidenten in München. Sie wollten über gesamtdeutsche Fragen beraten, konnten sich aber nicht auf die Tagesordnung einigen. Die Politiker aus der SBZ fuhren vor dem Beginn der Verhandlungen ab. Frankreich und die Sowjetunion hatten „ihren" deutschen Politikern keinen Spielraum gelassen.

Truman-Doktrin
US-Präsident Truman versprach allen Völkern die amerikanische Unterstützung für ihre Unabhängigkeit und Freiheit. Gemeint war Hilfe für die Regierungen, die sich gegen einen kommunistischen Umsturz wehrten.

Marshall-Plan für den Westen
Die wachsende Feindschaft zwischen den Westmächten und der Sowjetunion verhinderte eine gemeinsame Deutschlandpolitik. Deshalb wollte die amerikanische Regierung die Westzonen in ihr Programm zum Wiederaufbau Europas (Marshall-Plan) einbeziehen. Amerikanische Kredite sollten die europäische Wirtschaft ankurbeln. Vermehrter Wohlstand, so die Idee des US-Präsidenten *Truman*, könne die Ausdehnung des Kommunismus verhindern und freiheitliche Demokratien festigen. Stalin untersagte den osteuropäischen Ländern die Teilnahme am Marshall-Plan (s. S. 91f.).

Die DM wird gedruckt
Die Westzonen erhielten eine neue Währung. In den USA gedruckt, wurde die Deutsche Mark am 20. Juni 1948 eingeführt. Alle in den Westzonen lebenden Deutschen erhielten insgesamt 60 DM als Startgeld; ihre Spareguthaben wurden stark abgewertet. Damit verbunden war die Rückkehr zur freien Marktwirtschaft. Schnell belebten sich Handel und Produktion. Ludwig Erhard, der Wirtschaftsdirektor der Bizone und spätere Wirtschaftsminister, war verantwortlich für diesen erfolgreichen Schritt.

Konflikt um Westberlin
Als die Westmächte am 26. Juni die D-Mark auch in den Westsektoren Berlins einführten, sperrten die Russen alle Zufahrtswege nach Berlin. Der Gouverneur der US-Zone, Lucius D. Clay, veranlasste die Versorgung von 2,5 Millionen Westberlinern über den Luftweg. Der riskante Einsatz der Amerikaner und Briten in der „Luftbrücke", bei der 78 Menschen durch Abstürze oder Unfälle ums Leben kamen, veränderte das Verhältnis zu den Westdeutschen: Aus „Besatzern" wurden „Freunde". Die Währungsreform vertiefte allerdings die wirtschaftliche Teilung Deutschlands. Denn man hatte die Stadt in zwei Wirtschaftsgebiete geteilt.

Die Deutschen und ihr Staat – Entwicklungen seit 1945

2 Schwarzmärkte verschwanden, als die Mark eingeführt wurde. Die SBZ erhielt eine eigene Währung, die auch „Mark" hieß, aber geringeren Kaufwert hatte.

3 Deutsche Politiker äußerten sich 1947 zur Zukunft ihres Landes:
a) Jakob Kaiser (CDU, Berlin, SBZ), Januar:
Wer die Gesundung Deutschlands will, kann nur von der Tatsache ausgehen, dass Deutschland zwischen Ost und West gelagert ist. Die Konsequenzen die-
5 ser schicksalhaften, aber auch aufgabenreichen Lage ist nicht das Entweder- oder eines West- oder Ostblocks, sondern das Sowohl-als-auch der Verständigung und der Ausgleich zwischen den Völkern und
10 die Gesundung aus eigenem Geist heraus.

b) Kurt Schumacher (SPD-West), August:
Die Prosperität [Wohlstand] der Westzonen, der sich auf Grundlage der Konzentrierung der bizonalen Wirtschaftspolitik erreichen lässt, kann den Westen zum
5 ökonomischen Magneten werden lassen. Es ist realpolitisch vom deutschen Gesichtspunkt aus kein anderer Weg zur Erringung der deutschen Einheit möglich als diese ökonomische Magnetisierung
10 des Westens.

4 General Clay begründet die Luftbrücke:
Wenn Berlin fällt, folgt Westdeutschland als nächstes. Wenn wir beabsichtigen, Europa gegen den Kommunismus zu halten, dürfen wir uns nicht von der Stel-
5 le rühren. Wir können Demütigungen und Druck, die nicht zum Krieg führen, in Berlin einstecken ohne das Gesicht zu verlieren. Wenn wir fortgehen, gefährden wir unsere europäische Position. Falls Amerika dies jetzt nicht versteht,
10 wenn es nicht begreift, dass die Würfel gefallen sind, wird es nie zu dieser Erkenntnis kommen und der Kommunismus wird alles überrennen.

5 Die Folgen der neuen Währung beschreibt A. Hahn in der Süddeutschen Zeitung vom 26. August 1948:
Die neue Deutsche Mark wirkt Wunder. Sie öffnet die (gehorteten) Lager und füllt viele Schaufenster. Die neue Mark hat auch über Nacht das „Wachstum" sehr
5 gefördert. (...) Jetzt auf einmal gibt es Aktenmappen (15 bis 28,75 Mark), Bürsten, Druckknöpfe, Thermosflaschen, Schuhbänder, Wäscheknöpfe, Werkzeug, feuerfeste Milchtöpfe, Pfannen für Elekt-
10 roherde, Taschenmesser, Nadeln aller Art, Gummibänder, „prima Bohnerwachs", Lederhandschuhe, Krawatten – alles frei und in erheblichen Mengen. Plötzlich ist (nach vielen Jahren!) „Baby-
15 wäsche eingetroffen!", man sieht Damenkleider und -stoffe, Hemden und Herrenanzüge.

6 Rosinenbomber über Westberlin. Ehemalige Bomber und Transportflugzeuge, jetzt „Rosinenbomber" getauft, flogen täglich in mehreren hundert Flügen 4500 Tonnen Lebensmittel und Heizmaterial nach Westberlin. Bei zahlreichen Abstürzen starben 78 Amerikaner, Briten und Deutsche. – Wie reagieren die Kinder auf dem Foto?

1 Warum veränderten die USA ihre Politik in Deutschland und Europa? Welche Folgen hatte das für Deutschland (VT, M 4)?
2 Erläutere die unterschiedlichen Auffassungen, die zwischen den deutschen Politikern über die deutsche Zukunft bestanden. Warum gab es diese Gegensätze (VT, M 3)?
3 Welche Ursachen und Folgen hatten:
a) die Luftbrücke (M 4, M 6, VT)?
b) die Währungsreform (M 2, M 5, VT)?
4 Was haben die Menschen – vor allem in West-Berlin – wohl gedacht und gefühlt, als die neue Währung ihnen die Versorgung wieder erleichterte und als die Berlin-Blockade eine erneute Ausnahmesituation schuf?
5 Versucht die skizzierten Figuren auf der Karikatur (M 1) zu bestimmen. Erläutert mithilfe des VT die Unterzeile.

6 „Die doppelte Staatsgründung"

1 *Briefmarken mit den Staatsemblemen*, herausgegeben aus Anlass des 20-jährigen Bestehens der beiden deutschen Staaten. Die Bundesrepublik übernahm den leicht veränderten Reichsadler, die DDR schuf ein neues Zeichen: Hammer, Zirkel und Ährenkranz sollte das Bündnis von Arbeitern, Bauern und Intelligenz verdeutlichen. – Vergleiche das jeweilige Staatsverständnis.

Für einen westdeutschen Teilstaat

Am 1. Juli 1948 forderten die drei westlichen Militärgouverneure in den Frankfurter Dokumenten die Ministerpräsidenten der Länder auf eine verfassunggebende Versammlung für einen westdeutschen Staat einzuberufen und die Ländergrenzen zu überprüfen. Die westdeutschen Politiker fürchteten jedoch die deutsche Teilung zu zementieren. Zuletzt gestanden die Militärgouverneure zu die Versammlung Parlamentarischen Rat und die Verfassung Grundgesetz zu nennen. Dies sollte nicht das Volk, sondern die Länderparlamente beschließen. Damit wurden der vorläufige Charakter der Bundesrepublik und das weiter bestehende Recht auf die deutsche Einheit betont.

Lehren aus der Vergangenheit

Am 1. September begann der Parlamentarische Rat unter dem Vorsitz des 72-jährigen Konrad Adenauer mit der Arbeit. Das Grundgesetz wurde am 8. Mai 1949 beschlossen. Die Vorgabe der USA, eine parlamentarische Demokratie und einen Bundesstaat zu errichten, bildete den Rahmen. Die Menschenrechte galten als bindende Grundrechte und unveränderbare Basis der Demokratie.

Nach den jüngsten Erfahrungen wollte man die Fehler der Weimarer Verfassung (s. S. 14, 34) vermeiden. Die Macht des Reichspräsidenten wurde auf Bundeskanzler und Bundestag verteilt. Der Kanzler gibt die Richtlinien der Politik vor und ist von der Zustimmung des Parlaments abhängig. Der Bundestag muss den Kanzler mit absoluter Mehrheit wählen und kann ihn nur stürzen, wenn er einen neuen wählt (konstruktives Misstrauensvotum). Volksbegehren und Volksentscheid wurden abgeschafft. Über die Einhaltung des Grundgesetzes wacht das unabhängige Bundesverfassungsgericht. Artikel 20, Absatz 4, 1968 ergänzt, gibt den Bürgern das Recht zum Widerstand gegen alle Versuche die Demokratie abzuschaffen.

Bundeskanzler Adenauer

Nachdem alle Länder mit Ausnahme von Bayern, das die Länderrechte für zu gering hielt, das Grundgesetz verabschiedet hatten, trat dieses am 23. Mai 1949 in Kraft. Mitte August erreichten bei den ersten Bundestagswahlen die CDU/CSU 31%, die SPD 29%, die FDP 12% und die KPD 5,7% der Stimmen. Eine Koalition von CDU/CSU und FDP wählte am 15.9.1949 mit einer Stimme Mehrheit Konrad Adenauer zum ersten Bundeskanzler, Theodor Heuss (FDP) wurde Bundespräsident.

Gründung der DDR

Vom zeitlichen Ablauf her gesehen wurde der westdeutsche vor dem ostdeutschen Staat gegründet. Allerdings gab es seit 1947 eine deutsche Zentralverwaltung für die SBZ. Die SED setzte im gleichen Jahr eine von ihr gesteuerte Bewegung für einen Volkskongress „für Einheit und gerechten Frieden" in Gang. Alle anderen Parteien und Interessenorganisationen mussten sich einordnen und mitarbeiten. Die Delegierten wurden nicht demokratisch gewählt. Ein vom Volkskongress gebildeter Volksrat legte am 22.10.1948 einen Verfassungsentwurf vor. Für den 3. Volkskongress 1949 konnte man in der SBZ nur über eine Einheitsliste mit Ja oder Nein abstimmen. Darin waren für alle Parteien und Organisationen die Anteile ihrer Kandidaten schon im Voraus festgelegt. Fast 40% lehnten die Liste ab.

Aus dem 3. Volkskongress ging schließlich als Parlament die Volkskammer hervor, die Wilhelm Pieck zum Präsidenten und Otto Grotewohl zum Ministerpräsidenten der DDR (Deutsche Demokratische Republik) wählte. Das Verhältnis von Parlament und Regierung sah in der Verfassung demokratisch aus. Die Einheitsliste, die Zusammenarbeit aller Parteien und Verbände unter der SED-Vorherrschaft ließen aber keine demokratische Opposition, Meinungsvielfalt oder Machtwechsel zu.

Die Deutschen und ihr Staat – Entwicklungen seit 1945

2 Carlo Schmid (SPD) über die Frankfurter Dokumente in seinen Erinnerungen:
Das deutsche Volk aller Besatzungszonen habe den Willen, in Einigkeit, Recht und Freiheit in einem gemeinsamen Haus zu leben. (…) Auf jeden Fall müsse,
5 was immer wir [die westdeutschen Ministerpräsidenten] schaffen, den Charakter des Provisorischen haben, das nur so lange in Geltung bleiben solle, als nicht das ganze Volk die Möglichkeit ha-
10 be, gemeinsam den Staat aller Deutschen zu errichten.

3 Aus den deutschen Verfassungen:
a) aus der DDR-Verfassung von 1949:
Präambel: Von dem Willen erfüllt, die Freiheit und die Recht des Menschen zu verbürgen, das Gemeinschafts- und das Wirtschaftsleben in sozialer Gerechtigkeit zu gestalten, dem gesellschaftlichen
5 Fortschritt zu dienen, die Freundschaft mit allen Völkern zu fördern und den Frieden zu sichern, hat sich das deutsche Volk diese Verfassung gegeben.
Artikel 1: (1) Deutschland ist eine unteil-
10 bare demokratische Republik.

b) Präambel des Grundgesetzes von 1949:
Im Bewusstsein seiner Verantwortung vor Gott und den Menschen, von dem Willen beseelt, seine nationale und staatliche Einheit zu wahren und als gleichbe-
5 rechtigtes Glied in einem vereinten Europa dem Frieden der Welt zu dienen, hat das deutsche Volk in den Ländern (…) kraft seiner verfassunggebenden Gewalt dieses Grundgesetz der Bundesrepublik
10 Deutschland beschlossen. Es hat auch für jene Deutsche gehandelt, denen mitzuwirken versagt war. Das gesamte deutsche Volk bleibt aufgefordert, in freier Selbstbestimmung die Einheit und Frei-
15 heit Deutschlands zu vollenden.

4 „Die DDR – der erste deutsche Friedensstaat"
a) Auszug aus dem DDR-Lehrbuch Geschichte von 1977 zur Staatsgründung:
Die Staatsmacht (…) befand sich zum ersten Mal (…) in den Händen des von der Arbeiterklasse und ihrer revolutionären Partei geführten Volkes. Die Er-
5 rungenschaften der antifaschistisch-demokratischen Revolution hatten die realen Grundlagen geschaffen, um den Verfassungsgrundsatz „Alle Macht geht vom Volke aus" lebendige Wirklichkeit
10 werden zu lassen. (…) An die Stelle der alten Macht war die revolutionär-demokratische Diktatur der Arbeiter und Bauern getreten, die auf dem Volkseigentum an den wichtigsten Produktionsmitteln
15 und auf der führenden Rolle der Arbeiterklasse in Staat und Wirtschaft beruht. (…) Das bürgerliche Prinzip der Gewaltenteilung war aufgehoben.

b) Aus der SED-Zeitung „Neues Deutschland":
Demokratie herrscht nicht dort, wo verschiedenen Parteien gegeneinander auftreten. Im Gegenteil, Opposition ist nur der Beweis dafür, dass die Volksmassen
5 für ihr Recht gegen die Herrschende Klasse kämpfen müssen. Es gibt keinen Gegensatz zwischen der Politik unserer Regierung und den Interessen der gesamten Bevölkerung.

5 Wahlplakate zur Bundestagswahl 1949.
– Vergleiche Schlagworte und Ziele von CDU und SPD miteinander.

1 Vergleicht die jeweiligen Vorgänge, die zur Bildung zweier deutscher Staaten führten (VT). Legt eine Tabelle an, in der ihr die Ereignisse gegenüberstellt.
2 Wie interpretierten westdeutsche Politiker und Parteien die Gründung der Bundesrepublik und die damit verbundene deutsche Teilung (VT, M 2)?
3 Untersucht die beiden Verfassungstexte. Was wird demnach jeweils unter „Deutschland" verstanden? Beziehst auch die Wahlplakate mit ein (M 5). Überlegt, warum beide Seiten dennoch die Teilung hinnahmen.
4 Erarbeite aus M 4 a und b die Vorstellung von Demokratie in der DDR. Formuliere dein Verständnis von Demokratie.

7 Die Grenzen Deutschlands – eine Rückblende

„Nun wächst zusammen, was zusammen gehört!", sagte Ex-Bundeskanzler Willy Brandt nach dem Fall der Berliner Mauer 1989. Aber waren Ost- und Westdeutschland tatsächlich nur zwei Teile einer deutschen Nation, die sich problemlos wieder zusammenfügen lassen würden? Noch heute zeigt sich, dass sich in 40 Jahren der Trennung Unterschiede entwickelt haben: im Denken, in den Lebensformen, in den politischen Einstellungen und in vielem mehr.

Die Existenz eines geeinten deutschen Staates war nicht immer selbstverständlich. Seit dem Mittelalter gab es zahlreiche eigenständigen Territorien und Staaten. Im 19. Jahrhundert verlangten viele Deutsche sich in einem Nationalstaat zusammenzuschließen. Die „deutsche Frage" bestimmte seitdem die europäische Politik. Fraglich war, wer zu einem deutschen Nationalstaat gehören und auf welchem Territorium sich dieser erstrecken sollte.

1949 bestimmten die Siegermächte die Grenzen der beiden deutschen Staaten. Sie griffen nur zum Teil auf historische Grenzziehungen zurück.

1 Untersucht die Karten M 1 und M 2: Stellt anhand der Jahreszahlen fest, wie sich die deutschen Grenzen im Laufe der Zeit veränderten.
2 Erläutert den Begriff „deutsche Frage"(VT) und nennt mithilfe der Karten Gebiete, die dabei eine besondere Rolle spielten.

1 Den Deutschen Bund, den Norddeutschen Bund und das Deutsche Reich zeigt diese Karte. Man kann erkennen, welche Grenzen und Gebiete im Zeitraum zwischen 1815 und 1871 für Deutschland wichtig waren und wie sie sich veränderten.

Grenze des Deutschen Bundes 1815–1866

Preußen (mit Gebietserwerbungen von 1866)

Österreich-Ungarn (1867 Doppelmonarchie)

Südgrenze des Norddeutschen Bundes 1867

Grenze des Deutschen Reiches 1871

1 OLDENBURG
2 BRAUNSCHWEIG
3 MECKLENBURG-STRELITZ
4 Neuenburg (bis 1848 preuß.)
5 Kurhessen (1866 preuß.)
6 Nassau (1866 preuß.)
7 HESSEN-DARMSTADT (Großherzogtum)

0   100   200 km

Die Deutschen und ihr Staat – Entwicklungen seit 1945

2 Diese Karten zeigen
a) **Veränderungen der deutschen Grenzen** von 1919–1938 (oben);

b) **Deutschland von 1945–1949** (unten).

Deutschland 1919–1938

Flächenfarben	Deutschland nach dem Versailler Vertrag (1919)
	deutsche Gebietsverluste nach den Bestimmungen des Versailler Vertrages
1	**Saargebiet** (1920–35 unter Völkerbundsverwaltung)
2	**Freie Stadt Danzig** (unter dem Schutz des Völkerbundes)
3	**Memelgebiet** (1920–23 unter alliierter Verwaltung, ab 1923 zu Litauen)
	Staatsgrenzen 1935/37
	Grenze des Deutschen Reiches 1937
	deutsche Gebietserwerbungen 1938

Deutschland nach 1945

Staatsgrenzen 1937

Besatzungszonen und Berliner Sektoren:
- amerikanisch
- britisch
- französisch
- sowjetisch

- polnische Verwaltung
- sowjetische Verwaltung
- Saargebiet (1945–56 französisches Zoll- und Wirtschaftsgebiet, 1957 zur Bundesrepublik Deutschland)

Geteiltes Deutschland
- Bundesrepublik Deutschland (1949–1990)
- DDR (1949–1990)
* Viermächtestatus von Berlin
- Ländergrenzen 1949

Wiedervereinigtes Deutschland seit 1990
- Staatsgrenze

8 Deutschland im Westen – die Bundesrepublik

1 Der „Käfer", das Symbol des Wirtschaftswunders. – Was sagt das Plakat aus?

Souveränität
Ein Staat ist souverän, wenn er seine Angelegenheiten selbst entscheidet, also Gesetze erlassen und Recht sprechen kann, aber auch die Größe und Ausstattung seiner Armee selbst bestimmt.

2 Ludwig Erhard, „Vater" des Wirtschaftswunders. – Beachte den Titel seines Bestsellers.

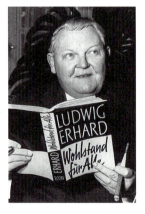

Einbindung ins westliche Lager
Bundeskanzler Adenauers Politik zielte auf die Einbindung der Bundesrepublik als souveränen Staat in das westliche Lager. Diese Westorientierung war für ihn auch die Voraussetzung für eine Wiedervereinigung. 1952 erhielt die Bundesrepublik im Deutschlandvertrag von den Besatzungsmächten weitgehend ihre innere und außenpolitische Handlungsfreiheit zurück. Die Westmächte behielten die Verantwortung für das gesamte Deutschland und Berlin.

Angesichts der militärischen Überlegenheit des Ostens bot Adenauer für ein europäisches Heer auch deutsche Verbände an. Als Frankreich dem eigenen Vorschlag einer Europäischen Verteidigungsgemeinschaft (EVG) nicht zustimmte, wurde die Bundesrepublik am 5.5.1955 in die NATO aufgenommen. So erhielt sie auch staatliche *Souveränität*.

„Ohne mich", riefen aber viele Deutsche in Bezug auf Adenauers Politik der Remilitarisierung. Männer konnten sich wenige Jahre nach dem Krieg nicht vorstellen wieder Uniform zu tragen. Man befürchtete Auswirkungen der Westorientierung auf die Wiedervereinigung.

Adenauer war die Kooperation mit Frankreich besonders wichtig. 1950 einigte sich die Bundesrepublik u.a. mit Frankreich auf eine gemeinsame Wirtschaftspolitik für Bergbau und Schwerindustrie (Montanunion). Die wirtschaftliche Einigung Westeuropas begann. 1957 gehörte die Bundesrepublik zu den Gründungsmitgliedern der Europäischen Wirtschaftsgemeinschaft (s. S. 174).

Verhandlungen mit dem Feind?
Im Kommunismus fanden viele Westdeutsche ein gemeinsames Feindbild. 1952 allerdings schlug Stalin den Westmächten ein vereinigtes demokratisches und neutrales Deutschland vor. Es sollte also weder dem östlichen noch dem westlichen Bündnis angehören. Sowohl Bundesregierung als auch Westmächte lehnten den Vorschlag ab. Sie befürchteten, die UdSSR würde dieses Deutschland von sich abhängig machen. 1955 aber unternahm Adenauer eine Moskaureise um diplomatische Beziehungen mit der UdSSR zu begründen und die Rückkehr der restlichen 10 000 deutschen Kriegsgefangenen zu erreichen.

Wohlstand und soziale Sicherheit
Die 50er-Jahre waren in der Bundesrepublik die Zeit des „Wirtschaftswunders". Es herrschte großes Wachstum, vor allem in der Automobil- und Bauindustrie. Ausfuhrerfolge, Vollbeschäftigung und beginnender Massenwohlstand beruhten auf dem Arbeitswillen der Bevölkerung. Aber auch Ludwig Erhards Politik der sozialen Marktwirtschaft förderte den freien Wettbewerb und sorgte zugleich dafür, dass zwischen Arm und Reich keine sozialen Gegensätze aufkamen. Es gelang schrittweise, die Menschen gegen soziale Risiken abzusichern und Benachteiligte am wirtschaftlichen Wachstum zu beteiligen. Das Lastenausgleichsgesetz von 1952 etwa entschädigte Ausgebombte und Vertriebene mit besonders hohen Verlusten. Die Eingliederung der Millionen Vertriebenen war zunächst schwierig. Letztlich wirkten sie und die Flüchtlinge aus der DDR nachhaltig am „Wirtschaftswunder" mit. Um 1960 herrschte unerwarteter Wohlstand.

Zufriedenheit und Opposition
Wirtschaftsaufschwung und Westintegration sorgten für Zufriedenheit. Als die Bundesregierung die allgemeine Wehrpflicht einführen wollte, stieß sie zwar auf Ablehnung. Aber die schlechten Wahlergebnisse der SPD, die für eine sozialistische Gemeinwirtschaft und Neutralität eintrat, verdeutlichen die wachsende Zustimmung der Menschen zu ihrer Lage. Schließlich vollzog die SPD 1958 mit dem Godesberger Programm einen Kurswechsel: Sie befürwortete nun wie die CDU Wiederbewaffnung, soziale Marktwirtschaft und Westintegration.

Die Deutschen und ihr Staat – Entwicklungen seit 1945

6 links: **Weihnachtsgrußkarte 1945**; rechts: **„Liebe – eine ganz alltägliche Geschichte"** (Mittelbild aus einem vierteiligen Werk von Harald Duwe, 1980). – Untersuche die unterschiedlichen Darstellungen des Weihnachtsfestes.

3 Für und wider die Wiederbewaffnung:
a) Aus der Regierungserklärung Adenauers vom 3.12.1952:
An alle Deutschen!
Wir alle erstreben die Wiedervereinigung Deutschlands in Frieden und Freiheit. Wir wissen, dass wir allein auf uns gestellt dieses Ziel gegen den Willen Sowjetrusslands nicht erreichen können. Im Deutschlandvertrag aber übernehmen die drei Westmächte vertraglich die Verpflichtung, mit der Bundesrepublik zusammen die Wiedervereinigung Deutschlands auf friedlichem Wege unter einer demokratischen Verfassung herbeizuführen. Schon allein das verpflichtet uns gegenüber den Deutschen hinter dem Eisernen Vorhang den Verträgen mit dem Westen zuzustimmen. (…) Es muss unsere Aufgabe sein, die sittlichen Werte des Soldatentums mit der Demokratie zu verschmelzen.

b) „Deutsches Manifest" gegen die Wiederbewaffnung 1955:
Die Aufstellung deutscher Streitkräfte in der Bundesrepublik und in der Sowjetzone muss die Chancen der Wiedervereinigung für unabsehbare Zeiten auslöschen und die Spannung zwischen Ost und West verstärken. Eine solche Maßnahme würde die Gewissensnot großer Teile unseres Volkes unerträglich steigern. Das furchtbare Schicksal, dass sich die Geschwister einer Familie in verschiedenen Armeen mit der Waffe in der Hand gegenüberstehen, würde Wirklichkeit werden.

4 Ein Gastarbeiter erzählt:
Wir arbeiten meist auf besonders gefährdeten Arbeitsplätzen. In vielen Fällen werden wir schlechter bezahlt als unsere deutschen Kollegen. Ohne es zu wissen und zu wollen geraten wir Ausländer in die unangenehme Situation „Lohndrücker" zu sein. Unter anderem erwachsen daraus auch bei vielen Deutschen Hass und Vorurteile, die von einem Teil der Presse noch verschärft werden. So kommt es auch, dass wir meistens schlechte Zimmer und Wohnungen zu überhöhten Preisen bekommen.

5 Konsumgüter in der Bundesrepublik:
1955 besaßen 88% der Haushalte ein elektrisches Bügeleisen, 83% ein Radio, 57% ein Fahrrad, 39% einen Staubsauger, 11% einen elektrischen Kühlschrank, 9% eine elektrische Waschmaschine, 8% ein Motorrad, 7% einen Musikschrank, 6% ein Auto, 5% ein Moped, 2% einen Motorroller, 34% einen Fernseher. 24% leisteten sich eine Urlaubsreise.

7 Bundestagswahl 1957. Die CDU gewann die absolute Mehrheit. – Was sagt das Plakat über die politische Stimmung aus?

1 Pro und kontra Wiederbewaffnung – erklärt jeweils die politischen Hintergründe. Sammelt Argumente und führt eine Debatte (M 3 a/b, VT).
2 Diskutiert Adenauers politische Ziele und Ergebnisse. Waren Westintegration und Wiedervereinigung vereinbar (VT)?
3 Welche Auswirkungen hatte das „Wirtschaftswunder" auf das Leben und die Einstellungen der Bundesbürger (VT, M 1, M 5, M 6, M 7)?
4 Warum rief man die Gastarbeiter, wie wurden sie behandelt (M 4)?
5 Nimm Stellung zu der Aussage: „Das Wirtschaftswunder festigte die Bonner Demokratie."

9 Deutschland im Osten – die DDR

1 Zum „Monat der Deutsch-Sowjetischen Freundschaft 1952" (Plakat von der „Gesellschaft für Deutsch-Sowjetische Freundschaft" vom November 1952).

DDR-Flüchtlinge	
1949	129 245
1950	197 788
1951	165 648
1952	182 393
1953	331 390
1954	184 198
1955	252 870
1956	279 189
1957	261 622
1958	204 092
1959	143 917
1960	199 188
1961	159 730

2 DDR-Flüchtlinge von 1949 bis 1961

Das Vorbild Sowjetunion

Außenpolitische Anerkennung fand die DDR nur bei „sozialistischen Bruderländern", der Sowjetunion und ihren Verbündeten. Sie trat dem östlichen „Rat für gegenseitige Wirtschaftshilfe" (RGW) und dem Warschauer Pakt bei. Walter Ulbricht verkündete 1952 den „planmäßigen Aufbau des Sozialismus". Die UdSSR diente als Vorbild. „Von der Sowjetunion lernen heißt siegen lernen" – solche Parolen sollten anspornen. Mitte der 50er-Jahre befanden sich durch Enteignungen 83 % der Industriebetriebe als „Volkseigene Betriebe" (VEB) in staatlicher Hand. Bauern und Handwerker wurden später enteignet: 1960 waren selbstständige Bauern zu Angestellten der „Landwirtschaftlichen Produktionsgenossenschaften" (LPG) geworden. Manchen brachte die Kollektivierung erstmals begrenzte Arbeitszeiten.

Mängel der Planwirtschaft

Mit Fünfjahresplänen sollte eine staatliche Planungskommission das Wirtschaftsleben regeln. Nachteile brachten der einseitige Aufbau der Schwerindustrie und die mangelnde Abstimmung zwischen den einzelnen Bereichen. Rohstoffe und Ersatzteile fehlten, Konsumgüter waren knapp, Engpässe hemmten Herstellung und Güterverteilung. Die Pläne schrieben den Betrieben meist ein Wachstum vor, das unerreichbar war. Doch die Propaganda meldete Erfolge.

Planwirtschaft und beginnende Kollektivierung führten 1952 zu verschlechterten Lebensverhältnissen. Als die SED die Arbeitsnormen-Erhöhung für Arbeiter von 1952 nicht zurücknahm, zogen 300 Bauarbeiter vormittags am 16.6.1953 durch Ost-Berlin; nachmittags musste der Industrieminister vor bereits 10 000 Demonstranten nachgeben. Die Erhebung breitete sich am nächsten Tag über 250 Orte der DDR aus. Man forderte das Ende der Planwirtschaft, aber auch die Einführung der Demokratie mit freien Wahlen und den Sturz der SED-Diktatur. Am Nachmittag des 17. Juni schlugen Panzerverbände der Roten Armee den Aufstand nieder. 400 Menschen starben, 20 wurden hingerichtet, mehr als 1 000 ins Zuchthaus gesperrt.

Die Mauer teilt Berlin

Wegen der politischen Unfreiheit und der schlechten wirtschaftlichen Lage flohen bis 1961 mehr als 2,5 Millionen Deutsche aus der DDR. Der SED-Staat drohte wirtschaftlich auszubluten. In Berlin gelangten die Menschen noch ziemlich leicht vom Ostteil in den Westen der Stadt. Als täglich mehr als 2000 Flüchtlinge in West-Berlin ankamen, riegelten am Morgen des 13. August 1961 schwer bewachte Bautrupps durch eine schnell errichtete Mauer die Übergänge ab. Bald teilte die Mauer Berlin vollständig. Mit Grenzzäunen, Todesstreifen und Wachtürmen wurde dann die gesamte Grenze zur Bundesrepublik undurchdringlich gemacht. Der „Schießbefehl" verlangte von den Grenzsoldaten Fluchtversuche durch gezielte Schüsse zu unterbinden. Die DDR-Bevölkerung wurde in ihrem Land gefangen gehalten. Allerdings brachte diese Abriegelung in den 60er-Jahren eine Festigung des SED-Staates und eine Verbesserung der wirtschaftlichen Lage mit sich.

Die Deutschen und ihr Staat – Entwicklungen seit 1945

3 Den Arbeiteraufstand beschrieb die SED-Zeitung „Neues Deutschland" am 18. Juni 1953:

Im Verlaufe des 17. Juni 1953 versuchten bezahlte verbrecherische Elemente aus West-Berlin die Bevölkerung des demokratischen Sektors [gemeint: Ost-Berlin]
5 zu Gewalttaten gegen demokratische Einrichtungen, Betriebe, Läden und Geschäftshäuser und gegen die Volkspolizei aufzuhetzen.
Die West-Berliner Provokateure zogen
10 plündernd und raubend durch einzelne Straßenzüge, wobei sie zu hinterhältigen bewaffneten Überfällen gegen Volkspolizei und fortschrittlich eingestellte Bevölkerungsteile übergingen. (…) Die Bevöl-
15 kerung distanzierte sich von den Provokateuren (…) und trug mit zur Festnahme einer großen Anzahl der Täter durch die Volkspolizei bei.

4 Wahlen in der DDR

Auszug aus dem DDR-Lehrbuch von 1961 für Staatsbürgerkunde in der 9. Klasse:
Der Wahltag – ein Festtag. Viele Männer und Frauen kommen nicht mit leeren Händen zur Wahlurne. Sie haben aus Anlass der Volkswahlen besondere Produk-
5 tionsverpflichtungen übernommen. Damit stärken sie unseren Arbeiter- und Bauern-Staat und beweisen dadurch ihr Vertrauen und ihre Verbundenheit mit ihm. (…)
10 Jeder Wahlberechtigte erhält einen Stimmzettel. Viele Bürger wählen offen – das heißt, ohne die Wahlkabine zu benutzen. Auf diese Weise bekunden sie ihr Vertrauen zu den Kandidaten. (…)
15 Oft gehen Haus- und Hofgemeinschaften geschlossen zur Wahl. (…) Wahlhelfer erinnern säumige Bürger an ihre Wahlpflicht.

5 Rechtfertigung des Schießbefehls?

1963 äußerte sich ein Mitglied des SED-Zentralkomitees vor Grenzsoldaten:
Ich sage, jeder Schuss aus der Maschinenpistole eines unserer Grenzsicherungspolizisten zur Abwehr solcher Verbrechen [Republikflucht] rettet in der
5 Konsequenz Hunderte von Kameraden, rettet Tausenden Bürgern der DDR das Leben und sichert Millionenwerte an Volksvermögen. Ihr schießt nicht auf

6 "Plandiskussion" von Willi Gerike und Hans Zank (um 1950). – Beschreibe das Gemälde genau und kläre, welches Bild von der Planwirtschaft dem Betrachter vermittelt werden soll.

7 Der Arbeiteraufstand am 17. Juni 1953 wurde zu einem Protest gegen das SED-Regime.

Brüder und Schwestern, wenn ihr mit der
10 Waffe den Grenzverletzer zum Halten bringt. Wie kann das euer Bruder sein, der die Republik verrät, der die Macht des Volkes verrät, der die Macht des Volkes antastet?

1 Stelle die Absichten und Probleme der Planwirtschaft in der DDR zusammen (VT, M1, M2). Nenne sozialistische Positionen und Ziele, deren Verwirklichung Menschen in der DDR begrüßten.
2 Untersuche kritisch die Berichte und Texte zum Arbeiteraufstand und zum Schießbefehl. In welchen Rollen werden die DDR und ihre inneren und äußeren Gegner dargestellt (M3)?
3 Welches Bild von den Wahlen vermittelt das Schulbuch (M3)? Was sollten Schülerinnen und Schüler dabei lernen?
4 Überlege, wie die Selbstdarstellung der DDR-Propaganda auf die Menschen wirkte? Siehst du einen Zusammenhang mit der Massenflucht?

10 Zwei Staaten – eine Nation?

1 Deutschlands Zukunft stellte Erich Köhler 1948 in dieser Karikatur dar. Zu Beginn der 50er-Jahre traten die Bundesrepublik und die DDR – jedenfalls in ihren Verfassungen – für die deutsche Einheit ein. Beide Regierungen gaben der anderen Seite die Schuld an der Teilung. Und beide wollten für ganz Deutschland sprechen. 1973 strich die DDR diesen Anspruch aus der Verfassung. – Überprüfe, inwiefern Köhlers Befürchtungen zutreffen. Beachte auch das Entstehungsdatum der Karikatur.

Wandel durch Annäherung
Die Formulierung beschreibt Willy Brandts Ostpolitik, mit der ein entspannteres Verhältnis zu osteuropäischen Staaten erreicht werden sollte. Danach konnte die kommunistische Herrschaft in Osteuropa und der DDR nicht beseitigt, sondern nur verändert, somit die deutsche Spaltung nur erträglicher gemacht, nicht aber überwunden werden. Ziel war es, die Auswirkung der Teilung für die Menschen zu mildern.

Alleinvertretungsanspruch?
Der Mauerbau zeigte die Ohnmacht des Westens gegenüber der Entwicklung in der DDR. Die Bundesregierung vertrat bisher den Alleinvertretungsanspruch: Nur die Bundesrepublik beruhe als Demokratie auf freiem Volkswillen und gelte deshalb als alleiniger rechtmäßiger deutscher Staat. Zu Staaten, die die DDR als souverän anerkannten, wurden diplomatische Beziehungen abgebrochen.

Willy Brandt (SPD), Bürgermeister Berlins, forderte eine andere Ostpolitik. Sein Mitarbeiter Egon Bahr hatte schon 1963 eine Formel geprägt: *Wandel durch Annäherung*. Beide setzten auf eine „Politik der kleinen Schritte". Durch Verhandlungen mit der DDR gelang es Brandt 1964 immerhin, den Berlinern Verwandtenbesuche im Ostteil der Stadt zu ermöglichen.

In der DDR verbesserte sich in den 60er-Jahren langsam die wirtschaftliche Lage. Durch ihre Außen- und Handelspolitik unterlief sie die Bemühungen der Bundesregierung den zweiten deutschen Staat zu isolieren. Als Erich Honecker 1971 Staats- und Parteichef wurde, besaß man ein gewachsenes Selbstvertrauen.

Deutsch-deutsche Normalität?
Nach den Wahlen 1969 suchten Brandt als Kanzler einer SPD-FDP-Regierung und sein Außenminister Scheel (FDP) direkte Kontakte mit der DDR-Regierung. In Erfurt trafen sich 1970 Brandt und Willi Stoph, Vorsitzender des DDR-Ministerrats, erreichten aber keine Annäherung. Erst nach dem Vertrag der Bundesrepublik mit der UdSSR über die Anerkennung aller bestehenden europäischen Grenzen, also auch der DDR, und einen Gewaltverzicht einigten sich die deutschen Regierungen. Im Grundlagenvertrag von 1973 wurde die DDR als gleichberechtigter Staat, aber nicht als „Ausland" anerkannt. Die Bundesregierung konnte zwischen den deutschen Staaten „besondere Beziehungen" durchsetzen. Man entsandte keine Botschafter, sondern „ständige Vertreter". Tatsächlich ergaben sich Vorteile für die Menschen. Im „kleinen Grenzverkehr" wurde rund 6 Millionen Menschen in grenznahen Gebieten der Besuch in der DDR erleichtert.

Eine Nation in zwei Staaten
Die CDU/CSU-Opposition kritisierte an dem Vertrag, dass er die deutsche Teilung anerkenne und gegen das Wiedervereinigungsgebot des Grundgesetzes verstoße. Die bayerische Landesregierung klagte sogar vor dem Bundesverfassungsgericht, das die Kritik zurückwies: Zwar müsse die Bundesregierung auf die deutsche Einheit hinwirken, aber die Wahl der politischen Mittel stehe ihr frei. So konnte die Bundesregierung davon ausgehen, dass die deutsche Nation weiter bestand, obwohl es zwei deutsche Staaten gab. Die Wiedervereinigung als politisches Ziel verlor zunehmend an Bedeutung. Auch die Bundesregierung unter Kohl, eine Koalition von CDU/CSU und FDP, setzte nach 1982 die Verständigungspolitik fort. 1987 empfing Helmut Kohl Honecker zu einem offiziellen Besuch in Bonn. Die deutsche Teilung war nun Gewohnheit.

Die Deutschen und ihr Staat – Entwicklungen seit 1945

2 *Aus dem Gespräch in Erfurt 1970* zwischen Bundeskanzler Willy Brandt und dem Ministerratsvorsitzenden der DDR Willi Stoph:

Brandt: Dabei gehe ich aus von der fortdauernden und lebendigen Wirklichkeit einer deutschen Nation. (...) Die starken Bande der gemeinsam erlebten und gemeinsam zu verantwortenden Geschichte, der keiner entfliehen kann, die Bande der Geschichte, der Sprache, der Kultur und all jener Unwägbarkeiten, die uns Zusammengehörigkeit fühlen lassen, sind eine Realität.

Stoph: Wie die Geschichte zeigt, sind die eigensüchtigen Klasseninteressen der Großbourgeoisie stets als nationale Interessen ausgegeben worden. (...) Was der Großbourgeoisie von Nutzen war, erwies sich jedoch letztlich immer als schädlich und verhängnisvoll für das schaffende Volk. Die politischen und sozialen Interessen der Arbeiterklasse und des ganzen Volkes, die Interessen stehen über allen vermeintlichen nationalen Gemeinsamkeiten.

3 *Zwei Staaten – ein Volk?* Ein 19jähriges Mädchen sagte 1988 in Dresden:

Die deutsche Einheit, darüber diskutieren die Jugendlichen hier kaum. Die Teilung wird als Tatsache hingenommen. Zu einem Gesprächsthema wird „Deutschland" erst, wenn man „Bundis" – so bezeichnen wir die Westdeutschen – trifft. Das geschieht vor allem im Ausland, wo wir hinkönnen. Also in Polen, Ungarn, in der Tschechoslowakei, in Rumänien oder in Bulgarien. Zuerst hatten wir dabei das Gefühl, dass es große Unterschiede gibt: Die „Bundis" treten oft viel freier und selbstbewusster, aber auch arroganter als wir „Zonis" auf. Bei näherem Kennenlernen entsteht dann doch ein Gefühl der Verbundenheit, wir entdecken viele Gemeinsamkeiten. Die gemeinsame Sprache spielt dabei eine große Rolle. Das ist fast eine Art Solidaritätsgefühl: Bei den Fußballspielen, beim Sport überhaupt, sind wir natürlich für „Deutschland" – wenn die DDR nicht beteiligt ist. Eine Art deutsches Nationalgefühl stellt sich auch bei Reisen in die ehemaligen deutschen Gebiete ein: Das war alles mal deutsch!

4 *Menschliche Erleichterungen.* – Was kritisiert die Karikatur von 1973 an der neuen Ostpolitik?

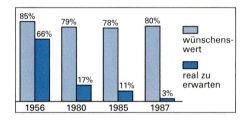

5 *Umfragen in der BRD über die Wiedervereinigung.*

6 *„Deutsch-deutsches Klima"* (Karikatur von 1984). In diesem Jahr war das Verhältnis zwischen den USA (rechts Präsident Reagan) und der UdSSR (links: Parteichef Breschnew) schlecht. – Was sagt die Karikatur über das Verhältnis der deutschen Staaten (im Vordergrund Kohl und Honecker)? Erkläre dies!

1 Zeige die Veränderungen in der DDR-Politik der Bundesrepublik nach dem Bau der Berliner Mauer auf und begründe sie (VT).
2 Vergleiche die Standpunkte von Brandt und Stoph zum Thema „nationale Gemeinsamkeit" (M2). Überlege, warum die DDR 1968 in ihrer Verfassung den Begriff „deutsche Nation" durch „sozialistische Nation" ersetzte.
3 Untersuche die Haltung der Jugendlichen gegen Ende der 80er-Jahre. Befragt Eltern und Verwandte zum Thema „Leben in zwei deutschen Staaten", „Glauben und Hoffnung" auf Wiedervereinigung. Vergleicht mit der Statistik und den Aussagen der Jugendlichen (M3, M5).

11 Marktwirtschaft und Planwirtschaft

1 Die Qual der Wahl. Selbstbedienung im Supermarkt war in den 50er-Jahren noch nicht selbstverständlich. – Was verspricht der Werbespruch den Kunden?

Marktwirtschaft
In Privatbetrieben hergestellte Erzeugnisse werden auf dem „Markt" verkauft. Im Wettkampf um billige Herstellung verbessern die Hersteller die Produktion. Preise richten sich nach Angebot und Nachfrage. Die wachsende Ungleichheit von Arm und Reich will die „soziale" Marktwirtschaft ausgleichen.

Planwirtschaft
Der Staat gibt den Betrieben Umfang von Investitionen, Produktion und Handel und damit der Bevölkerung den Konsum vor. Aber ständige Kontrolle kann nicht verhindern, dass mangelnde Beweglichkeit zu Störungen, nicht zur angestrebten perfekten Abstimmung aller Bereiche führt.

Das Wirtschaftswunder
In beiden deutschen Staaten entstanden gegensätzliche Wirtschaftsordnungen. In der DDR führten der Aufbau der *Planwirtschaft* und Zahlungen an die UdSSR zu Armut. Dagegen gelang im Westen das Wirtschaftswunder. Die Menschen arbeiteten bei geringen Löhnen sehr viel. Bald konnten sie sich wieder etwas leisten und holten nach, was sie entbehrt hatten. Ende der 50er-Jahre löste die „Reisewelle" die „Fresswelle" ab.

Mitte der 60er-Jahre war der Wiederaufbau der zerstörten Städte abgeschlossen. Längst wollten die Westdeutschen nicht mehr nur Konsumgüter wie Rundfunkgerät, Kühlschrank, Waschmaschine, Fernseher und PKW, sondern auch ein Eigenheim besitzen und die Freizeit genießen.

Ludwig Erhardts Ziel „Wohlstand für alle" schien Wirklichkeit zu werden. Die Gewerkschaften setzten die 5-Tage-Woche und beträchtliche Lohnerhöhungen durch. Die Arbeitnehmer waren gegen Krankheit und Arbeitsunfähigkeit abgesichert, die Renten wurden erhöht. Der Staat förderte Sparen und Vermögensbildung. Es herrschte Vollbeschäftigung.

Krisen und Herausforderungen
Seit 1965 brachten Wirtschaftskrisen den Zusammenbruch alter, unproduktiver Wirtschaftszweige, etwa des Bergbaus, sowie Inflation und letztlich dauerhafte Massenarbeitslosigkeit. Neue Technologien wie der Computer führten zum Abbau von Arbeitsplätzen, steigerten aber auch Produktivität und Wettbewerbsfähigkeit. Die Umweltverschmutzung zwang die westdeutsche chemische Industrie zu veränderten Produktionsmethoden. Die Atomenergie stieß auf Widerstand, die Ökologie entwickelte sich zu einem neuen Wirtschaftszweig.

Der Aufschwung Ost
Arbeitslosigkeit gab es in der DDR nicht. Die Wirtschaft konnte sich hier nach dem Mauerbau festigen, brauchte dafür aber jede Arbeitskraft. Fast alle Frauen waren berufstätig. In den 70er-Jahren galt die DDR als die erfolgreichste sozialistische Volkswirtschaft: Zwar konnten sich nun auch Ostdeutsche Konsumgüter leisten, aber sie warteten auf den Trabi, das Kunststoffauto mit Zweitaktmotor von 23 PS, zehn Jahre und bezahlten etwa 11 000 Mark – ein Jahresgehalt.

Mängel und Krisen in der DDR
In der Planwirtschaft bestimmte der Staat Art und Menge der Produkte, ihre Verteilung sowie Preise und Löhne auf Jahre voraus. Soziale Vergünstigungen – niedrige Kosten für Mieten, öffentliche Verkehrsmittel, Grundnahrungsmittel, Krankenhäuser, Kinderkrippen – verursachten hohe Staatsausgaben. Zwischen den Betrieben herrschte kein Wettbewerb. Fehlplanungen, niedrige Produktivität, Engpässe im Warenangebot und Schlangestehen beim Einkaufen häuften sich. Als die UdSSR die Erdgas- und Erdölpreise stark erhöhte, blieb der DDR kein Geld mehr für Investitionen. Kredite aus dem Westen halfen nicht: Der Staat verschuldete sich weiter und konnte die Maschinen nicht erneuern oder reparieren. Die Produktivität sank stark.

Die Deutschen und ihr Staat – Entwicklungen seit 1945

	DDR	Bundes-republik
Monatliches Nettoeinkommen		
Arbeitnehmer	969 M	2100 DM
Rentner	398 M	1505 DM
Zum Kauf erforderliche Arbeitszeit		
Herrenschuhe	27:53 h	5:55 h
Damenkleid	40:23 h	5:02 h
Kühlschrank	293:16 h	40:00 h
Pkw	3807:12 h	607:24 h
Eisenbahn-Wochenkarte	0:29 h	1:47 h
Herren-Haarschnitt	0:21 h	0:47 h
Roggenbrot	0:06 h	0:13 h
Wohnung		
Durchschnittsgröße	58 qm	98 qm
mit Zentralheizung	36 %	70 %
mit Bad/Dusche	68 %	92 %

2 Einkommens- und Lebensstandard im Ost-West-Vergleich (1982/83)

3 Der Kunde war nicht König.
Am Eingang des Restaurants ein Schild: „Bitte warten Sie, Sie werden platziert." Vor dem Schild die Gäste, sie ordnen sich diszipliniert zur Schlange. Hinter
5 dem Schild ein gähnend leeres Lokal. Kein Gast wagt, sich an einen Tisch zu setzen, er würde nicht bedient. (...) Es gilt das ungeschriebene Gesetz, nicht der Kunde, sondern der Arbeitende ist Kö-
10 nig. (...) In einem Fahrradladen in Halle verkaufte eine Verkäuferin jahrelang grundsätzlich nichts aus dem Lagerraum. Sie hatte keine Lust nach hinten zu gehen. (...) Die Kunden verwunderte das
15 kaum, sie sind daran gewöhnt die einfachsten Dinge nicht zu bekommen. Nach zwei Jahren fiel der HO-Zentrale [Handelsorganisation] der überhöhte Lagerbestand und der niedrige Umsatz auf.
20 Die Verkäuferin wurde – ein seltener Fall in der DDR – fristlos entlassen. (...) Das amerikanische „time is money" kommt niemand in den Sinn. Langjährige Erfahrung lehrt, dass es in der zentral geleite-
25 ten Wirtschaft vollkommen sinnlos ist sich bei der Arbeit „zu überschlagen". Arbeitet man schnell, ist das Material schnell verbraucht, es stoppt die Zulieferung, es entstehen Wartezeiten. Schafft
30 man sein Pensum vorfristig, muss man dennoch die Arbeitszeit absitzen.

Wohnungen pro 1000 Einwohner	1949	1974	1981
	204	375	412
Monatliches Durchschnittsverdienst eines Arbeitnehmers in DM	1949	1964	1980
	260	532	2015
Monatliche Haushaltsausgaben (4 Personen) in DM	1949	1966	1980
	206	926	2443
Durchschnittliche Arbeitszeit/Woche in Stunden	1949	1960	1967
	47,1	44,1	40,0
Arbeitslosenquote in Prozent	1950	1960	1970	1985
	11	1,3	1,7	9,3

4 Die wirtschaftliche Entwicklung in der Bundesrepublik

5 Lebensmittelkauf in Bitterfeld. – Was erzählt das Bild über das Warenangebot und das Verhalten der Menschen? Vergleiche mit M 1.

„Vorführen? Na hörnse mal, Sie kriegen doch ne Gebrauchsanweisung! Oder könnse nich lesen?"

„Sie müssen sich etwas gedulden, mein Herr, bei uns herrscht nämlich Personalmangel!"

6 DDR-Karikaturen zum Kundenservice, 60er-Jahre. – Erkläre die Behandlung der Kunden. Warum war wohl solche Kritik in der DDR möglich?

1 Vergleiche die wirtschaftliche Entwicklung und Lebensverhältnisse in beiden deutschen Staaten (VT, M 2, M 4).
2 Suche Gründe für die unterschiedliche Lage (VT, M 4). Vergleiche M 3 mit dem „normalen" Verhalten im Wirtschaftsleben.
3 Diskutiert: Welche Einstellung gewannen Ost- und Westdeutsche auf Grund der wirtschaftlichen Lage jeweils zu „ihrem" Staat?

12 Deutsche Außenpolitik im Zeichen der Versöhnung

1 links: **Charles de Gaulle und Konrad Adenauer** am 4. September 1962 in Bonn. Der französische Staatspräsident war der erste ausländische Staatsmann, der die Bundesrepublik besuchte.
rechts: **Willy Brandt** vor dem Mahnmal für die Opfer der nationalsozialistischen Gewaltherrschaft im ehemaligen Warschauer Getto am 7. Dezember 1970. Seine Geste erregte weltweites Aufsehen; in der deutschen Öffentlichkeit war sie sehr umstritten. – Welche Argumente könnten Gegner, welche Befürworter vorbringen?

Aussöhnung mit Frankreich ...

Der NATO-Beitritt 1955 stellte für die Bundesrepublik endgültig die außenpolitischen Weichen Richtung Westen (s. S. 91; 132). Die Regierung Adenauer (CDU) bemühte sich nun besonders um bessere Beziehungen zu Frankreich.

Jahrhundertelang hatte die „Erbfeindschaft" zwischen den beiden Ländern immer wieder zu blutigen Auseinandersetzungen geführt. Schon nach dem Ersten Weltkrieg hatten daher deutsche und französische Politiker nicht ohne Erfolg nach einer Entspannung des Verhältnisses gesucht (s. S. 20). Die nationalsozialistische Kriegspolitik machte ihre Pläne jedoch endgültig zunichte.

Nach dem Zweiten Weltkrieg waren sich die neuen Regierungen in beiden Ländern ihrer Verantwortung für einen dauerhaften Frieden in Europa bewusst. Deshalb suchten sie die Verständigung. Der sich verschärfende Kalte Krieg förderte diese Entwicklung, die 1963 in den deutsch-französischen Freundschaftsvertrag mündete. In der Folgezeit wurde dieses Bündnis zum Motor des europäischen Einigungsprozesses.

.... und Osteuropa

Während sich die Zusammenarbeit und Verständigung mit den westlichen Ländern gut entwickelte, bestand zwischen der Bundesrepublik und dem östlichen Europa bis zum Ende der 60er-Jahre eine tiefe Kluft. Diplomatische Beziehungen gab es nur mit der Sowjetunion, aber auch diese Kontakte blieben frostig.

Als 1969 die sozial-liberale Koalition die Regierung übernahm, verkündete Bundeskanzler Willy Brandt (SPD) noch in der Wahlnacht sein wichtigstes außenpolitisches Ziel: Verständigung mit den osteuropäischen Nachbarn und der DDR. Für dieses Konzept bestanden gute Chancen, weil die Supermächte ebenfalls um Entspannung bemüht waren.

Zwischen 1970 und 1973 entstanden nach zähen Verhandlungen Verträge mit der UdSSR, Polen und der Tschechoslowakei. Das wichtigste Ergebnis war die Anerkennung der seit 1945 bestehenden Grenzen in Osteuropa. Wie Adenauers Westpolitik sollten diese Verträge eine Ära der Verständigung und Zusammenarbeit einleiten. Sie bedeuteten aber auch den endgültigen Verzicht auf die ehemals deutschen Ostgebiete; deshalb lösten sie bei vielen Vertriebenen, aber auch bei der CDU/CSU Proteste aus. Nach heftigen Auseinandersetzungen im Bundestag und vorgezogenen Neuwahlen erhielt 1972 die Regierung Brandt/Scheel erneut das Votum der Bürgerinnen und Bürger. Viele werteten dies als Zustimmung zur neuen Ostpolitik.

Die Deutschen und ihr Staat – Entwicklungen seit 1945

2 Deutsche und Polen

a) Aus dem Warschauer Vertrag, unterzeichnet am 7. 12. 1970:

Die Bundesrepublik Deutschland und die Volksrepublik Polen, in der Erwägung, dass mehr als 25 Jahre seit Ende des Zweiten Weltkrieges vergangen sind, dessen erstes Opfer Polen wurde und der über die Völker Europas schweres Leid gebracht hat, eingedenk dessen, dass in beiden Ländern inzwischen eine neue Generation herangewachsen ist, der eine friedliche Zukunft gesichert werden soll, (…) sind wie folgt übereingekommen:

Art. I (1): [Sie] stellen übereinstimmend fest, dass die bestehende Grenzlinie, deren Verlauf in Kapitel IX der Beschlüsse der Potsdamer Konferenz vom 2. August 1945 von der Ostsee unmittelbar westlich von Swinemünde und von dort die Oder entlang bis zur Einmündung der Lausitzer Neiße entlang bis zur Grenze mit der Tschechoslowakei festgelegt worden ist, die westliche Staatsgrenze Polens bildet. [Die Oder-Neiße-Grenze wurde von der DDR 1950 anerkannt.]

(2) Sie bekräftigen die Unverletzlichkeit ihrer bestehenden Grenzen jetzt und in der Zukunft. (…)

(3) Sie erklären, dass sie gegeneinander keinerlei Gebietsansprüche haben und solche auch in Zukunft nicht erheben werden.

Art. II (2): Demgemäß werden sie (…) alle ihre Streitfragen ausschließlich mit friedlichen Mitteln lösen.

b) Bundeskanzler Brandt in einer Fernsehrede aus Warschau am 7. Dezember 1970:

Ich bin für den Vertrag mit der Volksrepublik Polen, weil er das Fundament für eine friedliche Zukunft schafft. Er gibt uns die Möglichkeit der Verständigung und Zusammenarbeit. Dem polnischen Volk gibt der Vertrag die Gewissheit, dass es in gesicherten Grenzen leben kann. (…) Der Vertrag bedeutet selbstverständlich nicht, dass Unrecht nachträglich legitimiert wird. Er bedeutet also auch keine Rechtfertigung der Vertreibung. Worum es geht, ist der ernste Versuch, ein Vierteljahrhundert nach dem Krieg der Kette des Unrechts politisch ein Ende zu setzen. Auch für die Westgrenze Polens gilt: Es gibt weder Entspannung noch gesicherten Frieden in Europa, wenn wir nicht ausgehen von der Lage, wie sie ist. (…) Unserem Volk wird nicht heute, aus heiterem Himmel, ein Opfer abverlangt. Dies hat längst gebracht werden müssen als Ergebnis der Verbrechen Hitlers.

c) Die CDU/CSU-Fraktion 1970 in einem Entschließungsantrag für den Bundestag:

Der Deutsche Bundestag bittet das polnische Volk und alle europäischen Nachbarn um Verständnis für seine Pflicht und Entschlossenheit uneingeschränkt an dem Recht des deutschen Volkes auf freie Selbstbestimmung und auf eine frei vereinbarte friedensvertragliche Regelung für ganz Deutschland festzuhalten. Die endgültige Festlegung der deutschen Grenzen kann nur im Zusammenhang mit dieser friedensvertraglichen Regelung geschehen. Ihre Grundlage muss das Recht der Polen auf gesicherte Grenzen und das Recht der Deutschen auf gesicherte Freiheit und Einheit sein.

3 „Auf ein Neues" (Karikatur von Walter Hanel). – Versuche mit eigenen Worten zu erklären, was die Karikatur ausdrücken will.

4 Deutsche und französische Jugendliche arbeiten 1962 auf einem französischen Soldatenfriedhof (Foto).

1 Verschaffe dir mithilfe einer Atlaskarte und der Karten auf Seite 130 f. einen Überblick über den Verlauf der Oder-Neiße-Linie (M 2a). Überlege, wie der Warschauer Vertrag auf Vertriebene gewirkt haben könnte (M 2a, M 2b; siehe dazu auch S. 122 f.).
2 Erläutere die Auffassungen von Bundesregierung und Opposition zum Warschauer Vertrag (M 2a–M 2c). Arbeite jeweils die Hauptargumente heraus und nimm aus heutiger Sicht Stellung.
3 Erläutere den Zusammenhang zwischen der weltpolitischen Entwicklung und der deutschen Außenpolitik im Kalten Krieg.
4 Wenn ihr die ersten 10 Zeilen von M 2a betrachtet, könnt ihr Vermutungen zu Brandts Verhalten am Mahnmal (M 1) äußern.

13 Frauen in Ost und West

1 Plakat von 1946. – Wie versucht die Partei hier gerade die Frauen anzusprechen?

Staatlich verordnete Emanzipation

Die DDR-Verfassung schrieb die Förderung der Frauen als „gesellschaftliche und staatliche Aufgabe" fest (Art. 20). Nach sozialistischer Weltanschauung sollten Frauen gleichgestellt sein und ihre Kraft für das große Ganze, den sozialistischen Staat, einbringen. Sie hatten in Schule, Hochschule und Berufsausbildung die gleichen Chancen wie Männer. Dass Frauen berufstätig waren, hatte aber nicht nur ideologische Gründe. Die DDR-Wirtschaft brauchte jede Kraft um in Schwung zu kommen. Die Löhne waren oft so niedrig, dass viele Familien ein Zusatzeinkommen benötigten. In Ehe und Familie galt die übliche Rollenverteilung – die Frau kümmerte sich um den Haushalt. Es entstand das Leitbild der „berufstätigen Mutti". Der Staat ergriff Maßnahmen um sie zu entlasten. Er richtete Kinderkrippen, Betriebskindergärten und Schulhorte ein, gewährte langen bezahlten Mutterschaftsurlaub. War ein Kind krank, konnte die Frau ohne Lohnverlust zu Hause bleiben. Das Familiengesetzbuch bezog auch den Mann ein und legte fest die Ehe so zu führen, dass „die Frau ihre berufliche und gesellschaftliche Tätigkeit mit der Mutterschaft vereinbaren" konnte. Doch gab es viele Scheidungen und außereheliche Kinder. Deshalb waren viele Mütter allein erziehend. Dem Staat waren wegen der Erhöhung der Geburtenrate außereheliche Kinder gar nicht unwillkommen. Dies änderte nichts daran, dass Frauen, die nicht in traditionell „geordneten" Verhältnissen, also in einer Ehe lebten, gesellschaftlich nicht sehr angesehen waren. Seit Ende der 60er-Jahre war allen Frauen die Anti-Baby-Pille, in der DDR „Wunschkindpille" genannt, zugänglich. Seit 1972 waren Schwangerschaftsabbrüche gesetzlich erlaubt.

Frauenbewegung?

Frauen schlossen sich in der DDR nur selten zusammen um über ihre gesellschaftliche Rolle nachzudenken. Zwar richtete der 1947 gegründete Demokratische Frauenbund Deutschlands Beratungszentren „für Haushalt und Familie" ein. Doch letztlich sollte er die SED-Politik bei den Frauen verankern. Die Menschen in der DDR antworteten auf die ständige Bevormundung durch das Regime mit einem Rückzug ins Private. Diese „Nischengesellschaft" spiegelt sich auch bei den Frauen wider: Ende der 70er-Jahre fanden sich abseits der offiziellen Parteilinie kleine Gruppen um über Friedenssicherung und Umweltschutz, über Geschlechterrollen und Gewalt gegen Frauen zu sprechen. Sie hatten auch Kontakte zu Gleichgesinnten außerhalb der DDR. Innerhalb des SED-Staates konnten sie nicht öffentlich tätig werden – dies gelang erst mit der Wende. Die Probleme der Existenzsicherung und der Alltagsbewältigung verhinderten, dass die Frage der Gleichberechtigung eine ähnlich starke Kraft hervorgerufen hätte wie die feministische Bewegung in der Bundesrepublik.

2 Gleichstellung der Frauen? – Was kritisiert der Zeichner dieser Karikatur von 1996 rückblickend an der DDR?

3 Das Plakat (Ost), 50er-Jahre wirbt für Produkte, indem es auf die Situation vieler Frauen in der DDR eingeht. – Erläutert dies.

Das westliche Frauenbild

Auf dem westdeutschen Arbeitsmarkt drängten Kriegsheimkehrer die Frauen in schlechter qualifizierte und bezahlte Berufe ab. Zugleich kam ein traditionelles Frauenbild neu auf: Die Frau sollte sich Haushalt und Familie widmen. Berufstätigkeit von Ehefrauen prangerte man als „Doppelverdienertum" an und hob ihre Rolle als Mutter hervor. „Eine Mutter daheim ersetzt vielfach Autos, Musiktruhen und Auslandsreisen", sagte Franz-Josef Wuermeling, erster Familienminister der Bundesrepublik. Er malte Schreckensbilder, wie Frauenarbeit den Kommunismus heraufbeschwöre. Ende der 60er-Jahre setzte eine von Jugendlichen und Studenten getragene Bewegung ein, die auch die Rolle der Frau neu bestimmte. Wirtschaftsaufschwung und der amerikanisch-westliche Einfluss hatten Mode- und Konsumverhalten verändert. Der Wunsch nach mehr Freiheit und Selbstverwirklichung wurde zu einer Protestwelle gegen die bürgerlichen, „spießigen" Verhältnisse. Man verurteilte die übliche Rollenverteilung und idealisierte Werte wie Ehe und lebenslange Treue. Neue Lebensformen in Wohngemeinschaften und *Kommunen* kamen auf, die Anti-Baby-Pille erlaubte ein freieres Sexualleben. Dies hatte auch politische Folgen: 1969 wurde die rechtliche Gleichstellung ehelicher und unehelicher Kindern durchgesetzt, 1977 die so genannte „Hausfrauenehe" als gesetzliche Norm abgeschafft.

Frauenbewegung

Alte Rollenmuster aufbrechen und aktiv für gleiche Rechte in Gesellschaft, Beruf und Familie kämpfen – das wollten in den 70er-Jahren viele Frauen in der Bundesrepublik. Die neue feministische Bewegung wollte sich in allen Bereichen gegen Unterdrückung durch Männer wehren. Dies bewirkte unter anderem, dass heute körperlich und seelisch misshandelte Frauen und Mädchen in hunderten von Frauenhäusern und Selbsthilfegruppen Hilfe finden können. Die „Vergewaltigung in der Ehe", vor nicht allzu langer Zeit noch ein Tabu-Thema, wurde zum Straftatbestand erhoben. Über die Abtreibungs-Frage stritt man heftig. Trotz einiger Lösungsansätze konnte die Frauenbewegung ihre Ziele hier bisher nicht durchsetzen. Aber dadurch, dass Frauen deutlich und öffentlich auf ihre Situation aufmerksam machten, stieg ihr Selbstbewusstsein.

Auch im Berufsleben änderte sich etwas: Dass eine Frau eine qualifizierte Berufsausbildung und „Karriere" anstrebt, ist nicht mehr verpönt; ebenso wenig die Vorstellung, dass der Mann Haushalt und Kindererziehung übernimmt und die Frau für den Unterhalt sorgt. Das geschieht jedoch eher selten. Frauen fassen im Berufsleben immer mehr Fuß, auch in leitenden Positionen, aber es ist weitgehend immer noch eine „Männerwelt". Frauen können Karriere und Familie nur schwer kombinieren. Zwar wird um die Einrichtung von weiteren Kindergärten gestritten, zwar ermöglichen manche Betriebe ihren Mitarbeiterinnen Teilzeit- oder Heimarbeit, zwar gibt es den Mutterschaftsurlaub, den sich die Eltern aufteilen können – aber insgesamt ist die Situation für berufstätige Mütter schwierig.

5 *Wahlplakat von 1946. – Vergleicht das Wahlplakat mit dem der SED.*

Kommune
von lat. communis = gemeinsam, allgemein Schüler und Studenten bildeten seit den späten 60er-Jahren in Kommunen Wohn- und Lebensgemeinschaften. Sie wollten ein freieres, selbst bestimmtes Leben führen und nicht in der Familie isoliert sein. Besonderen Wert legten sie auf gemeinsames Eigentum und eine antiautoritäre Kindererziehung.

4 *Auch das Plakat (West), 50er-Jahre, thematisiert die Rolle der Frau. – Erklärt dies anhand der Details und des Textes und vergleicht mit dem DDR-Plakat!*

6 *Der Alltag von Männern und Frauen – sieht er so aus? (Karikatur aus dem „Vorwärts", 1979).*

7 Leipziger Innenstadt zur Messezeit.

8 rechts: **Frauen in der DDR** in Spitzenpositionen in den 80er-Jahren.

	Frauen	Männer
Minister	1	44
Bezirksrats-Vorsitzende	1	14
Oberbürgermeister der Großstädte	3	25
Mitglieder der Akademie der Wissenschaften	6	ca. 200
Funktionäre in der SED		
Vollmitglieder/Politbüro	0	22
Kandidaten/Politbüro	2	3
Abteilungsleiter im ZK	2	26

9 **Beschäftigungsgrad** der Frauen und Männer in Ost und West in %:

Jahr	1950	1980	1989	1990	1991	1993	1994
Frauen Ost	44,0	78,0	80,7	78,0	77,2	73,3	73,7
Männer Ost	–	–	89,9	86,0	86,0	78,6	79,2
Frauen West	44,0	52,9	55,5	58,5	58,4	59,6	60,0
Männer West	93,5	86,4	82,9	82,7	82,2	81,9	81,8

10 Karikaturen von H.-J. Starke in „Für Dich" (Illustrierte Zeitschrift für die Frau, DDR, Heft 12/1974). – Welche Meinung hat der Zeichner über Anspruch und Wirklichkeit der gesellschaftlichen Rolle der Frau?

11 **Politische Grundsätze**
a) Grundsätze und Ziele der SED, 1946:
1. Gegenwartsforderungen: (…) Gleichheit aller Bürger vor dem Gesetz ohne Unterschied von Rasse und Geschlecht. Gleichberechtigung der Frau im öffentli-
5 chen Leben und im Beruf. (…)
10. (…) Ausbau des gesetzlichen Arbeitsschutzes, besonders für Frauen und Jugendliche. Ausbau einer einheitlichen Sozialversicherung unter Einbeziehung
10 aller Werktätigen. Neuordnung der Sozialfürsorge, des Mutter-, Kinder- und Jugendschutzes.

b) Aus der Entschließung zur politischen Lage, 2. Parteitag der SED (20.–24. 9.1947):
Zur Sicherung der Demokratie ist die aktive Mitarbeit der Frauen von entscheidender Bedeutung. Darum ist es eine vordringliche Aufgabe der Partei, in
5 wachsendem Maße Frauen mit politischen Funktionen zu betrauen und dafür einzutreten, dass die Frauen im gesamten öffentlichen Leben zu verantwortlicher Arbeit herangezogen werden. Die
10 SED wird alles tun um diese Entwicklung zu fördern und die Frauen für ihre Aufgaben zu schulen.

c) Aus den Grundrechten der DDR:
Artikel 7: Mann und Frau sind gleichberechtigt. Alle Gesetze und Bestimmungen, die der Gleichberechtigung der Frau entgegenstehen, sind aufgehoben.

12 Ute G. (24), Facharbeiterin, ledig:
Dann hab ick angefangen im Betrieb. In zwee Betrieben bin ick nich anjekommen: Schwangere können nicht Schicht arbeiten, demzufolge tuts uns Leid. Det
5 hat mich mächtig geschockt, det manche Betriebe es sich so leicht machen. Als ledige Mutter ist man ganz schön benachteiligt. Vor vier Jahren hab ick mich für eine Wohnung angemeldet, weil es steht
10 im Gesetzbuch, det ledige Mütter mit Kind als Familie gelten und eine angemessene Wohnung beanspruchen können. Obwohl sich viele Ehepaare später beworben haben als ick, haben die schon
15 eine Wohnung, ick nich. Ick hab also Jens uff die Welt gebracht, und nach zwee Monaten hab ick ihn in die Wochenkrippe gebracht und bin Schicht gefahren.

Die Deutschen und ihr Staat – Entwicklungen seit 1945

13 Franz-Josef Wuermeling äußerte sich 1959 über den „Beruf" der Frau:
Endlich ist es mit in die Verantwortung der Mutter gelegt, dem vielfältig an sie herangetragenen Angebot zu außerhäuslicher Erwerbsarbeit mit dem rechten inneren und äußeren Maß zu begegnen. Gesellschaft und Staat sind nicht befugt die persönliche Entscheidung einer Frau, ob sie erwerbstätig sein will oder nicht, zu bestimmen oder gar Urteile über einen solchen Entschluss zu fällen, der ihr ja oft sehr schwer fällt. Staat und Gesellschaft haben aber die Pflicht der Frau und Mutter den Verzicht auf familienfremde Tätigkeit so weit wie möglich zu erleichtern. (...) Da wird heute so viel von der Gleichberechtigung der Frau geredet, aber so wenig von dem höchsten und schönsten Beruf der Frau und Mutter in der Familie. Dazu müssen wir klar und weithin hörbar aussprechen: Mutterberuf ist Hauptberuf wie jeder andere Beruf und hat höheren Wert als jeder Erwerbsberuf. Und niemand kann zwei Hauptberufe gleichzeitig voll ausfüllen.

14 Frauen unter sich? (Karikatur von Freimut Wössner, 1991). Die feministische Bewegung in der Bundesrepublik kritisiert oft die männlich orientierte Sprache. – Diskutiert, weshalb zwischen Frauen in West und Ost Probleme auftreten können. Können sie sich auch ergänzen?

15 WGs und Kommunen:
Wir zahlten alles Geld, das wir vorwiegend aus Stipendien oder aus dem Nachdruck vergriffener Bücher bezogen, in eine gemeinsame Kasse. Alle Ausgaben wurden aus dieser Kasse bestritten. Reihum waren jeweils für einen Tag zwei Kommunarden verpflichtet einzukaufen, Essen zu kochen und abzuwaschen. Wir hatten außerdem die Vorstellung die Kinder gemeinsam zu erziehen und an politischen Projekten zu arbeiten. (...) Da Männer und Frauen im Haushalt und in der Kindererziehung die gleichen Betätigungen hatten, konnte in der Kommune ein Teil der gesellschaftlich bedingten Arbeitsteilung zwischen Mann und Frau aufgehoben werden.

16 Erinnerungen an die Studienzeit:
All die neu erkämpften Rechte und Freiheiten an den Universitäten, die Vielfalt der politischen Aktionen und vor allem auch die viel gepriesene sexuelle Freiheit bürdeten uns nur neue Lasten auf: Die Männer hatten noch weniger Zeit und Lust zu Hause zu bleiben, Kinder und Haushalt zu teilen. Wir tippten ihre Reden, versuchten auf den Versammlungen ihnen zu folgen, machten uns nach wie vor schön für sie, stopften täglich die Pille in uns rein oder ertrugen die Abtreibung. Unsere Ausbeutung im Haus, unser Problem mit ihrer ausgelebten Sexualität sollte unser Privatproblem sein. Wir sollten uns von unseren veralteten Verhaltensweisen lösen. Sie machten indessen die große Politik, bemitleideten und verhöhnten uns, da wir „noch nicht so weit wären". Inzwischen wollen wir nicht mehr „so weit kommen wie sie". Wir wollen ihnen nicht mehr nacheifern, wir haben andere Ziele.

17 Ratschläge zur richtigen Lebensführung sollten auch Bücher den Frauen geben. – Wie spiegelt sich hier die Entwicklung der Frauenbewegung? (oberer Titel von 1956, unterer von 1975)

1 Erarbeitet aus den Materialien und dem VT, möglicherweise in zwei Gruppen für Ost und West, die Stellung der Frau unter folgenden Gesichtspunkten:
   a) geschichtliche Entwicklung seit der Nachkriegszeit
   b) Widersprüche bei Zielen und ihrer Umsetzung
2 Was wollten Frauen in der Bundesrepublik ab den späten 60er-Jahren verändern? Vergleicht M 13 und M 15 und nehmt den VT zur Hilfe. Hatten sie Erfolg (M 16)?
3 Auf den ersten Blick erscheint der SED-Staat in Bezug auf die Gleichstellung der Frau fortschrittlicher als die Bundesrepublik. Wo seht ihr dennoch Probleme (M 8, M 10, M 11, M 12)?

14 Jugend in der Bundesrepublik

1 Anstand: Tanzstunde 1952

2 Rock'n Roll 1958

Notstandsgesetze
Die große Koalition von 1968 wollte die Regierungsarbeit für Krisensituationen regeln. In der damit verbundenen Einschränkung der parlamentarischen Rechte sahen viele eine Gefahr für die Demokratie. Trotz der Demonstrationen wurden die Notstandsgesetze beschlossen.

In den 50er-Jahren erzog man die Kinder in Familie und Schule nach den hoch geschätzten Tugenden Ordnung, Fleiß, Sauberkeit und Anstand. Männer sollten einen ordentlichen Beruf ergreifen, eine Familie gründen, Frauen für Haushalt und Kinder sorgen. Zunehmend jedoch bestimmte der „American Way of Life" das Konsum- und Modeverhalten der Jugend. Rock'n Roll, Blue Jeans und Coca Cola zeigten einen Lebensstil an, den viele Erwachsene ablehnten.

Die 68er und die Jugendrevolte

Das Jahr 1968 steht für Aufbruch und Protest: Die Jungen trugen die Haare lang, die Mädchen die Röcke kurz. Die Anti-Baby-Pille ermöglichte ein freieres Sexualverhalten. Der harte Beat der Rockmusik, verbreitet von Bands wie den Beatles und Rolling Stones, aber auch kritische Protestsongs von Bob Dylan trafen das Lebensgefühl der Jugendlichen und Studenten in den USA und Europa. Sie strebten Freiheit und Selbstverwirklichung an und probierten in Wohngemeinschaften neue Lebensformen aus. In den 60er-Jahren bildeten sich überwiegend studentische Gruppierungen, die sich als „außerparlamentarische Opposition" (APO) verstand. Der APO ging die bisherige Demokratisierung der Gesellschaft nicht weit genug. Sie sahen in den politischen Verhältnissen einengende Strukturen und hatten vor, ein Wirtschaftssystem abzuschaffen, das auf Konkurrenz und Leistungsdruck basiert. Manche, wie etwa der APO-Führer Rudi Dutschke, wollten das parlamentarische System durch eine sozialistische Demokratie ersetzen, bei der sie jedoch politische Unfreiheiten wie in der DDR vermeiden wollten. Mit der 1966 in Bonn gebildeten großen Koalition aus SPD und CDU erreichte der Protest der außerparlamentarischen Opposition seinen Höhepunkt. Die *Notstandsgesetze* und der Vietnamkrieg (s. S. 101) ließen viele Jugendliche an der Demokratie zweifeln. Auch kritisierten sie die mangelnde Aufarbeitung der NS-Diktatur durch die Eltern-Generation. Sie demonstrierten für grundlegende Veränderungen. Viele Erwachsene verstanden die Jugend nicht mehr.

Die 70er- und 80er-Jahre

Die neue SPD-FDP-Regierung wollte 1969 die Gesellschaft demokratisieren. Das Wahlalter wurde von 21 auf 18 Jahre gesenkt. Mehr Menschen sollten eine bessere Bildung erhalten. Von 1969 bis 1973 nahmen die Studienplätze um 80 % zu. Staatliche Unterstützung ermöglichte den Jugendlichen Schulbesuch und Studium, unabhängig vom Einkommen der Eltern. So stiegen die Studentenzahlen enorm und führten zu Zugangsbeschränkungen in einigen Fächern, Akademikern drohte die Arbeitslosigkeit. 1985 erreichte sie in der Regierungszeit von Helmut Kohl (1982–1998) einen vorläufigen Höhepunkt: Etwa 9 % aller Jugendlichen hatten keinen Arbeitsplatz.

Eine neue Protestform entstand bereits in den 70er-Jahren: Bürgerinitiativen. Vor allem Jugendliche engagierten sich gegen Kernkraftwerke oder gegen militärische Aufrüstung. Aus diesen sozialen Protestbewegungen – Umwelt-, Friedens- und Frauenbewegung – ging 1980 die Partei der „Grünen" hervor.

3 Jugendprotest 1968
a) Studentenführer Rudi Dutschke in einem Interview 1967:
Warum sollen wir (…) sagen: Steigen wir aus, wir schaffen es doch nicht. Irgendwann geht es mit dieser Welt zu Ende. Ganz im Gegenteil. Wir können eine Welt gestalten, wie sie die Welt noch nie gesehen hat, eine Welt, die sich auszeichnet keinen Krieg mehr zu kennen, keinen Hunger mehr zu haben und zwar in der ganzen Welt. (…) Darum werden wir kämpfen und haben wir angefangen zu kämpfen.

b) Ausschreitungen nach dem Attentat auf Rudi Dutschke 1968:
Es kam zu Straßenschlachten, wie sie Westdeutschland seit der Weimarer Republik nicht mehr gekannt hatte. Auf der Strecke blieben zwei Tote, über 400 Schwer- und Leichtverletzte und der Anspruch der Bundesrepublik ein intakter demokratischer Staat zu sein.

4 Ein seit sieben Monaten arbeitsloser
18-jähriger Jugendlicher erzählt 1982:
Am Anfang ging's ja noch, da hab ich Geld gekriegt von meiner Mutter, aber mit der Zeit, da war mir das halt zu wenig, und da hab ich noch die Nacht über geschlafen, tagsüber bin ich dann zu Hause geblieben, habe gelesen, bin in die Stadt rein, hab ein bisschen gebummelt da, und dann – tagsüber hast du nicht gewusst, was du machen sollst. Dann bin ich abends immer fortgeblieben, mit so ein paar anderen, die auch arbeitslos waren. Dann waren wir auch nachts immer unterwegs und haben tagsüber geschlafen, weil uns immer langweilig war.

5 Konsumkinder: *Popper 1980*
Tim, 13, erzählt: „Wenn ein Typ vom Land mit ollen Klamotten zu uns in die Schule kommt, wird er erst mal total fertig gemacht. Alle sagen: Oh guck mal, Salamander-Schuhe, 17,50 Mark, was? Willste mit deiner Hose zelten gehen? (…) Der wird dann ganz rot." Britta 13, hatte hinzugefügt: „Und eines Tages hatte der dann auch College-Schuhe und einen V-Pullover an. (…) Wie es sich gehört." Robert, 14, sagt: „Man will zeigen, dass die Eltern Geld haben."

6 Gegen den Vietnamkrieg protestierten diese Studenten 1968 in West-Berlin. Auf den Transparenten sieht man (von links nach rechts) die Porträts von Ho Chi Minh, Rosa Luxemburg (halb verdeckt) und Karl Liebknecht. – Informiert euch (Lexikon und Register dieses Buches) über diese drei Personen. An welche politischen Traditionen knüpfen die Demonstranten an?

7 Karikatur von 1981. – Fasse die Aussage zusammen. Auf welche Jugendgenerationen passen beide Bilder? Trifft sie auch heute zu?

1 Arbeite die unterschiedlichen Schwerpunkte der Bundesregierungen heraus (VT).
2 Zeige auf, inwiefern Jugendliche und Jugendbewegungen die Gesellschaft verändert haben (VT, M3, M7).
3 Vergleicht Ziele, Ausdrucksformen und Erfahrungen von Jugendlichen in den letzten Jahrzehnten (M3, M4, M5). Welche Rolle spielt das Äußere? Wie ist das heute?
4 Wie unterscheiden sich die Jugendlichen heute von früheren Jugendgenerationen? Interviewt Erwachsene, etwa eure Eltern und Großeltern.

15 Jugend im Sozialismus

1 *Abschluss eines Pioniermanövers in Dresden.* Seit 1978 wurden im 9. und 10. Schuljahr die Schüler 16 Stunden theoretisch und an 15 Tagen praktisch militärisch ausgebildet. Die Kirchen kritisierten die Wehrkunde stark.

2 *Fahnenträger der FDJ* auf der 1.-Mai-Demonstration 1987.

Sozialistische Persönlichkeit

In der DDR regelte die SED auch das Leben der Jugendlichen. Die Organisation „Freie Deutsche Jugend" (FDJ) und die Schule sollten im Sinne der Ideologie „sozialistische Persönlichkeiten" erziehen. Das hieß persönliche Wünsche zugunsten der gemeinsamen Ziele zurückstellen, sich mit dem sozialistischen Vaterland zu identifizieren und bereit zu sein, es zu verteidigen.

„Kampfplatz des Lebens"

„Die Schule als Kampfplatz des Lebens" – diese Parole deutet die ideologische Aufgabe des Schulwesens an. Naturwissenschaftlich-technische Fächer wurden betont, ab der 5. Klasse war Russischunterricht, in der 7. Klasse Staatsbürgerkunde, in der 9. und 10. Klasse (seit 1978) Wehrkundeunterricht vorgeschrieben. Der polytechnische Unterricht, eine Art Praktikum, führte in die Arbeitswelt ein. Nicht nur die Schulleistungen, sondern auch das „gesellschaftliche Gesamtverhalten", etwa der Einsatz in der FDJ, berechtigten zum Besuch der Erweiterten Oberschule (EOS) und zum Studium. In den 50er-Jahren wurden Arbeiterkinder bevorzugt zum Studium zugelassen. Nur 10% eines Jahrgangs studierten in vorgeschriebenen Ausbildungsrichtungen. Die anderen fanden als Facharbeiter einen sicheren Arbeitsplatz.

Organisation und Freizeit

Die FDJ umfasste rund 70% der Jugendlichen. Sie schulte sie politisch und organisierte ihre Freizeit. Die FDJ-Ferien an der Ostsee waren für viele ein Erlebnis. Aus dem Fernsehen erfuhren die DDR-Jugendlichen jedoch einiges über den Westen. Zunehmend musste die FDJ die westliche Orientierung der Jugendlichen im Freizeitbereich akzeptieren. Rock- und Popmusik, echte Jeans und Westwaren wurden wichtig.

Überwachung und Opposition

Manche Jugendliche wollten politische Freiheit und orientierten sich an kritischen Liedermachern wie Wolf Biermann, dessen verbotene Lieder man unter der Hand verbreitete. Als Biermann 1977 ausgebürgert wurde, protestierten Künstler und Jugendliche. Seit 1980 wuchs die Unzufriedenheit. Für Umweltschutz und Abrüstung engagierten sich auch ostdeutsche Jugendliche. Die evangelische Kirche bot diesen Gruppen Schutz gegenüber dem Staat. Das Ministerium für Staatssicherheit (MfS), die „Stasi", beschäftigte 85 000 Mitarbeiter und 100 000 informelle Mitarbeiter (IMs), die die Bevölkerung ausspionierten. Kritische Jugendliche wurden eingesperrt oder in die Bundesrepublik abgeschoben. So passten sich die meisten Menschen zumindest äußerlich an.

Die Deutschen und ihr Staat – Entwicklungen seit 1945

3 rechts: **Jugenddemonstration**, Gemälde von Hans Grundig 1951 anlässlich der 3. Weltfestspiele. – Wie sollen sich die Kinder und Jugendlichen nach diesem ideologischen Bild verhalten?

4 *Organisierte Jugend* in den 50er-Jahren. Ein ehemaliges Mitglied der FDJ erinnert sich:

„Diese Mobilisierung der Jugendlichen löste durchaus Begeisterung aus. Wir kamen heraus aus dem Alltag der Kleinstädte. Wir lernten das Land und Ju-
5 gendliche aus anderen Regionen der Republik kennen. Wir waren unter uns, ohne direkte Aufsicht der Lehrer oder der Partei zu spüren. Erste Flirts zu den Mädchen oder entsprechend zu den Jun-
10 gen wurden gewagt. Trotzdem, das Misstrauen der Partei und der Freunde der Jugend, der dreißig- und vierzigjährigen FDJ-Sekretäre würgte Begeisterung und Engagement immer wieder ab."

5 *Sozialistische Erziehung* – Anspruch und Wirklichkeit:
a) Stasi-Dienstanweisung 1968:

„Der Gegner hat die Bedeutung der planmäßigen Entwicklung unseres Hochschulwesens und der Volksbildung für die weitere Stärkung der DDR erkannt
5 und organisiert (...) eine systematische Zersetzung. Das Ziel besteht darin, unter der studentischen Jugend Zweifel an der Richtigkeit der Politik und der Regierung zu erzeugen; die führende Rolle der Par-
10 tei zu untergraben; die Sieghaftigkeit des Sozialismus in Frage zu stellen. (...) Einige Lehrkräfte verhalten sich gegenüber den Studenten und Schülern liberal, kommen nicht ihren Pflichten zur politi-
15 schen Erziehung nach."

b) Erfolge der Erziehung?
Eine DDR-Lehrerin : „Ich kann in Staatsbürgerkunde nur das Wissen zensieren. Mehr nicht. Was da für eine Einstellung hintersteckt, (...) also ich kenne da einige
5 Schüler, die beten den Stoff vorwärts und rückwärts vor. Wegen der Note. Welche Einstellung die Einzelnen haben, erweist sich sowieso allein in der täglichen Praxis, wie sie sich gesellschaftlich ein-
10 setzen, z. B. in der FDJ, wie sie lernen und arbeiten."

6 *Rockfest in Ost-Berlin 1988.* Nach anfänglichem Zögern organisierte die FDJ Rockkonzerte. – Überlegt, warum die SED-Führung solche Zugeständnisse machte. Nicht alle Bands durften auftreten, z. B. „Wutanfall", „Unerwünscht", „Juckreiz", „Kein Schleim", „Vorbildliche Planerfüllung". Was drücken die Namen aus?

1 Mit welchen Mitteln versuchte die DDR-Regierung die Jugendlichen in ihren Staat einzugliedern (VT)?
2 Untersuche die Besonderheiten des DDR-Schulsystems (VT, M 1, M 5).
3 Überlege, inwiefern die Lebenssituation der DDR- Jugend sich von der im Westen unterschied (VT, M 3, M 4, M 6).
4 Stelle Vor- und Nachteile des Lebens der Jugendlichen in der DDR zusammen. Was sollte mit der sozialistischen Erziehung erreicht werden? War sie erfolgreich?

Projekt

Rock in Ost und West – wie Rockmusik die Zeiten spiegelt

„Mit Musik kann man alle Lebensgefühle ausdrücken, das finde ich schön." (Monika, 15)

„Mit Musik kann ich Dinge sagen, für die mir die Worte fehlen." (Tanja, 16)

„Außerdem behindern lange Haare den Blick dafür, wie sich die Welt entwickelt." (Erich Honecker)

Nina Hagen, geb. 1955, verbrachte ihre Jugend in Ost-Berlin. Nach der Ausbürgerung des Liedermachers und DDR-Kritikers Wolf Biermann ging die ausgebildete Opernsängerin in den Westen, wo sie mit Punkrock, auffälligem Outfit und frechen, kritischen Texten schnell Erfolg hatte.

Was in den USA in den 50er-Jahren als eine Verbindung von Blues, Rhythm & Blues und der Country & Western-Music begann, bestimmte das Lebensgefühl ganzer Generationen. Rockmusik spiegelte daher immer auch wider, welche Themen oder auch Konflikte die meist jungen Menschen bewegten, welche Träume oder Utopien „in der Luft lagen". Rock war immer mehr als Musik: Die Geschichte des Rock ist auch eine Geschichte des Aufbegehrens, der Provokation oder Verweigerung – eine Geschichte der Jugendkultur.

Und darum kann auch die Rockmusik als eine geschichtliche Quelle eine ganze Menge erzählen: über das Leben in der Bundesrepublik und der DDR, über die Denkweisen und Ausdrucksformen der Jugendlichen, aber auch über die Erwachsenen: Wie stand die ältere Generation zur Musik der Heranwachsenden?

Für ein Projekt über Rockmusik in Ost- und Westdeutschland empfiehlt sich eine Aufteilung in mindestens zwei Gruppen. Nach Bedarf könnt ihr die Gruppen auch noch einmal unterteilen. Je nachdem, wie viele Spezialistinnen und Spezialisten sich in eurer Klasse b finden, könnt ihr das Projekt auch aktualisieren (Punk …, Rap …).

Gruppe 1: Rock im Westen

In der alten Bundesrepublik war Rockmusik mit deutschen Texten lange „out". Man orientierte sich an den Vorbildern in den USA oder in England, wo die Rolling Stones oder die Beatles den Ton angaben. Dies änderte sich erst mit dem Erfolg von Udo Lindenberg, der seit den 70er-Jahren mit Stücken in deutscher Sprache großen Erfolg hatte und damit den Weg für viele andere freimachte.

Gruppe 2: Rockmusik im Osten

Im Osten Deutschlands entwickelte sich schon früh eine deutschsprachige Rockszene, oft unter dem Deckmantel von „Tanzmusikfesten". Eine Vorstellung von der Wirkung dieser Musik vermittelt euch der Roman von Dieter Eue, „Ketzers Jugend". Es gab einige Rockmusiker aus dem Westen, die in der DDR auftreten durften, und einige DDR-Gruppen, die auch im Westen Konzerte geben konnten. Es ist interessant zu erforschen, wer dieses Privileg erhielt und wer nicht.

Eine Reihe von Samplern mit dem Titel: „Die DT 64 Story" ist auf CD bei Amiga erschienen. Viel spannender kann es aber sein mit einer (Partner-)Schule in den neuen Bundesländern Kontakt aufzunehmen und euch „direkt" mit Musik zu versorgen oder zu erfragen, was sich hinter Namen wie „Puhdys", „Karat" und „Silly" verbirgt.

(Erste Informationen zum West-Rock findet ihr zum Beispiel bei Michael Rauhut, Schalmei und Lederjacke, Schwarzkopf und Schwarzkopf 1996; zum Ost-Rock bei Christoph Dieckmann, My Generation. Cocker, Dylan, Lindenberg und die verlorene Zeit, Berlin: Chr. Links Verlag, 1991. Das Buch „Rockmusik und Politik", hrsg. v. Peter Wicke, Berlin: Chr. Links Verlag 1996, informiert euch über das Verhältnis von Staat und Musik in der DDR).

Die Deutschen und ihr Staat – Entwicklungen seit 1945

Aus dem Brief Udo Lindenbergs an Erich Honecker, 11. Juni 1987:
Hallöchen, Honey!
Sag 'mal Honey, von Rock-Freak zu Rock-Freak: Hörst Du Deine Dröhnung eigentlich noch immer heimlich auf dem Klo? Geh' doch endlich raus auf die Straße, zieh Dir die Lederjacke an und treff die bunten Kiddys und skandier' mit ihnen „Urbi et Gorbi".

Antwort Erich Honeckers, 19. Juni 1987:
Lieber Udo Lindenberg!
Wenn ich es recht verstehe, ist [die Lederjacke] ein Symbol rockiger Musik für ein sinnvolles Leben der Jugend ohne Krieg und Kriegsgefahr, ohne Ausbildungsmisere und Antikommunismus, Neofaschismus und Ausländerfeindlichkeit. (…) Dieser Auffassung sind wir auch. (…) Sie wissen ja aus eigenem Erleben, dass die DDR ein sehr jugend- und deshalb auch sehr rockfreudiges Land ist. (…) Wie sollte man angesichts dieser Tatsachen nicht unumwunden sagen: Ja, die Jacke passt.

„Abendzeitung", München, 11. Juni 1987.

Eine Rock-Zeit-Reise …

… kann eine spannende Sache sein. Einige Anregungen dazu:
1. Plant für die Rockmusik in Ost und West je eine Stelltafel/Ausstellungswand ein. Für den Kopf jeder Tafel gestaltet ihr zur zeitlichen Orientierung einen Zeitstrahl, der oben links mit dem Jahr 1950 beginnt und sich dann nach rechts in Zehnjahresschritten bis in unsere Gegenwart fortsetzt.
2. Darunter reserviert ihr zunächst einmal Platz für die Ereignisse, Themen oder Personen der Geschichte, die ihr für besonders wichtig haltet. An die zeitlich passenden Stellen klebt, pinnt oder zeichnet ihr z. B. Bilder von Politikern oder auch zeittypische, gerade moderne Möbel oder Kleidungsstücke, Automodelle oder Ähnliches. Es kann sehr interessant sein darüber zu diskutieren, was und warum etwas besonders wichtig war.
3. Den größten Raum auf der Stelltafel reserviert ihr für die Geschichte der Rockmusik. Fundstücke dazu bieten sich in Hülle und Fülle. Erste Infos findet ihr in Lexika oder Rockgeschichten. Schreibt die wichtigsten Gruppen heraus, die populärsten Lieder, sucht Bilder, Plattencover und ordnet alles auf eurer Zeitleiste an.
4. Geht noch einen Schritt weiter: Fragt eure Eltern oder andere Zeitzeugen aus der älteren Generation nach ihren Erinnerungen: ihren Lieblingsgruppen, danach, was und warum sie etwas besonders toll fanden, welche Konzerterlebnisse ihnen unvergesslich geblieben sind, wie ihre Eltern auf ihre Musik reagiert haben … Ihr könnt besonders interessante Zitate in Sprechblasen stellen und ganz unten auf der Stellwand befestigen …
5. Versucht auch herauszufinden, ob es zu den verschiedenen Zeiten besonders beliebte Themen in den Rocksongs gab (z. B. Frieden, Liebe …). Vielleicht zeichnet ihr Bilder zu einzelnen Themen.
6. Die „Krönung" eurer Rockgeschichte ist es, wenn ihr nun noch aus vorliegenden Plattenaufnahmen Lieder in zeitlicher Reihenfolge zu einer klingenden Rockgeschichte zusammenstellt. Eine Idee für eine Schulfete … ?

Beim Pfingsttreffen der FDJ 1964 in Berlin wurde eine Sendestation für englischsprachige Unterhaltungsmusik eingerichtet. Aus dem Provisorium wurde eine feste Einrichtung: Ohne Radio „DT 64" (DT = Deutschland-Treffen) war Rockmusik in der DDR nicht vorstellbar. Die nach der Wiedervereinigung geplante Auflösung des Senders konnte durch massive Proteste von Jugendlichen und Rockmusikern verhindert werden (zu empfangen über TV-Sat2 und Kopernikus).

16 Die doppelten Deutschen – Ost gegen West im Sport

1 *Einmarsch der Nationen* im Münchner Olympiastadion 1972. In den westdeutschen Medien hatte zuvor eine regelrechte Kampagne gegen die „Spalterflagge" stattgefunden. – Was war damit gemeint?

David siegt über Goliath

Fußballweltmeisterschaft 1974. Die hoch favorisierte westdeutsche Elf mit Kapitän Franz Beckenbauer spielt im Hamburger Volksparkstadion gegen den „Fußballzwerg" DDR. Am Ende ist die Sensation perfekt: Durch ein Tor von Jürgen Sparwasser siegt die Mannschaft der DDR im „Bruderkampf" mit 1:0. Während sie in der nächsten Runde aber scheitert, wird die Bundesrepublik nach 1954 zum zweiten Mal Weltmeister.

„Die bauen die Stadien, …

1974 waren Wettkämpfe zwischen zwei deutschen Mannschaften schon fast normal. Anders noch in den 60er-Jahren: Bis 1964 durften auf Drängen Westdeutschlands nur gesamtdeutsche Mannschaften an Olympischen Spielen teilnehmen – mit schwarz-rot-goldener Fahne. Die DDR wollte aber über den Sport internationale Anerkennung und Prestige gewinnen. In Mexiko 1968 gab es erstmals getrennte Mannschaften – aber noch ohne eigene nationale Symbole. Die Ausrichtung der Spiele von 1972 in München wollte die DDR verhindern. Erfolglos prophezeiten ihre Diplomaten und Sportfunktionäre eine Wiederholung der nationalsozialistischen Spiele von Berlin 1936.

… wir holen die Medaillen"

Nachdem das Internationale Olympische Komitee eigene nationale Symbole für die DDR anerkannt hatte, ergaben sich neue Ziele: „Die sportfeindlichen Kräfte in der Bundesrepublik (…) sind es, die erstmals bei Olympischen Sommerspielen die Flagge der DDR hissen, unsere Hymne einstudieren und spielen müssen." Intern galt die Devise: „Die bauen die Stadien, wir holen die Medaillen." Die DDR war in den 70er- und 80er-Jahren eine sportliche Großmacht. Ihre Erfolge erzielte sie, indem man Talente frühzeitig entdeckte und gezielt förderte, Trainingspläne nach wissenschaftlichen Erkenntnissen aufbaute und die Athleten intensiv medizinisch betreute. Dazu gehörte auch ausgeklügeltes Doping, das die Funktionäre massiv zur Leistungssteigerung einsetzten. Doping im Westen war eine private Entscheidung ohne staatliche Förderung.

Medaillenspiegel gibt die Rangfolge der teilnehmenden Länder nach Gold-, Silber- und Bronzemedaillen an.

2 *4 x 100 m-Staffel* der Frauen bei der Olympiade 1972 in München: Die Bundesrepublik mit Heide Rosendahl als Schlussläuferin gewann knapp vor der DDR mit Renate Stecher. Im Medaillenspiegel belegte die DDR aber am Ende mit 20 Goldmedaillen klar den dritten Rang vor der Bundesrepublik Deutschland (13 Goldmedaillen).

Die Deutschen und ihr Staat – Entwicklungen seit 1945

3 Interview mit Roland Matthes, 1996.
Matthes war u. a. 1972 Doppel-Olympiasieger im Rückenschwimmen für die DDR.
Frage: Verordnet war Abgrenzung ...
Matthes: ... in der Öffentlichkeit. Unter der Dusche gab's die nicht. Da kam kein Funktionär hin. Da wurde auch mit den bundesdeutschen Athleten gesprochen, sehr viel über Privates, da wurden Einladungen ausgesprochen, Geschenke ausgetauscht. Jeder wusste, dass es in der Öffentlichkeit andere Regeln gab. Allerdings muss ich auch dazu sagen: Es hat sich niemand Gedanken gemacht, warum das so ist. Keiner hat nachgefragt, warum darf es draußen nur ein kurzes „Hallo" geben.
Frage: Hat Sie das, was dann daraus gemacht wurde – der klassenbewusste Athlet, der seine Siege für den Sozialismus erringt – gestört?
Matthes: Wir wussten, wo wir lebten. Dieses Tamtam gehörte zur Daseinsberechtigung des Apparates. In Erfurt kam beispielsweise der Parteisekretär in die Schwimmhalle und sagte: „Denkt daran, was wir hier betreiben, ist Klassenkampf!" (...) Was natürlich absurd war. Ich hab im Wasser meine Leistung für mich und dann für meinen Trainer und dann für meinen Verein gebracht. (...)
Frage: (...) Sie sagten, es störe Sie, dass man den DDR-Leistungssport über das Thema Doping abhandele (...)?
Matthes: (...) Ich habe auch nicht glauben wollen, wie massiv mit diesen so genannten unterstützenden Mittel gearbeitet worden ist. (...) Ich denke, oft lief es im kleinen Kämmerlein in den einzelnen Klubs zwischen dem verantwortlichen Mediziner und dem Trainer unter der Hand. Das Ausmaß hat mich schon erschüttert. (...) Es ist aber Schwarzweiß-Malerei, wenn nun gleich jeder DDR-Leistungssportler für eine wandelnde Apotheke gehalten wird. (...) Dass Doping nun eine DDR-Erfindung gewesen sein soll – da lachen die Amerikaner sich krank. (...) [Meine Trainerin] hat gesagt, unterstützende Mittel braucht er nicht. Das Einzige, was er braucht, ist mal 'ne Banane oder ein Stück Fleisch und viel Kuchen, eine warme Dusche. Es war mein Glück, dass sie mich mit ihrem breiten Rücken [vor Doping] bewahrt hat.

4 Über einen Dopingprozess gegen DDR-Trainer und -Sportärzte berichtete „Der Spiegel" 1997:
Gerade bei diesen Mädchendopern sieht Staatsanwalt Hillebrand „keine Schwierigkeiten" den Nachweis der Körperverletzung zu führen. So berichten einige Schwimmer, dass Kolleginnen in kurzer Zeit zu „Mannweibern" geworden seien. Andere Opfer erzählten den Beamten, dass sie eine „tiefe, rauchige Stimme" bekommen hätten; einige klagten über extreme Körperbehaarung, die sich nicht oder nur teilweise nach Karriereende zurückgebildet hätte. Erschwerend wird den Beschuldigten angelastet, dass sie Substanzen an Kinder und Jugendliche meist ohne deren Wissen verabreichten und die Eltern belogen („Das sind Vitaminpräparate").

5 Die sowjetische Parteizeitung „Prawda" am 17. 9. 1972:
Die großartigen Siege der Sowjetunion und ihrer Bruderländer sind ein klarer Beweis dafür, dass der Sozialismus das zur körperlichen und geistigen Vollendung bestgeeignete System darstellt.

6 Die Olympiasiegerin im Eiskunstlauf 1980 bei den Winterspielen in Lake Placid (USA): Anett Pötzsch (Foto). Im Medaillenspiegel landete die DDR 1980 auf Platz 1. – Warum waren sportliche Erfolge gerade für die DDR so wichtig? Was erhoffte sich die Parteispitze von solchen (Fernseh-)Bildern: nach innen, nach außen?

7 DDR-Superstar Kornelia Ender (Foto) erschwamm 1976 in Montreal 6 Goldmedaillen. Die Schwimmerinnen der DDR gewannen 11 von 13 olympischen Wettbewerben.
Der Medaillenspiegel:

1. UdSSR: 49 41 35
2. DDR: 40 25 25
3. USA: 34 35 25
4. BRD: 10 12 17

1 Vergleiche die Aussagen zum Doping-Missbrauch (M 3, M 4).
2 Erläutere: „Sport-Großmacht DDR – Ziele, Mittel, Erfolge" (VT, M 1–M 7). Welche Funktion hatte der Sport im Sozialismus (M 5)?
3 In den 60er-Jahren wurden in Ost- („Kinder- und Jugendspartakiade") und Westdeutschland („Jugend trainiert für Olympia") Wettbewerbe geschaffen. Überlegt mögliche Zielrichtungen.
4 Diskutiert: Förderung des Breitensports oder des Spitzensports?

17 Berlin – Brennpunkt der Geschichte

1 links: **Nach dem Sieg über Frankreich** ziehen am 16. Juni 1871 die deutschen Truppen durch das Brandenburger Tor. Berlin wird Hauptstadt des Kaiserreiches, des ersten deutschen Nationalstaates.

2 rechts: **1933: Berlin** wird zur Machtzentrale der Nationalsozialisten. Auf den großen Prachtstraßen präsentiert sich das neue Regime in pompösen Umzügen.

Schlaglichter der Geschichte

Hauptstadt des Kaiserreichs, der Weimarer Republik, des NS-Staates, geteilt und wiedervereint – keine andere Stadt spiegelt die Geschichte Deutschlands seit der Reichsgründung 1871 so deutlich wider wie Berlin.

In der Kaiserzeit erlebt die Stadt einen wirtschaftlichen und kulturellen Aufschwung. Universitäten, Straßenbahnen, Kaufhäuser und unzählige Mietskasernen prägen ihr Bild. 1894 wird der *Reichstag* fertig gestellt. Doch nach dem Ersten Weltkrieg ist die Monarchie am Ende. Der Sozialdemokrat Philipp Scheidemann ruft am 9. November 1918 vom Balkon des Reichstags die „Deutsche Republik" aus, Karl Liebknecht proklamiert die „Freie Sozialistische Republik". Berlin wird Hauptstadt der ersten deutschen Demokratie.

27. Februar 1933: Der Reichstag brennt. Das dient den Nationalsozialisten als Vorwand für die brutale Verfolgung ihrer Gegner. Von Berlin aus wird die Ermordung der europäischen Juden organisiert, hier befindet sich die militärische Schaltzentrale der Nationalsozialisten während des Zweiten Weltkrieges. Aber Berlin wird auch zum Symbol des Widerstandes: Im Bendlerblock, dem Sitz des Oberkommandos des Heeres, wird das Attentat vom 20. Juli 1944 geplant. Heute erinnert hier die „Gedenkstätte Deutscher Widerstand" an jene, die sich gegen die Diktatur auflehnten.

Blockierte Stadt

Kriegsende: Berlin wird von sowjetischen Truppen besetzt und verwaltet. Nach zwei Monaten teilen die Siegermächte die Stadt – wie das übrige Deutschland – in vier Sektoren. Sie soll gemeinsamer Kontrolle unterstehen. Damit wird Berlin zur Frontstadt des Kalten Krieges, schon wegen seiner Lage – mitten in der SBZ, abgeschnitten von den Westzonen. Alle Zufahrtswege sind in sowjetischer Hand. Den Westalliierten werden nur drei Luftkorridore vertraglich zugesichert. Erst bleiben die Grenzen zwischen den Sektoren durchlässig. Doch der Einfluss der Westmächte ist der sowjetischen Besatzungsmacht ein Dorn im Auge. Sie beabsichtigt nämlich, Berlin der SBZ einzuverleiben. Als in West-Berlin 1948 die DM eingeführt wird, antworten die Sowjets mit einer

3 Als Berlin am 2. Mai 1945 vor der Roten Armee kapituliert (s. S. 90), zeigt die Stadt dasselbe Gesicht wie andere Großstädte Deutschlands: Trümmer, Zerstörung, Menschen ohne Dach und Brot.

Die Deutschen und ihr Staat – Entwicklungen seit 1945

totalen Blockade der Zufahrtswege und der Stromversorgung. Die Lebensmittelvorräte West-Berlins reichen für gerade 36 Tage. Die Lage ist verzweifelt, jede Verbindung zum Westen abgeschnitten. Die amerikanischen Besatzer organisieren eine „Luftbrücke" und versorgen bis zum Ende der Blockade im Mai 1949 zwei Millionen Menschen durch Lebensmitteltransporte per Flugzeug.

Geteilte Stadt
Im Konflikt der Systeme wird Berlin immer mehr zum Brennpunkt des Geschehens. Die Menschen in der DDR leiden zunehmend unter den Beschränkungen ihrer Freiheit durch das SED-Regime. Den westlichen, vor allem wirtschaftlichen Aufschwung haben besonders die Ostberliner direkt vor Augen – und so den Kontrast zur eigenen Situation. Die Flüchtlingszahlen steigen. Der SED-Staat gerät besonders wirtschaftlich in eine schwere Krise – er droht auszubluten. Die Führung weiß sich nicht mehr zu helfen: In der Nacht zum 13. August 1961 beginnt in Berlin der Bau der „Mauer" mit der Unterbrechung des S- und U-Bahnverkehrs, der Errichtung von Straßensperren, dem Zumauern von Häusern. Die DDR-Grenze wird zu einem undurchlässigen Sperrsystem. Die Teilung des Landes ist hier für jeden sichtbar: West-Berlin wird rundherum eingemauert. Die Westalliierten protestieren zwar, greifen aber nicht ein, weil sie um den Weltfrieden fürchten.

Auch harte Strafen für „Republikflucht" können in der Zukunft nicht verhindern, dass mehr als 5 000 DDR-Bürgern die Flucht gelingt, oft in das „Schlupfloch" West-Berlin – durch die Kanalisation, verborgen in Autos, verkleidet als sowjetische Militärs ... Mindestens 200 Menschen verlieren dabei zwischen 1949 und 1989 ihr Leben, meist durch Schüsse der Grenztruppen.

Wiedervereint
Ost-Berlin wird zur DDR-Hauptstadt ausgebaut. West-Berlin erhält Gelder von der Bundesrepublik, weil viele Firmen ihre Zentralen von der „Insel" weg in den Süden und Westen des Landes verlegen. Die Menschen leiden besonders unter den großen Beschränkungen der Reisemöglichkeiten zwischen Ost und West. 1972 beschließen die beiden deutschen Staaten am Rande des Viermächte-Berlin-Abkommens der Alliierten Erleichterungen des Reise- und Besuchsverkehrs zwischen Ost- und West-Berlin, aber auch der Durchreise von der Bundesrepublik nach West-Berlin.

Nach etwa vierzig Jahren staatlicher Teilung fordern die Menschen vor allem Demokratie und Meinungsfreiheit, das Ende der Bespitzelung durch die Staatssicherheit (Stasi), aber auch uneingeschränkte Reisefreiheit in den Westen – die Mauer fällt. Berlin wird Hauptstadt des wiedervereinigten Deutschland. Der Reichstag, seit dem Brand leer stehend und von 1961 bis 1971 restauriert, erhält als Sitz des Deutschen Bundestages seine ursprüngliche Funktion zurück – als Symbol parlamentarisch-demokratischer Tradition und nationaler Einheit.

4 links: *Der Aufstand vom 17. Juni 1953*, der als Arbeitsniederlegung begonnen hatte, gerät zum Protest gegen das Regime (s. S. 96, 134).

5 rechts: *Die Mauer zerschneidet seit 1961 Berlin* und ist bis 1989 Symbol der deutschen Teilung. Am Brandenburger Tor wird das besonders sichtbar.

Reichstag
Im deutschen Kaiserreich eutschen Kaiserreich wird zwischen 1884 und 1894 das Reichstagsgebäude als Sitz des nationalen Parlaments errichtet. Zur Zeit des Nationalsozialismus und auch nach dem Zweiten Weltkrieg, in der Zeit der deutschen Teilung, steht das Gebäude leer. Erst Ende der 90er-Jahre, etwa zehn Jahre nach der Wiedervereinigung, wird es erneut zum Sitz des deutschen Parlaments, des

Berlin – Brennpunkt der Geschichte

6 Westliches Plakat, Oktober 1961, zur Information der DDR-Bürger jenseits der Mauer. – Das Zitat entstammt der Parteizeitung der SED, „Neues Deutschland". Was soll die Botschaft bewirken? Beachtet das Datum des Zitats und das des Mauerbaus.

7 Oberbürgermeister Ernst Reuter über die Berlin-Blockade, Auszug aus seiner Rede vom 9. September 1948:
Wenn wir darum heute in dieser Stunde die Welt rufen, so tun wir es, weil wir wissen, dass die Kraft unseres Volkes der Boden ist, auf dem wir groß geworden
5 sind und größer und stärker werden, bis die Macht der Finsternis zerbrochen und zerschlagen sein wird. Und diesen Tag werden wir an dieser Stelle, vor unserem alten Reichstag mit seiner stolzen
10 Inschrift ‚Dem deutschen Volke', erleben und werden ihn feiern mit dem stolzen Bewusstsein, dass wir ihn in Kümmernissen und Nöten, in Mühsal und Elend, aber mit standhafter Ausdauer herbeige-
15 führt haben.
Das Volk von Berlin hat gesprochen. Wir haben unsere Pflicht getan, und wir werden unsere Pflicht weiter tun. Völker der Welt! Tut auch ihr eure Pflicht und helft
20 uns in der Zeit, die vor uns steht, nicht nur mit dem Dröhnen eurer Flugzeuge, (…), sondern mit dem standhaften und unzerstörbaren Einstehen für die gemeinsamen Ideale, die allein unsere Zu-
25 kunft und die auch allein eure Zukunft sichern können. Völker der Welt, schaut auf Berlin! Und Volk von Berlin, sei dessen gewiss, diesen Kampf, den wollen, diesen Kampf, den werden wir gewinnen.

8 „Der antifaschistische Schutzwall". Ein DDR-Lehrbuch von 1971 begründet den Mauerbau folgendermaßen (Auszug):
Im Frühjahr und Sommer 1961 nahmen die Vorbereitungen des westdeutschen Imperialismus auf die gewaltsame Eroberung der DDR immer bedrohlichere
5 Formen an. (…) Die Verbündeten vereinbarten, dass die DDR an der Staatsgrenze zu Westberlin die notwendigen Sicherheitsmaßnahmen trifft, um die weitere Wühltätigkeit gegen die Länder
10 des sozialistischen Lagers endgültig zu unterbinden. (…)
Am 13. August 1961 nahmen in den frühen Morgenstunden bewaffnete Organe (…) die Grenze gegenüber dem ge-
15 fährlichen Kriegsbrandherd Westberlin unter zuverlässige Kontrolle und errichteten den antifaschistischen Schutzwall. Damit war der abenteuerlichen imperialistischen Provokationspolitik der Weg
20 versperrt. Die Gefahr der Auslösung eines Weltkrieges in Mitteleuropa war entscheidend gebannt worden. (…)
Die Maßnahmen (…) festigten die staatliche Souveränität der DDR entschei-
25 dend. Durch sie wurde der ökonomischen Ausplünderung der DDR durch den westdeutschen Imperialismus ein Ende gesetzt. (…)
Mit den Maßnahmen vom 13. August
30 war der Beweis erbracht, dass der Sozialismus in der Deutschen Demokratischen Republik unwiderruflich war.

9 Der Bau der Mauer: Der Südkurier berichtet am 26. August 1961 über die Folgen des Mauerbaus:
Lindenstraße:
Die Betonwand ist zur Klagemauer geworden. Auf Westberliner Seite weinen eine Frau und ihr Kind. Sie können nicht
5 zur Großmutter, die im Sterben liegt.
An einer anderen Stelle steht ein Brautpaar vor der Mauer. Die beiden haben gerade geheiratet. Die Eltern konnten an der Feier nicht teilnehmen. Sie winken
10 über die Grenze hinweg. (…)
Die menschlichen Kontakte über die Frontlinie bestehen noch.
Man winkt und ruft. Manchmal fliegen ein Päckchen Zigaretten, ein halbes
15 Pfund Kaffee, ein paar Apfelsinen über die Betonmauer.

Die Deutschen und ihr Staat – Entwicklungen seit 1945

10 *Berlin wird Hauptstadt des vereinigten Deutschland.* Das entschied am 20. Juni 1990 der Bundestag mit 338 gegen 320 Stimmen.

a) Bundeskanzler Helmut Kohl (CDU/CSU):
1947 bin ich mit 17 Jahren zum ersten Mal in Berlin gewesen. Es war eine zerstörte Stadt. Wenn mich damals jemand gefragt hätte: Was ist die deutsche
5 Hauptstadt?, wäre die Antwort keine Überlegung wert gewesen; ich hätte gesagt: Das ist selbstverständlich Berlin. (…) Ich war wenige Tage nach dem 17. Juni 1953 dort. Wenn mich am 20. Ju-
10 ni 1953 jemand gefragt hätte: Was ist die deutsche Hauptstadt, und zwar im vollen Sinne des Wortes?, hätte ich gesagt: Berlin. (…) Ich stand mit den meisten von Ihnen in jener unvergesslichen Nacht vom
15 2. auf den 3. Oktober 1990, als der Tag der deutschen Einheit um 0 Uhr gefeiert wurde, vor dem Reichstag, und mir war natürlich klar, dass ich für Berlin bin, (…) das ist die Erkenntnis, dass Berlin Brenn-
20 punkt deutscher Teilung und der Sehnsucht nach deutscher Einheit war.

b) Gregor Gysi (PDS/Linke Liste):
Dann bitte ich Sie, doch auch noch über etwas ganz Spezifisches nachzudenken: Seit der Herstellung der Einheit am 3. Oktober 1990 gibt es nur eine Stadt, in der
5 sich diese Vereinigung tatsächlich unmittelbar vollzieht, weil es nun einmal die einzige geteilte Stadt war. Das heißt, westliche und östliche Probleme stoßen dort direkt aufeinander; dort findet die
10 Vereinigung sozusagen in kompensierter, vielleicht auch zum Teil in verschärfter, vielleicht auch zum Teil in schnellerer Form statt. Ich finde, deshalb ist das Bekenntnis gerade zu dieser Stadt so unge-
15 heuer bedeutungsvoll: Denn es ist die einzige Ost-West-Stadt, die wir zu bieten haben. Damit können wir, glaube ich, national und international Signale setzen.

c) Norbert Blüm (CDU/CSU):
Mit dem Namen Bonn verbindet sich der längste freiheitliche und friedliche Zeitabschnitt unserer Geschichte. Es war eine gute Zeit – es ist eine gute Zeit –, die
5 mit Bonn verbunden ist. (…) Die Geschichte bleibt nie stehen. „Man steigt nicht zweimal in denselben Fluss", wuss-
ten schon die griechischen Philosophen. (…) Es hat der Demokratie in Deutsch-
10 land nach all den Wirren der Hitler-Zeit und dem aufgeblasenen Pomp und den Paraden der Stalin-Zeit gut getan, in einer kleinen bescheidenen Stadt Demokratie in Regierung und Parlament vor-
15 geführt zu haben. Es hat unserer Demokratie in der Welt gut getan. (…) Mit Bonn verbindet sich der demokratische Neuanfang unserer Geschichte. Mit Bonn verbindet sich die friedlichste und frei-
20 heitlichste Epoche unserer Geschichte. Sie soll nie zu Ende gehen. (…) Bonn hat nicht seine Schuldigkeit getan und kann gehen.

11 *Projektzeichnung des Künstlers Christo von 1994,* der den Reichstag verhüllen wollte. „Die Geschichte wird enthüllt, wenn der Reichstag verhüllt wird", sagte ein Abgeordneter, bevor der Bundestag dem Projekt zustimmte und die Reichstagsverhüllung (1995) erlaubte. Oder wird hier, wie Gegner behaupten, ein ehrwürdiges Symbol der deutschen Geschichte entweiht? – Nehmt Stellung!

1 Das Brandenburger Tor oder der Reichstag sind sozusagen „stumme Zeugen" der Geschichte. Erläutert anhand von M 1–5 und der ADS sowie des VT, warum sie nicht nur Berliner, sondern auch deutsche Geschichte „gesehen" haben.
2 Klärt den Inhalt und die Wirkung der Rede auf die Zuhörer (M 7).
3 Vergleicht die privaten Folgen für die Menschen von M 9 mit den Grenzerfahrungen eurer Familie.
4 Versetzt euch in die Rolle eines Schülers in der DDR. Diktiert euren Mitschülern ins Heft, was sie über den Bau der Mauer als wesentliche Merksätze wissen sollten (M 8). Stellt dann kritische Fragen zur Darstellung der Ereignisse.
5 Nennt die Gründe, die die Redner für bzw. gegen Berlin anführen (M 10). Findet weitere Argumente und überlegt, was der Umzug für die Menschen und die beiden Städte bedeutet. Bildet euch ein eigenes Urteil und stimmt in der Klasse ab.

18 Die Wiedervereinigung

1 *Bundeskanzler Kohl am 19.12.1989 in Dresden:* Diese Reise in die DDR zeigte Kohl den Wunsch von vielen Ostdeutschen nach staatlicher Einheit. – Welche Hoffnungen der Menschen sprach er mit dem Versprechen von „blühenden Landschaften" wohl an?

2 *Feier am 3. Oktober 1990.* Vor dem Reichstagsgebäude wurde die Wiedervereinigung offiziell gefeiert.– Überlege, warum man das alte Parlamentsgebäude in Berlin und nicht den Vorplatz zum Bundestag in Bonn als Ort wählte.

Reformregierung

Der am 13. November gewählte Ministerpräsident Hans Modrow wollte die DDR in eine sozialistische Demokratie umwandeln. Die SED, die alten Kräfte der DDR und die Gruppen der Bürgerbewegung, z. B. SDP und Neues Forum, fanden sich am „Runden Tisch" zusammen um über eine gemeinsame, friedliche Reform zu beraten. Modrow schlug wegen des wachsenden Wunsches nach Einheit eine „Vertragsgemeinschaft" und eine „Konföderation" (Staatenbund) mit der Bundesrepublik vor. Der Zusammenbruch der DDR-Wirtschaft machte die Unterstützung des Westens nötig. Bundeskanzler Kohl antwortete am 29. November mit einem Zehn-Punkte-Programm, das verschiedene Stufen verstärkter Zusammenarbeit bis hin zur Wiedervereinigung vorsah.

Freie Wahlen für die Einheit

Der innere Zerfall der DDR beschleunigte die Wiedervereinigung enorm. Die SED verlor die Hälfte ihrer Mitglieder, die umfassende Bespitzelung der Stasi wurde aufgedeckt, immer mehr Ostdeutsche zogen in die Bundesrepublik. So wurden die freien Wahlen zur Volkskammer auf den 18. März 1990 vorverlegt. Den Wahlkampf bestimmten bereits die westdeutschen Politiker. Sicherlich verhalf Kohls Versprechen, dass die deutsche Einheit schnellen Wohlstand bringe und wenig koste, der CDU und ihrer „Allianz für Deutschland" zur großen Mehrheit.

Die Siegermächte für die Einheit

Bereits im Februar 1990 hatte Gorbatschow diese Entwicklung akzeptiert. Immerhin bedeutete die Auflösung der DDR einen deutlichen Machtverlust für die UdSSR. Die Westmächte stimmten im Grundsatz auch der Wiedervereinigung zu. Im 2-plus-4-Vertrag vom 12. September 1990 einigten sich die vier Siegermächte von 1945 und die beiden deutschen Staaten, dass das wiedervereinigte Deutschland Mitglied der NATO bleibe, abrüste und seine völlige staatliche Hoheit erhalte. Die Grenzen zu den Nachbarstaaten, besonders Polen, wurden als endgültig anerkannt. Die Zugeständnisse der UdSSR wurden durch deutsche Wirtschaftshilfe erleichtert.

Der innere Weg zur Einheit

Die beiden deutschen Regierungen mussten die Vereinigungsverträge aushandeln. Umstritten war, inwieweit wirtschaftliche und soziale Verhältnisse der DDR im geeinten Deutschland weiter bestehen sollten. Mit der Wirtschafts-, Währungs- und Sozialunion vom 1.7.1990 führte die DDR die soziale Marktwirtschaft und das westdeutsche Sozialversicherungssystem ein. Ostdeutsche konnten die Ostmark bis zu einer gewissen Höhe im Verhältnis 1 zu 1, ansonsten 1 zu 2 in DM umtauschen. Staatliche Betriebe sollten privatisiert und einer eigenen Einrichtung, der „Treuhand", unterstellt werden. Für den 3. Oktober beschloss man die staatliche Vereinigung, schaffte die Einteilung der DDR in 15 Bezirke ab und gründete fünf Länder, die der Bundesrepublik beitraten. So vermied man die Ausarbeitung einer neuen Verfassung und eine Volksabstimmung über den Beitritt. Die erste gesamtdeutsche Bundestagswahl 1990 bescherte der Regierung Kohl eine große Mehrheit und bestätigte die Vereinigung.

Die Deutschen und ihr Staat – Entwicklungen seit 1945

3 *Transparent eines Demonstranten* aus Leipzig vom Dez. 1989. Eine Warnung?

4 *Leserbrief in einer Leipziger Zeitung zum Aufruf „Für unser Land" (M6):*
Dem Aufruf „Für unser Land" kann ich nicht zustimmen. Ich sehe hier bereits, wie sich gewisse Leute bestehende Privilegien sichern wollen. In der Frage von
5 Wiedervereinigung bzw. Konföderation sollte es zu einem Volksentscheid kommen. (...) 40 Jahre wurden die Vorzüge des Sozialismus in allen Tönen gepriesen, aber die traurige Realität sehen wir
10 heute. (...) Noch einmal Versuche eines Sozialismus, welche Jahre oder Jahrzehnte andauern, um am Ende noch tiefer zu stehen? Bedenkt, wir Menschen haben nur ein Leben! (...) Nehmen wir al-
15 so das Angebot vom deutschen Nachbarstaat an, denn der Preis dafür ist nicht zu hoch. Ein Volk, das „noch" die gleiche Sprache spricht, gehört zusammen.

5 *Aus einer Wahlkampf-Zeitung der CDU Ost 1990.* Sie wurde von der CDU in Bonn für die Allianz für Deutschland im DDR-Wahlkampf herausgegeben.
Das will die Allianz für Deutschland: Für den Aufbau unseres Landes haben wir ein Modell vor Augen: die soziale Marktwirtschaft ohne Wenn und Aber. Sie hat
5 in der Bundesepublik Freiheit, Wohlstand und soziale Sicherung gebracht. Wir wollen keine Experimente mehr, keinen „dritten Weg", keinen Versuch auf unsere Kosten. Die Bundesrepublik hat
10 es uns 1945 vorgemacht, wie mit Leistung und Initiative ein Land aufgebaut werden kann. Die Partei, die dies zustande gebracht hat, unterstützt uns. (...) Wie die CDU der Bundesrepublik, wie Bun-
15 deskanzler Kohl wollen wir: Wohlstand für alle und die Einheit unseres Vaterlandes.

FÜR UNSER LAND

Unser Land steckt in einer tiefen Krise. Wie wir bisher gelebt haben, können und wollen wir nicht mehr leben. Die Führung einer Partei hatte sich die Herrschaft über das Volk und seine Vertretungen angemaßt, vom Stalinismus geprägte Strukturen hatten alle Lebensbereiche durchdrungen. Gewaltfrei, durch Massendemonstrationen hat das Volk den Prozeß der revolutionären Erneuerung erzwungen, der sich in atemberaubender Geschwindigkeit vollzieht. Uns bleibt nur wenig Zeit, auf die verschiedenen Möglichkeiten Einfluß zu nehmen, die sich als Auswege aus der Krise anbieten.

Entweder können wir auf der Eigenständigkeit der DDR bestehen und versuchen, mit allen unseren Kräften und in Zusammenarbeit mit denjenigen Staaten und Interessengruppen, die dazu bereit sind, in unserem Land eine solidarische Gesellschaft zu entwickeln, in der Frieden und soziale Gerechtigkeit, Freiheit des einzelnen, Freizügigkeit aller und die Bewahrung der Umwelt gewährleistet sind.

Oder wir müssen dulden, daß, veranlaßt durch starke ökonomische Zwänge und durch unzumutbare Bedingungen, an die einflußreiche Kreise aus Wirtschaft und Politik in der Bundesrepublik ihre Hilfe für die DDR knüpfen, ein Ausverkauf unserer materiellen und moralischen Werte beginnt und über kurz oder lang die Deutsche Demokratische Republik durch die Bundesrepublik Deutschland vereinnahmt wird.

Laßt uns den ersten Weg gehen. Noch haben wir die Chance, in gleichberechtigter Nachbarschaft zu allen Staaten Europas eine sozialistische Alternative zur Bundesrepublik zu entwickeln. Noch können wir uns besinnen auf die antifaschistischen und humanistischen Ideale, von denen wir einst ausgegangen sind.

Alle Bürgerinnen und Bürger, die unsere Hoffnung und unsere Sorge teilen, rufen wir auf, sich diesem Appell durch ihre Unterschrift anzuschließen.

6 *Aus dem Aufruf „Für unser Land"* vom 29.11.1989 aus der Zeitung „Neues Deutschland". Unterzeichner des Ausrufs waren zahlreiche prominente Personen aus der DDR.

1. Vergleicht die Positionen zur politischen Entwicklung nach dem Fall der Mauer. (VT, M 4, M5, M6). Diskutiert mögliche Alternativen zur historischen Entwicklung.
2. Stelle die Ergebnisse des Einigungsprozesses – der 4-plus-2-Verhandlungen und des Einigungsvertrags – zusammen (VT). Beschreibt auch die Rollen von Helmut Kohl, Hans Modrow und Michail Gorbatschow für die deutsche Einigung.
3. Diskutiert: War es eine Vereinigung von zwei deutschen Staaten oder die Eingliederung der DDR in die Bundesrepublik?
4. Wiederholt, was man unter der deutschen Frage versteht und überlegt, ob sie heute als gelöst gilt? Begründet eure Auffassung.

19 Deutschland nach der Wende

1 *Demonstration im Juli 1992:* Die Beschäftigten eines Schwermaschinenbaukombinats protestieren gegen die Entlassungen durch die Treuhand. – Nimm Stellung zu den Parolen der Spruchbänder.

2 *Nach 16 Jahren* als Bundeskanzler wählten die Deutschen Helmut Kohl 1998 ab. In der neuen Regierung von SPD und Bündnis 90/Die Grünen übernahmen Gerhard Schröder (links) das Amt des Bundeskanzlers und Joschka Fischer das des Außenministers. – Überlegt, warum Kohl, der „Kanzler der deutschen Einheit", die Wahl verlor?

Einheitsschock
Für die Ostdeutschen änderte die Einheit alle Lebensverhältnisse nahezu völlig. Die westdeutsche Wirtschaft fand im Osten neue Märkte, auch in der Verwaltung standen den „Wessis" Führungsstellen offen. Die meisten großen DDR-Betriebe brachen zusammen. Bis 1994 verkaufte die Treuhand-Anstalt insgesamt 15 000 Produktionsstätten, 3000 wurden geschlossen. 2 Millionen Menschen verloren ihren Arbeitsplatz. Statt des Wohlstands stellte sich, gerade für berufstätige Frauen, Arbeitslosigkeit ein. Soziale Errungenschaften wie Kinderkrippen und billige Mieten gingen verloren. Frühe Verrentung, Sozial- und Arbeitslosenhilfe konnten die Probleme lediglich lindern.

Der Wandel kam manchen zu schnell. So konnte sich die SED-Nachfolgepartei PDS in den neuen Bundesländern neben SPD und CDU als dritte Kraft festigen. Die Jugendlichen mussten sich neu orientieren: Die bisherige ideologische Erziehung verlor ihre Glaubwürdigkeit, ohne dass die neuen Verhältnisse überzeugten. Dies förderte rechtsradikale und ausländerfeindliche Tendenzen.

Aufarbeitung der Diktatur
Nach 1990 wurde der staatliche Machtmissbrauch in der DDR bekannt. Die Gauck-Behörde, benannt nach ihrem Leiter, bewahrt einen Aktenbestand von 180 km Länge mit Stasi-Berichten über 6 Millionen Menschen. Man entdeckte Freunde, Verwandte und Nachbarn, aber auch angesehene Politiker unter den Spitzeln. Als führende SED-Politiker wie Honecker vor Gericht gestellt wurden, forderten manche eine harte Bestrafung. Andere lehnten die Prozesse als „Siegerjustiz" ab. 1992 begannen auch die Prozesse gegen ehemalige Grenzsoldaten, die auf Flüchtlinge geschossen hatten.

Aufbau Ost oder Europa?
Die Entscheidung Berlin als neuen Regierungssitz auszubauen sollte ein politisches und wirtschaftliches Zeichen für die neuen Bundesländer sein. Der Aufbau in Ostdeutschland erforderte insgesamt Aufwendungen von mehr als einer Billion Mark aus Westdeutschland. Für diese Hilfe richtete die Bundesregierung den Sonderfonds Deutsche Einheit ein, in den Bund, Länder und Gemeinden einzahlten. Alle steuerpflichtigen Deutschen mussten einen Solidaritätsbeitrag als Zuschlag auf ihre Steuern leisten. Dies führte zur Modernisierung von Verkehrsnetz und Betrieben, zur Sanierung vieler Städte und zu Firmengründungen. Der Lebensstandard wurde verbessert, aber nicht an den Westen angeglichen. Allerdings bedingte die Einigung auch enorme Staatsverschuldung, hohe Arbeitslosigkeit und die Belastung der Sozialversicherungen.

Die Sorge des Auslands, dass das vereinte Deutschland Europa beherrschen werde, versuchte die Regierung Kohl durch die Förderung der europäischen Einigung zu zerstreuen. Seit 1992 beteiligt sich auch die Bundesrepublik mit Einheiten der Bundeswehr an Friedenseinsätzen der UNO. 1994 gestattete das Bundesverfassungsgericht den Einsatz der Bundeswehr außerhalb des NATO-Gebiets. Somit nimmt Deutschland internationale Aufgaben wie andere souveräne Staaten wahr.

Die Deutschen und ihr Staat – Entwicklungen seit 1945

3 „Die neue Mauer" (Karikatur von 1992).
– Diskutiert, ob diese Zeichnung die tatsächlichen Verhältnisse darstellt.

4 Gab es typische Ost- und Westdeutsche?

a) Bundespräsident von Weizsäcker sagte beim Staatsakt am 3. Oktober 1990:
Von der DDR aus gesehen begegnen sich in der Stunde der Vereinigung Notstände auf der einen und Wohlstand auf der anderen Seite. Es wäre aber ebenso unsinnig wie unmenschlich, würden wir uns einbilden, dass wir zwischen Ost und West als misslungene und gelungene Existenzen aufeinandertreffen oder gar als Böse und Gute. Es sind die Symptome, die sich in ihrem Erfolg unterscheiden, nicht die Menschen. Und das wird sich noch sehr deutlich zeigen, wenn die Deutschen in der bisherigen DDR endlich die gleichen Chancen bekommen, die es im Westen seit Jahrzehnten gibt.

b) Der ostdeutsche SPD-Politiker Wolfgang Thierse äußerte sich so:
Ich glaube – das sind meine Beobachtungen – dass wir jetzt erst wirklich begreifen, dass wir uns fremd geworden sind (…) in den 40 Jahren unterschiedlicher Entwicklung. (…) Die Unterschiede werden nicht wahrgenommen als erfreuliche Bereicherung, sondern als belästigende Zumutung – vielleicht sogar als Bedrohung. (…) Natürlich gibt es auch immer ganz andere Geschichten. Es gibt weder nur den faulen oder den jammernden oder den beleidigten Ossi, genauso wenig, wie es nur den besserwisserischen Wessi gibt. Es gibt auch jeweils das andere – den verständnisvollen (…) für die Entwicklung im Osten engagierten Wessi wie auch den selbstbewussten, demokratischen und engagierten Ossi. Aber die Atmosphäre, das Urteilsklima ist vor allem von den Klischees beherrscht.

5 „Rattenschwanz Stasi" (Karikatur von 1990). Manche Oppositionelle der ehemaligen DDR forderten eine „Entstalinisierung", vergleichbar der Entnazifizierung. – Erläutert das dargestellte Problem. Sammelt Gründe für und gegen die Aufdeckung der Stasi-Tätigkeiten und die Verurteilung von DDR-Tätern. Diskutiert aus der Position eines ehemaligen Opfers, eines SED-Anhängers und eines „Wessi".

1 Welche Folgen zeigte die Einigung in den ostdeutschen, welche in den westdeutschen Ländern? Welche Maßnahmen ergriff die Regierung, welche Erfolge hatte sie (VT, M1, M3, M5)?
2 Wie veränderte sich die internationale Stellung Deutschlands nach der Wiedervereinigung (VT)?
3 Untersucht die beiden Aussagen zur inneren Vereinigung der Deutschen. Gibt es wirklich typische Ossis und Wessis? Nehmt Stellung zu den Texten (M 4).
4 Sammelt Zeitungstexte, in denen positive und negative Folgen der Trennung und der Wiedervereinigung heute deutlich werden.

Auf einen Blick

Umschwung der Gefühle (Karikatur des Österreichers Horst Haitzinger von 1990).

1945
Ende des 2. Weltkriegs: das Deutsche Reich kapituliert bedingungslos

1948
die Amerikaner organisieren eine Luftbrücke gegen die sowjetische Blockade Berlins

1949
die Bundesrepublik und die DDR werden gegründet

1953
in der DDR wird der Aufstand gegen das Regime niedergeschlagen

1961
die DDR-Regierung errichtet die Berliner Mauer

1990
die beiden deutschen Staaten werden wiedervereinigt

Der lange Weg zu Demokratie und Einheit

Der Bundestagsbeschluss, den Regierungssitz von Bonn nach Berlin zu verlegen, stieß auf Kritik. Von der Hauptstadt Berlin war die Politik der kriegsbereiten Großmacht, des Obrigkeitsstaats und des überheblichen Nationalismus ausgegangen. Würde das vereinte Deutschland etwa daran anknüpfen?

Nach der Niederlage der NS-Diktatur 1945 sollte Deutschland vor allem demokratisch werden. Wo fand man Demokraten? Die Westmächte und Stalin hatten zudem unterschiedliche Auffassungen von „Demokratie". In der SBZ wurde ein diktatorisches System nach sowjetischem Vorbild aufgebaut, im Westen eine parlamentarische Demokratie. Der Kalte Krieg führte auch zur Teilung Deutschlands und Berlins – was die Deutschen nicht wollten, aber nicht verhindern konnten. Der erste Bundeskanzler Adenauer, der das westdeutsche Bonn zur Hauptstadt machte, setzte auf Westintegration. Mit dem Wirtschaftswunder brachte dies Wohlstand und eine starke Demokratie.

Die Ostdeutschen sollten sozialistische Menschen werden, was sich nur in der Propaganda gut anhörte. Von Demokratie war in der DDR nicht viel zu spüren: Stasi-Bespitzelung, Planwirtschaft, Knappheit. Der Mauerbau 1961 unterband die Massenflucht.

Allmählich wurde die Teilung Gewohnheit. Die Ostpolitik der Regierung Brandt führte zu geregelten Beziehungen mit dem anderen deutschen Staat. In der Bundesrepublik sorgte die Jugendrebellion 1968 für Reformen und größere Freiheit in der Gesellschaft. Das tat der Demokratie, trotz des Terrorismus in den 70er-Jahren, gut. Nun setzten sich mehr Bürger selbst für ihre Anliegen ein.

Ostdeutsche kannten die westliche Lebensweise aus dem Fernsehen. Trotz Verbesserungen erlitten sie die Mängel der Planwirtschaft. Regimekritiker sperrte man ein oder schob sie ab. Als die SED-Regierung 1989 „40 Jahre DDR" als Erfolg feiern wollte, setzten sich Demokratie- und Fluchtbewegung durch, ermuntert von Glasnost und Perestroika. Die DDR-Bevölkerung wehrte sich gegen die Diktatur und wollte bald die Wiedervereinigung. Die Eingliederung in das System der Bundesrepublik beendete die demokratische Revolution. Durch die Schwäche der Sowjetunion unter Gorbatschow 1990 konnte das vereinte Deutschland in EU und NATO bleiben.

Manche halten „Ossis" für undemokratischer als „Wessis" und verweisen auf jugendlichen Rechtsextremismus. Sicher hat der deutsche Osten besondere Probleme. Die Abwahl Kohls 1998 verdeutlicht aber auch demokratische Normalität.

Die Deutschen und ihr Staat – Entwicklungen seit 1945

Von AA, der Abkürzung für Auswärtiges Amt, bis Zweizonenwirtschaftsrat kann man im „Lexikon Deutschland nach 1945" von Friedemann Bedürftig alles über die deutsche Geschichte zwischen 1945 und 1995 erfahren. Und dies nicht in einem geschlossenen Text, sondern unter den jeweiligen alphabetisch angeordneten Stichwörtern, die eine gezielte Information ermöglichen, durch Querverweise aber auch das Erarbeiten von Hintergründen ermöglichen. Dabei hat sich der Autor, der bereits ein Lexikon über das Dritte Reich verfasst hatte, bewusst auf Jugendliche und junge Erwachsene eingestellt. Jeder Benutzer kann sich nach eigenen Fragestellungen informieren – und dies umfassend und schnell. Sicherlich gibt es Stichwörter und Personen, die ihr jetzt nicht benötigt. Aber ihr könnt das Lexikon auch noch in ein paar Jahren sinnvoll und mit Gewinn verwenden. Beim Durchblättern entdeckt man Biografien von Politikern wie Adenauer, Sachbegriffe wie Auschwitzlüge, Brandenburger Tor, Berliner Mauer, Demontage, Establishment oder Frauenbewegung und stößt dann auf Seite 166 auf Fußballweltmeisterschaft 1974:

Fußballweltmeisterschaft
War schon 1972 bei den Olympischen Spielen die DDR mit der als „Spalterflagge" im Westen angefeindeten Fahne mit
5 dem Hammer-und-Zirkel-Emblem präsent gewesen, so war ihr Auftritt bei der Fußballweltmeisterschaft 1974 in der Bundesrepublik bereits ein Stück Normalität. Spannung kam dennoch durch
10 die Tatsache auf, dass sie mit der Bundesrepublik in eine Gruppe gelost wurde, sodass es am 22.6.1974 zum „Bruderkampf" kam. Die hoch favorisierte westdeutsche Elf mit Kapitän Franz
15 Beckenbauer unterlag – „schmählich", wie viele es sahen – in Hamburg den ostdeutschen Kickern um den Schützen des einzigen Tores Jürgen Sparwasser. Doch während die DDR in der nächsten Runde
20 scheiterte, gewann die bundesdeutsche Auswahl im Münchener Endspiel mit 2:1 über die Niederlande zum zweiten Mal nach 1954 den Weltmeistertitel.

Viele von euch interessieren sich für ihre berufliche Zukunft. Auf Seite 228 des Lexikons findet ihr das Stichwort Jugendarbeitslosigkeit. Darunter folgt das Stichwort Jugendprotest. Das wurde schon in einem Kapitel hier behandelt. Jetzt könnt ihr selbst über den Artikel urteilen.

Jugendprotest
Der Generationenkonflikt ist so alt wie die Menschheit, wird aber in ganz unterschiedlicher Form ausgetragen. Nach
5 der Zeit des Wiederaufbaus wurde er erstmals Ende der 1950er-Jahre in der Bundesrepublik deutlich in der Bewegung der sog. Halbstarken, die durch betont flegelhaftes Benehmen, Vandalis-
10 mus, Bandenbildung u. a. die Erwachsenen provozierten, deren Leitbilder noch Drill, Disziplin, Fleiß und Gehorsam waren; Erkennungsmusik: Rock'n'Roll.
Mitte der 1960er-Jahre setzte eine neue
15 Welle des Jugendprotests ein, der sich durch Übernahme von Verweigerungshaltungen der sog. Hippies („die Karrieren den gescheiterten Existenzen überlassen"), neue Spiritualität (Jesus People
20 u. a.) und Bruch mit Konventionen und Kleiderordnung (Langhaarigkeit u. a.) auszeichnete; Erkennungsmusik: Beat. Das mündete schließlich in die bis in die Politik wirkende Studentenbewegung
25 mit ihren neuen Lebensformen (Kommunen, Kinderläden u. a.), der Renaissance des Marxismus-Leninismus und dem grundsätzlichen Infragestellen jeglicher Autorität.
30 Dieser „linke" Protest wurde in den 1980er-Jahren abgelöst durch „rechte" Aggression (Skinheads, Faschos u. a.), die sich bis zu Neonazismus steigerten. Daneben steht ein inhaltsloser Protest
35 der Konsumjugend der 1990er-Jahre; Erkennungsmusik: Techno.

Europa auf dem Weg zur Einheit

Der Heißluftballon, der an dem Tag steigt, an dem 1989 das Brandenburger Tor geöffnet wird, kann die ehemalige Grenze zwischen Ost- und Westberlin überfliegen. Er ist ein Zeichen dafür, dass von nun an eine friedliche Zusammenarbeit aller europäischen Staaten möglich sein kann – ein Wunsch, den nach dem Ende des Zweiten Weltkrieges viele Europäer hegten.
Mehr als vierzig Jahre lang war eine Gemeinschaft aller europäischen Staaten unmöglich gewesen, weil der Eiserne Vorhang den Kontinent teilte. Erst die Umwälzungen in der DDR und in den ostmitteleuropäischen Ländern ermöglichten eine Union, an der sich alle Staaten Europas beteiligen können.

1785 schrieb der Dichter Friedrich Schiller seine „Ode an die Freude". Ludwig van Beethoven vertonte sie 1823 als Schlusschor seiner Neunten Sinfonie. 1972 wurde sie zur Europahymne bestimmt.
(Elysium ist nach der griechischen Sage das Land der Seligen.)

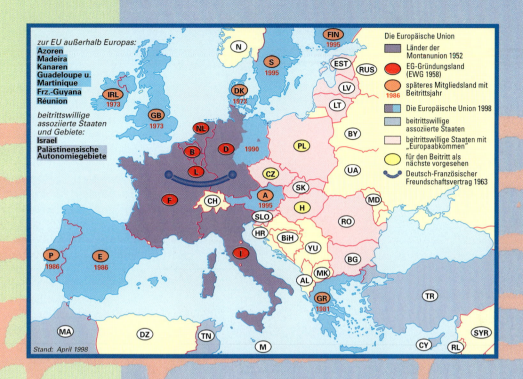

Europa – da ist Musik drin!

Erst 1995 stimmte die Bevölkerung Österreichs dem Beitritt ihres Landes zur Europäischen Union zu (Karikatur, Ammer, erschienen 1994 in der Wiener Zeitung).

„Europa ist unser gemeinsames Haus (…), nur zusammen (…) können die Europäer ihr Haus bewahren", sagte der sowjetische Staatschef Michail Gorbatschow 1987. Hier symbolisiert der Bär Russland.

1 Europas gemeinsame Wurzeln in der Antike

1 Europa wird vom Stier entführt. Dieses Relief wurde um 560 v. Chr. von einem unbekannten Künstler geschaffen.

Europa
Die Mesopotamier gaben dem Kontinent den Namen „ereb". Das bedeutet „Abend". Europa war für sie das Abendland, das Land der untergehenden Sonne. Die geografischen Grenzen Europas bilden im Norden das Europäische Nordmeer, im Westen der Atlantische Ozean und im Süden das Mittelmeer. Als Ostgrenze gelten das Ural-Gebirge und der Ural-Fluss, das Kaspische Meer, die Manytsch-Niederung und das Schwarze Meer.

Europa – ein Teil Eurasiens

Zeus, der griechische Göttervater, verwandelte sich einst in einen zahmen weißen Stier und entführte Europa, die Tochter des phönizischen Königs, nach Kreta. So erzählt es eine griechische Sage. Der Erdteil, an den der Göttervater sie gebracht hatte, sollte von nun an ihren Namen tragen: *Europa*.

Die alten Griechen bezeichneten ursprünglich nur das griechische Festland und Thrakien (heute Bulgarien und Rumänien) als Europa. Erst durch Handel und Kolonisation lernten sie weitere Teile des Kontinents kennen und nannten alle Gebiete nördlich des Mittelmeeres Europa. Sie glaubten, die Welt würde aus drei Erdteilen bestehen: Europa, Asien und Libyen. Wenn man sich einen Globus anschaut, kann man Afrika, Australien und Amerika als Kontinente eindeutig erkennen, weil sie das Meer begrenzt. Wo aber der Erdteil Europa endet und Asien beginnt, lässt sich nur bestimmen, wenn man weiß, welche Landschaften heute als Grenzen gelten. Dass wir Europa als einen selbstständigen Kontinent betrachten, liegt daran, dass sich hier seit der Antike über Jahrhunderte hinweg eine Kultur entwickelt hat, die von der asiatischen ganz verschieden ist. Deshalb ist für viele Menschen das Bewusstsein, sich als Europäer zu fühlen, entscheidender als die geografische Begrenzung.

Griechen und Römer legen den Grundstein für Europa

Zur europäischen Kultur gehört, dass Europäer nach griechischem oder römischem Vorbild überall auf dem Kontinent Gebäude mit Säulen oder Rundbögen bauten und dass sich in allen Sprachen Europas Wörter finden, die aus der griechischen oder lateinischen Sprache stammen. Unser Wort „Theater" beispielsweise stammt aus dem Griechischen und bedeutet „Schauplatz". In manchen alten griechischen Theatern fanden bis zu 12 000 Menschen Platz. Die Griechen konstruierten diese Bauwerke so, dass auch ohne elektronische Verstärker jeder Zuschauer die Schauspieler verstehen konnte.

Übernommen haben viele Völker Europas auch die lateinischen Buchstaben: Die ganze Welt mit 26 Buchstaben beschreiben zu können gehört zu den größten Leistungen der Menschen in der Antike.

Auch viele unserer wissenschaftlichen Erkenntnisse haben ihren Ursprung in der Antike. So vermuteten schon griechische Gelehrte, die Erde müsse eine Kugel sein, und berechneten sogar den Erdumfang. In Europa setzten sich dann aber für Jahrhunderte andere Theorien über die Gestalt der Erde durch. Erst als die Mauren um 700 n. Chr. Spanien und Portugal eroberten, beschäftigten sich die Europäer wieder mit dem antiken Wissen, beispielsweise über die Kugelgestalt der Erde.

Selbst die heutigen Rechtsvorstellungen europäischer Völker werden vielfach durch Rechtsvorstellungen der Antike beeinflusst, und schon vor 2 500 Jahren regierten die Bürger Athens ihren Stadtstaat demokratisch.

Europa auf dem Weg zur Einheit

2 Der Erste, der die Geschichte der Völker aufschrieb, die den Griechen bekannt waren, war Herodot. Er lebte von 485 bis 425 v. Chr. und war selbst Grieche. Er verwendete in seinen Schriften Namen, die ihm geläufig waren.
Der „Tanais" ist der Don. Der Phasus fließt entlang des Kaukasus und mündet ins Schwarze Meer.
Aus der Sicht eines Ägypters beschrieb Herodot um 459 v. Chr., wie die Menschen in Ägypten zu dieser Zeit Europa sahen:
Von Europa aber weiß offenbar niemand etwas Genaues, weder über den Osten noch über den Norden, ob es da von Meer umgeben ist. Von seiner Länge wis-
5 sen wir: Es übertrifft die beiden anderen Erdteile.
Ich kann mir auch nicht zusammenreimen, weshalb man den drei Erdteilen, die doch eigentlich ein ganzes Land bil-
10 den, drei Namen gegeben hat [Europa, Asien, Lybien]. (...) Ich weiß auch nicht, weshalb als Grenze hierfür der ägyptische Nil angenommen wird und der (...) Phasis. Andere setzen für den Phasis den
15 (...) Tanais.

3 Eine Sammlung römischer Gesetze ließ der oströmische Kaiser Justinian 528 bis 534 n. Chr. anlegen. Im 11. Jahrhundert entdeckten Juristen der Universität Bologna diese Sammlung wieder. Einige Gesetze lauten:
– Es ist von Natur aus billig, dass sich niemand auf Kosten eines anderen bereichern darf. (...)
– Demjenigen obliegt es, den Beweis zu
5 erbringen, der [etwas] behauptet, nicht dem, der [es] leugnet. (...)
– Es ist naturgemäß, dass die Vorteile einer Sache dem zukommen, den auch ihre Lasten treffen.
10 – In Zweifelsfällen ist immer die wohlwollendere Auslegung vorzuziehen.
– Die größere Würde liegt beim männlichen Geschlechte. (...)
– Die wichtigste Unterscheidung im Per-
15 sonenrecht ist, dass alle Menschen entweder frei oder Sklaven sind. (...)
– Jemanden zu verurteilen, ohne ihn gehört zu haben, verbietet die Rücksicht auf die Billigkeit. (...)
20 – Auf bloße Verdachtsmomente hin jemanden zu verurteilen geht nicht an.

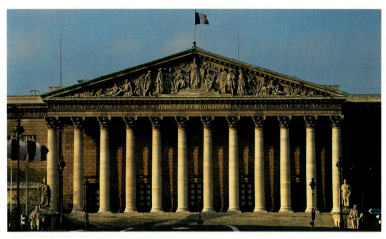

4 Das Palais Bourbon, der Sitz der Nationalversammlung des französischen Parlaments in Paris, 1772 im so genannten klassizistischen Stil erbaut. Paläste und andere Gebäude, die viele Europäer heute als schön empfinden, wurden seit dem 18. Jahrhundert von Spanien bis Russland in einem solchen Baustil errichtet. Die antiken griechischen Bauwerke galten als Vorbild. – Erläutert die antiken Merkmale des Gebäudes und sucht in eurer Umgebung oder auf Abbildungen ähnliche Beispiele.

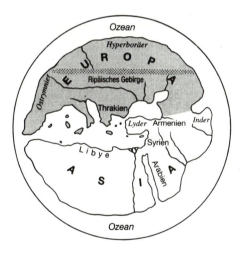

5 Das Bild Europas in der Welt, wie es Hekataios von Milet, ein griechischer Gelehrter, um 560 v. Chr. beschrieb. Im Zeitalter der Entdeckungen begannen Wissenschaftler sich dafür zu interessieren, wie die Erde wirklich aussah. Deshalb fertigten sie nach antiken Schriften Zeichnungen an, die zeigen, welche Vorstellungen man in der Antike von der Erde hatte.

1 Die Griechen waren die ersten, die Schulen einrichteten, in denen ihre Kinder eine höhere Bildung erhielten. Unterrichtet wurden die Schüler in Grammatik, Dialektik, Rhetorik, Arithmetik, Geometrie, Astronomie und Musik. Übersetzt die Begriffe mithilfe eines Fremdwörterbuches. Was stellt ihr fest?
2 Vergleicht den Bericht Herodots (M2) mit der Karte, die nach der Beschreibung des Hekataios von Milet angefertigt wurde (M5). Welche Gemeinsamkeiten und welche Unterschiede findet ihr? Worauf führt ihr sie zurück?
3 Stellt die römischen Gesetze (M3) mithilfe von Lexikon und Grundgesetz heutigen Rechtsvorstellungen gegenüber. Zu welchen Ergebnissen kommt ihr?

2 Tiefe Gräben durch das christliche Europa

1 *Die Eroberung Konstantinopels* durch die Kreuzfahrer des Vierten Kreuzzuges am 13. April 1204 (Gemälde von Domenico Tintoretto, 1560–1635).

2 *Friedrich I. Barbarossa*, Siegel des späteren Kaisers von 1152. Auf der Rückseite der Münze ist in lateinischer Sprache zu lesen: „Rom, das Haupt der Welt, lenkt die Zügel des Erdkreises."

Caesar – Kaiser – Zar

Noch lange nach dem Untergang Roms wirkte die Idee fort Europa zumindest geografisch als Herrschafts- oder Einflussgebiet zu vereinigen. Ein Beispiel: Im Jahre 800 n. Chr. lässt sich der fränkische König Karl der Große in Rom vom Papst zum Kaiser krönen. Der Patriarch von Byzanz ist erbost. Bisher hatte er als weltliches Oberhaupt des gesamten ehemaligen Römischen Reiches gegolten. Und nun erhob Karl der Große denselben Anspruch, nämlich Nachfolger der römischen Kaiser zu sein. Das Vorbild Roms lebte auch in Osteuropa fort: 1547 ließ sich Iwan IV. zum russischen Kaiser, zum Zaren, krönen – auch er sah sich als Nachfolger Caesars.

Europas Völker entwickelten eigene Kulturen, nahmen sich aber oft den Macht- und Einflussbereich des alten Rom zum Vorbild. Kein Herrscher konnte jedoch Europa zu einem Reich einen. Sprachbarrieren, Machtansprüche und religiöse Vorurteile trennten die Völker.

Europa im Mittelalter

Durch die Völkerwanderung entstanden in Europa neue Staaten. Das Christentum wurde in den meisten zur Staatsreligion – wie im Römischen Reich. Mit dessen Teilung 395 n. Chr. ging ein Europa bis dahin einendes Element verloren: Der christliche Glaube entwickelte sich jetzt deutlich in zwei Richtungen. Ost- und West-Rom hatten beide ihr geistliches Oberhaupt – den Papst in Rom und den Patriarchen in Byzanz. 1054 zog die endgültige Trennung der beiden Glaubensrichtungen einen tiefen Riss durch Europa, weil ihre Geistlichen die Bibel unterschiedlich auslegten.

Weltliche und geistliche Herrschaftsansprüche standen einem einheitlichen Europa entgegen. Noch einmal stellten die beiden christlichen Kirchen kurzzeitig ihre Gegensätze zurück. Der Patriarch bat den Papst um Hilfe, als die Seldschuken, ein türkisches Reitervolk, 1077 Byzanz angriffen. Der Papst rief zu den Kreuzzügen auf um die „Ungläubigen" zu vertreiben. Die Furcht, dieses Reitervolk würde Europa unterwerfen, verband die Christen des Kontinents. 1453 eroberten die Türken Byzanz endgültig, der Islam fasste in Europa Fuß.

Neben Machtfragen und religiösen Vorurteilen ging zudem das Latein als einende Amtssprache verloren. Gebildete westeuropäische Geistliche konnten sich zwar noch verständigen, weil Latein dort zunächst Kirchensprache blieb. Bis zur Reformation erschien auch die Bibel in dieser Sprache. Im Byzantinischen Reich aber galt Griechisch als Kirchensprache, in Bulgarien und Russland wurde Slawisch gepredigt. Das machte die Verständigung schwierig. Eine andere Barriere bildete die Schrift. Bis heute verwenden wir in Europa drei Alphabete: das lateinische, das griechische und das kyrillische. Letzteres hatten um 900 n. Chr. zwei slawische Mönche, Kyrill und Method, aus dem griechischen entwickelt um den Slawen das Christentum näher zu bringen.

Europa auf dem Weg zur Einheit

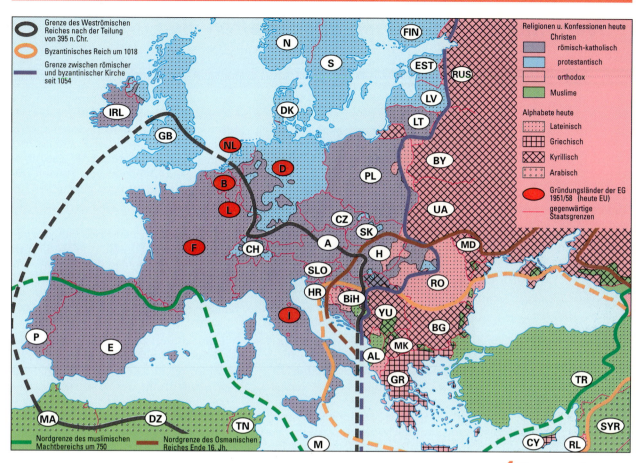

3 *Ein byzantinischer Geistlicher,* so vermutet man, schrieb um 1070:
Der Papst in Rom und die Christenheit im Westen (...) – die Italiener also, die Langobarden, Franken oder Germanen – (...) stehen seit langem außerhalb der ka-
5 tholischen Kirche und haben sich von den evangelischen, apostolischen (...) Überlieferungen (...) entfremdet. (...)
3. Ihre Bischöfe ziehen in den Krieg und kämpfen mit anderen.
10 7. Sie fasten nicht an jedem Tag der Fastenzeit, sondern essen am heiligen und großen Donnerstag (Gründonnerstag) Eier, Käse und Milch und lassen die Kinder jeden Sonntag der Fastenzeit Eier,
15 Käse und Milch essen.
8. Sie essen Ersticktes, wilde Tiere, Aas und Blut, Bären-, Hunde- und Wolfsfleisch und noch Unreineres und Verwerflicheres.
20 18. Wer zum Diakon, Priester oder Bischof geweiht wird, entlässt seine Frau. In ihrem ganzen Herrschaftsgebiet ist es als Gesetz verkündet, dass der Priester seine Frau entlassen muss.
25 19. Sie behaupten, Gott dürfe in keiner anderen Sprache gepriesen werden als in drei: Hebräisch, Griechisch und Lateinisch.
23. Wird bei ihnen ein Mönch Bischof, so kann er nach Belieben viel Fleisch essen.

4 *Grenzen und Gemeinsamkeiten in Europa.* (Die orthodoxe Kirche ging aus der byzantinischen hervor und besteht seit 1054 n. Chr. getrennt von der lateinischen Westkirche.)

1 Was kritisiert der byzantinische Geistliche an den Bräuchen der westeuropäischen Christen (M 3)? Überlegt, was er durch seine Kritik über die Bräuche der Christen in Osteuropa aussagt. Fragt Katholiken oder Menschen, die heute einer orthodoxen Religion angehören: Welche Bräuche haben sie? Welche Veränderungen stellt ihr fest?

2 Stellt zusammen, was die Menschen in Europa im Mittelalter trennte und was sie verband (VT, M 4). Manche Gräben zwischen den Völkern bestehen heute noch. Findet Beispiele und diskutiert Möglichkeiten, wie sie überwunden werden können.

169

3 Nationalstaaten – einen oder spalten sie Europa?

1 Den Ärmelkanal überflog als erster der französische Konstrukteur und Pilot Louis Blériot. Der französische Zeichner stellt hier die Landung in Dover dar. – Überlegt, welche Folgen die Erfindung des Flugzeuges für die Überwindung von Grenzen und für nationalistisches Denken haben kann.

Europäer wollen Nationalstaaten

„Völker? Was ist das?", fragte der österreichische Kaiser Franz I. in Wien, als dort 1814/15 die Staatsoberhäupter und Außenminister vieler europäischer Staaten berieten, wie die Menschen in Europa zu regieren seien, nachdem sie die Herrschaft Napoleons abgeschüttelt hatten. Der Kaiser antwortete selbst: Er kenne nur Untertanen, keine Völker.

Die Fürsten vereinbarten unter sich, wie die zukünftige Landkarte Europas aussehen sollte. Die Menschen, die in diesen Ländern lebten, durften nicht darüber abstimmen. Aber sie wollten keine Untertanen mehr sein und zeigten der Obrigkeit eindringlich und auf ganz unterschiedliche Weise ihre Forderungen: Freiheit und Einheit ihres Volkes in einem Nationalstaat.

Die Ideen der Französischen Revolution, besonders die Forderung nach Freiheit, und der Kampf der Völker in vielen Ländern gegen die Besatzung Napoleons machten vielen Menschen bewusst, dass sie zu einer Gemeinschaft mit einer eigenen Geschichte gehörten. Dichter und Philosophen stützten dieses „Nationalbewusstsein", indem sie nach den geschichtlichen Wurzeln ihrer Völker suchten. Viele Menschen Europas glaubten, ein Nationalstaat könnte die gemeinsamen Interessen derjenigen, die die gleiche Sprache sprechen, besser vertreten als ein Vielvölkerstaat wie etwa Österreich-Ungarn oder Russland. Am Ende des 19. Jahrhunderts gab es in Europa eine Vielzahl von Staaten, die sich als Nationalstaaten verstanden. Innerhalb ihrer Grenzen lebten aber Bevölkerungsgruppen, die sich nicht als gleichberechtigt behandelt sahen – beispielsweise in Großbritannien die Iren und Schotten von den Engländern.

„Gleichgewicht der Mächte"?

Auch das weiter gehende Ziel des Wiener Kongresses, durch die staatliche Neuordnung „ein Gleichgewicht der Mächte" herzustellen, wurde auf Dauer nicht erreicht. Die Kriege, die 1871 mit der Ausrufung des Kaiserreichs zum ersten deutschen Nationalstaat führten, waren zwar für 43 Jahre die letzten zwischen Europas Großmächten. Dennoch blieb das Verhältnis zwischen den Staaten gespannt. In der zweiten Hälfte des 19. Jh. entwickelte sich das nationale Selbstverständnis in vielen Ländern Europas zu einem Nationalismus. Die eigene Nation galt vielen als höchster Wert und den anderen Nationen überlegen. Im Zeitalter des modernen Imperialismus (1880–1914) betreiben die europäischen Großmächte ihr Streben nach nationaler *Hegemonie* vorerst außerhalb Europas: Sie versuchten sich beim Auf- und Ausbau eigener Kolonialreiche gegenseitig auszustechen.

Die wirtschaftliche Leistungsfähigkeit wuchs während der Industrialisierung in vielen Ländern Europas immer schneller. Das nutzten die Mächte zunehmend für militärische Zwecke, um ihren Macht- und Einflussbereich auszuweiten, und ließen sich auf ein gefährliches Wettrüsten ein. Die explosive Lage entlud sich schließlich 1914 mit dem Ausbruch des Ersten Weltkrieges. In den folgenden vier Kriegsjahren verwandelte sich Europa in ein zuvor nie gekanntes Schlachtfeld.

Hegemonie
Dieser Begriff bezeichnet die Vorherrschaft eines Staates im Verhältnis zu anderen Staaten durch militärische oder wirtschaftliche Überlegenheit.

Europa auf dem Weg zur Einheit

4 Der bewaffnete Frieden, zweite Hälfte 19. Jahrhundert. Diese Landkarte Europas erschien erstmals vor dem Ausbruch des deutsch-französischen Krieges, 1870/71. 1914 wurde sie neu gedruckt. – Beschreibe, wie der Karikaturist die einzelnen Länder und ihre Beziehungen zueinander dargestellt hat.

2 Über Europas Zukunft sprach der französische Schriftsteller Victor Hugo 1849
Der Tag wird kommen, an dem ein Krieg zwischen Paris und London, zwischen Petersburg und Berlin, zwischen Wien und Turin genauso absurd und unmöglich erscheinen wird, wie heute ein Krieg zwischen Rouen und Amiens, zwischen Boston und Philadelphia (...) unmöglich ist. Der Tag wird kommen, an dem ihr Franzosen, ihr Russen, ihr Italiener, ihr Engländer, ihr Deutschen, ihr Nationen des Kontinents euch zu einer höheren Einheit (...) verschmelzen werdet, ohne eure besondere Eigenart (...) aufgeben zu müssen. (...) Der Tag wird kommen, an dem es keine anderen Schlachtfelder mehr geben wird als die Märkte, die sich dem Handel öffnen, und den Geist, der sich den Ideen öffnet. Der Tag wird kommen, an dem die Kugeln und Bomben ersetzt werden von den Abstimmungen der Völker. Das Menschengeschlecht ist nicht erst seit heute auf diesem von der Vorsehung bestimmten Wege. England hat in unserem alten Europa den ersten Schritt getan und (...) den anderen Völkern gesagt: Ihr seid frei! Frankreich hat den zweiten Schritt getan und den Völkern gesagt: Ihr seid souverän! Machen wir nun alle zusammen – Frankreich, England, Belgien, Deutschland, Italien, Europa, Amerika – den dritten Schritt und sagen wir den Völkern: Ihr seid Brüder!

3 Nationalstaaten und Frieden in Europa?
a) Aufruf der „Union for Democratic Control", London 1914:
Die Politik darf nicht mehr das „Gleichgewicht der Mächte" zum Ziel haben, sondern soll auf die Herstellung eines europäischen Staatenbundes gerichtet werden.

b) Aus einem ersten Verfassungsentwurf für einen europäischen Staatenbund eines Schweizer Bürgers, Zürich 1914:
In der Schweiz leben seit hundert Jahren vier Nationalitäten: Deutsche, Franzosen, Italiener und Romanen in gleichberechtigter staatlicher Gemeinschaft friedlich und glücklich beisammen. Ist das nicht das lebendigste Argument gegen die Notwendigkeit von Nationalstaaten? (...) Das so genannte Nationalitätenprinzip beruht auf künstlicher Verhetzung.

c) Der Italiener Cesare Battisti, 1915:
Die Zerstörungen im Feuerofen des Imperialismus, die Europa erleidet, zwingen (...) zu verwirklichen: Die Vereinigten Staaten von Europa.

1 Schreibe einen Brief an Victor Hugo, in dem du aus heutiger Sicht begründest, warum die Europäer erst Mitte dieses Jahrhunderts begannen, seine Vision in die Tat umzusetzen (M2). Beziehe dabei M3, M5 und den VT mit ein.
2 Überlegt, ob und wie sich Nationalstaaten und ein friedliches Europa vereinbaren lassen können (VT, M4).

4 1945 – Hat Europa eine Zukunft?

1 Das von Bomben zerstörte Parlamentsgebäude besichtigt der englische Premierminister Winston Churchill.

Europarat
Er wurde am 5. Mai 1949 von Vertretern aus 10 Staaten gegründet. Der Europarat berät die Mitgliedsländer besonders zu Fragen der Demokratie und in Rechtsfragen; seine Beschlüsse sind aber nicht bindend. Straßburg ist Sitz des Europarates, dem heute 40 Staaten angehören, darunter die Türkei.

Europa 1945

London, Neapel, Warschau, Berlin, Dresden – die meisten Großstädte Europas sind 1945 zerstört, Millionen von Menschen suchen eine Bleibe, Millionen Flüchtlinge eine neue Heimat. Zwei Jahre später hat sich die Lage vieler Menschen Europas noch verschlimmert. Seit Januar 1947 herrscht extreme Kälte, die Lebensmittelrationen sind kleiner als im Krieg. Viele Menschen können nur überleben, weil ihnen Fremde helfen.

Nach dem Ende des Zweiten Weltkriegs gründeten in vielen westeuropäischen Staaten Politiker und Gelehrte Verbände wie etwa das „Französische Komitee für Europa". Sie waren überzeugt, dass nur ein Zusammenschluss der europäischen Länder einen dauerhaften Frieden auf dem Kontinent garantieren würde.

Sie knüpften an Ideen an, die bereits nach dem Ersten Weltkrieg entwickelt wurden: 1923 gründete Graf Coudenhove-Kalergi die Paneuropa-Union. Er glaubte, nur so könne Europa einem Krieg und dem wirtschaftlichen Ruin entgehen. Der französische Außenminister Aristide Briand und sein deutscher Kollege Gustav Stresemann griffen dies Ende der 20er-Jahre wieder auf. Beide sprachen sich für die Zusammenarbeit der europäischen Völker aus um den Frieden zu erhalten. Zwar wurden sie dafür mit dem Friedensnobelpreis ausgezeichnet, konnten ihre Ziele aber nicht umsetzen (s. S. 20). Denn führende Politiker Europas vertraten nationalistische Interessen und nahmen eher einen Krieg in Kauf als sich für eine Zusammenarbeit mit den Nachbarstaaten einzusetzen.

Zukunftspläne

Gerade nach den schlimmen Erfahrungen des Zweiten Weltkriegs wurden sich viele Europäer bewusst, dass sie den Kontinent nur gemeinsam wieder aufbauen konnten. Eine friedliche Zukunft erschien nur möglich, wenn alte Feindbilder überwunden und die Staaten in einer Friedensgemeinschaft, einer europäischen Union, vereint würden. 1947 akzeptierten 16 mittel- und westeuropäische Länder, darunter Belgien, Dänemark, Frankreich, Griechenland und Großbritannien, den Marshall-Plan. Diese Wirtschaftshilfe wollten die USA aber nicht ohne Zutun der Europäer leisten. Europa sollte sich militärisch und wirtschaftlich einigen (s. S. 126). Allerdings zeigte sich schon jetzt, dass ein gemeinsames Europa zunächst nicht geschaffen werden konnte: Der sowjetische Staats- und Parteichef Josef Stalin verhinderte die Teilnahme der sozialistischen Regierungen Europas am Marshall-Plan.

1948 trafen sich auf dem Haager Kongress unter Winston Churchills Vorsitz 800 Persönlichkeiten aus allen Ländern Westeuropas. Sie forderten ein europäisches Abkommen über die Menschenrechte und die Gründung eines *Europarates*. Dieser wurde 1949 ins Leben gerufen; es gehörten ihm zunächst Politiker aus zehn europäischen Ländern an. 1950 verabschiedete dieser Rat die „Europäische Konvention zum Schutz der Menschenrechte und Grundfreiheiten". Länder, die kommunistisch regiert wurden, waren im Europarat nicht vertreten.

Europa auf dem Weg zur Einheit

2 *Über die Ziele der Paneuropäischen Union* schrieb Coudenhove-Kalergi 1926:
Alle Staaten Paneuropas würden durch einen Zusammenschluss mehr gewinnen als verlieren. Die wesentlichsten Vorteile wären folgende:
5 1. Sicherung vor einem europäischen Krieg; 2. Neutralisierung Europas in Weltkonflikten; (...) 4. Möglichkeit der Abrüstung; 5. Konkurrenzfähigkeit gegenüber der amerikanischen und britischen, in
10 Zukunft auch gegenüber der ostasiatischen und russischen Industrie.

3 *Aus einer Erklärung des Kreises europäischer Widerstandskämpfer* von 1944:
Der Frieden in Europa stellt den Schlüssel zum Frieden in der Welt dar. (...) Es ist nicht möglich, schon jetzt die Grenzen einer föderalen Union vorzusehen, die
5 den europäischen Frieden gewährleisten soll. Jedoch ist es angebracht, dass diese Union von vornherein stark und umfassend genug sein muss, um der Gefahr zu entgehen, nur die Einflusszone
10 eines fremden Staates zu sein oder das Instrument für die Hegemonie-Politik eines Mitgliedes. Darüber hinaus muss sie von Anfang an allen Mitgliedern offenstehen, deren Gebiet ganz oder teilweise
15 in Europa liegt und die Mitglieder werden können oder wollen.

4 *Die Vereinigung Westeuropas* forderte als erster Politiker nach dem Krieg Winston Churchill. Aus seiner Rede an die Jugend der Welt vom 19. 09. 1946:
Wir müssen eine Art Vereinigte Staaten von Europa schaffen. Nur dann können viele hundert Millionen arbeitender Menschen sich wieder den einfachen Freu-
5 den und Hoffnungen hingeben, die das Leben lebenswert machen. Der Weg dorthin ist einfach. Es ist dazu nichts weiter nötig, als dass Hunderte von Millionen Männern und Frauen Recht statt Un-
10 recht tun und Segen statt Fluch dafür ernten. (...) Wir müssen in die Zukunft blicken. Wir können es uns nicht leisten, den Hass und die Rachegefühle, die aus dem Unrecht der Vergangenheit entstan-
15 den sind, durch die kommenden Jahre mitzuschleppen. Wenn Europa vor unermesslichem Elend (...) bewahrt werden soll, dann ist ein Akt des Glaubens an die europäische Familie nötig. (...) Wenn das
20 Gebäude der Vereinigten Staaten von Europa gut und gewissenhaft errichtet wird, muss darin die materielle Stärke eines einzelnen Staates von untergeordneter Bedeutung sein. (...) Großbritanni-
25 en, (...) das mächtige Amerika und, ich hoffe es zuversichtlich, Sowjetrussland – denn dann wäre wahrhaftig alles gut – müssen die Freunde und Förderer des neuen Europas sein und für sein Recht auf Leben und Wohlstand eintreten.

5 *Die Vertreibung der Deutschen* aus den Ostgebieten erfolgte unter Bruch des Völkerrechtes. Die Vertriebenen erklärten 1950:
1. Wir, die Vertriebenen, verzichten auf Rache und Vergeltung. Dieser Entschluss ist uns ernst und heilig im Gedanken an das unermessliche Leid, welches im Be-
5 sonderen das letzte Jahrzehnt über die Menschheit gebracht hat.
2. Wir werden jedes Beginnen mit allen Kräften unterstützen, das auf die Schaffung eines geeinten Europas gerichtet
10 ist, in dem die Völker ohne Furcht und Zwang leben können.

6 *Deutsche und Franzosen*. – Beschreibt die Karikatur und versucht ihre Aussage zu erläutern.

1. Wie stellt Churchill sich den Wiederaufbau Europas vor (M4)?
2. Warum geben die Vertriebenen trotz des erlittenen Unrechts 1950 ihre Erklärung (M5) ab (s.S. 122–123)?
3. Erfinde ein Streitgespräch zwischen jemandem, der 1947 Europa befürwortet, und jemandem, der es ablehnt (VT, M3, M4, M5).
4. 1938 sagte Coudenhove-Kalergi: „Krieg wäre für ganz Europa eine unausdenkbare Katastrophe, aber zugleich der kürzeste Weg zum europäischen Zusammenschluss." Versucht diesen Satz zu erklären (M2, M6, VT).
5. Entwerft aus der Sicht von Anhängern der Europa-Bewegung ein Werbeplakat für die Einheit.

5 Europa als Gemeinschaft demokratischer Staaten

1 „Europa ist gegenwärtig!" steht auf dem Plakat der Studentinnen und Studenten, die 1950 bei St. Germannshof die Grenzpfähle verbrennen.

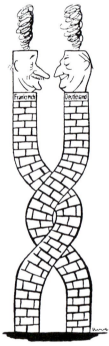

2 Schuman und Adenauer. – Wie stellt der Karikaturist die angestrebte Aussöhnung zwischen Deutschland und Frankreich dar (1950)?

Erste Schritte zur Einheit Europas

„Am Sonntagnachmittag haben 300 junge Europäer an der deutsch-französischen Grenze bei St. Germannshof die Grenzpfähle eingerissen und die Schlagbäume zerstört", berichtete die Frankfurter Allgemeine Zeitung am 8. August 1950. Franzosen, Italiener, Deutsche, Schweizer, Holländer und Belgier seien beteiligt gewesen. Sie alle meinten, dass viel über Europa geredet werde; aber dabei sei es bisher auch geblieben. Einige europäische Politiker sahen dies ähnlich und forderten konkrete Maßnahmen zur Schaffung eines geeinten Europas. Wenn sie von „Europa" sprachen, meinten sie jedoch jetzt nur noch Westeuropa. Eine Vereinigung aller Länder des Kontinents war 1950 unmöglich, weil der Eiserne Vorhang Europa teilte.

1950 schlug der französische Außenminister Robert Schuman vor, die deutsch-französische Kohle- und Stahlproduktion unter eine gemeinsame „Hohe Behörde" zu stellen. Diese Zusammenlegung würde Wirtschaftsaufschwung bedeuten. Zudem wäre es für die beteiligten Länder dann unmöglich gegeneinander zu rüsten. 1952 wurde der Plan verwirklicht: Neben Frankreich und der Bundesrepublik gehörten Belgien, Luxemburg, die Niederlande und Italien zu den Gründungsmitgliedern der Europäischen Gemeinschaft für Kohle und Stahl (EGKS, oft als „Montanunion" bezeichnet). Erstmals nach dem Krieg entschieden europäische Staaten gemeinsam über wichtige wirtschaftspolitische Fragen und verzichteten auf einen Teil ihrer Souveränität.

Ein gemeinsamer Markt entsteht

Beflügelt vom Erfolg der Montanunion, dehnten die Regierungschefs der sechs Länder 1957 die Zusammenarbeit ihrer Staaten auf die gesamte Wirtschaft aus: In den „Römischen Verträgen" beschlossen sie einen gemeinsamen Markt für alle Waren und Dienstleistungen zu schaffen. Die Mitglieder dieser Europäischen Wirtschaftsgemeinschaft (EWG) verpflichteten sich den Arbeitnehmern die freie Wahl ihres Arbeitsplatzes zu gewähren. Außerdem sollte freier Kapitalverkehr ermöglicht werden. Dafür mussten zunächst die Zollschranken abgebaut werden.

Gleichzeitig bildeten diese sechs Länder die Europäische Atomgemeinschaft (Euratom). Erzvorkommen sollten gemeinsam genutzt werden um Energie aus der erst wenige Jahre zuvor entdeckten Atomkraft zu gewinnen. Auch in Atomkraftwerke wollten die Mitglieder der Euratom gemeinsam investieren.

1967 schlossen die Regierungen die drei Gemeinschaften EGKS, EWG und Euratom zur Europäischen Gemeinschaft (EG) zusammen. Sie wollten bis 1979 den europäischen Binnenmarkt schaffen. Erst 1985 begannen jedoch die konkreten Verhandlungen darüber, und erst seit 1995 gibt es zwischen den meisten westeuropäischen Ländern keine Grenzkontrollen mehr.

„Europa lässt sich nicht mit einem Schlag herstellen", hatte Robert Schuman bereits 1950 bemerkt.

Europa auf dem Weg zur Einheit

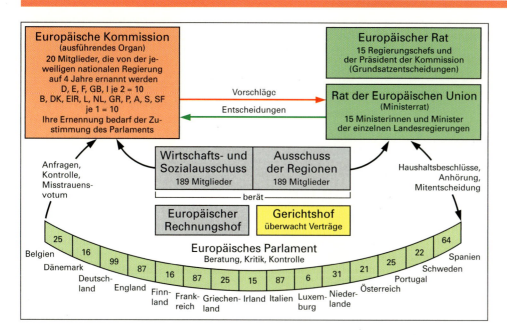

6 *Die Einrichtungen der Europäischen Union.* Bereits 1957 wurde die Direktwahl eines europäischen Parlaments in allen Mitgliedsländern beschlossen. Doch erst seit 1979 werden alle fünf Jahre die Abgeordneten des Europäischen Parlaments gewählt. – Untersucht das Schaubild unter dem Gesichtspunkt der Gewaltenteilung. Vergleicht die Befugnisse dieses Parlamentes mit denen des Bundestages. Diskutiert, warum Kritiker der EU ein „Demokratiedefizit" vorwerfen.

3 Aus den Rechtsvorschriften des Europarates 1949:
Der Europarat hat die Aufgabe, eine engere Verbindung zwischen seinen Mitgliedern zum Schutze und zur Förderung der Ideale und Grundsätze, die ihr gemeinsames Erbe bilden, herzustellen und ihren wirtschaftlichen und sozialen Fortschritt zu fördern.

4 *Der Belgier Henri Spaak* begründet Ende 1951 seinen Rücktritt als Präsident der Beratenden Versammlung des Europarats:
Meine Damen und Herren, von der Höhe des Präsidentenstuhles (…) habe ich eine Feststellung machen müssen, die mich oft mit großer Traurigkeit erfüllt hat. (…) Da gibt es Deutsche, die Europa erst schaffen wollen, wenn sie die Einheit Deutschlands wieder hergestellt haben. Da gibt es Belgier, die Europa erst verwirklichen wollen, wenn England mittut. Da gibt es Franzosen, die Europa nicht schaffen wollen, wenn sie dabei den Deutschen in einem Dialog gegenüberstehen. Die Engländer wollen Europa so lange nicht schaffen, bis sie eine Lösung mit dem Commonwealth gefunden haben. (…) Wenn wir in dieser Versammlung (…) ein Viertel der Energie, die hier aufgewandt wurde, um „nein" zu sagen, daran gesetzt hätten, um „ja" zu sagen, dann wären wir nicht mehr in dem Zustand, in dem wir uns heute befinden.

5 Aus dem EGKS-Vertrag von 1951:
Art. 1: Durch diesen Vertrag begründen die Hohen Vertragschließenden Teile unter sich eine Europäische Gemeinschaft für Kohle und Stahl; sie beruht auf einem gemeinsamen Markt, verfolgt gemeinsame Ziele und hat gemeinsame Organe.
Art. 4: Als unvereinbar mit dem gemeinsamen Markt für Kohle und Stahl werden innerhalb der Gemeinschaft (…) aufgehoben und untersagt: a) Ein- und Ausfuhrzölle; (…) c) von den Staaten bewilligte Subventionen oder Beihilfen (…); d) einschränkende Praktiken, die auf eine Aufteilung oder Ausbeutung der Märkte abzielen.
Art. 9: (…) Die Mitglieder der Hohen Behörde (…) dürfen bei der Erfüllung ihrer Pflichten weder Anweisungen von einer Regierung oder einer anderen Stelle einholen noch solche Anweisungen entgegennehmen.

1 Wie veränderten sich die Beziehungen zwischen den Staaten, die sich den Europäischen Gemeinschaften anschlossen, in den Jahren 1945 bis 1995 (VT, M2, M5)? Informationen findest du auch auf der Karte S. 165.

2 Welche Gründe führt Spaak für seinen Rücktritt an (M4)? Beurteile dies mit Blick auf die Rechtsvorschriften des Europarates (M3).

3 Verfolgt die Zeitungsnachrichten über die Europäische Union in einem bestimmten Zeitraum (1–2 Wochen). Welche Meinungsverschiedenheiten gibt es heute zwischen den einzelnen Ländern? Wie wirken sie sich aus? Wodurch erzielen sie eine Einigung? Erklärt eure Ergebnisse auch mithilfe des Schaubildes (M6).

6 Europäische Länder in der Gemeinschaft sozialistischer Staaten

1 Der Stand des RGW um 1975 auf der Leipziger Messe. – Welche Botschaft soll der RGW-Slogan „Komplexprogramm: Erfahrungen, Erfolge, gemeinsamer Nutzen" vermitteln?.

Comecon
Dies ist die Abkürzung für „Council for Mutual Economic Assistance", die englische Bezeichnung für den Rat für gegenseitige Wirtschaftshilfe.

1950	Tieffrieren	USA
1953	Farbfernseher	USA
1955	Ultraschallabtastgerät	Großbritannien
1957	Satellit	Sowjetunion
1960	Laser	Sowjetunion/USA
1964	Textverarbeitung	USA
1975	Personalcomputer	USA
1980	Montageroboter	USA
1982	gentechnisches Insulin	USA

2 Wichtige technische Erfindungen. – In welchen Ländern kamen sie zuerst auf? Erläutert mithilfe des VT Gründe und die Folgen für die RGW-Länder.

Der Rat für gegenseitige Wirtschaftshilfe

Nachdem viele westeuropäische Länder den Marshall-Plan angenommen hatten, drängte Stalin auf die Gründung eines Wirtschaftsbundes der sozialistischen Länder. Die Satellitenstaaten sollten auch wirtschaftlich an die Sowjetunion gebunden und von einer Beteiligung am Marshall-Plan abgehalten werden. Im Januar 1949 gründeten Vertreter der Sowjetunion, Bulgariens, Rumäniens, Polens, Ungarns und der Tschechoslowakei in Moskau den Rat für gegenseitige Wirtschaftshilfe (RGW, auch *Comecon* genannt). Albanien wurde 1949 Mitglied, 1950 trat die DDR bei. Später wurden auch nicht-europäische Staaten aufgenommen, 1962 etwa die Mongolei.

Bis zu Stalins Tod gab es zwischen den Mitgliedsländern keine echte Zusammenarbeit; zwischen 1950 und 1954 fand keine Ratssitzung statt. In den 50er-Jahren erhoben sich viele Menschen der sozialistischen Staaten gegen ihre Regierungen und den übermächtigen Einfluss der Sowjetunion. Die russische Armee griff überall ein (s. S. 96–99). Allein in der polnischen Stadt Posen starben dabei 48 Menschen. Die Aufstände zeigten Stalins Nachfolger Nikita Chruschtschow, dass der Druck der von Moskau abhängigen Regierungen nicht ausreiche um das sowjetische System in diesen Staaten zu erhalten. Stärker als bisher versuchte nun die Sowjetunion die übrigen sozialistischen Länder durch wirtschaftliche Abhängigkeit an sich zu binden.

Ein geschlossener Markt entsteht

Die einzelnen Nationalwirtschaften sollten ihre Produktion aufeinander abstimmen und sich auf die Herstellung weniger Güter spezialisieren. Einige traditionelle Industrien jedes Landes wurden ausgebaut. So waren etwa Ungarn für die Produktion von Bussen und Bulgarien für Lkw-Produktion zuständig. Problematisch an dieser Entwicklung war vor allem, dass auch traditionelle Agrarländer industrialisiert werden sollten. Zudem wurden für den Ausbau einer Schwerindustrie häufig falsche Standorte gewählt. Die Sowjetunion behielt sich vor ohne Beschränkung alle Gebiete ihrer Wirtschaft zu entwickeln.

Ab 1954 verhandelten Vertreter der Mitgliedsländer über die Preisbildung. Weil in sozialistischen Ländern nicht der Markt, also Angebot und Nachfrage, die Preise bestimmte, sondern die Regierungen, war dies besonders schwierig. Schließlich wurden die Preise auf der Grundlage des kapitalistischen Weltmarktes festgelegt, Preisschwankungen gab es allerdings nicht.

Die RGW-Länder tauschten oft Ware gegen Ware. Dies war aber nicht immer möglich. So diente als Zahlungsmittel der „Transferrubel", eine Währung, die auf dem Weltmarkt nicht umtauschbar war. Die Staatsbetriebe erzielten deshalb geringe Erträge, konnten ihre Produkte kaum weiterentwickeln und waren auf dem Weltmarkt nicht konkurrenzfähig.

Mit dem RGW schuf die sowjetische Führung ein geschlossenes Wirtschaftssystem, auf welches der westliche Markt keinen Einfluss hatte. So arbeitete man bis 1989 kaum mit Computern, und auch Industrieroboter fanden in den Produktionsbetrieben kaum Anwendung. Die sozialistischen Länder mussten Hightech-Produkte importieren. Um an Geld zu gelangen und auf dem Weltmarkt einkaufen zu können mussten sie zu Billigpreisen verkaufen. Dies trug letztlich zum Niedergang des sozialistischen Systems und zur Auflösung des RGW bei.

Europa auf dem Weg zur Einheit

3 Zur Zukunft der sozialistischen Staatengemeinschaft äußerte sich der sowjetische Regierungschef und KPdSU-Vorsitzende Nikita Chruschtschow am 7. März 1959 in Leipzig:

Wenn man von der Zukunft sprechen will, so stelle ich mir vor, dass die weitere Entwicklung der sozialistischen Länder aller Wahrscheinlichkeit nach auf der
5 Linie der Festigung eines einheitlichen Weltsystems der sozialistischen Wirtschaft verlaufen wird. Die Wirtschaftsbarrieren, die unsere Länder unter dem Kapitalismus trennten, werden eine nach
10 der anderen beseitigt werden. Es wird die gemeinsame wirtschaftliche Basis des Weltsozialismus gefestigt werden, die die Frage der Grenzen letzten Endes gegenstandslos machen wird.

4 Die Ziele des RGW hielten Vertreter der Mitgliedsländer 1959 in einem Statut fest:

Der Rat für gegenseitige Wirtschaftshilfe hat zum Ziel, durch Vereinigung und Koordinierung der Bemühungen der Mitgliedsländer des Rates zur planmäßigen
5 Entwicklung der Volkswirtschaft, zur Beschleunigung des wirtschaftlichen und technischen Fortschritts in diesen Ländern, zur Hebung des Standes der Industrialisierung in den Ländern mit einer
10 weniger entwickelten Industrie, zur ununterbrochenen Steigerung der Arbeitsproduktivität und ständigen Hebung des Wohlstandes der Völker der Mitgliedsländer (…) beizutragen.

5 Die russische Zeitschrift „Sputnik" druckte im April 1988 den folgenden Leserbrief ab:

Wir exportieren PKWs zu niedrigen Preisen in viele Länder, auf dem Binnenmarkt dagegen sind sie Mangelware. Wissen die für den Export Verantwortli-
5 chen überhaupt, dass unser 8. Lada-Modell auf dem schwarzen Markt nicht 8000, sondern 12 000 Rubel kostet? (…) Im Zeitraum 1985–1986 haben wir in 34 Länder 571 075 PKWs zu einem Stückpreis
10 von 1015 bis 4363 Rubel, 23 369 Tonnen erstklassigen Tee, Pelzbekleidung und Kaviar verkauft. Man könnte meinen, wir hätten von all dem im Überfluss, in Wirklichkeit ist im freien Verkauf nichts davon
15 zu haben. *N. Lopko, Moskau*

Land	1937	1948	1949	1950
Albanien	4,8	38,3	100,0	100,0
Bulgarien	9,6	47,5	82,3	88,2
Ungarn	13,3	34,1	46,5	61,4
Polen	7,1	34,4	43,3	59,2
Rumänien	17,7	70,6	81,8	83,3
Tschechoslowakei	11,2	30,2	45,5	53,0
Durchschnitt	11,7	38,5	51,5	62,2

6 Wie hoch der Exportanteil war, den ein Land in die seit 1949 zum RGW gehörenden Länder ausführte, zeigt diese Tabelle (oben). – Vergleicht die Werte mit ihrem jeweiligen Gegenwert, also dem Anteil des Außenhandels mit Nicht-RGW-Ländern.

7 Der Rat für gegenseitige Wirtschaftshilfe – zwei Sichtweisen:
oben: **„Fahnenflucht"** (Karikatur von Peter Bensch, Dezember 1989);
rechts: **das RGW-Gebäude in Moskau,** errichtet 1967 (Plakat der DDR von 1984). – Untersucht das Plakat: Welches Bild vom Zusammenschluss will es vermitteln? Welche Gestaltungsmittel verwendet es? Vergleicht mit der Aussage der Karikatur.

1 Wie wurden die Ziele des RGW verwirklicht (M1)? Im RGW-Statut von 1959 steht weiter: „Die wirtschaftliche (…) Zusammenarbeit der Mitgliedsländer des Rates wird in Übereinstimmung mit den Prinzipien der vollen Gleichberechtigung (…) verwirklicht." Begründe, wie dieser Grundsatz umgesetzt und weshalb er ins Statut aufgenommen wurde.

2 1959 beschrieb Chruschtschow seine Vorstellung von der Zukunft der sozialistischen Länder (M3). Wie versuchten die sozialistischen Regierungen Wirtschaftsbarrieren abzubauen? Was erreichten sie damit (VT, M2, M6)

3 Erläutert die Abhängigkeit der sozialistischen Staaten von der Sowjetunion und ihre Stellung innerhalb des RGW (VT, M6). Welche wirtschaftlichen Probleme mussten diese Länder wohl nach der Auflösung des RGW und des sozialistischen Systems bewältigen?

4 Schreibe einen Antwort-Leserbrief an Herrn Lopko. Begründe ihm, warum es 1988 auf dem sowjetischen Markt an Waren mangelte, die im Land hergestellt wurden (M5).

7 Vom Staatenbund zum Bundesstaat?

1 Europa aus der Sicht seiner Bürgerinnen und Bürger: Die Zustimmung der Bevölkerung zur EU wird im Auftrag der Europäischen Kommission in Brüssel mithilfe des „Eurobarometers" regelmäßig erforscht.

Bundesstaat
In einem Bundesstaat werden die Aufgaben zwischen einer zentralen Regierung und den Länderregierungen geteilt.

Staatenbund
In einem Staatenbund besitzt jeder Staat die volle Souveränität. Der Zusammenschluss dient nur der Verwirklichung gemeinsamer Ziele.

Die Europäische Union

Seit dem 1. Januar 1993 können Bürgerinnen und Bürger der Europäischen Union in jedem Mitgliedsland wohnen und arbeiten. Dies machte der Maastrichter Vertrag möglich, den 1992 die Außen- und Finanzminister der damals zwölf EG-Länder unterzeichneten. Mit ihrer Unterschrift besiegelten sie die Gründung der Europäischen Union, eines *Staatenbundes*, der die Europäische Gemeinschaft ablösen sollte.

Die Politiker der Mitgliedsländer führten nun auch die Unionsbürgerschaft ein: Alle Bürgerinnen und Bürger eines jeden EU-Landes können an den Kommunalwahlen des Landes teilnehmen, in dem sie ihren Wohnsitz haben. Auch bei den Wahlen zum Europäischen Parlament können sie in dem Land ihres Wohnsitzes ihre Stimmen abgeben. Nur von der Wahl des nationalen Parlaments bleiben sie ausgeschlossen.

Die Aufgaben und Funktionen des Europäischen Parlaments, das bereits seit der Gründung der Montanunion bestand, wurden durch den Maastrichter Vertrag erweitert. Das Parlament entscheidet nun über wichtige Gesetze mit. Zudem muss es der Aufnahme neuer Mitgliedsländer in die Europäische Union zustimmen. Bisher entschied über diese Fragen die Europäische Kommission, in die die nationalen Regierungen Vertreter entsandten.

Um die Schaffung eines gemeinsamen europäischen Wirtschaftsraumes zu vollenden, beschlossen die Minister in Maastricht die Einführung einer einheitlichen Währung, des Euro. Die Einführung des Euro war einer der umstrittensten Punkte im Vertragswerk von Maastricht. Ziel war es vor allem, den Zahlungsverkehr innerhalb der EU weiter zu vereinfachen. Für die Bürgerinnen und Bürger bedeutet der Euro beispielsweise ein bequemeres Reisen in das europäische Ausland. EU-Länder, die bestimmte Voraussetzungen erfüllen, erhalten die neue Währung. Zu diesen Voraussetzungen gehört etwa, dass die Neuverschuldung eines Landes nicht größer sein darf als drei Prozent seines Bruttoinlandsprodukts. Dies ist die Summe aller Waren und Dienstleistungen, die innerhalb eines Jahres in einem Land erwirtschaftet werden.

Die Meinung der Bevölkerung

Eine Umfrage aus dem Gründungsjahr der EU zeigt, dass damals 71% der befragten Bürger aus den Mitgliedsländern meinten, keinen ausreichenden Einfluss auf die Entscheidungen in der Europäischen Gemeinschaft zu haben.

Manche EU-Bürger sagen, Europa solle zu einem *Bundesstaat* vereinigt werden, ähnlich wie die USA. Die Politik der Europäischen Union würde dadurch überschaubarer und die Bürgerinnen und Bürger der EU könnten eher direkten Einfluss auf die Politik der Europäischen Union ausüben. Andere vertreten die Ansicht, in einem Bundesstaat Europa könnten die Interessen der heutigen Nationalstaaten nicht ausreichend vertreten werden. In welche Richtung sich die europäische Staatengemeinschaft entwickeln wird, ist heute noch offen.

Europa auf dem Weg zur Einheit

Demoskopie kann über die Meinung von Zeitzeugen Auskunft geben

Die Erforschung der öffentlichen Meinung ist in einer „Massengesellschaft" wichtig geworden. Ob in Politik, Wirtschaft, Medien, Werbung – wer den Zeitgeist erkennen will, ist auf Umfragen angewiesen um die Meinung der Menschen zu erfahren und darauf reagieren zu können. Unternehmen erhoffen sich davon, mehr verkaufen zu können, Politiker möchten die Wünsche und Befürchtungen der Menschen erfahren. Meinungsumfragen vergangener Jahre können uns darüber Auskunft geben, wie die meisten Menschen damals dachten und wie bestimmte Meinungen Entscheidungen verhinderten oder Veränderungen bewirkten. An eine Meinungsumfrage können wir selbst Fragen stellen:

1. Zu den Grunddaten der Meinungsumfrage:
   Über welchen Sachverhalt sollten die Menschen ihre Meinung äußern?
   Wann wurde die Umfrage durchgeführt?
   Wer ist der Auftraggeber der Umfrage?
   Welche Bevölkerungsgruppen wurden befragt?
2. Zu den Aufgaben/Fragen, die den Menschen gestellt wurden:
   Auf welche Bereiche beziehen sie sich?
   Überschneiden sie sich?
   Geben die Fragen bzw. die Antworten bereits eine Meinung vor? Begründe.
3. Zu den Ergebnissen der Umfrage:
   Welche Einstellung zeigen die Befragten?
   Ist das Meinungsbild eindeutig? Begründe deine Antwort.
4. Zur Beurteilung der Meinungsumfrage:
   Gibt es Anzeichen dafür, dass das Ergebnis manipuliert wurde?
   Betrachte hierbei Auftraggeber, befragte Bevölkerungsgruppen und die gestellten Fragen bzw. die Art der Fragestellung.
   Welche Fragen hättest du zu dem Sachverhalt gestellt? Vergleiche.

2 *Der Hindernislauf: „Schneller – höher – weiter"* (Karikatur von P. Bensch, 1990). Die Personen sind der deutsche Bundeskanzler Kohl, der französische Staatspräsident Mitterand und der britische Premierminister Major. – Was will der Zeichner zum Ausdruck bringen?

Einstellung	Großbritannien	Frankreich	Deutschland	EG
Selbstwahrnehmung als Europäer				
häufig	10	16	8	14
manchmal	18	36	29	32
niemals	71	47	59	51
weiß nicht	1	1	4	2
Identifikation in der Zukunft mit				
Nation allein	54	31	41	38
Nation und Europa	35	55	43	48
Europa und Nation	4	6	9	7
Europa allein	4	6	3	4
weiß nicht	3	2	4	4
Passives EG-Kommunalwahlrecht für Ausländer (Bürger eines anderen EU-Landes dürfen in den Gemeinderat gewählt werden)				
dafür	47	46	41	47
dagegen	49	49	54	46
weiß nicht	4	5	5	7
Aktives EG-Kommunalwahlrecht für Ausländer (Bürger eines anderen EU-Landes dürfen den Gemeinderat mitwählen)				
dafür	38	36	29	38
dagegen	57	59	65	55
weiß nicht	4	5	7	7

3 *Einstellungen zu Nation, Europa, Menschen anderer Nationen:* Umfrage im Auftrag der EG-Kommission.

1 Welche strittigen Themen könntest du in M2 heute hinzufügen? Begründe deine Entscheidung.
2 Wie sehen Bürgerinnen und Bürger Europa? Untersucht M1 und M3 mithilfe der Checkliste.

8 Bürger des ehemaligen Ostblocks entscheiden sich für das Modell „Europa"

1 Die Staats- und Regierungschefs aller EU-Mitgliedsländer entschieden auf ihrem Treffen in Luxemburg im Dezember 1997, welche ostmitteleuropäischen Staaten zuerst in die EU aufgenommen werden sollten (Karikatur, 1997).

europäische Integration
Vereinigung der Länder Europas, die dies wünschen und bestimmte Voraussetzungen erfüllen (z. B. Demokratie, Marktwirtschaft); auch: das Zusammenwachsen der EU-Staaten

Von der Gewerkschaft Solidarität ...

1980 entließ die Danziger Leninwerft die Kranführerin Anna Walentinowicza. Sie hatte sich für das Recht der Arbeiter im sozialistischen Polen eingesetzt unabhängige Gewerkschaften zu gründen. 17 000 Werftarbeiter legten nun die Arbeit nieder, andere Betriebe schlossen sich an. Sie protestierten gegen die Entlassung, aber auch gegen die steigenden Preise, mit denen die Lohnerhöhungen nicht mithielten. Polens Wirtschaftskraft konnte die Versorgung der Bevölkerung nicht mehr sichern. Die Arbeiter beauftragten Lech Walęsa, einen Elektriker der Leninwerft, der Regierung ihre Forderungen zu stellen: Streikrecht, Gründung einer unabhängigen Gewerkschaft, Meinungsfreiheit. Die Vorrechte von Parteifunktionären, für sie der Hauptgrund der Preissteigerungen, sollten abgeschafft werden. Die Regierung gab nach. Die Arbeiter gründeten die Gewerkschaft „Solidarność" (Solidarität) und wählten Walęsa zum Vorsitzenden. Innerhalb eines Jahres traten etwa 10 Millionen Menschen bei.

Die sowjetische und andere sozialistische Regierungen verurteilten die „unerträgliche Anarchie" in Polen. General Jaruzelski, ehemaliger Verteidigungsminister und seit 1980 Staatsoberhaupt Polens, verhängte im Sommer 1981 den Kriegszustand. Die Solidarność wurde verboten, aufgrund des Kriegsrechts konnte Arbeitsverweigerung sogar mit Todesstrafe geahndet werden.

... zu Demokratie und Marktwirtschaft

Im Zuge von Glasnost und Perestroika forderten auch die Menschen anderer sozialistischer Länder mehr Rechte. 1989 wurde die Solidarność wieder zugelassen, im Dezember 1990 Walęsa zum Staatspräsidenten der neuen Republik Polen gewählt. Um die ruinierte Wirtschaft in Schwung zu bringen hatte bereits ein Jahr zuvor die Regierung beschlossen unrentable Betriebe stillzulegen, Sozialleistungen zu kürzen und die Steuern zu erhöhen. Die Bürger nahmen hohe Arbeitslosigkeit und enorme Preissteigerungen für den Übergang zur Marktwirtschaft in Kauf. Vor allem mittelständische Unternehmen wurden gegründet. Finanzielle Hilfe erhielt Polen von den USA und westeuropäischen Staaten, denen an einer Stabilisierung Polens gelegen war.

Polen, Ungarn, die Tschechische Republik, Slowenien und Estland beantragten die Aufnahme in die EU – sie waren die ersten, mit denen die EU auch konkrete Verhandlungen führte. Die Slowakische Republik, Lettland, Litauen, Rumänien und Bulgarien stellten ebenfalls Aufnahmeanträge, Russland schloss 1994 ein Partnerschaftsabkommen mit der EU. Die Menschen der ehemaligen RGW-Länder erhofften sich von der EU-Mitgliedschaft vor allem eine Steigerung der Wirtschaftskraft. Sie profitieren aber schon jetzt davon, weil ihre Regierungen durch die Beitrittsbedingungen der EU die Forderungen aus den 80er-Jahren erfüllen müssen.

Europa auf dem Weg zur Einheit

2 Voraussetzungen für den EU-Beitritt der mittel- und osteuropäischen Länder, 1993 von den Staats- und Regierungschefs im Europarat festgelegt:
- Die Aspiranten müssen ein stabiles institutionelles Gefüge als Garantie für eine demokratische rechtsstaatliche Ordnung aufweisen und die Wahrung der Menschenrechte sowie die Achtung und den Schutz von Minderheiten sicherstellen.
- Sie müssen eine funktionsfähige Marktwirtschaft aufweisen, welche dem Wettbewerbsdruck und den Marktkräften in der Union standhalten kann.
- Sie müssen zudem die aus einer Mitgliedschaft erwachsenden Verpflichtungen übernehmen und sich die Ziele der politischen Union und der Wirtschafts- und Währungsunion zu Eigen machen.

3 Polen kehrt nach Europa zurück.
Der polnische Ministerpräsident Tadeusz Mazowiecki 1990 vor dem Europarat:
Die Polen sind eine Nation, die sich ihrer Zugehörigkeit zu Europa und ihrer europäischen Identität bewusst ist. Für uns war Europa immer der Bezugspunkt, wenn wir uns über unsere Identität befragten. (…) In Europa sehen wir immer noch die Werte – Vaterland, Freiheit und Menschenrechte – und fahren fort uns mit diesem Europa entschieden zu identifizieren. (…) Wenn wir als Gemeinschaft zu überleben vermochten, dann nicht zuletzt dank unserer Anhänglichkeit an bestimmte Institutionen und Werte europäischer Prägung. Wir verdanken dieses Überleben dem Glauben und der Kirche, dem Bekenntnis zur Demokratie und zum Pluralismus, den Menschenrechten und bürgerlichen Freiheiten, der Idee der Solidarität. (…) Die Mauer zwischen dem freien und dem unterdrückten Europa wurde bereits beseitigt. Jetzt bleibt die Lücke zwischen dem armen und dem reichen Europa zu füllen. Wenn Europa ein „gemeinsames Haus" werden soll, in dem die einen den anderen nicht die Türe verschließen dürfen, dann dürfen auch solche großen Unterschiede nicht lange bestehen. (…) Es ist Zeit Institutionen zu schaffen, die das ganze Europa wirksam umfassen.

4 Wie wird die Zukunft der europäischen Integration aussehen? Der Historiker Bronislaw Geremek, seit 1997 polnischer Außenminister, antwortete 1993:
Die Zukunft der europäischen Integration hängt sicher eher von ihrem politischen Programm ab als von der Entwicklung des gemeinsamen Marktes. (…) Die Integration der postkommunistischen Länder in die EG muss Schritt für Schritt vor sich gehen, wobei das Hauptgewicht auf die politische Angliederung zu legen ist. (…) Wir brauchen die Hilfe der wohlhabenderen Länder, (…) damit wir uns in die Weltwirtschaft eingliedern können. Insofern spielt das ausländische Kapital zwangsläufig eine dominante Rolle. (…) In unseren Läden findet man kein einheimisches Mineralwasser mehr, nur noch italienisches und französisches. (…) Diese wirtschaftlichen Tatsachen rufen enorme Beunruhigung in weiten Teilen der öffentlichen Meinung hervor. Man fragt sich, ob sich die Annäherung an Europa lohnt.

5 Das Kraftwerk Turow liegt an der deutsch-polnischen Grenze bei Bogatynia (Foto, 1997). Die Luftverschmutzung durch dieses Kraftwerk ist so groß, dass in Zittau manchmal gelber Schnee fällt. – Was sagt das Bild über das Leben der Menschen aus? Welche Möglichkeiten könnten sich für sie durch den EU-Beitritt ihres Landes eröffnen?

1. Welche Erwartungen der Länder, die der EU beitreten wollen, stellt der Karikaturist (M1) dar? Vergleiche mit M2, M3, M4. Versuche mithilfe des VT zu klären, worauf der Karikaturist nicht eingeht und warum.
2. Diskutiert in einem Streitgespräch die Vor- und Nachteile des EU-Beitritts für einen ehemaligen mittelosteuropäischen Staat (M2, M3, M4).
3. Wenn Polen, Ungarn, die Tschechische Republik, Slowenien und Estland der EU beitreten, umfasst die EU 20 Staaten und die Anzahl der Sitze im Europäischen Parlament wird von 626 auf 755 steigen. Welche Probleme siehst du? Was würdest du vorschlagen, wenn du Mitglied der Europäischen Kommission wärst und somit auf die Politik der EU direkten Einfluss nehmen könntest?

10 In Europa lernen und arbeiten

Wie leben die Kinder in Paris?

20 % / 80 % — Sie leben zusammen mit einem Elternteil (20 %) oder beiden Eltern (80 %)

So sind ihre Eltern berufstätig:
- Väter
- Mütter
(ganz / Teilzeit / gar nicht)

So viele Kinder hat eine Familie: 1 / 2 / 3 / 4

Wo essen die Kinder zu Mittag?
- daheim
- in der Schule

Wie kommen die Kinder zur Schule? (Der Weg dauert nicht länger als 10 Min.)
- Bus
- Auto
- zu Fuß

Um diese Zeit stehen die Kinder morgens auf

Wie lange dauert die Schule? (Am Mittwoch und am Samstagnachmittag ist schulfrei)

anschließend ungefähr eine Stunde für Hausaufgaben

Zu Abend essen sie um

Und wann gehen die Kinder aus Paris zu Bett?

1 Wie leben die Kinder in Paris? – Beschreibt den Alltag der französischen Kinder und vergleicht mit M 6.

2 Stundenpläne eines spanischen und eines deutschen Kindes an einer Nürnberger Grund- und Hauptschule (1994). Hier lernen spanische und deutsche Kinder gemeinsam in einer Klasse. Der Besuch des Englischunterrichts – nachmittags – ist freiwillig. (HSK bedeutet Heimat- und Sachkunde.)

Ausbildungsmöglichkeiten im Mittelalter und in der Neuzeit

Im Mittelalter gingen Gesellen eines Handwerks üblicherweise einige Jahre auf Wanderschaft. Sie konnten dadurch bei anderen Meistern neue Techniken erlernen. Manche zogen bis nach Italien, Ungarn oder gar Schweden. Nicht jeder war nun aber ein besonders geschickter Steinmetz, der an einem Dom oder einer Kirche mitbauen konnte, oder Spezialist auf einem anderen Gebiet. So war es für junge Menschen kaum möglich in einem anderen europäischen Land eine neue Existenz aufzubauen. Denn die Zunft, in der sich jeweils die Betriebe eines Handwerks zusammenschlossen, begrenzte deren Zahl innerhalb einer Stadt. Außerdem reichte ein Gesellenlohn gerade für den Lebensunterhalt. Die meisten Menschen, besonders die vielen Bauern, lernten ihr Leben lang keinen anderen Ort kennen als ihr Dorf.

Mit der Industrialisierung, die im 18. Jahrhundert einsetzte, änderte sich die Ausbildung von Fachleuten.

Bis zu Beginn der 90er-Jahre unseres Jahrhunderts war es schwierig und bisweilen fast unmöglich in einem anderen europäischen Land eine Ausbildung zu absolvieren, zu wohnen, zu arbeiten, ein Geschäft zu eröffnen oder – wie beispielsweise aus Spanien – auch nur Geld auszuführen. Wollte ein Europäer eines anderen Landes nach Großbritannien einreisen, so musste er Geld, Rückflugticket und ein Hotel nachweisen.

Neue Möglichkeiten

Seit 1993 der europäische Binnenmarkt geschaffen wurde, stehen den Menschen inzwischen viele Möglichkeiten offen – vorausgesetzt sie beherrschen die Sprache des Gastlandes. Dies wird gefördert: Jugendliche aus Deutschland können an einem Schüleraustausch mit Partnerschulen in den Niederlanden, England oder Frankreich teilnehmen. Der Europäische Austauschdienst organisiert Auslandsaufenthalte, die bis zu zwei oder drei Jahren dauern können. Die Schulzeiten und Zeugnisse dieser Schulen werden in Deutschland angerechnet.

Eher selten kann man im Rahmen der Berufsausbildung an einem Austauschprogramm teilnehmen. Ein Programm der Europäischen Union, PETRA II, ermöglicht es Auszubildenden einen Teil ihrer Lehre in einer Partnerfirma innerhalb der EU zu absolvieren. Leichter können Studenten zumindest einen Teil ihrer Studienzeit in einem anderen Land der EU verbringen. Die Europäische Union bietet dabei jährlich 50 000 Studierenden finanzielle Unterstützung.

Gleichgültig ob jemand an einem Austauschprogramm teilnehmen konnte, haben alle Bürger der Europäischen Union seit 1993 das Recht in jedem Mitgliedsland zu arbeiten. Alle EU-Staaten erkennen die Ausbildungen der anderen an. Weil sich aber die Berufsausbildungen der Länder unterscheiden, ist manchmal ein Anpassungslehrgang oder eine Eignungsprüfung nötig.

Europa auf dem Weg zur Einheit

3 *Die Bildungswege innerhalb der Europäischen Union* sind sehr verschieden. Martina Behrens und Klaus Hurrelmann beschrieben 1991 den englischen Bildungsweg:
Die Anforderungen an formale Qualifikationen, welche an englische Schulabgänger beim Eintritt in die Beschäftigung gestellt werden, sind geringer als in der
5 Bundesrepublik.
Gute schulische Ausbildungen sind zwar von Vorteil im Hinblick auf die späteren Karriereaussichten, aber festgeschrieben als Eintrittsqualifikation in den Ar-
10 beitsbereich sind sie nicht. Es ist üblich nach zehn Pflichtschuljahren einzutreten und sich dann über diverse Fortbildungsmaßnahmen am Arbeitsplatz oder auch außerhalb in speziellen Bildungs-
15 richtungen bis in Leitungspositionen vorzuarbeiten. (…)
Außerschulische Qualifizierungsangebote sind nur dort vorhanden, wo sie aus sozialen Gründen dringend nötig sind.
20 Aber dort reichen die Angebote nicht aus um Jugendarbeitslosigkeit zu vermeiden.

4 *„Zu Hause in Europa"* heißt ein Buch von Kurt H. Setz, der 20 Jahre lang im westeuropäischen Ausland gelebt und gearbeitet hat. Er beschreibt darin unter anderem, welche Unterschiede der Verhaltensweisen ihm in anderen europäischen Ländern aufgefallen sind:
Glücklicherweise dauerte es nicht allzu lang, bis ich (…) begann mich auf die sehr unterschiedlichen europäischen Mentalitäten, Lebensweisen und Um-
5 gangsformen einzustellen und danach zu handeln.
Seitdem verfahre ich in allen Ländern und auf allen Behörden mit dem Standardsatz: „Sir, Madame, Señor, Mon-
10 sieur, (…) ich weiß nicht mehr weiter. Ich bitte Sie um Ihre Hilfe." Man kann sich den Staatsdiener zum Freund und Helfer machen ohne sich einen Zacken aus der Krone zu brechen und ohne den fordern-
15 den Ausländer hervorzukehren.
Es ist auch nicht übertrieben, dass mein Blumenstrauß bzw. eine Schachtel Pralinen der Sachbearbeiterin eines Telefonantrages dermaßen zu schmeicheln
20 schien, dass ich mein Telefon schon installiert hatte, als andere noch mit Behördensprache und Gesetzbüchern hantierten. In südeuropäischen Ländern ist überhaupt nichts dabei, die Person, de-
25 ren Hilfe man braucht, zum Essen ins Restaurant einzuladen; das nennt man dort nicht Bestechung, sondern „Lebensstil".

5 *Über den Computer* traten 1988 dänische, deutsche und britische Schülerinnen und Schüler miteinander in Kontakt. Sie erstellten u. a. gemeinsam eine Zeitung. 18 Monate arbeiteten sie zusammen, bevor sie sich zum ersten Mal in Den Haag trafen. – Welche Rolle spielt das Internet für die europäische Integration?

6 *Wie leben die Kinder in Barcelona?* (rechts) – Stellt ein ähnliches Schaubild zusammen, in dem ihr euren Alltag auf die hier und in M1 angeführten Punkte hin untersucht. Fragt auch Schülerinnen und Schüler eurer Parallelklassen.

Wie leben die Kinder in Barcelona?

Um diese Zeit stehen sie auf. Zum Frühstück trinken sie Orangensaft oder Milch. Manche essen einen Keks, ein Stück Brot oder Cornflakes. Die meisten Kinder gehen nicht allein zur Schule; auch nicht mit 12 Jahren! Wenn sie zu Fuß gehen, Bahn, Métro oder Bus fahren, werden sie häufig begleitet. Kinder der Privatschulen werden auch von Bussen abgeholt.

Der Unterricht beginnt um

In der großen Pause essen die Kinder gar nichts, Sandwich oder Hörnchen

Schulschluß für den Vormittag ist um Manche Kinder gehen nach Hause, viele essen in der Schulkantine.

Jetzt ist Zeit zum Spielen, fernsehen oder für Hausaufgaben.

Fast täglich ist nachmittags Unterricht.

Danach haben die Kinder privat Sport, Instrumentalunterricht oder lernen eine Fremdsprache.

Wenn die Kinder nach Hause kommen, gibt es einen Imbiß.

Warmes Abendessen gibt es erst später.

Und wann gehen die Kinder aus Barcelona in's Bett?

1 Die Kinder an der Nürnberger Schule lernen schon im ersten Schuljahr in beiden Sprachen Lesen und Schreiben (M1). Diskutiert Vor- und Nachteile.
2 Stelle in einer Übersicht zusammen, welche Möglichkeiten der europäische Binnenmarkt bietet, die es vor 1993 nicht gab (VT).
3 Welche Möglichkeiten innerhalb der Europäischen Union siehst du für deinen Lebensweg? Worauf wirst du besonders achten müssen? (VT, M2–M5)
4 Was sagen M1, M4 und M6 über die Unterschiede der verschiedenen europäischen Völker aus? Diskutiert, worin Probleme, aber auch Chancen liegen.
5 Entwerft ein Beratungsgespräch mit einem Schüler, der sich schon während seiner Schulzeit auf einen Aufenthalt in einem anderen Land der Europäischen Union vorbereiten will (VT, M2, M3, M5).

Projekt

Ein Einkaufsbummel auf dem europäischen Binnenmarkt

1988 traf sich der Europäische Rat in Hannover. Bei einem „Fest der Europäer" stellten zwölf EG-Staaten ihre Spezialitäten vor.

Käse und Blumenzwiebeln aus Holland, Wein aus Frankreich, Apfelsinen aus Spanien – diese Güter waren für die Menschen bis in die 50er-Jahre hinein Raritäten und in Deutschland selten zu erhalten. Für uns ist es heute eine Selbstverständlichkeit diese Waren in jedem Supermarkt kaufen zu können. Wenn ihr euch in einem Supermarkt oder auch auf einem Wochenmarkt umschaut, stellt ihr fest, dass viele Produkte aus dem Ausland kommen. Ein großer Teil stammt aus Ländern, die der Europäischen Union angehören. Im Jahre 1999 wird der Euro als allgemein gültiges Zahlungsmittel eingeführt, ab dem Jahr 2002 wird er die offizielle Währung in elf Mitgliedsländern der EU sein. Man kann dann in jedem Land Waren kaufen ohne Geld wechseln zu müssen und ohne umzurechnen. Die Preise sind dann schnell und leicht miteinander vergleichbar. Beides sind Ergebnisse eines langen historischen Prozesses, der das Leben der Europäer verändert hat.

1946 — Churchills Rede für ein geeintes Europa

1957 — Montanunion

bis 1968 — Zölle, Mengenbeschränkungen an jeder europäischen Grenze

Europa auf dem Weg zur Einheit

Informationen:
Vertretung der Europäischen Kommission
Zittelmannstraße 22
Postfach 53106
53113 Bonn
Tel.-Nr.: 0228/53 00 90

Projekt: Ein Einkaufsbummel durch Europa

Wie die europäische Einigung das Alltagsleben der Menschen verändert hat, könnt ihr erfahren
 – indem ihr untersucht, woher die verschiedenen Waren kommen, die im Supermarkt angeboten werden,
 – indem ihr ältere Menschen befragt, welches Angebot sie in den Geschäften ihrer Jugendzeit vorfanden,
 – indem ihr Mitmenschen darüber befragt, welche Vor- oder Nachteile ihrer Meinung nach die Einführung des Euro hat,
 – indem ihr euch über die Bestimmungen der EU zum Verbraucherschutz informiert,
 – indem ihr über das Internet mit Schülerinnen und Schülern eines anderen EU-Landes in Verbindung tretet und sie nach der Herkunft der Güter in ihrem Supermarkt oder über ihre Meinung zum Euro befragt.
So könnt ihr euer Projekt organisieren:
1. Überlegt euch zunächst Themen und Themenbereiche, die ihr bearbeiten wollt.
2. Teilt euch in Gruppen auf, verteilt die Themenbereiche und innerhalb der Gruppen die verschiedenen Aufgaben, besprecht in der Klasse und in jeder Gruppe einen Terminplan.
3. Entscheidet, in welcher Form ihr eure Ergebnisse präsentieren wollt, etwa als Schaubild, als Grafik, als Ausstellung verschiedener Objekte, als Referat, als Videoclip … Ihr könnt auch ein Relief von Europa erstellen.
4. Sammelt nun Materialien zu eurem Themengebiet, sichtet es und wählt aus, was ihr für eure Präsentation gebrauchen könnt.
5. Gestaltet eure Beiträge und stellt eure Ergebnisse in der Klasse vor.

seit 1993 — Europäischer Binnenmarkt

1999 — Einführung einer einheitlichen Währung, des Euro, in elf EU-Ländern

Zölle nur an den Außengrenzen der Europäischen Gemeinschaft

Auf einen Blick

391 n. Chr.
das Christentum wird Staatsreligion im Römischen Reich

395 n. Chr.
Teilung des Römischen Reiches in ein Oströmisches und ein Weströmisches Reich

800 n. Chr.
Kaiserkrönung Karls des Großen in Rom

1949
Gründung des Europarates

1957
Vetrag von Rom: Gründung der EWG

1979
Wahlen zum Europäischen Parlament

1993
Europäische Union

Gemeinsame Wurzeln und dauerhafte Zwietracht

Europa ist bis heute tief in der Antike verwurzelt. Im Römischen Reich lernten viele Völker des Kontinents das Christentum kennen, das die Germanen in der Völkerwanderungszeit übernahmen. Auch die Slawen, das Kiewer Reich, die Ungarn und die skandinavischen Länder wurden bis zum Jahre 1000 christlich. Mit dem Christentum verbreitete sich die lateinische Sprache als Kirchensprache. Bis heute verwenden wir die lateinischen Buchstaben, deren Vorbild das griechische Alphabet war ebenso wie für die kyrillischen Buchstaben. Auch die Rechtsvorstellungen der Römer wurden vielfach übernommen.

Die Völker Europas führten seit der Antike trotz vieler Gemeinsamkeiten immer wieder Kriege gegeneinander. Nach dem Ersten Weltkrieg sprachen sich einige wenige Menschen für ein vereintes Europa aus und schlossen sich zu einer Paneuropäischen Union zusammen. Diese Vereinigung konnte aber keinen größeren Einfluss gewinnen. Das lag auch daran, dass sich seit den 20er-Jahren viele Menschen von Nationalismus und Rassismus mitreißen ließen. Die ungeheuren Verluste und Zerstörungen des Zweiten Weltkrieges in Europa führten dazu, dass 1945 viele Menschen einen dauerhaften Frieden herbeisehnten.

Für Frieden im geeinten Europa

Der britische Premierminister Churchill zeigte 1946 in seiner Züricher Rede einen Weg auf, wie der Frieden in Europa dauerhaft erhalten bleiben könnte: Er schlug vor die „Vereinigten Staaten von Europa" zu schaffen. Der Marshall-Plan, eine Initiative der USA aus dem Jahre 1947, machte die wirtschaftliche und militärische Einigung zur Voraussetzung für finanzielle Hilfe.

1949 gründeten Politiker aus zehn europäischen Ländern den Europarat, der 1950 die „Europäische Konvention zum Schutz der Menschenrechte" verabschiedete. Damit war der erste Schritt zur Einigung Europas und für einen dauerhaften Frieden auf diesem Kontinent getan.

Seit 1952 arbeiteten europäische Länder auch wirtschaftlich zusammen, zunächst in der Montanunion, später in den Europäischen Wirtschaftsgemeinschaften. 1979 wählten die Menschen der EWG-Länder erstmals ein gemeinsames Parlament. Seit 1993 besteht die Europäische Union, in der die Bürger aller Mitgliedsländer Unionsbürger sind. Bis zum Jahr 2002 soll für die meisten EU-Staaten eine einheitliche Währung, der Euro, eingeführt sein.

Nachdem in Mittel- und Osteuropa die kommunistischen Diktaturen zusammenbrachen, möchten die demokratischen Regierungen dieser Staaten ihre Länder ebenfalls Mitglieder der Europäischen Union werden lassen. Sie wollen nicht nur die wirtschaftlichen Vorteile der Europäischen Union nutzen, sondern sie möchten vor allem dauerhaften Frieden. Dies ist das wichtigste Ziel, das die Mitgliedsstaaten der Europäischen Union seit der Gründung der Montanunion anstreben.

Europa auf dem Weg zur Einheit

Der österreichische Schriftsteller Stefan Zweig, 1881 in Wien geboren, erlebte die großen Veränderungen, die sich zu Beginn des zwanzigsten Jahrhunderts in Europa ereigneten. Nachdem Österreich 1938 dem Deutschen Reich angegliedert worden war, floh Zweig wegen seines jüdischen Glaubens zunächst nach England. Später verließ er Europa und lebte bis zu seinem Tode 1942 in Brasilien. Dort schrieb Zweig 1941 seine Autobiografie „Die Welt von Gestern" mit dem Untertitel „Erinnerungen eines Europäers".

In der Tat: nichts (…) macht den ungeheuren Rückfall sinnlicher, in den die Welt seit dem Ersten Weltkrieg geraten ist, als die Einschränkung der persönlichen Bewegungsfreiheit des Menschen und die Verminderung seiner Freiheitsrechte. Vor 1914 hatte die Erde allen Menschen gehört. Jeder ging, wohin er wollte, und blieb, solange er wollte (…), und ich ergötze mich immer wieder neu an dem Staunen junger Menschen, sobald ich ihnen erzähle, daß ich vor 1914 nach Indien und Amerika reiste, ohne einen Paß zu besitzen oder überhaupt je gesehen zu haben. Man stieg ein und stieg aus, ohne zu fragen und gefragt zu werden, man hatte nicht ein einziges von den hundert Papieren auszufüllen, die heute abgefordert werden. Es gab (…) keine Visen, keine Belästigungen; dieselben Grenzen, die heute von Zollbeamten, Gendarmerieposten dank des pathologischen Mißtrauens aller gegen alle in einen Drahtverhau verwandelt sind, bedeuteten nichts als symbolische Linien, die man ebenso sorglos überschritt wie den Meridian in Greenwich. Erst nach dem Kriege begann die Weltverstörung durch den Nationalismus, und als erstes sichtbares Phänomen zeitigte diese geistige Epidemie unseres Jahrhunderts (…) den Fremdenhaß oder zumindestens die Fremdenangst. Überall verteidigte man sich gegen den Ausländer, überall schaltete man ihn aus. All die Erniedrigungen, die man früher ausschließlich für Verbrecher erfunden hatte, wurden jetzt vor und während einer Reise jedem Reisenden auferlegt. Man mußte sich photographieren lassen von rechts und links, im Profil und en face, das Haar so kurz geschnitten, daß man das Ohr sehen konnte, man mußte Fingerabdrücke geben, erst nur den Daumen, dann alle zehn Finger, mußte überdies Zeugnisse, Gesundheitszeugnisse, Impfzeugnisse, polizeiliche Führungszeugnisse, Empfehlungen vorweisen, mußte Einladungen präsentieren können und Adressen von Verwandten, mußte moralische und finanzielle Garantien beibringen, Formulare ausfüllen und unterschreiben in dreifacher und vierfacher Ausfertigung, und wenn nur eines von diesem Schock Blätter fehlte, war man verloren.

Das scheinen Kleinigkeiten. Und auf den ersten Blick mag es kleinlich erscheinen, sie überhaupt zu erwähnen. Aber mit diesen sinnlosen „Kleinigkeiten" hat unsere Generation unwiederbringlich kostbare Zeit sinnlos vertan. Wenn ich zusammenrechne, wie viele Stunden ich gestanden in Vorzimmern von Konsulaten und Behörden, vor wie vielen Beamten ich gesessen habe, freundlichen und unfreundlichen, gelangweilten und überhetzten, wie viele Durchsuchungen an Grenzen und Befragungen ich mitgemacht, dann empfinde ich erst, wieviel von der Menschenwürde verlorengegangen ist in diesem Jahrhundert, das wir als junge Menschen gläubig geträumt als eines der Freiheit, als die kommende Ära des Weltbürgertums. Wieviel ist unserer Produktion, unserem Schaffen, unserem Denken durch diese unproduktive und gleichzeitig die Seele erniedrigende Quengelei genommen worden! Denn jeder von uns hat in diesen Jahren mehr amtliche Verordnungen studiert als geistige Bücher, der erste Weg in einer fremden Stadt, in einem fremden Land ging nicht mehr wie einstens zu den Museen, zu den Landschaften, sondern auf ein Konsulat, eine Polizeistube, sich eine Erlaubnis zu holen. (…) Ständig wurde man vernommen, registriert, numeriert (…), gestempelt, und noch heute empfinde ich als unbelehrbarer Mensch einer freieren Zeit und Bürger einer geträumten Weltrepublik jeden Stempel in meinem Paß wie eine Brandmarkung, jede dieser Fragen und Durchsuchungen wie eine Erniedrigung.

Verzeichnis der Namen, Sachen und Begriffe

Verwendete Abkürzungen:
amerik. = US-amerikanisch, Aug. = August, brit. = britisch, dt. = deutsch, europ. = europäisch, Febr. = Februar, frz. = französich, ital. = italienisch, jüd. = jüdisch, Nov. = November, österr. = österreichisch, poln. = polnisch, span. = spanisch, sozialist. = sozialistisch, ungar. = ungarisch, * = geboren

Hinweise:
▷ Verweis auf ein Stichwort
~ ersetzt das Stichwort bei Wiederholung
==hier wird der Umgang mit bestimmten Materialien geübt==
Halbfett gesetzt sind historische Grundbegriffe, die im Mini-Lexikon des Buches erläutert werden. Die halbfette Seitenzahl gibt den Fundort an.
Die Lebensdaten der Personen finden sich direkt hinter dem Namen, die Daten hinter der Funktion geben die Amtszeit an.

Adenauer, Konrad (1876–1967) erster dt. Bundeskanzler (1949–1963) 128, 132, 140, 162f., 174
Afghanistan 100, 112
Alleinvertretungsanspruch 136 ▷ Bundesrepublik Deutschland
Allgemeine Wehrpflicht 132
Alliierte 8, 16, 20, 38, 60, 68f., 82, 84, 89f., 115, 118, 122, 154f.
Angst – Die ~ war gesamtdeutsch (Projekt) 104f.
Anti-Baby-Pille 142, 146
Antisemitismus 19, 22, 56, 67 ▷ Judenverfolgung, Pogrom
APO (Außerparlamentarische Opposition) 146
Appeasement-Politik 60f.
Aralsee 108f.
Arbeiter, ~aufstand 135, 155, ~klasse 10, 36, 137, ~schaft 32, 38, 46
Arbeitslosigkeit 26ff., 31f., 44, 46, 52, 124, 138, 146, 160, 180
Arier 73
Assimilation 22
Atlantik-Charta 89f.
Atom, ~macht 84, ~bombe 68, 84f., 102, 106, 113, ~energie 138, 174, ~krieg 102, 110, 112 ~waffen 84, 91, 102, ~waffensperrvertrag 102, ~zeitalter 102
Aufbau Ost 160 ▷ Wiedervereinigung
Auschwitz 64f. ▷ Konzentrationslager, ~ Prozesse

Bahr, Egon (* 1922) dt. Politiker 136 ▷ Wandel durch Annäherung
Batista, Fulgenico (1901–1973) kuban. Diktator 102
Beck, Ludwig (1880–1944) dt. Widerstandskämpfer 70
Bekennende Kirche 71
Bergen-Belsen 65 ▷ Konzentrationslager
Berliner Mauer 83, 94ff., 112, **116f.,** 130, ~ Republik 162 ▷ Ost-West-Konflikt, Wiedervereinigung

Biermann, Wolf (* 1936) DDR-Liedermacher und -Dissident 148, 150
Bizone 126
Blockbildung 90
Boatpeople 100 ▷ Vietnamkrieg
Bonner Republik 157
Boykott-Tag 56
Brandenburger Tor 114, 117, 154f., 164
Brandt, Willy (1913–1992) dt. Bundeskanzler (1969–1974) 130, 136f., 140f., 162 ▷ Ostpolitik
Breschnew, Leonid (1906–1982) sowjet. Staatschef (1964–1982) 97, 109, 111, 137
Briand, Aristide (1862–1932) frz. Außenminister (1925-1932) und Ministerpräsident (1925/26; 1929) 172
Brüning, Heinrich (1885–1970) dt. Reichskanzler 27, 37 ▷ Notverordnungen
Bruttoinlandprodukt 178
Bücherverbrennung 47
Bundeskanzler 128, 159, ~tag 115, 128, 141, 155, 157f., 175, ~tagswahl 95, 129, 133, 158, ~verfassungsgericht 136, 160
Bundesrepublik Deutschland 70, 74, 86, 103, 112, 115, 128f., 132f., 136f., 141f., 145ff., 148, 150, 152, 155, 158f., 162f., 183
Bundesstaat 124, 128, 140, **178**
Bündnis 90 / Die Grünen 160 ▷ Grüne
Bürgerinitiativen 146
Bush, George (* 1924) US-Präsident (1989–1993) 110

Castro, Fidel (* 1926) kuban. Revolutionär und Diktator (1959–) 102 ▷ Kubakrise
CDU (Christlich Demokratische Union) 124f., 127f., 132, 136, 141, 143, 146, 157ff., 160
Chamberlain, Joseph Austen (1863–1937) brit. Außenminister (1924–1929) 61
Chruschtschow, Nikita (1894–1971) sowj. Staatschef (1953–1964) **98f.,** 102f., 108, 176f.
Churchill, Winston Sir (1874–1965) brit. Premierminister (1940–1945, 1951–1955) 88ff., 172f., 186
Clay, Lucius D. (1897–1978) Gouverneur der US-Zone (1947–1949) 126f.
Clemenceau, Georges Benjamin (1841–1929) frz. Ministerpräsident 16
Comecon (Council for Mutual Economic Assistance) 176
Computer 183
Containment-Politik 91, 94
CSU (Christlich Soziale Union) 124, 128, 136, 141, 157

DDR (Deutsche Demokratische Republik) 74, 95ff., 112, 115f., 128f., 134ff., 138ff., 142, 144, 146, 148ff., 152f., 155ff., 158, 160ff., 164, 176
Demokratie 6, 11, 14, 22, 24, 26ff., 32, 36, 38, 88, 93, 112, 115, 124ff., 128, 141, 144, 146, 154f., 157, 162, 172, 180f., direkte ~ 10, sozialist. ~ 146, 158, Volks~ 93, 112
==Demoskopie kann über die Meinung von Zeitzeugen Auskunft geben 179==
Deutsch-Französischer Freundschaftsvertrag 140

Deutsche Arbeitsfront (DAF) 42
Deutsche Christen 71
Deutsche Frage 116, 130 ▷ Wiedervereinigung
Deutscher Bund 130
Deutsches Reich 63, 130
Dissidenten 108
DM (Deutsche Mark) 126f., 154
DNVP (Deutschnationale Volkspartei) 13, 15f., 26
Dolchstoß 8, ~legende 9, 38
Dubček, Alexander (* 1921) tschechoslowak. Reformpolitiker (1963–1968) 97 ▷ Prager Frühling
Dutschke, Rudi (1940–1979) dt. Studentenführer 146f. ▷ APO
DVP (Deutsche Volkspartei) 13, 15, 26, 37

Ebert, Friedrich (1871–1925) erster dt. Reichspräsident (1919–1925) 10f. 13ff., 39
EG (Europäische Gemeinschaft) 174, 177, 179, 181, 184
Einkaufsbummel – Ein ~ auf dem europäischen Binnenmarkt (Projekt) 184f.
Einstein, Albert (1879–1955) dt. Physiker 22f., 84, 94
Eisenhower, Dwight D. (1890–1969) US-Präsident (1953–1961) 100, 106
Eiserner Vorhang 83, 88, **91,** 96, 116, 132, 164, 174
Emanzipation 22, 142
Enola Gay 84 ▷ Atombombe
Entnazifizierung 74, 124, 161
Entstalinisierung 98, 161
Erhard, Ludwig (1897–1977) dt. Wirtschaftsminister (1949–1963) 126, 132, 138 ▷ Wirtschaftswunder
Ermächtigungsgesetz 34f., 42
Erster Weltkrieg 16, 20f., 30, 32, 38, 57, 76, 80, 88, 94, 140, 154, 170, 172, 186
==Erzählte Geschichte 99==
Essensmarke 118
EU (Europäische Union) 162, 165, 175, 177, 180, 182, 185f.
Euro 178, 184, 186
Europa, Europäer 32, 42, 84, 88f., 91f., 94, 97, 106, 110, 122, 127, 140f., 146, 160, 164–187, **166**
Europäische Atomgemeinschaft 174, ~ Gemeinschaft für Kohle und Stahl (EGKS) 174f. ▷ Montanunion, ~ Integration 180f., 183, ~ Kommission 175, 177, 179, 185, ~ Konvention zum Schutz der Menschenrechte und Grundfreiheiten 172, 186, ~ Verteidigungsgemeinschaft (EVG) 132, ~ Wirtschaftsgemeinschaft (EWG) 132, 174, 186, ~ Binnenmarkt 182, 184
Europaparlament 175, 177, 186
Europarat 172, 175, 181, 186
Falange („Stoßtrupp") 33, 80
Faschismus, Faschisten 18, **32f.,** 48, 75, 79f., 93f.
FDJ (Freie Deutsche Jugend) 148f., 151 ▷ DDR
FDP (Freie Demokratische Partei) 124, 128, 136, 146
Fischer, Joseph „Joschka" (* 1948) dt. Außenminister (1998–) 160

Verzeichnis der Namen, Sachen und Begriffe

Flucht, Flüchtlinge 74, 116, 118, 120, 122f., 132, 134, 155, 160
Franco Bahamonde, Francisco (1892–1975) span. General und Diktator (1936–1973) 33, 80 ▷ Faschismus
Frauenarbeit 24f., ~bewegung 142f., 146, 163, ~politik 52, ~wahlrecht 21, 25, 38
Freikorps 39
Fresswelle 138
Friedensbewegung 82, 146, ~nobelpreis 172
Führerprinzip 19, 42, ~staat 42 ▷ Hitler
Fünfjahresplan 134 ▷ Planwirtschaft

Gagarin, Juri (1934–1968) sowjet. Luftwaffenoffizier und Astronaut 107, 112
Gauck-Behörde 160
Gaulle, Charles de (1880–1970) frz. Staatspräsident (1958–1969) 140
Geheime Staatspolizei (Gestapo) 50, 54f., 59, 65
Getto 64f., 67, 77
Glasnost 110f., 162, 180
Gleichberechtigung 14, 22, 46, 56, 60, 76, 86, 142, 144f., ~schaltung 42f., 90, ~stellung 142
Goebbels, Joseph (1897–1945) NSDAPParteifunktionär und Propagandaminister (1933–1945) 28, 45, 47, 74, 80
Goerdeler, Carl Friedrich (1884–1945) dt. Widerstandskämpfer 70
Gorbatschow, Michael (* 1931) Generalsekretär der KPdSU (1985–1991) 103, 108, 110ff., 116, 158, 162, 165 ▷ Glasnost, Perestroika
große Koalition 26, 146
Grotewohl, Otto (1894–1964) erster Ministerpräsident der DDR (1949–1964) 128
Grundgesetz 128f.
Grundlagenvertrag 136
Grundrechte 15, 34, 128, 144
Grüne 146 ▷ Bündnis 90 / Die Grünen
Grünspan, Herschel 58
Guerillakrieg 100, Guerilleros 102
Guernica 40, 69
GUS (Gemeinschaft Unabhängiger Staaten) 110

Hagen, Nina (* 1955) dt. Rocksängerin 150
Hahn, Otto (1879–1968) dt. Chemiker 84
Hegemonie 170, 173
heißer Draht 102 ▷ Ost-West-Konflikt
Heuss, Theodor (1884–1963) erster deutscher Bundespräsident (1949–1959) 128
Himmler, Heinrich (1900-1945) „SS-Führer" 42, 54, 73f. ▷ SS
Hindenburg, Paul von (1847–1934) dt. General und Reichspräsident (1925–1938) 8f., 26f., 38, 42, ▷ Dolchstoßlegende
Hirohito (1901–1989) jap. Kaiser (1926–1989) 84
Hiroshima 68, 84f., 113 ▷ Atombombe
Hitler, Adolf (1889–1945) dt. Reichskanzler und Diktator (1933–1945) 6, 18f., 27, 34ff., 38, 43f., 46ff., 56, 60ff., 64, 70f., 74, 80f., 141 ▷ Nationalsozialismus, NSDAP
Hitler Jugend (HJ) 48ff., 73
Holocaust 64, 66, 80 ▷ Shoa
Honecker, Erich (1912–1996) Staats- und Parteichef der DDR (1976–1989) 136, 150f., 160

Ideologie 29, 111, 148
IM (Inoffizielle Mitarbeiter) 148 ▷ Stasi
Industrieländer 26, 33
Inflation 18, 38, ~sgeld 19

Informationen sammeln und auswerten 79
Israel 75
Italien 32f., 61f., 68, 80, 87, 122, 130f., 169ff., 182

Jaruselski, Wojciech Witold (* 1923) poln. General und Präsident (1981–1985, 1989/90) 180
Jelzin, Boris (* 1931) russ. Reformpolitiker und Staatschef (1991–1999) 110
Johnson, Lyndon B. (1908–1973) US-Präsident (1963–68) 97
Juden 22f., 33, 51, 56f., 59, 64ff., 76f., 154, Ost~ 22
Judenverfolgung 45, 58, 77 ▷ Holocaust, Shoa
Jugendkultur 150, ~protest 163, ~revolte 146 ▷ Rockmusik

Käfer 132 ▷ Wirtschaftswunder
Kalter Krieg 83, 85, **91ff.,** 94, 103f., 109f., 111f., 140, 154, 162
Kamarilla 27
Kampffront Schwarz-Weiß-Rot (antidemokratische Partei) 34
Kapitalismus 33, 93, 99, 109, **124,** 177
Kapitulation 63, **68,** 80, 84, 114, 118, 162
Karl der Große (747–814) fränk. König 168, 186
Kennedy, John F. (1917–1963) US-Präsident (1961–1963) 102f., 106 ▷ Kubakrise
kleiner Grenzverkehr 136 ▷ Ost-Politik
Kohl, Helmut (* 1930) dt. Bundeskanzler (1982–1998) 136, 146, 157ff., 162, 179
Kolonien 17, 33, 68
Kommission für unamerikanische Umtriebe 94
Kommune 143, 145, 163
Kommunismus, Kommunisten 18, 27, 33ff., 48, 54f., 62, 70, 72, 74, 80, 94, 97, 100, 108, **124f.,** 127, 132, 143, griech. ~ 91, jugosl. ~ 90, ungar. ~ 97, tschech. ~ 93, 97
Kommunistenverfolgung 94 ▷ McCarthy
Konferenz von Jalta 89f., 97, 113, ~ von Teheran 89 ▷ Ost-West-Konflikt
Konzentrationslager (KZ) 54f., 62, 64f., 74, 79
Korea 100
KPD (Kommunistische Partei Deutschlands) 11f., 15, 37, 124f., 128
KPdSU (Kommunistische Partei der Sowjetunion) 93, 97f., 103, 108f., 110, 177
Kreml (Sitz der russ. Regierung in Moskau) 97, 102, 107
KSZE (Konferenz über Sicherheit und Zusammenarbeit in Europa) 102, 111, ~ Schlussakte 108
Kuba 102f., ~krise 112
Liebknecht, Karl (1871–1919) 11, 147, 154 ▷ Spartakusbund
Lindenberg, Udo (* 1946) dt. Rocksänger 150f.
Ludendorff, Erich von (1865–1937) dt. General 8f., 18f.
Luftbrücke 126, 155, 162 ▷ Berlin
Luxemburg, Rosa (1870–1919) dt. Sozialistin 11f., 147 ▷ Spartakusbund

Maastrichter Vertrag 178 ▷ EU
Manhattan-Projekt 84
Marktwirtschaft 110, 126, 132, **138,** 180f.
Marshallplan 91f., 95f., 126, 172, 176, 186
Matrosenaufstand 10
McCarthy, Joseph (1909–1957) US-Senator (1947–1954) ▷ Kommunistenverfolgung
Medaillenspiegel 152f.
Mein Kampf 19, 56 ▷ Hitler

Meinungsumfrage 179
Menschenrechte 86, 88, 108, 128, 172, 181
Mittelstreckenraketen 103
Modrow, Hans (* 1928) DDR-Ministerpräsident (1989–1990) 158
Montagsdemonstration 116 ▷ Wende
Montanunion 132, 174, 178, 186 ▷ europ. Gemeinschaft für Kohle u. Stahl (EGKS)
Münchner Abkommen 61
Mussolini, Benito (1883–1945) ital. Diktator (1922–1943) 32f. ▷ Faschismus
Mutterkreuz 52, ~tag 52 ▷ Frauenpolitik

Nagasaki 68, 84 ▷ Atombombe
Nagy, Imre (1896–1958) ungar. Reformpolitiker und Ministerpräsident (1953–1955; 1956) 97f.
Napalmbombe 101
Nationalbewusstsein 170, ~gefühl 170
Nationalsozialismus, Nationalsozialisten 16, 27, 30, 33ff., 36, 38, 40, 45f., 48f., 52, 56, 58, 60, 62, 70, 72, 74f., 78, 80, 84, 114, 140, 146, 154ff., 162
Nationalstaat 116, 123, 130, 154, 170f., 178
NATO 82, **91,** 95, 104, 112, 132, 140, 158, 160, 162, ~-Doppelbeschluss 103
Neues Forum 158 ▷ Wende
Nichtangriffspakt 61f.,
Nikolaikirche 116 ▷ Wende
Nischengesellschaft 142 ▷ Opposition
Nomenklatura 108
Norddeutscher Bund 130
Notstandsgesetze 146
Notverordnungen 14, 27f., 34f., 42
Novemberrevolution 38, 80
NSDAP (Nationalsozialistische Arbeiterpartei) 6, 15, 18f., 27ff., 34, 42, 44, 47ff., 56, 58, 64, 70, 72, 74, 79

Nürnberger Gesetze 56, ~ Prozesse 74
Oberste Heeresleitung (OHL) 8f., 11, 13
Oder-Neiße-Linie 122, 141
Olympische Spiele 24, 60, 152, 163
One-World-Idee 86, 90, 112
Oppenheimer, Robert (1904–1967) amerik. Physiker 94
Opposition 42, 54, 72, 91, 128, 132, 136, 141, 146, 161
Ostblock 91, 96ff., 109f., 112
Ostpolitik 136f., 140, 162 ▷ Brandt, Willy
Ostpreußen 122, 130f.
Ost-West-Konflikt 88, 90, 104, 111f.

parlamentarische Demokratie 6, 10ff., 26, 32, 38, 80, 128, 162, ~ Rat 128
Partisanen 63, 71, ~krieg
PDS (Partei des demokratischen Sozialismus) 157, 160 ▷ Wiedervereinigung
Pearl Harbour 68
Perestroika 110f., 162, 180
Picasso, Pablo (1881–1973) span. Maler 40
Pieck, Wilhelm (1876–1960) erster Präsident der DDR (1949–1960) 128
Plakate als ein Mittel der politischen Auseinandersetzung 37
Planwirtschaft 108, 134, **138,** 162
Pogrom 19, 45, **57f.**
Polen 40, 61f., 64, 89f., 96f., 109, 122f., 130, 137, 140f., 158, 176, 180f.
Potsdamer Konferenz 89, 97, 112, 122, 140
Prager Frühling 97
Propaganda 33f., 38, 45, 52, 56, 80, 162

189

Verzeichnis der Namen, Sachen und Begriffe

Rassenlehre 19, 48, 56, 73
Rat der Volksbeauftragten 6, 12f.
Rat für gegenseitige Wirtschaftshilfe (RGW) 96, 134, 176f., 180
Räte 10, 12, ~republik 10, 12f., 38
Rath, Ernst vom 58
Rechtsradikalismus heute (Projekt) 78f.
Reichs, ~arbeitsdienst (RAD) 44, 47, ~kanzler 10, 14f., 16, 27, 35f., 38, 42, 80, **~kristallnacht 59**, ~pogromnacht 59, 76, ~präsident 14f., 26f., 29, 34f., 38, 42, 128, 80, ~propagandaministerium 47
Reichstag 10, 14, 19, 26, 28, 34f., 38, 42, 90, 115, 154, **155ff.**, ~sabgeordnete 8, 14, 28
Reisewelle 138 ▷ Wirtschaftswunder
Remilitarisierung 132f.
Rentenmark 18 ▷ Inflation
Reparationen 16ff., 189 60, 88 ▷ Versailler Vertrag
Rockmusik – Rock in Ost und West – wie ~ die Zeiten spiegelt (Projekt) 150f. ▷ Jugendkultur
Röhm, Ernst (1887–1934) dt. Offizier 42 ▷ SA
Römische Verträge 174, 186
Römisches Reich 186
Roosevelt, Franklin D. (1882–1945) US-Präsident (1933–1945) 84, 86, 88ff.
Rosenberg, Ethel und Julius 94
Rote Armee 90, 97, 99, 112, 123, 154
Ruhrkampf 18, 38
Runder Tisch 158 ▷ Wende
Russland 180

SA (Sturmabteilung) 34f., 42, 49, 54, 58
Satellitenstaat 91, 112, 176 ▷ Ostblock
SBZ (Sowjetische Besatzungszone) 74, 124, 126ff., 154, 162
Schauprozesse 97
Scheel, Walter (* 1919) dt. Außenminister (1969–1974) 136, 140
Scheidemann, Philipp (1865–1939) dt. Sozialist und erster Reichskanzler (Febr.-Juni 1919) 14, 16, 39, 154
Schießbefehl 135 ▷ Berliner Mauer
Schindler, Oskar (1908–1974) dt. Unternehmer 66, ~s Liste 66
Scholl, Hans (1918–1943) dt. Widerstandskämpfer 70f. ▷ Weiße Rose
Scholl, Sophie (1921–1943) dt. Widerstandskämpferin 70f. ▷ Weiße Rose
Schröder, Gerhard (* 1944) dt. Bundeskanzler (1998–) 160
Schuman, Robert (1886–1936) frz. Außenminister (1948–1952) 174
Schutzhaft 54
Schwarzer Freitag 26 ▷ Weltwirtschaftskrise
Schwarzmarkt 121, 127
SED (Sozialistische Einheitspartei Deutschlands) 95f., 116, 124, 128f., 135, 142, 144, 148f., 155ff., 158, 161f.
Selbstbestimmungsrecht 8, 61, 90
Shoa 64 ▷ Judenverfolgung/Holocaust
Sicherheitsrat 86f. ▷ UNO
Siegermächte 91, 124, 158
SMAD (Sowjetische Militär Verwaltung) 124
Solidarno´s´c 109, 180
Sonderfond Deutsche Einheit 160 ▷ Wiedervereinigung

Souveränität 132
Sowjet, ~kommunismus 112, ~union 61f., 68, 88, 90f., 93ff., 98, 100, 110ff., 116, 122, 124, 126, 134, 138, 140, 153, 162, 176 ▷ UdSSR, ~zone 74, 126ff., 154, 162
Sowjetisierung 90
Sowjets 10, 96ff., 104, 106, 154
soziale Marktwirtschaft 132, 138, 159
Sozialismus, Sozialisten 8, 10, 33, 80, 110f., **124**, 134, 148f., 153, 156, 159, 162
sozialistische Bruderländer 134, 153 ▷ Ostblock
Spanien 32, 80, 166
Spartakusbund 10f., 12, Spartakisten 39
SPD (Sozialdemokratische Partei Deutschlands) 6, 11, 13ff., 26f., 34f., 37f., 42, 46, 54, 72, 124f., 127f., 132, 136, 140, 146, 158
Spielfilm als Geschichtsquelle 67
Spurensuche – Auf den Spuren jüdischen Lebens in der eigenen Gemeinde (Projekt) 68f.
Sputnik 106
SS („Schutzstaffel") 40, **42**, 49, 54f., 58f., 64f., 71, 73
Staatenbund 158, **178**
Stalin, Josef (1879–1953) sowjet. Staatschef (1922–1953) 62, 88ff., 93, 98f., 124, 126, 132, 162, 176 ~ismus 110
Stalingrad 63, 68
Stasi (Ministerium für Staatssicherheit) 148f., 155, 160f., 162, 172 ▷ DDR
Stauffenberg, Berthold Graf Schenk von (1905–1944) dt. Widerstandskämpfer 46 ▷ Widerstand
Stauffenberg, Claus Graf Schenk von (1907–1944) 71 ▷ Widerstand
Stoph, Willi (* 1914) DDR-Ministerpräsident (1972–1976) 137
Stresemann, Gustav (1878–1929) dt. Reichskanzler (Aug.–Nov. 1923) und Außenminister (1923–1927) 20, 172
Supermächte 85, 91, 102f., 110, 140
Synagoge 58, 76f.

totaler Krieg 68 ▷ Zweiter Weltkrieg
totalitär 92
Trabi 138 ▷ Planwirtschaft
Treuhand 158ff. ▷ Wiedervereinigung
Truman, Harry Spencer (1884–1972) US-Präsident (1945–1953) 84, 89, 91f., 94, 126
Truman-Doktrin 126
Trümmerkind 119, ~frauen 119f.

UdSSR (Union der sozialistischen Sowjetrepubliken) 84, 88ff., 91, 96, 99ff., 102, 106, 108, 110, 132, 134, 136, 138ff., 158 ▷ Sowjetunion
Ulbricht, Walter (1893–1973) SED-Generalsekretär (1950–1971) 124, 134
UN-Charta 87, ~-Einsatz 160, ~-Friedenstruppen 86, ~-Generalsekretär 87, ~-Sicherheitsrat 86f.
Ungarn 83, 97ff., 116, 122, 130f., 176, 180, 182
UNO (United Nations Organization) 86f., 103, 112 ▷ Vereinte Nationen
Untergrundkämpfer 100 ▷ Guerilla
USA (United States of America) 21, 52, 60, 68f., 84, 87ff., 92f., 94, 100, 102f., 106, 108, 110, 112, 126, 128, 137, 146, 150, 176
USDP (Unabhängige Sozialdemokratische Partei Deutschlands) 6, 10f., 13
US-Imperialismus 90, 94
Vereinte Nationen 86, 103 ▷ UNO
Versailles 16, 20, 46, Versailler Vertrag 6, 16ff., 38, 60f., 80
Vertrag von Locarno 20
Vertreibung 74, 122f., 132, 140f., 173
Veto 86, ~recht 87
Vietcong 100
Vietnam 100, ~krieg 100f., 112, 146f.
Völkerbund 20, 60f., 86
Völkermord 40, 65, 80
Volkseigener Betrieb (VEB) 134 ▷ Planwirtschaft
Volksgemeinschaft 44, 46, 70
Volksgenosse 42
Volkskammer 128, 158

Wahlrecht, aktives und passives 14, 25
Währungsreform 20, 38, 126
Wal¸esa, Lech (* 1943) poln. Gewerkschaftsführer (1980–1990) und Ministerpräsident 109, 180 ▷ Solidarno´s´c
Wandel durch Annäherung 136 ▷ Ost-Politik
Wannseekonferenz 64, 80
Warschauer Aufstand 40
Warschauer Pakt 83, **91**, 96f., 102, 110, 112, 134 ▷ Ostblock
Warschauer Vertrag 141
Wasserstoffbombe 106
Wehrmacht 42, 49f., 71, ~pflicht 132
Weimarer Koalition 13, ~ Republik 6f., 14, 20ff., 26, 30, 38, 60, 80, 147, 154, ~ Verfassung 14f., 22, 25, 27, 38, 128
Weiße Rose 70 ▷ Widerstand
Weißes Haus (Sitz der US-Regierung in Washington D. C.) 102
Weltwirtschaftskrise 26, 38, 80
Wende 116, 142, 160
Westintegration 132, 162, ~orientierung 132
Wettrüsten 102f., 108, 111f., 170, atomares ~ 84
Widerstand 46, 63, **70ff.**, 90, 154, 173, jüd. ~ 40, passiver ~ 18, Recht auf ~ 70, 128
Wiedervereinigung 104, 115, 132f., 136f., 151, 155, 158ff., 162
Wilson, Woodrow (1856–1924) US-Präsident (1913–1921) 8f., 16
Wirtschaft, ~saufschwung 20, 132, ~skrise 26ff., 36, 88, 138, ~swunder 132, 138, 162 ▷ Bundesrepublik Deutschland

2-plus-4-Vertrag 158 ▷ Wiedervereinigung
Zehn-Punkte-Programm 158 ▷ Wiedervereinigung
Zeitgenössische Literatur befragen 30
Zeitzeugen – Mit Zeitzeugen ins Gespräch kommen 104f. (Projekt)
Zentrum (kath. Partei) 13ff., 26, 35, 37
Zwangsumsiedlung 122f.
Zweig, Stefan (1881–1942) österr.-jüd. Schriftsteller 22, 187
Zweiter Weltkrieg 40, 61, 64, 77, 80, 84, 90f., 97, 104, 115f., 122f., 140, 154f., 162, 164, 172, 186

Verzeichnis der Textquellen

Die Weimarer Republik – Die Deutschen und ihre erste Demokratie
S. 9: (2) Jürgen Kuzynski, Geschichte des Alltags des deutschen Volkes, Bd. 4, Berlin 1981, S. 451, (3a) Gerhard A. Ritter/Susanne Miller (Hg.), Die deutsche Revolution 1918–19, Frankfurt/M. 1983, S. 26, (3b) Amtliche Urkunden zur Vorgeschichte des Waffenstillstandes 1918, hg. v. Auswärtigen Amt, Berlin 1924, S. 263, (3c) Paul v. Hindenburg, Aus meinem Leben, zit. nach: Geschichte in Quellen Bd. V, München 1970, S. 110, (3d) Wilhelm Groener, Lebenserinnerungen, Göttingen 1957, S. 466, zit. nach: Geschichte in Quellen, Bd. V, München 1970, S. 110, (4) Jürgen Kuzynski, Geschichte des Alltags des deutschen Volkes, Bd. 4, Berlin 1981, S. 450; *S. 12:* (7a) zit. n.: Hans Magnus Enzensberger u. a. (Hg.), Klassenbuch 2, Ein Lesebuch zu den Klassenkämpfen in Deutschland 1850–1919, Darmstadt/Neuwied 1972, S. 223ff.; (7b) Allgem. Kongress der Arbeiter- und Soldatenräte Deutschlands vom 16.–21. Dez. 1918 im Abgeordnetenhause zu Berlin, Stenographische Berichte, Berlin 1919, S. 212ff.; *S. 13:* (9) Verhandlungen des Reichstags, Bd. 457, S. 38; (10) Wilhelm Groener, Lebenserinnerungen – Jugend, Generalstab, Weltkrieg, Fr. Frhr. Hiller von Gaertringen (Hg.), Göttingen 1957, S. 466ff.; *S. 15:* (4) Stenographische Berichte des Reichstages, Bd. 427, S. 4728; *S. 17:* (3) Wolfgang Michalka/Gottfried Niedhart (Hg.), Die ungeliebte Republik, Dokumentation zur Innen- und Außenpolitik Weimars 1918–1933, München 1980, S. 124ff.; *S. 19:* (3a) zit. nach: Ernst Deuerlein, Der Aufstieg der NSDAP in Augenzeugenberichten, München 1976, S. 91, 93; (3b) zit. nach: Werner Conze, Der Nationalsozialismus 1919–1933, Stuttgart/Düsseldorf/Berlin/Leipzig 1995, S. 21; (7) zusammengestellt v. Verf.; *S. 21:* (3) + (4) Peter Longerich, Die erste Republik, Dokumente zur Geschichte des Weimarer Staates, München 1992, S. 266f.; *S. 23:* (2) Nachum T. Gidal, Die Juden in Deutschland von der Römerzeit bis zur Weimarer Republik, Köln 1997, S. 358, (3) Ernst Toller, Eine Jugend in Deutschland, Reinbek 1963, S. 161f.; *S. 25:* (4a) Lida Gustava Heymann/Annita Augspurg, Erlebtes – Erschautes, Deutsche Frauen kämpfen für Freiheit, Recht und Frieden, zit. nach: Ute Gerhard, Unerhört, Die Geschichte der deutschen Frauenbewegung, Reinbek 1990, S. 336, (4b) Regine Deutsch, Die politische Tat der Frau, Gotha 1920, S. 1, zit. nach: Hanna Vollmer-Heitmann, Wir sind von Kopf bis Fuß auf Liebe eingestellt, Hamburg 1993, S. 241, (5) Peter Longerich, Die erste Republik, Dokumente zur Geschichte des Weimarer Staates, München 1992, S. 224f.; *S. 28:* (7a) zit. nach: „Der Tag" vom 22. September 1932, (7b) zit. nach: Arbeiter-Illustrierte Zeitung, Nr. 5, 1930, (7c) Petsina u. a. (Hg.), Sozialgeschichtliches Arbeitsbuch, Bd. 3, München 1978, (8) zit. nach: Wolfgang Michalka/Gottfried Niedhart, Die ungeliebte Republik, Dokumentation zur Innen- und Außenpolitik Weimars 1918–1933, München 1980, S. 251, (9) zit. nach: Horst Möller, Weimar, Die unvollendete Demokratie, München 1985, S. 192; *S. 29:* (10) Jürgen W. Falter, Hitlers Wähler, München 1991, S. 288, (11) zit. nach: Wolfgang Michalka/Gottfried Niedhart (Hg.), Die ungeliebte Republik, Dokumentation zur Innen- und Außenpolitik Weimars 1918–1933, München 1980, S. 340ff., (13) Jürgen W. Falter, Wer verhalf der NSDAP zum Sieg?, in: Aus Politik und Zeitgeschichte B 28–29/79, S. 19 u. ders., Hitlers Wähler, München 1991, S. 371f; *S. 31:* (2) Hans Fallada, Kleiner Mann was nun?, Reinbek 1950, S. 238f; *S. 33:* (3) zit. nach: Ernst Nolte, Theorien über den Faschismus, Köln 1967, S. 210ff.; *S. 35:* (3a) zit. nach: Vierteljahreshefte für Zeitgeschichte, 4. Jahrgang, 1956, S. 306f., (3b) zit. nach: Werner Conze, Der Nationalsozialismus 1919–1933, Stuttgart/Düsseldorf/Berlin/Leipzig 1995, S. 72; *S. 36:* (3a) Sebastian Haffner, Anmerkungen zu Hitler, München 1978, S. 78f., (3b) Hagen Schulze, Weimar, Deutschland 1917–1933, Berlin 1982, S. 425, (3c) Allan Bullock, Hitler und Stalin, Berlin 1991, S. 353f.; *S. 39:* (Leseecke) Klaus Kordon, Die roten Matrosen, Weinheim 1984.

Diktatur – II. Weltkrieg – Völkermord
S. 43: (2a) zit. nach: Regionales Pädagogisches Zentrum Rheinland-Pfalz, ergänzender Quellenband zum RPZ-Unterrichtsmodell 1/1983 „Der 30. Januar 1933, Mainzer Anzeiger vom 3. Mai 1933, (2b) Ernst Niekisch, Das Reich der niederen Dämonen, Hamburg 1953, S. 131ff.; (3) Wolfgang Schäfer, NSDAP, Entwicklung und Struktur der Staatspartei des Dritten Reiches, Frankfurt/M. 1957, S. 26; *S. 46:* (7) Spiegelbild der Verschwörung, Stuttgart 1961, S. 447f., (8a) zit. nach: Deutschland-Berichte der Sopade, 2. Jg., 1935, Salzhausen/Frankfurt/M. 1980; S. 413f.; (8b) zit. nach: Sopade, 1936, S. 308; *S. 47:* (11) zit. nach: Kurt Zentner, Illustrierte Geschichte des Dritten Reiches, München 1965, S. 296; *S. 49:* (3) zit. nach: Erika Martin in: „Glauben und rein sein…" – Mädchen im BDM, WDR-Schulfernsehen, Okt. 1994; (4) Adolf Hitler, Rede in Reichenberg, 2. Dezember 1938, in: Völkischer Beobachter, 4. Dezember 1938; *S. 50:* (9) zit. nach: Fritz Langour, Anschleichen, Tarnen, Melden, Ein Pimpf erinnert sich, in: Ein Volk, ein Reich, ein Führer, Bd. 2, bearb. v. Christian Zentner, Hamburg 1975, S. 406ff.; (10) Karl-Heinz Schnibbe, Jugendliche unter Hitler, Die Hellmuth Hübener Gruppe in Hamburg 1940/41, Berg am See 1991, S. 22f.; *S. 51:* (12) zit. nach: Hans J. Gamm, Der braune Kult, Hamburg 1962, S. 39; (13) Interview des Verf., 10. Februar 1998, (14) Stadtarchiv Duisburg, Duisburg im Nationalsozialismus – Eine Dokumentation zur Ausstellung des Stadtarchivs, DEK 1982/83; *S. 53:* (3) Gertrud Scholtz-Klink, Einsatz der Frau in der Nation, Berlin 1937, S. 124; (4) Mitschrift des Verf. bei einer Veranstaltung in Hamburg, 1980, zum Thema: „Frauen unter dem Hakenkreuz"; (5) zit. nach: Der deutschen Frauen Leid und Glück, Paris 1939, S. 47; *S. 55:* (4) zit. nach: Exil-Literatur 1933–1945, Eine Ausstellung aus Beständen der Deutschen Bibliothek, Ausstellung und Katalog, Werner Berthold, Frankfurt/M. 1967, S. 168, (5) zit. nach: Hanna Elling, Frauen im deutschen Widerstand 1933–1945, Frankfurt/M. 1978, S. 26, (6) Eugen Kogon, Der NS-Staat, Das System der deutschen Konzentrationslager, München 1974, S. 92f.; *S. 57:* (2) Hessisches Hauptstaatsarchiv Wiesbaden, Abt. 483 Nr. 10173, (3) zit. nach: Wolfgang Matthäus, Zu der Zeit war es für uns nicht möglich, weiter zu lernen, Jüdische Schülerinnen im Nationalsozialismus, in: Geschichte lernen, Heft 24, S. 61–63; *S. 59:* (3/4) Kurt Zentner, Illustrierte Geschichte des Dritten Reiches, München 1965, S. 191; (5) Guido Knopp, Hitler, Eine Bilanz, Wien 1995, S. 280; *S. 61:* (2a) zit. nach: Günter Schönbrunn, Weltkriege und Revolutionen 1914–1945, Geschichte in Quellen, Bd. V, München 1961, S. 349f.; (2b) zit. nach: Günter Schönbrunn, Weltkriege und Revolutionen 1914–1945, Geschichte in Quellen, Bd. V, München 1961, S. 367ff.; *S. 63:* (4) Wolfgang Michalka (Hg.), Deutsche Geschichte 1933–1945, Frankfurt am Main o. J., S. 235; (6) zit. nach: Der Prozess gegen die Hauptkriegsverbrecher, Bd. 35, S. 81ff.; *S. 65:* (2) Weliczker Wells, Ein Sohn Hiobs, München/Wien 1993, S. 168ff.; *S. 67:* (3) Berliner Morgenpost, 19. März 1997; *S. 71:* (4a/b) zit. nach: Geschichte in Quellen, Bd. 6, München 1970, S. 542f.; *S. 74:* (7) zit. nach: Richard Löwenthal/Patrik von zur Mühlen (Hg.), Widerstand und Verweigerung in Deutschland 1933 bis 1945, Bonn 1982, S. 78ff.; (8) zit. nach: „Im Namen des Volkes", S. 238; *S. 75:* (11) Detlef Peukert, Die Edelweißpiraten, Protestbewegungen jugendlicher Arbeiter im Dritten Reich, Eine Dokumentation, Köln 1980, S. 124ff.; (12) Ruth Andreas-Friedrich, Der Schattenmann, Tagebuchaufzeichnungen 1938–1945, Berlin 1947, S. 109f.; *S. 77:* (2) Heinrich Böll, Aufsätze, Kritiken, Reden, Köln/Berlin 1967, S. 113ff.; (3) Eberhard Jäckel, Umgang mit Geschichte, o. O. 1982, S. 92ff.; *S. 81:* (Leseecke) Hans Georg Noack, Die Webers – eine deutsche Familie 1932–45, Ravensburg 1980.

Konflikte und Friedensbemühungen in der Welt seit 1945
S. 85: (4) Carl Friedrich von Weizsäcker, Erste, Zweite und Dritte Welt, Stuttgart 1974, S. 102; *S. 87:* zit. nach: Günther Unser,

Verzeichnis der Textquellen

Die UNO, München 1986, S. 206, 214ff.; (4) Volker Rittberger, Martin Mogler, Bernhard Zangl, Vereinte Nationen und Weltordnung, Zivilisierung der internationalen Politik?, S.128ff.; *S. 89:* (5) zs.-gest. v. Verf.; *S. 92:* (4) K. Schmücker, Hilfe für Deutschland, in: Das Parlament, B22/67, S. 5; (5) zit. nach: Frank Niess, Amerikanische Außenpolitik, Düsseldorf 1977, S. 92; (6) Harry S. Truman, Memoiren, Bd. 2, Stuttgart 1956, S. 110ff., 114f.; *S. 93:* (8) Boris Meissner (Hg.), Das Ostpaktsystem, Dokumentensammlung, Bd. XVII, Frankfurt/Berlin 1955, S. 87f.; *S. 97:* (2) zit. nach: Alexander Fischer (Hg.), Sowjetische Außenpolitik seit 1945, Stuttgart 1985, S. 92f.; *S. 98:* (6) Melvin J. Lasky (Hg.), Die ungarische Revolution, Berlin 1959, zit. nach: Information zur politischen Bildung 225, Bonn 1989, S. 28f.; *S. 99:* (7) zit. nach: Politische Weltkunde II, Die Sowjetunion, Stuttgart 1985, S. 122; (8) Klaus Leinen, Private Aufzeichnungen, Beilingen, unveröffentlicht; *S. 101:* (3) zit. nach: Hans Ulrich Luther, Der Vietnamkonflikt, Berlin 1969, S. 138ff.; (4) zit. nach: Lyndon Baines Johnson, Meine Jahre im Weißen Haus, München 1972, S. 481; *S. 103:* (3) Klaus Schoenthal (Hg.), Der neue Kurs, Amerikas Außenpolitik unter Kennedy 1961–1963, München 1964, S. 231ff.; (4) Bernd Greiner, Kuba-Krise, 13 Tage im Oktober, Analysen, Dokumente, Zeitzeugen, Nördlingen 1988, S. 326f.; *S. 109:* (2) Boris Meissner (Hg.), Das Parteiprogramm der KPdSU 1903–1961, Köln 1962, S. 186ff.; (3) Hedrick Smith, Die neuen Russen, Reinbek 1991, S. 51ff.; *S. 111:* (2) W. v. Bredow/Th. Jäger, Konflikte und globale Kooperation am Ende des 20. Jh., in: Aus Politik und Zeitgeschichte, Beilage zur Wochenzeitung Das Parlament, Bonn, 1. Juli 1994, Bd. 26–24/94, S. 3f.; (3a) zit. nach: Wochenschau, 41. Jg., Heft 4/5, Bad Schwalbach 1990, S. 160, (3b) François Furet, Das Ende einer Illusion, Der Kommunismus im 20. Jh., München/Zürich 1996, S. 619; *S. 113:* (LeseEcke) Hermann Vinke (Hg.), Als die erste Atombombe fiel, Ravensburg 1998, S. 56ff.

Die Deutschen und ihr Staat – Entwicklungen seit 1945
S. 117: (2) zit. nach: Andreas Grünberg, „Wir sind das Volk!", Der Weg der DDR zur deutschen Einheit, Stuttgart 1990, S. 34; (3) Hans-Hermann Hertle, Der Fall der Mauer, Opladen 1996, S. 201; *S. 119:* (3) W. Buller, Die zerbrochenen Ruinen waren unser Zuhause, aus: Rheinischer Merkur/Christ und die Welt, Nr. 13, 13. März 1989; *S. 120:* (7) Gabriele Jenk, Steine gegen Brot, München 1989, S. 16, (8) zit. nach: E. Thurich, Zeitlupe 20 – Jugendliche in der Nachkriegszeit, S. 10; *S. 121:* (10) zit. nach: E. Thurich, Zeitlupe 20 – Jugendliche in der Nachkriegszeit, S. 12, (11) aus: Telegraf, 24. Juli 1947; *S. 123:* (3) A. Harasko, Die Vertreibung der Sudetendeutschen, aus: Wolfgang Benz (Hg.), Die Vertreibung der Deutschen aus dem Osten, Frankfurt/M. 1995, S. 138; (4) Philipp Ther, Deutsche und polnische Vertriebene, Göttingen 1998, S. 56; (5) zit. nach: B. Nitschke, Die Polen gegenüber den Deutschen – Die Verantwortung der Deutschen für die Kriegsverbrechen, in: Zeszyty Historyczne (Histor. Hefte) Nr. 123, S. 18; (6) G. Sagan, Flüchtlinge in Osthessen am Ende des Zweiten Weltkrieges, Hessisches Institut für Lehrerfortbildung, 1990, S. 24f., *S. 125:* (2) zit. nach: H.-J. Ruhl (Hg.), Neubeginn u. Restauration, München 1982, S. 196, 217, 231, 184, (3) W. Leonhard, Die Revolution entlässt ihre Kinder, Köln 1955, S. 356; *S. 127:* (3) zit. nach: Die Deutsche Frage, Informationen zur politischen Bildung, Nr. 203, Bonn 1984, S. 19, (4) L. D. Clay, Entscheidung in Deutschland, Frankfurt 1950, S. 400, (5) A. Hahn, Was es alles zu machen gibt, in: Süddeutsche Zeitung, 26. Juni 1948; *S. 129:* (2) Carlo Schmid, Erinnerungen, Bonn 1979, S. 327ff.; (3) zit. nach: Ursachen und Folgen, Bd. 26, Berlin o. J., S. 280, 500; (4a) Geschichte 10, Volk u. Wissen–Verlag, Berlin 1973, S. 158; (4b) H. Weber (Hg.), DDR, Hannover 1991, S. 229f.; *S. 133:* (5) Archiv der Gegenwart, Essen/Wien/Zürich 1955, S. 4984; (5) U. Fervert, Frauengeschichte, Frankfurt/M. 1986, S. 235; *S. 135:* (3) zit. nach: Ernst Deuerlein, DDR, München 1966, S. 135f., (4) Lehrbuch für Staatsbürgerkunde der 9. Klasse der Oberschule, Berlin-Ost 1961, S. 139ff., (5) zit. nach: „Volksarmee" Nr. 41/1963; *S. 137:* (2) zit. nach: I. v. Münch, Dokumente des geteilten Deutschland, Bd. 2, Stuttgart 1974, S. 175, (3) zit. nach: K. Sturm, Gesprächsaufzeichnungen in Dresden 1988; *S. 139:* (3) zit. nach: I. Böhme, Die da drüben, Berlin 1986, S. 28ff.; *S. 141:* (2) Texte zur Deutschlandpolitik, Bd. VI, Bonn 1972, S. 214ff.; *S. 144:* (8) zit. nach: H. Weber, DDR, Grundriss der Geschichte 1945–1990, o. O. 1991, S. 199f., (9) E. Hölder, Im Trabi durch die Zeit – 40 Jahre Leben in der DDR, Wiesbaden 1992, S. 78, (11a) zit. nach: Dokumente zur Geschichte der SED, Bd. 2: 1945–1971, Berlin 1989, S. 35; (11b) zit. nach: Dokumente zur Geschichte der SED, Bd. 2: 1945–1971, Berlin 1989, S. 74; (11c) zit. nach: Bundesministerium für gesamtdeutsche Fragen (Hg.), Aktuelle Materialien zur Deutschland-Frage, Nr. 133, S. 2; (12) M. Wander, Guten Morgen, du Schöne, Frauen in der DDR, Protokolle, Darmstadt/Neuwied 1978, S. 42; *S. 145:* (13) zit. nach: A. Delille/A. Grohn, Blick zurück aufs Glück, Frauenleben und Familienpolitik in den 50er-Jahren, Berlin 1985, S. 67f.; (15) zit. nach: Deutscher Werkbund (Hg.), Schock und Schöpfung, Darmstadt 1986, S. 210; (16) U. Frevert, Frauengeschichte, Zwischen bürgerlicher Verbesserung u. neuer Weiblichkeit, Frankfurt/M. 1986, S. 278; *S. 147:* (3a) R. Dutschke, Mein langer Marsch, Reinbeck 1980, S. 52, (3b) in: Der Spiegel, Nr. 17 (1968), S. 25f., (4) zit. nach: SINUS-Institut (Hg.), Die verunsicherte Generation, Opladen 1983, S. 109, (5) R. Wolf, in: ZEIT-Magazin Nr. 14 (1980); *S. 149:* (4) B. Rabehl, in: G. Eisenberg, H. J. Linke (Hg.), Fuffziger Jahre, Gießen 1980, S. 118, (5a) Zwischenarchiv Normanenstraße, Blatt 21, (5b) DDR-Alltag, Wochenschau Nr. 3 (1992), S. 90; *S. 151:* Münchner Abendzeitung, 11.06.1987; *S. 153:* (3) zit. nach: G. Hartmann, Goldkinder, Die DDR im Spiegel ihres Spitzensports, Leipzig 1997, S. 98ff.; (4) Der Spiegel 34/1997, S. 128; (5) zit. nach: P. Marchand, Kapitalismus u. Kommunismus, Gütersloh/München 1994, S. 20; *S. 156:* (7) E. Reuter, Artikel, Briefe, Reden 1946–1949, Berlin 1971, S. 478f.; (8) Geschichte 10, Volk u. Wissen-Verlag, Berlin 1973, S. 196f.; (9) zit. nach: „Südkurier", 26. Aug. 1961, S. 3; *S. 157:* (10) Die Debatte vom 20. Juni, Homepage des Deutschen Bundestages: http://www.bundestag.de/berlin, Verzeichis der Reden in chronologischer Reihenfolge (Auszüge); *S. 159:* (4) zit. nach: G. Maier (Hg.), Die Wende in der DDR, Bonn 1991, S. 53ff.; (5) zit. nach: Andreas Grünberg, „Wir sind das Volk", Stuttgart 1990, S. 113; (6) in: B. Lindner, Die demokratische Revolution in der DDR, Bundeszentrale für politische Bildung (Hg.), Bonn 1998, S. 118; *S. 161:* (4a) Redetext, Bundeszentrale für politische Bildung (Hg.), Bonn 1990, S. 8f., (4b) zit. nach: W. Hardwig/A. Winkler (Hg.), Deutsche Entfremdung, München 1994, S. 24; *S. 163:* (Leseecke) Friedemann Bedürftig, Deutschland nach 1945, Hamburg 1996.

Europa auf dem Weg zur Einheit
S. 167: (2) zit. nach: H. Färber/M. Faltner (Hg.), Herodot, Historien, Wiesbaden o. J., S. 271, (3) zit. nach: H. Schulze/I. U. Paul (Hg.), Europäische Geschichte, Quellen und Materialien, München 1994, S. 444ff.; *S. 169:* (3) zit. nach: H. Schulze/I. U. Paul (Hg.), Europäische Geschichte, Quellen und Materialien, München 1994, S. 121; *S. 171:* (2) zit. nach: H. Schulze/I. U. Paul (Hg.), Europäische Geschichte, Quellen und Materialien, München 1994, S. 356ff., (3a/b/c) zit. nach: W. Lipgens, Die Europäische Integration, Stuttgart 1983, S. 4f.; *S. 173:* (2) R. Coudenhove-Kalergi, Paneuropa, o. O. 1926, S. 143, (3) zit. nach: H. Schulze/I. U. Paul (Hg.), Europäische Geschichte, Quellen und Materialien, München 1994, S. 286, (4) zit. nach: H. Schulze/I. U. Paul (Hg.), Europäische Geschichte, Quellen und Materialien, München 1994, S. 398ff., (5) zit. nach: H. Hattenhauer, Europäische Rechtsgeschichte, Heidelberg 1994, S. 719; *S. 175:* (3) zit. nach: G. Brunn, Die Europäische Einigung im 20. Jahrhundert, Stuttgart 1997, S. 28, (4) zit. nach: G. Brunn, a. a. O., S. 36 (5) zit. nach: C. Gasteyger, Einigung und Spaltung Europas, Frankfurt/Main 1965, S. 134ff.; *S. 177:* (3) A. Uschakow (Hg.), Der Rat für gegenseitige Wirtschaftshilfe, Dokumente für Ostrecht, Köln 1962, S. 73, (4) A. Uschakow (Hg.), Der Rat für

gegenseitige Wirtschaftshilfe, Dokumente für Ostrecht, Köln 1962, S. 20, (5) Sputnik, Digest der sowjetischen Presse, 22. Jahrgang, Moskau 1988, S. 8f.; *S. 181:* (2) Frankfurter Allgemeine Zeitung vom 13. Dezember 1997, S. 3, (3) zit. nach: H. Schulze/ I. U. Paul (Hg.), Europäische Geschichte, Quellen und Materialien, München 1994, S. 299ff., (4) R. Dahrendorf, F. Furet, B. Geremek, Wohin steuert Europa?, Frankfurt/Main 1993, S. 82f.; *S. 183:* (3) M. Behrens/K. Hurrelmann, Die neue Wanderschaft, in: Wege nach Europa, Velber 1991, S. 62f., (4) C. Proske/J. Bauer (Hrsg.), Internationale Organisationen, München 1996, S. 79; *S. 187:* (Leseecke) Stefan Zweig, Die Welt von gestern, S. Fischer, Frankfurt/M.

Verzeichnis der Bildquellen

Action Press, Hamburg (77.4, 101.2, 101.6, 110.1, 152.,1 re)
AKG, Berlin (6 u re, 9.4, 16.1, 19.5, 32.1, 61.3, 118.2, 121.9, 156.6, 168.1, © VG Bildkunst, Bonn 2000 (41 o)
Archiv Gerstenberg, Wietze (34.1 li, 92.4)
Archiv Zentner, Dr. Christian Zentner, München (62.3, 50.8 li)
argus Fotoarchiv, Hamburg (76.1, 79 Mi li)
Artothek © VG Bildkunst, Bonn 2000 (23.4)
Baaske Cartoons, München (142.2)
Ballhause, Rolf, Plauen (28.6)
Bayerisches Hauptstaatsarchiv, München (Inv.Nr. PlakSlg 14983/37.4 u li)
Bensch, Peter, Köln (177.7 o, 179.2)
Bilderberg, Hamburg (144.7, 183.5)
BPK, Berlin (6 o, 8.1, 12.5 li, 15.5, 19.2, 19.4, 20.1, 21.5, 25.6, 26.2, 36.2, 37.4 o re, 40/41, 47.12, 49.6, 50.8 re, 52.1 li, 58.2, 60.1 li, 62.1, 65.3, 84.1, 120.6 re 127.2, 154.1, 168.2, Katz, D./93.7, Staatsbibliothek zu Berlin Musikabteilung/164/165)
Bundesarchiv Koblenz (14.1, 18.1, 23.5, 27.3, 28.5, 33.4, 37.4 o li, 41 u, 43.4, 48.1, 53.6, 154.2, 153.6)
Bundesbildstelle, Bonn (141.4, 155.4)
CCC, München (108.1, 161.3, Ammer, Wolfgang/165 u li, Behrendt, Fritz/173.6, Blaumeister, Josef/137.4, Gottscheber, Pepsch/137.6, Haitzinger, Horst/162, 180.1, Hanel, Walter/141.3, Mohr, Burkard/79 o, Striepecke, Karl Gerd/86.1 re)
Christo und Jeanne-Claude, New York (Wolfgang Volz, Bilderberg/157.11)
Chronik Verlag im Bertelsmann Lexikon Verlag, Gütersloh (143.4, 145.17, 172.1)
Corbis/picture press, Hamburg (82/83 o)
Deutsches Historisches Museum, Berlin (73.2, 95.3, 95.4, 95.5, 125.4, 134.1, 135.6, 142.1)
Deutsches Institut für Filmkunde e. V., Frankfurt/M. (25.3)
Deutsches Literaturarchiv, Marbach (55.8)
dpa, Stuttgart (79 Mi re, 88.2, 97.3, 106.2, 107.5, 109.4, 114/115, 135.7, 148.1, 152.1 li, 152.2, 160.1, 184 o li, Kumm/Wolfgang/158.1, 164 o)
Elefanten Press, Berlin (24.1)
Ernst Kabel Verlag GmbH, München (24.2)
Focus, Hamburg (107.4)
Friedrich Naumann Stiftung, Archiv des deutschen Liberalismus, Gummersbach (77.5)
Friedrich-Ebert- Stiftung, Bonn (54.1)
Galerie Volker Huber, Offenbach/Viola Roehr v. Alvensleben, München (6 u li)

Giancarlo Costa, Mailand (32.2)
Globus Infografik, Hamburg (184 Mi Karte)
Harenberg Kommunikation Verlags- und Medien GmbH, Dortmund (93.9)
Haus der Geschichte, Bonn (112 u, 126.1, 143.6, Leger, Peter/86.1 li, 97.4)
Henn, Rolf, Hennweiler (161.5)
Historisches Museum, Frankfurt/M. (Seitz-Gray, Ursula/70.2)
Hulton Getty Picture Collection, London (98.5 re)
Imperial War Museum, London (65.4, 85.2, 85.5)
Institut für Stadtgeschichte der Stadt Frankfurt/M. (58.1, 69.1)
Jürgens Ost- und Europa Foto, Berlin (116.1, 148.2, 176.1)
Kehrig, Kerstin, Kottenheim (185)
Keystone, Hamburg (138.1, 163 li)
Kingreen, Monica, Windecken (68, 69 o, 69 re)
Kinoarchiv Peter Engelmeier, Hamburg (66.1, 66.2, 94.1)
Klee, Ernst, Frankfurt (62.2)
Konrad-Adenauer-Stiftung, ACDP, St. Augustin (124.1, 129.5 re, 133.7, 143.5)
Kühne, Armin, Leipzig (159.3)
KZ-Gedenkstätte Dachau (79 u)
Landesbildstelle Berlin (22.1, 74.5)
Landesmedienzentrum, Hamburg (119.5)
Langewiesche-Brandt KG Verlag, Ebenhausen bei München (29.14, 37.4 o Mi, 37.4 u re, 45.4, 132.1)
Leinen, Klaus, Beilingen (104, 105)
Leipziger Messe GmbH (144.7 re)
Leiwig, Heinz – Archiv für neueste Mainzer Zeitgeschichte (55.7)
Lüdecke, Matthias, Berlin (181.5)
Mansell Collection, © Time inc./interTOPICS (171.4)
Mauritius, Stuttgart (184 o re, 184 Mi)
MDR (151 u)
Mohr, Burkard, Königswinter (186)
Muhs, Andreas, Berlin (115 u)
Müncher Abendzeitung 11. 6. 1987 (151 o)
Music + Show, Hamburg (150)
Nebelspalter, Zürich (61.4)
Nowosti, Berlin (89.7)
Oldenburg Verlag, München (177.7 re)
Pfeil, Rudolf, Schwäbisch Hall (128.1)
Picture Press, Hamburg (70.1)
Presse- und Informationsdienst der Bundesregierung (Simons, Sven/140.1 re)
Privatbesitz (75.10)
Privatsammlung (11.2)
Prof. Dr. Steininger, Institut für Zeitgeschichte, Innsbruck (115 o)

Rauschenbach, Erich, Berlin (146.7)
Reichart, Stefan, Meersburg (74.9)
Schoenberner, Gerhard, Der gelbe Stern, München 1978, TB-Ausgabe Frankfurt 1982 (64.1)
DER SPIEGEL, Hamburg (102.2, 160.2)
Staatsarchiv Detmold (48.2, 52.2)
Stadtgeschichtliches Museum, Leipzig (142.3)
Staisch, Erich, Heikendorf (121.12)
Starke, Hans-Jürgen, Arnstadt (144.10)
Stiftung Akademie der Künste, Berlin © VG Bild-Kunst, Bonn 1999 (38)
Studio X, Limours (109.5/Gamma, 167.4)
Succession Picasso/© VG Bild-Kunst, Bonn 2000 (Artothek, Peissenberg/40 u)
Süddeutscher Verlag, Bilderdienst, München (18.1 re, 34.1 re, 44.2, 67.5, 73.4, 82 u, 85.3, 103.5 o, 103.5 li, 123.7, 132.2, 140.1 li, 154.3, 174.1)
Superbild, München (Bach, Eric/112o)
Ullstein Bilderdienst, Berlin (6/7, 35.4, 44.1, 46.5, 53.7, 65.5, 71.5, 72.1, 78 u 80, 82/83, 88.1, 98.5 li, 99.9, 114 o, 114 u, 117.4, 118.1, 120.6 o, 122.2, 127.6, 146.1, 153.7, 155.5, 158.2)
VG Bild-Kunst, Bonn 2000 (Deutsches Historisches Museum, Berlin/149.3)
VG Bild-Kunst, Bonn 2000 (13.12, Galerie Eva Poll, Berlin/133.6 re, Grosz, Georg/30.1, Heine, Thomas Theodor 36.1)
Vigne, Jean, Gennevilliers (170.1)
VW-Stiftung, Wolfsburg (46.9)
Welke, Herbert-Jürgen, Freiburg (182.1, 183.6)
Westermann Bildarchiv, Braunschweig (101.5, 166.1, 167.5)
Wilhelm Busch Museum, Hannover (136.1)
Wössner, Freimut, Berlin (145.14)
Zenit, © Paul Langrock, Berlin (139.5)

Buchcover:
Bedürftig, Friedemann Taschenlexikon Deutschland nach 1945, Piper, München 1998, (163)
Kordon, Klaus: Die roten Matrosen, Beltz&Gelberg, Weinheim 1984 (39)
Noack, Hans Georg Die Webers – eine deutsche Familie 1932-45, Ravensburger Buchverlag, Ravensburg 1980 (81)
Vinke, Hermann (Hg.) Als die erste Atombombe fiel, Ravensburger Buchverlag, Ravensburg 1998 (113)
Zweig, Stefan, Die Welt von gestern, S. Fischer Verlag, Frankfurt/M. (187)